魏振瀛 著

民事责任与债分离研究

Separating Civil Liabilities from Obligations

北京大学出版社
PEKING UNIVERSITY PRESS

图书在版编目(CIP)数据

民事责任与债分离研究/魏振瀛著. —北京:北京大学出版社,2013.9
ISBN 978-7-301-23214-9

I. ①民… II. ①魏… III. ①民事责任-关系-债务-研究 IV. ①D913

中国版本图书馆 CIP 数据核字(2013)第 219782 号

书　　　名: 民事责任与债分离研究
著作责任者: 魏振瀛　著
策 划 编 辑: 周　菲
责 任 编 辑: 周　菲
标 准 书 号: ISBN 978-7-301-23214-9/D·3419
出 版 发 行: 北京大学出版社
地　　　址: 北京市海淀区成府路 205 号　100871
网　　　址: http://www.pup.cn
新 浪 微 博: @北京大学出版社　@北大出版社法律图书
电 子 信 箱: law@pup.pku.edu.cn
电　　　话: 邮购部 62752015　发行部 62750672　编辑部 62752027
出版部 62754962
印　刷　者: 北京大学印刷厂
经　销　者: 新华书店
730 毫米×1020 毫米　16 开本　23 印张　373 千字
2013 年 9 月第 1 版　2013 年 9 月第 1 次印刷
定　　　价: 48.00 元

内容简介

《德国民法典》中的责任属于债的组成部分，而我国《民法通则》严格区分责任与债，首创独立的“民事责任”制度，这是对德国民法体系的借鉴和重大变革。这一变革源自对债与责任关系的重新认识，其影响贯通整个民法体系，并将直接涉及未来我国民法典的体例安排。因此，研究债与责任的关系意义重大。鉴于此，本书以债与责任的关系为切入点，始终围绕责任与债分离、构建未来我国民法典中新的民事责任体系和相适应的请求权体系这一主线，渐次展开。

近代民法中的债最早起源于古代西亚地区，表现为基于买卖契约和借贷契约产生的欠物或者欠钱，古代中国法上债的起源与古代西亚地区债的起源基本相同，此时的债务与责任相联系，不履行债务者可能沦为“债奴”，但当时尚无“责任”概念。罗马法上的债起源于具有私犯性质的罚金责任，罗马法上的“债务”与“责任”两种含义融合在同一个词“债”(obligatio)之中。日耳曼法首次确认了“责任”概念，明确区分债务与责任。德国民法虽然在概念上对债务与责任有所区分，但将责任严格限定于债的范畴。到了现代，一些国家的民法在借鉴前例的基础上，提升了责任在民法中的地位，我国民法在概念和体系上均严格区分债与责任。

历史地看，责任与债的关系经历了不同阶段，各自反映了不同的社会与法律文化背景，有其合理的一面，又被历史所局限。责任与债从联系到区别，直至分离，顺应了法律责任制度发展的趋势。

德国民法上的债本质上是财产关系，债法是财产法。但是德国法上债的标的不以财产价值为限。此其一。其二，德国民法上的债包括债权、债务和责任三层含义，但不严格区分债务与责任，在法律中以及其他场合，“负责任”有时与“负担债务”同义使用。其三，将侵权行为规定为产生债的原因之一，作为侵权行为后果的“损害赔偿”涵盖了诸多没有财产内容的标的，因而债编通则的规定不能完全适用于侵权行为之债。其四，《德国民法典》中作为物权请求权的除去侵害请求权和不作为请求权，在司法实务上已经适用于侵权行为关系，学理上称之为“不作为责任”。这样做的结果，一方面进一步扩大了侵权行为之债的非财产成分，另一方面“除去侵害”和“不作为”在物权法中称“请求权”，在侵权行为法中称“不作为责任”，这如同德国民法上的“返还原物”在物权法中称“所有物返还请求权”，在侵权行为法中称“损害赔偿”，对同一事物使用两个不同的概念，这与以概念精确、体系严谨著称的《德国民法典》不相称，事实上淡化了区分物权关系与债的关系的界限。再者，现代一些国家特别是我国的民事责任方式已有很大发展，既有恢复名誉、赔礼道歉等保护人身权益的责任方式，又有既适用于人身关系，又适用于财产关系的除去侵害、停止侵害等多种责任方式。它们因保护不断发展的新的民事权益之需要而生，且大多无财产内容，超出了债的范畴，突破了德国民法上的“损害赔偿”之债。因而，无论学理上还是立法上，都有必要将责任从债中分离出来。

尽管如此，因《德国民法典》体系严谨，牵一发则必动全身，既要借鉴德国民法体系，又要对其进行重大变革，是一项浩大而精细的“工程”，必须以审慎的态度，运用科学的方法为之。

本书作者坚定地认为，权利、义务和责任是基本的法律概念，同理，民事权利、民事义务和民事责任是基本的民法概念。我国民法应当以《民法通则》中的“民事权利—民事义务—民事责任”理念为基石。这一理念符合法理，且历经我国司法实践将近30年的检验，已为我国司法界和民众所熟悉，应继续坚持。民事权利、民事义务、民事责任三者之间联系密切，但层次分明。民事权利和民事义务是基于合法行为而生，民事责任是基于违法行为而生，各自互相对应。另外，民事责任和民事制裁是有区别的，民事责任的承担有自动承担、请求承担和强制承担之分。

根据对债与民事责任的起源、性质及其相互关系的考察，本书作者坚定地认为，我国民法应当将债的关系限于财产关系之内，不能转化为金钱数额的行为不是债的客体，不属于债的范畴。

债的本质属性是财产关系，责任与债的性质不同，这是本书作者主张未来我国民法典应将责任与债分离、侵权责任独立成编的基本理论根据。

责任与债分离之后，与责任体系密切关联的请求权体系需要相应的变革。依据民事权利中原权与救济权的分类方法，可以将请求权分为两类，一类是原权利请求权，另一类是救济权请求权。德国民法上的请求权体系从属于基础权利体系，本书试图建立的请求权体系则从属于“民事权利—民事义务—民事责任”体系。

在“民事权利—民事义务—民事责任”理念下构建新的请求权体系，在技术上需要将物权请求权等绝对权请求权变革为侵权责任请求权，这个问题主要涉及归责原则和时效问题。不同的民事责任方式性质不同，需要不同的责任构成要件，适用归责原则和时效制度也会有所区别。停止侵害、排除妨碍、消除危险、返还原物适用无过错责任，不适用诉讼时效。此外，需要指出的是在舍弃物权法中的返还原物请求权以后，对基于第三人行为形成的无权占有不应一开始就认定为侵权，而应根据民法总则中关于民事权利、民事义务和民事责任的一般规定处理。

在未来我国民法典中构建民事责任体系的方法，一是物权编不再规定物权请求权，而应以侵权责任方式（从权利人角度称为侵权责任请求权）规定在侵权责任编。同样的道理，对于人格权请求权和知识产权请求权也应照此方法处理。二是将违反债的责任规定在债编，基于侵权行为产生的赔偿损失责任和恢复原状责任（恢复原状责任是赔偿损失责任的特殊形式）可准用债法的一般规定。三是在总则中对民事权利和民事义务作一般规定，相应地对民事责任也作一般规定，从而形成总则与分则分别规定的新的民事责任体系。

这样的民事责任体系的优点有：(1) 变革成本小，技术上可行，理论上有根据；(2) 醇化了债的内涵，避免了同一事物用两个不同的概念，使物权关系与债的关系的界限更清晰；(3) 有利于充分保护各种民事权益；(4) 延续了我国司法裁判思维习惯，符合民众的观念，又适应了社会发展的趋势。

和责任与债分离相联系的一个问题是，学者对《物权法》和《侵权责任法》中关于保护民事权利的规定有不同的评价和解释，本书从不同角度论证了作者的观点和理由。

责任与债结合的《德国民法典》立法模式是特定时代的产物，不是一成不变的。德国民法对后世民事立法的贡献，除了立法体例外，更在于概念和体系的思维方式。我国自《民法通则》到后续的《合同法》和《侵权责任法》,均贯彻了“责任与债分离”理念。本书力主以“民事权利—民事义务—民事责任”思路,建立新的民事责任体系,这不“只是一个表达上的舒适及思考上的便利的问题”[①],而是综合考虑各种因素的结果,是另一条“通往罗马之路”。

① 〔意〕鲁多尔夫·萨科:《思考一部新民法典》,薛军译,载《中外法学》2004年第6期,第647页。

序

责任在德国民法中是指损害赔偿,称损害赔偿责任,又称损害赔偿义务,还称损害赔偿之债。德国民法上的责任与债是结合关系,责任是债法的组成部分。我国民法创立了民事权利—民事义务—民事责任立法模式,严格区分责任与债,责任超出了债的范畴,是对德国民法体系的借鉴与重大变革。

民法是一个国家法治与法律文明程度的重要标志,民法典是民法科学化的基本形式,我国需要民法典,对此法学界早已达成共识。对于制定什么样的民法典,学界有不同观点;主要分歧之一是责任与债的关系。笔者认为未来我国民法典应当将责任与债分离,建立新的民事责任体系和与其相适应的新的请求权体系。"民事责任与债分离"是本书的核心,也是贯穿在本书中的主线,因此书名定为《民事责任与债分离研究》。

笔者是参加《民法通则》起草的学者之一,是《民法通则》中民事责任一章(第六章)的草拟人之一。《民法通则》颁布以后,国内外学者对《民法通则》关于民事责任的规定褒贬不一,由此引发笔者思考的一个问题是未来我国民法典中应当如何处理责任与债的关系。1998 年《中国法学》第 1 期发表的拙作《论债与责任的融合与分离——兼论民法典体系之革新》,提出了责任与债分离的观点和理论根据。

责任与债分离是关于民法体系变革的重大问题,涉及一系列民法基本理论和制度,其中包括:债的性质与内涵;民事责任的性质与特征;民事责任与民事制裁的关系;责任与债务的关系;承担民事责任的方式与归责原则的关系;请求权的性质及其与民事责任的关系;责任在民事法律关系中的地位;民事责任与民法以权利为本位的关系等,这些问题在学理上都有分歧。十多年来,笔者联系我国民事立法进程和学者的不同观点,以责任与债分离理论为中心,结合与其紧密关联的请求权理论,陆续发表了一些论文,先后对这些问题从不同角度进行了阐述与论证,阐明了责任与债分离的系统理论,并提出了有关民事立法建议,其基本观点如下:

1. 根据历史资料,近现代民法上的债最早起源于古代西亚地区文明国家基于买卖契约和借贷契约的欠物或者欠钱。中国法上的债起源于基于借贷契约和买卖契约的欠钱或者欠物。罗马法上的债起源于具有私犯性质的罚金责任。债与责任关系的发展经历了不同历史时期,表现为五种不同的形态:责任与债务联系;责任与债务融合;责任与债务区别;责任与债结合;责任与债分离。这五种不同的形态各有其不同的社会与法律文化背景。

2. 债的本质属性是财产关系,债法是财产法。不能转化为金钱数额的行为不是债的客体,不属于债的范畴。

3. 民事责任是民事主体违反民事义务应当承担的民事法律后果。责任与债的性质不同。我国《民法通则》、《合同法》和《侵权责任法》将责任与债务区分开了,制定民法典应当以现有民事立法为基础,构建新的民事责任体系。

4. 民事责任与行政责任、刑事责任、违宪责任既有共同性,也有特殊性。民事责任不同于民事制裁。民事责任的承担有自动承担、请求承担和强制承担三种途径。

5. 德国民法上的损害赔偿属于但不限于财产关系。我国民法采用多种责任方式,责任的实质不是债,其中赔偿损失(违约金和恢复原状是赔偿损失的特殊方式)具有财产性,可准用债法的一般规定。

6. 传统民法上的归责原则是指损害赔偿的归责原则。我国民法采用多种责任方式,归责原则与责任方式相关联,不同的民事责任方式所反映的违反民事义务的性质有所不同,适用的归责原则也会有所区别。

7. 从严格区分责任与债的视角看,请求权可区分为原权利请求权和救济权请求权。物权请求权等绝对权请求权的实质是权利人请求相对人承担侵权责任,应当将绝对权请求权变革为侵权责任请求权。

8. 在责任与债分离的情况下,我国民法仍可借鉴德国民法上的请求权理论,但需要有所变革。德国民法上的请求权体系从属于基础权利体系;我国民法上的请求权体系应当从属于民事权利—民事义务—民事责任体系。

9. 法律关系可分为基于合法行为形成的法律关系和基于违法行为形成

的法律关系。基于民事责任产生的法律关系实质是基于违法行为形成的民事法律关系。

10. 我国民法应当以民事权利为本位,以民事法律关系为核心。前者是就民法的本质属性和基本任务而言,属于价值判断问题;后者是就民法规范结构而言,属于立法技术问题。民事权利、民事义务与民事责任是民法规范结构的基石。

11. 关于未来我国民法典中的民事责任体系,笔者的构思是:在总则中对民事权利(包括请求权)和民事义务作高度概括性规定,相应地对民事责任作高度概括性规定。在债权编对违反债的责任作具体规定,在侵权责任编对侵权责任作具体规定。

12. 责任与债分离,构建新的民事责任体系的优越性:

(1) 责任与债分离,通俗易懂,具有亲民性,有利于发挥我国民法既是行为规范、又是裁判规范的功能。(2) 责任与债分离,可以醇化债的财产内涵,使债法更加科学。(3) 在责任与债分离的情况下,将物权请求权变革为侵权责任请求权,使物权法与债权法的界限更加清晰。(4) 责任与债分离,既能体现关于绝对权请求权的立法精练,又有利于充分保护各种民事权益。

本书不是专著,而是专题论文选,对内容作了分类和结构调整,具有体系性,可谓准专著。收入本书的论文都是结合不同观点和在激烈的争论中发表的,其内容与我国民事立法相联系,反映了我国民事立法进程和学者争论的一个方面,具有历史性,因此收入本书的论文的内容均未修订,仅作了一些文字修改。

我国民法理论与民法体系主要借鉴的是德国民法理论与民法体系。德国民法以概念精确、体系严谨著称,对其借鉴而又变革,是牵一发而动全身、颇为艰巨的系统工程。学者对这个问题分歧大,争论激烈,笔者坚持自己的基本观点不动摇,坚信我国民法严格区分责任与债的方向正确,责任与债分离理论会逐步完善和发展。

法学博士王轶教授指出,"具有明显'中国元素'的民法制度宣告中国的民事立法已经摆脱唯某一个其他国家或地区的民事法律是尚的阶段,正式由'照着讲'到了'接着讲'的阶段。……它意味着中国民法学界在'照着讲'的同时,将开启'接着讲'的时代!"①此言真切,富有远见,反映了当代我

---

① 王轶:《民法原理与民法学方法》,法律出版社2009年版,"我们准备好了吗?(代序)",第5页。

国年轻一代民法学者的宽广胸怀与抱负。我深信身处实现中华民族伟大复兴进程中的年轻民法学者将再创辉煌。

法学博士易继明教授对本书认真审校,博士生代辉细心校订,颇为辛劳,责任编辑周菲女士对本书的审校和出版工作认真负责,细致周到,特表谢忱。

魏振瀛

2013 年 4 月 10 日

目录

Contents

PART II SEPARATION OF OBLIGATION FROM LIABILITY AND EVOLUTION OF THE SYSTEM OF CLAIMS

PART III REFORMING REAL RIGHT CLAIM TO CLAIM UNDER TORT LIABILITY

PART IV REFORMING TORT OBLIGATION LAW TO TORT LIABILITY LAW

第一编　债与民事责任的起源及责任与债分离

说明

我国《民法通则》创立了民事权利—民事义务—民事责任体系,有其社会背景和理论根据,但由于客观原因,理论准备不够充分。从理论上阐明《民法通则》的规定,发展已有的立法成果,为未来的民法典构建科学体系,需要进行深入的理论探讨。《中国法学》1998 年第 1 期刊载的拙文《论债与责任的融合与分离——兼论民法典体系之革新》,提出了民事责任与债分离的观点与理论根据。出于本书体系结构的需要,本书仅收入该文的三、四两个问题,即本编第二题的一、二两个问题。

《民法通则》是在改革开放初期特定的历史条件下制定的,其体系有特定性。笔者不认为未来民法典应当将全部民事责任集中为独立的一编。《中外法学》2001 年第 3 期刊载的拙作《论民法典中的民事责任体系》是对《论债与责任的融合与分离》一文提出的关于民事责任体系构思的进一步阐述,出于本书体系结构的需要,本书仅收入该文的第三、四两个问题,即本编第二题的第三、四两个问题。

2009 年 3 月在北京大学法学院召开的民法论坛学术讨论会上,一位学者在其提交的论文中说,债的观念滥觞于人身责任,并指出,将侵权法从债法中独立出去是"忘恩负义"的非历史态度。民法学者通常讲债的起源是讲罗马法上债的起源,而意大利罗马法权威学者对罗马法上债的起源的结论不同。笔者认为结合罗马法以前一些文明古国债的起源,可以对债的起源有比较全面的了解。关于债的起源问题既涉及对历史事实和债的性质的理解,又关乎今后我国民事立法的走向和民事立法科学化。债的起源与发展和违反债的责任密切关联,从历史发展上分析债与责任的关系,有助于全面认识民事责任乃至法律责任的性质与特征。拙作《债与民事责任的起源及其相互关系》(载《法学家》2013 年第 1 期)即本编第一题,是对这个问题的研究成果。

第一题

债与民事责任的起源及其相互关系的发展

2009年3月在北京大学法学院召开的民法论坛学术讨论会上，一位学者提交的论文中说，债的观念滥觞于人身责任，并指出，将侵权法从债法中独立出去是“忘恩负义”的非历史态度。民法学者通常讲债的起源是讲罗马法上债的起源，而意大利罗马法权威学者对罗马法上债的起源的结论不同。笔者认为结合罗马法以前一些文明古国债的起源，可以对债的起源有比较全面的了解。关于债的起源问题既涉及对历史事实和债的性质的了解，又关乎今后我国民事立法的走向和民事立法科学化。债的起源与发展和违反债的责任密切关联，从历史发展上分析债与责任的关系，有助于全面认识民事责任乃至法律责任的性质与特征。债与民事责任的起源及其相互关系的发展这个课题，关系到民法学和法理学的基本概念和基本理论问题，本文是笔者对这个问题的初步探讨，愿与同仁共商榷。

一、古代西亚地区债的起源与债的担保

美国学者威尔·杜兰(Will Durant)曾指出：“今天的西方文明，也可以说就是欧美文明。欧美文明，与其说系起源于克里特、希腊、罗马，不如说系起源于近东。因为事实上，‘雅利安人’并没有创造什么文明，他们的文明系来自巴比伦和埃及。希腊文明，世所称羡，然究其实际，其文明之绝大部分皆系来自近东各城市。”[①]我国学者魏琼指出：“古代西亚地区的民事规范所蕴

---

① 〔美〕威尔·杜兰：《东方的遗产》，幼狮文化公司译，东方出版社2003年版，第3页。在讨论西亚地区的古代历史和文明时，欧洲人称西亚地区为近东，因为以欧洲人眼光来看，这一地区是离欧洲较近的“东方”（参见魏琼：《民法的起源》，商务印书馆2008年版，第2页）。

涵的规则与精神影响了古埃及、克里特、迈锡尼、古希腊、古罗马乃至后来的整个欧洲及世界。"①

古代西亚地区是指美索不达米亚冲积平原，地处欧洲、亚洲和非洲之间，这里地理环境优越，经济发达，世界上最早的文字、最早的城邦国家和最早的成文法典都出自这个地区，世界上债的最早起源地也在这里，从中也可以看出债与责任关系的萌芽，基于本文目的，只阐释苏美尔法和巴比伦法上的债。

（一）苏美尔法上的债的起源与债的担保

1．苏美尔法的背景

苏美尔人是古代西亚地区城邦、商业、文字、法律以及宗教等文明成果的缔造者。② 目前根据大量资料证明，楔形文字法是世界上最古老的成文法律。③ 公元前3000年末，苏美尔人创造了楔形文字，乌尔第三王朝（约公元前2113—前2096年）建立后，颁布了《乌尔纳姆法典》；公元前1930年颁布了《李必特·伊丝达法典》。苏美尔人除适用成文法典外，还有大量判例，在民间还有很多流传甚广的法律教本，其中包括《苏美尔法律样式册》。④

苏美尔法律中已经有了商品交换中的主要契约，包括买卖、借贷和租赁等，并出现了保证制度和不可抗力免责制度的萌芽。苏美尔法上对侵害他人人身和财产的，主要采取金钱赔偿方式处理。例如，《乌尔纳姆法典》正文有四十多条，现存的仅有29条。对侵害他人人身的，有4个条文规定处死违法者，较多的是采用金钱赔偿方式。⑤

2．债的起源与债的担保

从近现代债法角度看，苏美尔法上各种契约和侵害他人人身或者财产赔偿的规定，是实质意义上的债。但是，苏美尔法并没有将这些认定为债。遗留的两部苏美尔法典残缺不全，看不出其中对债的规定。根据现有历史资料，苏美尔法上的"债"字最早出现在约公元前1700年的《苏美尔法律样式册》中。其中记载了有关苏美尔人契约及其条款的概要，是当时某位对法

---

① 魏琼：《民法的起源》，商务印书馆2008年版，第422页。

② Jonathan R. Ziskind, The Sumerian Problem, The History Teacher, Vol. 5, no. 2 (jan., 1972), p. 34. 转引自魏琼：《民法的起源》，商务印书馆2008年版，第25页。

③ 由嵘、胡大展主编：《外国法制史》，北京大学出版社1989年版，第15页。

④ 参见魏琼：《民法的起源》，商务印书馆2008年版，第3、24—98页。

⑤ 参见同上书，第3、53—63页。

律颇有造诣的无名抄写员的杰作。其第三部分共21个条文,包括誓约、债务抵押等,但仅有债务抵押和农田耕作的法律文献保存得比较完整。在债务抵押方面,有如下规定:

(viii 3—10)“倘被抵押为债奴的妇女死亡,或逃走,或消失,或生病,则他(即债务人)应按照委派她所完成的劳作全价赔偿。”

(viii 11—15)“被抵押为债奴的妇女与债务总价值是等值的,当他(即债务人)以银还(债权人)时,他应重新收回自己的女奴。”[①]

从现存的历史资料中难以确定苏美尔法关于债的适用范围,从“抵债为奴”分析,抵债为奴至少用在买卖关系上。关于买卖契约文献记载的多是已生效的契约,在履约中有可能出现各种各样的偶然事件,致使当事人违约。常见的偶然事件是订约后卖方自己改变了意愿,比如,卖方许下誓言保证在一个明确的期限内交付已售的财产,但有人愿意出更高的价款购买该标的物时,卖方有可能会违约,提供替代物给先前的买主。因此,买方在未收到标的物之前,往往要求卖方提供一位保证人以保证契约履行。当卖方违约时,保证人将被抵债为奴。[②]

根据学者关于苏美尔人是古代西亚地区法律文明成果的缔造者的论断,苏美尔法上关于债的规定应在《乌尔纳姆法典》或者《李必特·伊丝达法典》中,可惜遗留的这两部法典残缺不全。下文讲的巴比伦法上债的概念最早见于约公元前20世纪的《俾拉拉马法典》,该法典晚于苏美尔的《乌尔纳姆法典》和《李必特·伊丝达法典》,据此推断,苏美尔法上债的起源时间应在约公元前2096年以前至公元前1930年之间。

(二)巴比伦法上债的起源与债的担保

1. 巴比伦法的背景

公元前2200年建立了古巴比伦王国,后来建立了强大的巴比伦帝国(约公元前1894—前1595),美索不达米亚文明进入第二个重要阶段,史称“古巴比伦时期”。

古巴比伦时期的主要法律有:《俾拉拉马法典》(约公元前20世纪)和《汉穆拉比法典》(约公元前1792—1750年)。《汉穆拉比法典》是楔形文字法充分发展时期的法律,是楔形文字法典中的集大成者,是相当完整的最古

---

① 以上三段参见魏琼:《民法的起源》,商务印书馆2008年版,第89—93页。

② 魏琼:《民法的起源》,商务印书馆2008年版,第37—38页。

的法典，是古代东方史上最宝贵的史料之一，其正文有282条（现缺11条）。据笔者统计，现存的271条[①]中，民事规范的约占百分之八十。该法典"在许多部分中，特别是在调整民法法权这一方面比起较晚的许多古代东方的立法，反映出奴隶占有制社会关系的较高的发展阶段，而对某一范畴阐述的细密的程度，甚至比奴隶占有制的西方某些文献，例如十二铜表法，还要高得多。而在某些法律问题上，汉穆拉比法典差不多接近解决某一些只有处于古典奴隶占有制社会发展最高阶段的罗马的法学家才有力量解决的问题"[②]。

2. 债的起源与债的担保

(1) 对《汉穆拉比法典》体系结构的分析

分析《汉穆拉比法典》的体系结构，有助于全面了解《汉穆拉比法典》，对于分析债的起源具有重要意义。笔者认为，从当代法律观念看，《汉穆拉比法典》结构不够严谨，但并非杂乱无章，而是根据不同的社会生活领域和法律关系结合起来排列顺序的，第1—41条属于与国家权力和王室利益直接关联的问题，以及盗窃、强盗等危及社会安全的刑事犯罪问题。第42条至末条，是与王权和王室利益没有直接关联的问题，这部分基本是私人社会生活规范，从区分公法与私法的观念看，基本属于私法问题。[③] 笔者认为第42条至末条可分为12个部分：第一，有关种植业与畜牧业的规定（第42条至第66条）；第二，有关房屋的规定（第67—69 + C、78条）；第三，关于借贷的规定（第70 + D-75E条）；第四，有关自由民从事商业经营的规定（第89—111条）；第五，有关运送物品的规定（第112条）；第六，有关债务偿还和债奴的规定（第113—119条）；第七，关于保管物品的规定（第120—126条）；第八，关于婚姻家庭的规定（第127—164条）；第九，关于财产继承的规定（第165—184条）；第十，关于收养关系的规定（第185—194条）；第十一，对侵害他人人身致伤、致死的规定（第195—214条）；第十二，关于医生、建筑师、造船、雇用各种工匠等行业性契约，以及买卖奴婢的规定（第215—277条）。

上述12个部分可以说是12种类型的规定，其中个别内容有所交叉，但

---

① 根据《汉穆拉比法典》，杨炽译，高等教育出版社1992年版；《汉谟拉比法典》，载由嵘、张雅利、毛国权、李红梅编：《外国法制史参考资料汇编》，北京大学出版社2004年版，第19—38页。

② 〔苏〕阿·尼·格拉德舍夫斯基：《古代东方史》，吉林师范大学历史系翻译室译，高等教育出版社1959年版，第67页。

③ 参见《汉穆拉比法典》，杨炽译，高等教育出版社1992年版，前言第3页对《汉穆拉比法典》内容的分析。

是可以看出,巴比伦的立法者用他们的法律观和逻辑思维,构建了《汉穆拉比法典》的体系结构,它为我们分析该法典关于债的规定,提供了权威性法律根据。

(2) 关于契约和侵害他人人身及财产的规定

巴比伦法中关于契约的规定,《汉穆拉比法典》具有代表性。契约的类型有(按照法典条文顺序)买卖、佃田、种植果园、租赁、借贷、运输、保管、雇佣、医生诊疗、理发师理发、建筑师建造房屋、造船、合伙与委托经商等。这样多类型的契约说明在古巴比伦时代的商品经济已经达到相当水平。

古巴比伦法对侵害他人人身和财产的规定较为详细,据笔者统计,《汉穆拉比法典》对侵害他人人身和财产的规定共 81 条,其中处死或者其他人身处罚的 31 条,同态复仇的 4 条,赔偿损失(赔银或者赔谷)的 46 条,赔偿损失中有些属于惩罚性的赔偿。

(3) 债的起源与债的担保

古巴比伦法与苏美尔法一样,没有将契约和侵害他人人身和财产的赔偿都认定为债。《俾拉拉马的法典》第 22 条首次出现了"债"和"债务"概念。该条规定,倘自由民并无他人所负任何之债,而拘留他人之婢为质,则婢之主人应对神宣誓云:"我不负你任何债务";而自由民应付出与一婢之身价相等之银,并须退还所质之婢。第 23 条和第 24 条也是关于扣留他人为质的规定,其第一句均为"倘自由民并无他人所负任何之债"。在上述三条之前的三条(第 19 条至第 21 条)都是关于实物借贷和金钱借贷的规定。从该法典现有的 59 个条文的内容和条文顺序看,大体上有一定的分类,据此可以推断债和债务的概念发生在借贷契约上。

(4)《汉穆拉比法典》中有关债的用语

《汉穆拉比法典》关于债的规定,有较多的条文可供分析。第 38 条首先出现了"债务"概念。该条规定:"里都、巴衣鲁或纳贡人不得以其与所负义务有关的田园房屋遗赠其妻女,亦不得以之抵偿债务。"第 66 条规定:"倘自由民向塔木卡[①]借银,塔木卡追索债款,而彼无物可还,将其已种植之果园交与塔木卡,并告之云:'请取园中之枣,以还你之银',则此塔木卡不得同意。园中之枣仅应由园主收取,并按照契约规定,偿还塔木卡之本银及利息,园

① 塔木卡是指大商人。

中剩余之枣仍归园主所有。”

第89条至第96条比较集中地规定塔木卡贷谷或银发生的借贷契约，其内容包括：谷或银的借贷；利息的计算方法；关于塔木卡不遵守法律的规定，提高利息的处罚；将利息并入本金的处罚；塔木卡使用骗人的衡器损害债务人的处罚；塔木卡贷谷或银，定有利息，而无监察人（？）的处罚；自由民从塔木卡借谷或银，而无谷或银还债，可以用其他任何动产还债等。根据上述规定可以肯定借贷契约是债的发生原因。

《汉穆拉比法典》中使用涉及“债”的用语（以法律条文的顺序为序）有：“贷出大麦或银子”、“抵偿债务”、“有利息的债务”、“借银”、“债主”、“追索债款”、“自由民举债，定有利息，无银还债”、“贷谷或银，定有利息”、“负有债务”、“债奴”等。[①] 根据现有历史资料可以认定，巴比伦法中的债是指基于借贷契约产生的债。

巴比伦法上契约的担保方式较多，包括誓约、保证人和各种财产抵押（通常是房屋、土地或者奴隶）。可能沦为债奴的有保证人、债务人的妻、子、女或者奴婢。

二、古代中国债的起源与债的担保

（一）相关背景

中国早在夏代（公元前22世纪至公元前17世纪）已经有了青铜器、造车等多种手工业，出现了城市。《易·系辞》下，记载在舜的时期已经管理部落间的集市贸易，商朝（约公元前17世纪至公元前12世纪）已经有了文字可考（甲骨文），已经出现了原始的铸币铜贝，商人活动的范围已经相当广阔。本文讲的中国古代是指西周（公元前1066？—公元前771）[②]以前时期。

中国是世界古老文明的发祥地之一，独具特色的中华法系，被推崇为世界五大法系之一，影响扩及东、南亚一带及周边地区。中国古代私法不发

---

① 由嵘等编的《外国法制史参考资料汇编》（北京大学出版社2004年版）中，《汉穆拉比法典》第113条开始和以下有几个条文有“债权”概念，杨炽翻译的《汉穆拉比法典》（高等教育出版社1992年版）中，有债务概念，没有债权概念。

② 翦伯赞、邵循正、胡华编著的《中国历史概要》（人民出版社1956年版，第3页）讲西周时期是公元前12世纪至公元前8世纪。范文澜著《中国通史简编》（修订本第一编，人民出版社1964年版第4版，第126页）讲西周时期是公元前1066（？）——前771年。

达,契约制度不发达,这与我国法起源的特点有直接关系。中国法的起源一是产生于战争,二是产生于礼。战时号令具有法的性质,后来战时的号令演变为平日的规范。古代早期法与礼不分。从夏代开始,法与礼就有密切联系。周礼与夏、商的礼一脉相承。礼在西周初期经周公“制礼作乐”而自成体系。在礼法不分时期,中国古代民事法律主要渊源为“礼。”《礼记·曲礼》记:“……分争辨讼,非礼不决……。”另一方面,中国古代统治者重视宗族伦理关系,造成了中国古代法与伦理道德“相为表里”,有时甚至道德的戒律即为法律的特点。根据历史资料,西周民事法律方面,关于土地所有权、债务、侵害他人人身和财产的责任的认定等均在典籍中有不少记载,并在出土的青铜器铭文(金文)中被证实。①

(二)债的起源与债的担保

西周时期的契约形式有口头和书面两种形式。口头契约由当事人达成协议而成立。口头契约有即时清结的契约,也有非即时清结的契约。土地、奴隶等重要财产的交易大都采用书面契约。书面契约主要有“傅别”和“质剂”两种。② 关于债的概念是与“傅别”相联系。《周礼·地官·小宰》:“听称责以傅别。”③傅别是借贷契约的形式。郑玄注引郑司农云:称责,谓贷予。傅别,谓卷书也。听讼责者,以卷书决之。傅,傅著约束于文书。别,别为两,两家各得一也。④

从我国古代的文献可以看出,古代的债是基于借贷契约产生的。另据传说,夏禹参加过交易,而且从事长途贩运,甚至有赊欠行为。“贩于顿丘,债于传虚。”(《帝王世纪》)顿丘在今河南境内,传虚在今山西境内。⑤ 这个例子说明在我国古代人们的观念中,因买卖而赊欠也发生“债”。

---

① 参见北京大学法学百科全书编委会:《北京大学法学百科全书》(中国法律思想史、中国法制史、外国法律思想史、外国法制史卷),北京大学出版 2000 年版,第 1048—1049、1056—1057、1069—1070 页。

② 参见胡留元、冯卓慧:《夏商西周法制史》,商务印书馆 2006 年版,第 462 页。

③ 我国古代早期没有“债”字,“责”(zhai)字是“债”字的古字。《管子·轻重乙》:“君直幣之轻重,以决其数,使无券契之责。”尹知章注:“责,读曰债。”(《汉语大词典》(10),汉语大词典出版社 1992 年版,第 90 页)。齊之孟嘗君,封万户于薛。“国策”“齊”四云:孟嘗君出记(簿據之类),问:“门下诸客,谁习计会(计算,利息之类),能为文收责于薛乎?……”(转引自周谷城:《中国通史》(上册),上海人民出版社 1957 年版,第 128 页。)

④ 参见蒲坚:《中国古代法制丛钞》(第 1 卷),光明日报出版社 2001 年版,第 74 页。

⑤ 参见李志敏:《中国古代民法》,法律出版社 1988 年版,第 115—116 页。

中国古代有“人质”与“物质”，作为债务的担保。秦代已经禁止使用人质。[①] 说明秦代以前实行以“人质”作保。

中国古代债的适用范围与古代西亚地区债的适用范围近似。对于侵害他人人身和财产的行为的处理，重刑轻民，对民事伤害也适用刑事制裁。西周时期有赔偿损失的诉讼和裁决，对这类案子，西周法律也允许双方当事人私下了结。[②] 对于私人的赔偿似可以视为实质意义上的侵权行为之债的起源，但是我国古代法律不把赔偿称为债。早在西周时期就有“罚锾”，即罚金，一直到清朝和民国时期都采用罚金制度。[③] 罚金是强制罪犯向国家交纳一定数量钱币的刑罚，不归于受害人，与“债”没有关系。

综上所述，从古代西亚地区国家和古代中国债的起源可以说明以下三个问题：(1) 产生债的原因是基于买卖契约和借贷契约的欠物或者欠钱。(3) 不履行买卖契约和借贷契约的，保证人、人质、债务人的妻子或者子女会沦为债奴。后来在日耳曼法中往往称责任为保证或担保，至今，民法学理上有一种观点认为责任是债的担保，据此可以说“保证”“人质”和“债奴”是最早的实质意义上的“民事责任方式”。(3) 责任（实质意义上的）是不履行债务的后果，责任与债务是联系在一起的。从债务与责任关系的发展历史来说，笔者将古代西亚地区文明国家和古代中国债与责任的关系称为债务与责任联系。

三、古代罗马债的起源及债务与责任融合

（一）相关背景

在希腊人建立雅典城邦时期，地处欧洲地中海中部亚平宁半岛的古代意大利人也在拉丁平原形成另一个城邦——罗马。传说罗马城建立于公元前753年，后来罗马疆域不断扩大。肥沃的土地和地中海沿岸便利的交通条件，为罗马奴隶制经济发展提供了便利条件。海陆商业贸易兴旺发达，经济繁荣，加上平民斗争迫使贵族让步，以及有的君主重视法律和法学，为罗马法和法学的发展提供了优良的环境，最终形成了奴隶制社会最发达最完备

---

① 参见李志敏：《中国古代民法》，法律出版社1988年版，第103—104页。

② 参见胡留元、冯卓慧：《夏商西周法制史》，商务印书馆2006年版，第447页。

③ 参见北京大学法学百科全书编委会：《北京大学法学百科全书》（中国法律思想史、中国法制史、外国法律思想史、外国法制史卷），北京大学出版社2000年版，第175—176页。

的立法体系,其中包括关于债的规定。

(二)权威学者关于罗马法上债的起源的不同结论

被称为20世纪前半叶意大利和欧洲最大的罗马法学家之一的彼得罗·彭梵得(Pietro Bonfante,1864—1932)说:"罗马债的历史起源产生于私犯的罚金责任;契约责任在初期从属于这一概念。"[①]他指出:"人们为个人而接受刑罚,在早期历史时代,这种刑罚导致以钱赎罪。私犯的概念,有关诉讼和刑罚所具有的、私人和债的特点,这些都是原始制度的残余,根据这些原始制度,犯罪是产生债的真正的和唯一的渊源。"[②]

被称为20世纪意大利以及欧洲最伟大的罗马法学家之一的朱塞佩·格罗索(Giuseppe Grosso,1906—1973)的观点与彭梵得不同。他指出:在同原始社会(主要是农业社会)相适应的正常家庭经济中,债务(即借贷)是一种陌生的东西。原始誓约是债的起源的最典型的形式。原始债的特点的形式是扣押人质,担保是基本的手续。在债的最初形式上(无论是涉及"债务协议",还是以"誓约"为根据的形式),债的产生均同那种后来发展为契约之债的债形式交织在一起。只是到了第二个发展时期,从另一个角度发展起来的私犯才被归结为债的渊源。[③]

笔者在拙文《制定侵权责任法的学理分析——侵权行为之债立法模式的借鉴与变革》中,认为彭梵得和格罗索对罗马法上债的起源的不同结论各有道理,在该文提要部分概括为"罗马法上的债最初起源于犯罪,原始的誓约是债的起源的最典型的形式"。这实际上是对债的起源的模棱两可的理解。

(三)学者对十二表法和盖尤斯的观点的分析

公元前451—前450年的《十二表法》是著名的古罗马法律文献,德国罗马史学家G.胡果(G. Hugo)认为该法是罗马法发展史上的一个里程碑。这部法典对于我们分析罗马法上债的起源有重要价值。《十二表法》第三表的

---

① 〔意〕彼得罗·彭梵得:《罗马法教科书》,黄风译,中国政法大学出版社1992年版,第284—285页。

② 同上书,第401页。

③ 〔意〕朱塞佩·格罗索:《罗马法史》,黄风译,中国政法大学出版社1994年版,第115—116页。

题目是债务法。[①] 但是从十二表法的规定看不出债的内涵是什么。我国学者张企泰说："债的古典理论是长时期历史发展的结果。'债'(obligatio)一词不见于罗马古代法中，十二表法只有 nexum(实际上是金钱借贷)。"[②]学者陈汉指出："在《十二表法》中，私犯是指一切不法行为。其外延相对广，有盗窃、侵辱、损害他人财产、高利贷等十余种行为。……值得注意的是，《十二表法》关于不法行为这一章的标题是'私犯'而非私犯之债，这也说明了当时的立法者并没有从'债的发生原因'的角度来看这些不法行为。……盖尤斯在其《法学阶梯》中以两分法论述'债的发生原因'时，认为私犯是产生'债'这一法律后果的不法行为，即私犯是债的发生原因之一。其外延的范围比《十二表法》要狭小得多，仅指四种类型化的不法行为。[③]

"在《十二表法》中，我们可以看到罚金与其他体罚相并列作为私犯的法律后果，这种并列也可以说明它们具有共同性——惩罚性。后来由于罚金符合'债'的特征，而被认为是债的一种，但是其本质并没有改变。"[④]

当代意大利学者桑德罗·斯奇巴尼指出，《盖尤斯法学阶梯》加强和推进了债的体系建构，关于债的发生根据的体系，得到了一个非常重要的发展，盖尤斯宣布所有的债要么来自契约，要么来自私犯。[⑤]

(四) 债起源于具有私犯性质的罚金责任

根据十二表法的规定和上述学者的论述，笔者对罗马法上的债起源的新的理解是：古代罗马最早的债的起源不是私犯，而是债务协议和原始誓约，债的内涵反映商品交换的经济性质，这与古代西亚地区和古代中国债的起源是一致的，反映了古代西亚地区、古代中国和古代罗马债的起源有其共同规律性。因此，笔者认为，联系古代西亚地区和古代中国的债起源来看，格罗索的观点较为符合人们的观念和债的起源的发展规律。

关于罗马法上债的起源是个严肃的法律事实问题，而不是单纯的学理

---

① 参见由嵘、张雅利、毛国权、李红梅编：《外国法制史参考资料汇编》，北京大学出版社 2004 年版，第 127 页。

② 〔古罗马〕查士丁尼：《法学总论》，张企泰译，商务印书馆 1989 年版，第 158 页注①。

③ 费安玲主编：《罗马私法学》，中国政法大学出版社 2009 年版，第 372 页。"盖尤斯和优士丁尼的《法学阶梯》都只列了四种形式的私犯：盗窃、抢劫、损害、侵辱。"(〔意〕彼得罗·彭梵得：《罗马法教科书》，黄风译，中国政法大学出版社 1992 年版，第 401 页。)

④ 费安玲主编：《罗马私法学》，中国政法大学出版社 2009 年版，第 377 页。

⑤ 〔意〕桑德罗·斯奇巴尼：《桑德罗·斯奇巴尼教授文集》，费安玲译，中国政法大学出版社 2010 年版，第 291—292 页。

问题，由于笔者掌握的有关资料有限，对上述新的理解仍有疑惑，为此笔者特地请教了我国罗马法学者费安玲教授。费安玲教授用电子邮件发给我她自己翻译的《十二表法》译文。她说："在《十二表法》中，尚未提出债务法的表达。"她用电子邮件详细回答了我提出的全部问题，她的回答是至今笔者看到的关于罗马法上债的起源的最简要而具有说服力的结论，颇具学术价值。经费安玲教授同意，将她回答笔者问题的全文引用如下：

"（1）在罗马法的原始文献中，'债'的表述的出现远迟于对具有私犯性质的罚金责任的阐述。实际上，无论是'债'还是'私犯'，都是在罗马社会渡过了其古代时期后出现的经理论提炼而产生的表达。彭梵得说得对，在罗马社会的早期，一个部落的人伤害了别人（即构成犯罪行为），最初是通过血亲复仇来处理，后来人们协商用金钱来替代血亲复仇，即伤害别人者要承担受到刑罚的处罚，但是可以以钱赎罪。不过，应当支付金钱者时有不支付的情况，应当获得金钱者就通过'对人之诉'要求支付者履行支付。因此，当伤害别人者应当支付金钱却不支付时，可以被扣押作为人质，也可以被直接卖为奴隶。其原因就在于支付者要受到包括支付金钱的刑罚处置。因此，首先是因为要受到具有'私犯'性质的罚金责任追究，其次以金钱赎罪也是当事人之间约定的结果，故而，罗马法中的债是起源于具有私犯性质的罚金责任，而且在当时所谓的契约责任也源于私犯的罚金责任的约定。应当说，犯罪是产生债的唯一渊源。而完整的私犯的归纳，是在后来即所谓第二时期逐渐发展起来的。

（2）同理，在《十二表法》中，仅有私犯之表述而没有私犯之债的表述，这说明当时还没有一个比较完整的债的术语的提炼，私犯是《十二表法》所要表达的核心内容，债不是它要强调的内容。

（3）直到盖尤斯时期，对债与债的发生原因的理论阐述才逐渐丰富起来，这是他对罗马社会古典法的归纳和提炼的结果。在盖尤斯之前，没有资料表明有如此的理论提炼。

（4）没有资料表明在盖尤斯之前，债的体系已经初步建立，唯有因盖尤斯对债进行了比较科学的分类，从而产生了债的初步体系。

（5）我所说的'没有资料'，是因为在优士丁尼谕颁《国法大全》（也称民法大全）后，下令销毁了许多与该大全内容不一致的几乎全部的论著、文献等，故而后人很难有直接资料能够说明当时的情形。”①

根据费安玲教授的论证，结论是：罗马法上的债起源于具有私犯性质的罚金责任。

（五）债的体系

《盖尤斯法学阶梯》奠定了罗马法上债的体系的基础，该书后来被宣布具有“法渊源”的效力。②《盖尤斯法学阶梯》分为四编：第一编 关于人（身份·婚姻·家庭）。第二编 关于物（物权·遗嘱继承）。第三编 关于物（无遗嘱继承·契约之债·私犯之债）。第四编 关于诉讼。③ 债属于物的组成部分，但有相对的独立性，自成体系。第三编第 88 节的题目是债，内容是：“现在我们来谈债。它划分为两个最基本的种类：每个债或者产生于契约，或者产生于私犯。”第 89 节至第 162 节为因契约而产生的债，包括实物契约、口头契约、文字契约与合意契约四类。第 163 节以下是通过他人的取得债。第 168 节以下为债的消灭。债的消灭的方式有：清偿、正式免除、想象清偿、称铜式想象清偿、更新。第 180 至第 182 节为争讼程序。第 183—225 节是因私犯产生的债，包括盗窃、抢劫、非法损害和侵辱。

关于债发生的原因，盖尤斯的《法学阶梯》采二分法：契约和私犯。后来在盖尤斯的《法学阶梯精选》中将二分法改为三分法：契约、不法行为和法律规定的其他原因。优士丁尼的《法学阶梯》采四分法：契约、准契约、私犯和准私犯。④ 从盖尤斯的《法学阶梯》和优士丁尼的《法学阶梯》都可以看出，其中有了通则性规定，包括关于债的概念；债的发生原因；通过他人的取得债；债的消灭。罗马法上关于债的规定为近现代债法奠定了初步基础。

---

① 2012 年 7 月 28 日费安玲教授发给笔者的电子邮件。笔者对费教授严谨的治学精神和认真的态度深表敬意和谢忱！

② 公元 426 年由罗马帝国君主狄奥多西二世和瓦伦丁尼三世颁布的一项谕令中，将盖尤斯的著作，与其他 4 位古典法时期的权威法学家（帕比尼安、保罗、乌尔比安和莫德斯丁）的著作一起，宣布具有“法渊源”的效力，这部所谓的“援引法”允许法官们直接援引这些法学家著作中的论断审判案件。参见〔古罗马〕盖尤斯：《盖尤斯法学阶梯》，黄风译，中国政法大学出版社 2008 年版，前言第 1 页。

③ 《盖尤斯法学阶梯》各编原文没有标题，上述四编的标题是我国学者黄风在他的《盖尤斯法学阶梯》新译本中，“为了能够比较醒目地提示各编的主题，译者为每一编增加了标题”，见〔古罗马〕盖尤斯：《盖尤斯法学阶梯》，黄风译，中国政法大学出版社 2008 年版，前言第 2 页。

④ 参见费安玲主编：《罗马私法学》，中国政法大学出版社 2009 年版，第 261—262 页。

（六）债务与责任融合

德国著名学者奥托·冯·基尔克（Otto von Gierke）明确提出，根据罗马法上有关债的概念的定义，债务（Schuld）与责任（Haftung）是融合的。[①] 我国台湾地区学者多持这种观点，郑玉波教授说："罗马法上债务与责任两概念早已融合为一。"[②]林诚二教授指出："罗马法上之债的观念并未区分债务与责任，而系融合二者为单一之obligatio。"[③]

上述学者指出罗马法上债务与责任的关系是融合关系，笔者认为其融合的原因可从三个方面说明：(1) 从语言文字表达方面看，文字、词汇、由少到多，由贫乏到丰富有个发展过程，债务与责任融合是当时文字和词汇不够丰富的反映。(2) 从法律观念方面看，法律观念与理论水平由低到高有个发展过程，债务与责任融合是当时法律观念与理论水平较低的反映。(3) 从债的侧重点方面看，在罗马人的观念中，债务与责任二者不是并重，而是侧重于责任。优士丁尼的《法学阶梯》指出;"债是拘束我们根据我们城邦的法律向他人为给付的法锁。"所谓"法锁"重在拘束，重在责任。罗马法学者布林兹（Brinz）就obligatio的概念作了解释。他指出：罗马法之obligatio一语，若就其主动的意味言之，则可译为请求权；自其受动的意味言之，则通常多译为义务，或称债务。然obligatio一语，实不外"法锁"之意，盖指当事人间之羁束状态，实与责任（Haftung）之意相当。[④] 罗马法学者彼得罗·彭梵得说："'债（obligatio）'这个词原是指这种约束即保障履行义务的法律约束；但后来人们也用它表示负债人的义务，有时（至少在优士丁尼法的文献中）还指权利享有人的权利。"[⑤]"罗马法将'法锁'视为债的本质所在。"[⑥]罗马法上债务与责任融合的实质是将债务融合于责任之中，这是"早期的立法呈现出'责任中心'的特点"[⑦]的反映。

---

① 参见邱雪梅：《民事责任体系重构》，法律出版社2009年版，第20页。

② 郑玉波：《民法债编总论》，台湾三民书局股份有限公司1978年版，第12页。

③ 林诚二：《民法债编总论——体系化解说》，中国人民大学出版社2003年版，第215页。

④ 李宜琛：《债务与责任》，载何勤华、李秀清主编：《民国法学论文精萃》（第3卷），法律出版社2004年版，第180页。

⑤ 〔意〕彼得罗·彭梵得：《罗马法教科书》，黄风译，中国政法大学出版社1992年版，第283页。

⑥ 江平、米健：《罗马法基础》（第3版），中国政法大学出版社2004年版，第280页。

⑦ 张文显：《法哲学范畴研究》（修订版），中国政法大学出版社2001年版，第117页。

四、古代日耳曼法上债务与责任的区别及责任制度

（一）相关背景

公元5世纪，日耳曼人在西罗马领土上建立了一系列日耳曼王国，日耳曼人替代了罗马人在欧洲的统治地位。日耳曼法是继罗马法之后在西欧形成的一种重要的法律体系，它与罗马法和教会法构成西方法的三大渊源。因为受罗马人重视成文法典的治国方式的影响，诸多日耳曼王国相继制定了法典，各王国的法典既有共同点，也有差异。日耳曼的国王们对于罗马文化和罗马法没有敌意，他们在努力尝试证实一种新的日耳曼的王国制度已经存在的同时，又尽力想保持原罗马帝国的法律因素。日耳曼法具有属人主义的特征，王国建立之后，不少部族的法律都与罗马法并存，各部族的法律原则上对于本部落人有效力，罗马法对于罗马人有效力。王国境内本民族人与罗马人发生纠纷时，适用本民族的法律，而非罗马法，对此，《勃艮第法典》有明文规定。[①] 罗马法学家多充当日耳曼王国立法和法律编纂方面的助手，他们的活动促进了日耳曼法对罗马法的接受。[②]

（二）纯然责任契约

纯然责任契约是日耳曼契约的一大特色。据基尔克一派主张，日耳曼法上债务契约和责任契约均为独立的法律行为。反对者认为各种契约不仅发生债务，且亦同时发生责任。虽然也有单纯发生责任或债务者，属少数例外。[③] 纯然责任契约有三种：

1. 人质契约

人质契约是为担保债务，以人为质的契约。在债务清偿前，债权人占有人质，若债务适法清偿时，人质即行解除。若债务不履行，则人质的身体生命由债权人自由处分。随着社会进步，对人质的处理逐步缓和，早期人质沦为债奴，为永久的债奴，后改为一时的债奴，再后改为债仆，最后改为债囚。债囚经一定时间监禁，即可放免。

---

① 参见李秀清：《日耳曼法研究》，商务印书馆2005年版，第1—4、456—459、480—481页。

② 参见由嵘：《日耳曼法简介》，法律出版社1987年版，第8页。

③ 李宜琛：《日耳曼法概论》，中国政法大学出版社2003年版，第116—117页。

2. 保证契约

保证契约为纯粹的责任契约，与罗马法上的保证制度不同。日耳曼法上的保证为“无债务之责任”，而原债务人因有保证人存在，虽负债务，但无责任。债务不履行，债权人只能强制保证人承担责任。

3. 人格法益出质契约

中世纪日耳曼法上的身体责任制度逐渐缓和，但是，法律允许人格法益出质契约。这种契约的类型有：生命之出质、肢体之出质、权利能力之出质、自由之出质、荣誉之出质。这种人格法益之出质契约到16世纪以后逐渐趋于消灭。①

（三）债务与责任的区别

日耳曼法上债务（Schuld）一语，义为“当为”。债务人对于债权人有当为给付之法律上之运命，债权人对于债务人有当为受领之法律上之运命，而此二者间之关系，即谓为当为状态。债务之内容，即为当为状态，而非由外部强制。履行与否，悉属债务人之自由。

反之，责任（Haftung）者，为服从攻击权（Unterwelfung unterdie zugrifts-macht）之义。于债务不履行时，得诉之强制手段，要求债务之满足，损害赔偿及复仇。责任为对于债务之羁束状态，得称之为羁束，亦即债务之担保。部族法的法源中，恒谓债务人对于自己之债务，自负责者，为保证人。即使在中世纪法源中，亦尝谓之为自己保证。故在日耳曼中世纪法往往称责任为保证或担保。责任系为担保债务而存在，二者纯属不同之概念。② 至此，“责任”概念在日耳曼法上首次得到确认，也就是说在日耳曼法上才有了形式意义上的责任概念。

（四）责任关系的确立与责任的实现方法

日耳曼法不仅区分债务与责任两个不同的概念，而且事实上区分了债务关系与责任关系。在先设定质权或保证的情况下，将来债务关系可能不发生，但其保证实权等责任关系已经成立。③ 这里讲的“责任关系”是相对债务关系而言。日耳曼法上的“纯然责任契约”成立之日，就是责任关系成立

---

① 关于纯然责任契约，参见李宜琛：《日耳曼法概论》，中国政法大学出版社2003年版，第122—130页。

② 以上两段参见李宜琛：《日耳曼法概论》，中国政法大学出版社2003年版，第104—105页。

③ 李宜琛：《日耳曼法概论》，中国政法大学出版社2003年版，第106页。

之时。

值得重视的是,日耳曼法上责任关系确立与责任实现方法是两个不同的问题。责任实现的方法在不同的时期有所不同。例如,对于财产责任,原有"私扣押"和"审判上之扣押",后来审判上之扣押成为一般扣押方法。对于身体责任,也有过由债权人自力扣押。责任是违反债务的后果,但不是说一旦债务不履行,债权人就立即诉之强制手段。日耳曼人有宽限期观念,例如,保证契约中有一种为"交出保证"。根据日耳曼古法,债务不履行时,债务人可能成为为人质,于此种情形,往往有第三人介入当事人之间,为之调解,请求债权人宽予限期,使债务人另谋清偿方法。在所定期限内,债务人的身体暂由第三人看管,期内仍不清偿时,应即交出债务人的身体。① 再者,前已述及,日耳曼法上,"责任为服从攻击权",是否追究债务人的责任,主动权在债权人,而不是由国家机关直接实施强制。

(五) 债务与责任的相互关系

按照日耳曼法学者的研究,日耳曼法上债务与责任的相互关系有以下情形:(1) 无责任之债务。这种债务不能强制履行,为不完全债务,例如已过时效的债务。(2) 无债务之责任。例如,对于将来可能发生之债务先行设定保证。这种债务将来可能不发生,但保证责任关系完全成立。(3) 负债务者不必负责任。例如以物为责任物,其债务人自身不负责任,是为纯然物上责任。(4) 负责任者自己不负债务。例如自己无债务,而为他人的债务负责。(5) 债务与责任从属同时存在,而其范围不尽相同。如非无限责任之债务,亦即所谓有限责任。②

(六) 日耳曼法上有侵权行为之债吗?

有学者认为:"任何民族,在法律观念幼稚时代,皆无民事责任与刑事责任的区别。恒须几经变迁,侵权行为概念始能确然独立,成为纯粹私法上之制度,日耳曼法自非例外。"③有学者指出:"产生债的根据是契约和侵权行为,这和罗马法以及其他古代法律是一致的。但在日耳曼法中还未形成民

---

① 参见李宜琛:《日耳曼法概论》,中国政法大学出版社 2003 年版,第 125 页。

② 参见李宜琛:《债务与责任》,载何勤华、李秀清主编:《民国法学论文精萃》(第 3 卷),法律出版社 2004 年版,第 182—183 页;李宜琛:《日耳曼法概论》,中国政法大学出版社 2003 年版,第 105—107 页。

③ 李宜琛:《日耳曼法概论》,中国政法大学出版社 2003 年版,第 109、131 页。

事违法的观念,侵权行为和犯罪没有明确的划分。”[①]有学者指出:“在古代日耳曼人的观念中,并无现代人的所谓犯罪与侵权之分,而只存在为部落习惯所禁止、违反者须受到一定处罚的若干行为。对此以“不法行为”这一集合性用语称呼之。[②] 根据现有历史资料,日耳曼法上没有“侵权行为”概念。如果说日耳曼法上有侵权行为之债,是指实质意义上的侵权行为之债,而不是形式意义上的侵权行为之债。

(七)日耳曼法上的责任制度对后世私法的影响

从总体上看,日耳曼法的立法理念和立法技术落后于罗马法,但是日耳曼法区分债务与责任,突破了罗马法上债务与责任融合的观念,是巨大的进步。确立债务与责任“二者之区别者,实为日耳曼法学者之功绩”[③]。”从法制史观察,日耳曼法对后世贡献最大者,诚为‘责任’与‘债务’之区别观念的确立,影响所及,德国普通法时代之‘自然债务’、担保物权之物的责任、有限责任与无限责任等观念,相继确立。例如 Isay 氏认为将来立法时,有将责任关系予以独立,而与债法中之保证及物权法中之担保物权,一并制定责任法之必要。”[④]从债务与责任关系的发展历史来说,笔者将日耳曼法上的债务与责任的关系称为债务与责任区别。

五、法、德国两国债法比较及德国民法上责任与债结合

(一)债在民法中的地位及其结构

1804 年《法国民法典》分为三编:第 1 编人;第 2 编财产及对于所有权的各种变更;第 3 编取得财产的各种方法。第 3 编共 19 章,其中第 3 章契约或合意之债的一般规定,基本内容是契约通则。第 4 章非因合意而发生的债,分为两节:契约和准契约;侵权行为和准侵权行为。第 6 章以下各章包括买卖、互易等各种契约,还包括质押、优先权及抵押权等。

《法国民法典》关于债的规定是对罗马法债的规定的继受和重大发展。发展之一,债不是物的组成部分,将所有权与债分别规定在不同的两编中。

---

① 由嵘:《日耳曼法简介》,法律出版社 1987 年版,第 59 页。

② 李秀清:《日耳曼法研究》,商务印书馆 2005 年版,第 320 页。

③ 李宜琛:《日耳曼法概论》,中国政法大学出版社 2003 年版,第 102 页。

④ 林诚二:《民法理论与问题研究》,中国政法大学出版社 2000 年版,第 208—209 页。

发展之二,罗马法上债务与责任为同一个词,法国法上的债务与责任是不同的概念。发展之三,将罗马法上的私犯变革为侵权行为,区分了侵权行为与犯罪的性质,划清了民法与刑法的界限。

《德国民法典》采取五编制,即:总则;债务关系法;物权法;家庭法和继承法。《德国民法典》将债法置于物权法之前,是因为在《德国民法典》编纂的时代,作为动态财产关系之表现的债已比表现静态财产关系的物权重要的原因。[①] 第 7 章(现行法为第 8 章)各种债的关系,共计 25 节(现行法为第 27 节),包括买卖、互易、租赁、劳务、承揽、合伙等契约,还有无因管理,不当得利和侵权行为。

(二) 责任在民法中的地位

《法国民法典》第 3 章契约或合意之债的一般规定中的第 1142 条规定:"作为或不作为的债务,在债务人不履行的情形,转变为赔偿损害的责任。"第 4 章非因合意而发生的债中的第 1382 条规定:"任何行为使他人受损害时,因自己的过失而致行为发生之人对该他人负赔偿的责任。"[②]

德国法上的责任属于债法的范畴。民法典其他编关于责任的条文实际属于引致规范,一般适用债编的有关规定。学理上认为:"责任概念在运用时有两个不同的意思:(1) 责任指承担损害赔偿义务。(2) 责任指必须以人或以财产去担当义务。这一责任概念所指的并不是义务,而是以之为前提,它所涉及的是义务人由于该义务而要受强制执行的财产范围。"[③]我国台湾学者持同样观点,王泽鉴教授概括简练:"……对于此项损害赔偿义务(债务),债务人应以全部财产为其担保、债权人得强制执行之,即属吾人于此所谓之'责任'。"[④]

(三) 法、德两国的债与责任关系的区别

法、德两国债与责任的内涵与结构的基本点相同,但也有区别。主要区别有:(1) 法国法虽然将债与所有权分别规定在不同的编,但"将债权置于

---

① 参见徐国栋:《民法典草案的基本结构》,载《法学研究》2000 年第 1 期,第 38—55 页。
② 引自《法国民法典》,李浩培、吴传颐译,商务印书馆 1979 年版,第 153、189 页。
③ 〔德〕迪特尔·施瓦布:《民法导论》,郑冲译,法律出版社 2006 年版,第 168—169 页。
④ 王泽鉴:《民法学说与判例研究》(4),中国政法大学出版社 1998 年版,第 123 页。

所有权的附属地位(债权为取得财产的方法之一种)”[①]。《德国民法典》中的债为独立的一编,债权与物权并列,并且债编在民法典五编中所占比重最大,地位特别突出。(2) 法国民法区分合意之债与非合意之债,德国民法注重各种债的共同性,不区分合意之债与非合意之债。(3) 法国民法将质押和抵押权规定在契约或合意之债中,作为契约或合意之债的担保。德国法将质押和抵押权规定在物权编,强调其物权性质。(4) 德国民法将责任严格限于债的范畴,法国民法上责任观念的发展已经超出了债的范畴。例如,法国法院的司法解释认为,相邻关系造成的不正常侵害的责任“是一种独立于其他民事责任制度的责任”[②]。德国民法对相邻关系重大侵扰问题的起点不是侵权行为法而是所有权法,即使德国法院判决的补偿额几乎与侵权法上的全额赔偿相等[③],也不将其视为“责任”。

(四) 比较分析

法、德两国债与责任关系的区别是法、德两国立法背景和理论根据不同决定的。《法国民法典》是法国大革命的产物,它是在拿破仑的领导下制定的,从起草到颁布仅用了 4 年时间。拿破仑对法典的起草主要是政策性指导,基本不参与纯粹的法律论争,并认为法典的风格对于即使和他那样的非法律家也应当简明易懂。该法典是“经过深思熟虑吸收了长期历史发展的成果,并且在很大程度上是深受罗马法影响的南部成文法与以日耳曼法、法兰克习惯法为基础的北部习惯法这两种传统制度的巧妙融合物”[④]。

1871 年德意志帝国成立时,各邦早已有自己的法律或法典,制定民法典主要是为了发展资本主义经济的需要,并通过民法典统一各邦的法制,以加强帝国在政治上的统一。德国统治者不要求迅速完成民法典的制定,而要求起草者尽量细致地进行工作。立法者遵循的是 19 世纪后半期最终完成的潘德克顿法学。《德国民法典》总共花费了 23 年时间。这部法典不是要用之于普通公民,而是要用之于法律专家,在立法技术上注重高度抽象、概括,

---

① 尹田:《评侵权责任的独立成编与侵权行为的类型化》,载《清华法学》2008 年第 4 期,第 102 页。

② 参见《法国民法典》(上册),罗结珍译,法律出版社 2005 年版,第 459 页的司法解释。

③ 参见〔德〕克雷斯蒂安·冯·巴尔:《欧洲比较侵权行为法》(上册),张新宝译,法律出版社 2001 年版,第 657—658 页。

④ 〔德〕K. 茨威格特、H. 克茨:《比较法总论》,潘汉典、米健、高鸿均、贺卫方译,法律出版社 2003 年版,第 118 页。

“《德国民法典》以概念的细密精确，用语严格准确著称”[①]。

在债与责任的关系发展史上，《德国民法典》代表了一个时期的一种类型，即德国民法上的责任与债是结合关系。德国民法上的责任是损害赔偿。损害赔偿这个词有时是指损害赔义务，有时是指损害赔偿责任，有时是指损害赔偿之债。在德国民法上虽然债务与责任是两个概念，实际上二者并不严格区分。德国学者梅迪库斯说：“在现在，债务通常与责任联系在一起，人们可以将责任称为‘债务的影子’。在法律中以及其他场合，‘负责任’有时亦与‘负担债务’同义使用。这常常只是为了避免重复使用‘负担债务’。真实的没有债务的责任主要见于物权法，即见于在非为债务人所有的物上设定质权的情形。”[②]我国民国时期的学者和现在的台湾学者持同样观点。有学者将债务与责任比作一个蜜橘，责任为其外皮，而债务则为其内实。[③] 王泽鉴教授说：“现行法上债务与责任相互结合，原则上并属无限财产责任。申言之，负有债务者，于不履行时，即应以全部财产负其责任；有债务即有责任。”[④]林诚二教授指出：“就现代法律学观点而言，责任与债务之区别观念，在理论及实际上诚有其价值存在。然二者究竟如罗马法上之‘融合’关系，抑或为‘结合’关系？为达现代法律生活之实际需要，应认其为一种结合关系，而构成单一之债权关系。”[⑤]

在《德国民法典》中，责任一词仅在特定情况下使用，主要用于以下三类情况：一是涉及责任主体的特别规定。例如：社团对机关的责任（第 31 条），合伙人的责任等。二是责任要件或者特定条件下的责任。例如：过失责任（第 276 条），迟延责任（第 287 条），严格责任（第 819 条）等。三是一定范围的财产的责任，例如：共同财产的责任（第 1438 条），主要受遗赠人的责任（第 2187 条）等。

德国民法将责任严格限于债的关系范畴，其他民事关系中实质上没有责任问题。

德国民法上债务与责任结合，其理论根据可以从四个方面说明：根据之

---

① 谢怀栻：《外国民商法精要》，法律出版社 2002 年版，第 103 页。

② 〔德〕迪特尔·梅迪库斯：《德国债法总论》，杜景林、卢谌译，法律出版社 2004 年版，第 17 页。

③ 参见李宜琛：《债务与责任》，载何勤华、李秀清主编：《民国法学论文精萃》（第 3 卷），法律出版社 2004 年版，第 194—199 页；林诚二：《论债之本质与责任》，载林诚二：《民法理论与问题研究》，中国政法大学出版社 2000 年版，第 213—226 页。

④ 王泽鉴：《债法原理》（第 1 册），中国政法大学出版社 2001 年版，第 29 页。

⑤ 林诚二：《民法债编总论——体系化解说》，中国人民大学出版社 2003 年版，第 216 页。

一,责任是债务的担保。德国民法上的责任具体体现为损害赔偿,属于财产责任。债务一旦产生,就意味着债务人应以其财产为债务的担保。因此,有债务就有责任。将责任界定为债务的担保,有其历史渊源。

根据之二,学理上将债务分为完全债务与不完全债务。有责任的债务为完全债务,即在法律上具有完全效力的债务;无责任的债务(例如自然债务)为不完全债务,债务是否履行由债务人决定,法律不加干涉。债务(Schuld)必须再加上责任(Haftung),方可称为一个完全债务(eine Vollschuld)。[①] 完全的债务是常规,不完全债务是例外。完全债务与不完全债务的区分源于日耳曼法上的无责任之债务。

根据之三,债法是交易法。《德国民法典》将侵权行为与买卖、租赁等契约并列,注重其共性。有学者认为整体上各种债的标的都可以被概括置于抽象概念——商品之下,这对于所谓法定债之关系包括侵权也不例外。[②] 其理论渊源是萨维尼关于债的"交易"性的观念。萨维尼指出:"债权的内容是对他人行为的局部支配。我们在整体上概括称之为'交易'的那些事务就是以债权作为条件,并由债权所构成的。"[③]我国台湾学者持同样观点,郑玉波教授指出:"债权多由于交易关系而产生,……。债权既由交易关系而生,则债法自属交易法。"[④]由于强调债的交易性,就把债务与责任的区别视为次要的问题,重视的是二者的相同性与结合性。

根据之四,私人自治理念。有学者指出,不仅合同,而且侵权行为以及其他法定债之关系都被理解为自我决定和私人自治的表现方式。[⑤] 由于强调私人自治,发生了侵权行为也强调自我决定,重视的是债务与责任的共同性和结合性,而不是侵权行为的特殊性。

德国民法上债务与责任结合,二者的位置可以互换,这与《德国民法典》概念细密精确、用语严格准确的优点不协调。但是从民法整体上看,这样做是为了严格划清物权与债权的界限,可以说是以低层次的概念不准确服从于高层次的体系严谨。但是从当今严格区分权利、义务与责任三个基本法律概念的观点来看,区分义务(债务)与责任,与区分物权与债权相比,前者

---

① Fsser, aaO. S. 82。转引自黄茂荣:《债法总论》(第1册),中国政法大学出版社2003年版,第62页。

② 〔德〕罗尔夫·克尼佩尔:《法律与历史》,朱岩译,法律出版社2003年版,第153页。

③ 〔德〕弗里德里希·卡尔·冯·萨维尼:《当代罗马法体系I》,朱虎译,中国法制出版社2010年版,第286页。

④ 郑玉波:《民法债编总论》,台湾三民书局股份有限公司1978年版,第16页。

⑤ 〔德〕罗尔夫·克尼佩尔:《法律与历史》,朱岩译,法律出版社2003年版,第142页。

是更高层次的区分,由此而论,德国民法违背了更高层次的法律概念准确性与逻辑性。

六、债与责任关系的发展变化及中国民法上责任与债分离

(一)债与责任关系发展变化的立法例

法、德两国关于债与责任的关系的规定,对各国民法都有重大影响,并有不同的发展变化,其中比较突出的共同点是,提升了责任在民法中的地位,例如:

1960年的《埃塞俄比亚民法典》第4编第13题第1节"因过犯所生责任"(相当于《德国民法典》上的侵权行为),规定颇为详细,共135条。

1964年的《苏俄民法典》第3编第19章的题目是违反债务的责任,并且在各种不同的债中规定违反各种债务的责任,形成了系统的违反债务的责任制度,突出了责任在债法中的地位;现行《俄罗斯联邦民法典》继受了这样的规定。

1966年的《葡萄牙民法典》也采取五编制,但结合其内容则"可以被视为德意志法系与拉丁法系结合的一次大胆的尝试"[①]。第2卷债法,第1编债之通则,其中第2章第5节的题目是民事责任,其内容大体上相当于德国民法上的侵权行为。

1975年的《阿尔及利亚民法典》第3章为损害行为,其内容相当于《德国民法典》上的侵权行为,分为3节,3节的题目均有"民事责任"字样。

1986年颁布的《中华人民共和国民法通则》(以下简称《民法通则》)与后来颁布的《中华人民共和国合同法》(以下简称《合同法》)及《中华人民共和国侵权责任法》(以下简称《侵权责任法》),不仅严格区分债务与责任,而且在立法体系上将责任与债分离,表现在:(1)民事权利、民事义务与民事责任是中国民法上的三个基本概念(债务是民事义务的一种)。义务(债务)与责任严格区别,二者的内涵不同,不能通用,位置不能互换。学理上认为,民事责任是指民事主体违反民事义务应当承担的民事法律后果。[②] (2)责任

① 《葡萄牙民法典》简介,见《葡萄牙民法典》,唐晓晴等译,北京大学出版社2009年版,扉页。

② 参见王利明主编:《民法》(第4版),中国人民大学出版社2008年版,第662页;魏振瀛主编:《民法》(第4版),北京大学出版社、高等教育出版社2010年版,第41页。

的内涵和适用范围超出了债的范畴,称为民事责任,形成了责任与债相分离的民事责任体系。《民法通则》第6章专章规定民事责任。《合同法》总则第7章规定违约责任,分则各章的各种合同中的义务与责任也是鲜明地分离开的。2009年颁布《侵权责任法》更是责任与债分离的显著标志。(3) 违反民事义务的后果不限于损害赔偿,《民法通则》规定了十种主要的承担民事责任的方式。其中赔偿损失性质的责任方式可以准用债的一般规定,而停止侵害、排除妨碍、消除危险、返还原物、消除影响、恢复名誉、赔礼道歉等责任方式与债没有关系。从债务与责任关系的发展历史来说,笔者将中国法上的债与责任的关系称为债务与责任分离。

1990年的《朝鲜民法》第4编为民事责任与民事时效制度。

1991年的《魁北克民法典》是魁北克的一部新民法典,该法典第5编为债,其中第1题为债的一般规定。第2题的第3章的题目是民事责任,分为3节:(1) 责任条件;(2) 某些免除责任的情形;(3) 责任分担。责任内容主要是侵权责任,对违约责任有一般性规定。

《魁北克民法典》关于民事责任的规定对其他国家产生了重大影响。1999年8月4日至7日,在秘鲁的阿雷基巴举行了"第二届国际民法大会:秘鲁和阿根廷民法典改革委员会聚会 秘鲁民法典15年及其改革进程"。在这个会议上,阿根廷、玻利维亚、秘鲁和波多黎各的民法典改革委员会联合制定了一个"阿雷基巴纲领",宣布,无论是制定新民法典还是修订已有民法典的签字国,都要遵守如下基本原则,其中第六项原则就是"建立相当于民事责任的制度"①。

1994年的《蒙古民法典》(新编本)第4编合同责任,第5编非合同责任。

1995年的《越南民法典》第3编民事义务和民事合同,第1章为总的规定,其中第3节的题目是民事责任。

(二) 债与责任关系发展变化的理论根据

上述一些国家的立法例各有其社会背景与理论根据。从理论上看,反映了民法理念的发展变化。苏联学者在阐释民事责任时明确指出:"民事法律责任的实现总是在保全法律关系范围内进行,在受害人(债权人)和责任

---

① 参见徐国栋:《〈魁北克民法典〉导读》,载《魁北克民法典》,孙建江、郭站红、朱亚芬译,中国人民大学出版社2005年版,第34—35页。

人之间引起特殊债的发生。"[①]这段话说明，责任虽然属于债的范畴，但它不是一般的债，而是特殊的债，说明基于民事责任发生的债的性质不同于基于正常的债权债务关系发生的债，这是《苏俄民法典》规定违反债务的责任的理论依据。另外，苏联学者还指出，民法中的责任不限于违反债的责任，"在违反其他民事义务的情况下，也适用民事法律责任。"[②]当今，《俄罗斯民法》经典教科书指出："应该强调的是，民事法律责任是民法总则的制度，一般及于各种民事法律关系。民事立法传统把它规定为违反债的责任，并且多数情况下教科书亦步亦趋，然而民事法律责任却根本不能仅归结为违反债的责任。"[③]并指出："大多数现代教科书总是谈论民事法律责任，而不是违反债的责任，尽管论述债的一般原理的一编里会有一章论述违反债的责任。"[④]

《葡萄牙民法典》对关于侵权行为的规定，不用侵权行为概念，而直接用民事责任概念，突出了侵权行为的民事责任性质。葡萄牙学者托平写的《民法总论》将民事责任作为民事法律体系的组成部分，他还专门讲了合同责任与非合同责任的区别，他指出：合同责任是基于侵犯债权或技术上之债而产生，是债务人因未履行债务对债权人承担的责任。非合同责任，又称不法行为责任，是基于不遵守面对绝对权（物权，人格权）时应负的一般不作为义务而产生。这两种责任形式虽然在民事责任的基本点上有相同的法律规定，但两者的制度是有区别的。[⑤]

我国民法将责任与债分离，建立民事责任体系的主要理论根据在于：权利、义务和责任是法律的基本概念，同理，民事权利、民事义务和民事责任是民法的基本概念。民事责任与民事义务（债务）的性质不同，功能不同，拘束力不同。

提升民事责任在民法中应有的地位，不是国家加强对民事关系的干预，责任不等于强制，应当区别民事责任与民事制裁。通常，责任人会自动承担民事责任，或者经权利人请求后承担民事责任，通过国家机关强制承担民事

---

① 参见〔苏〕B. T. 斯米尔诺夫等著：《苏联民法》（上卷），黄良平、丁文琪译，中国人民大学出版社 1987 年版，第 395 页。

② 〔苏〕B. N. 格里巴诺夫、C. M. 科尔涅耶夫主编：《苏联民法》（上册），中国社会科学院法学研究所民法经济法研究室译，法律出版社 1984 年版，第 490 页。

③ 〔俄〕E. A. 苏哈诺夫主编：《俄罗斯民法》（第 1 册），黄道秀译，中国政法大学出版社 2011 年版，第 406 页。

④ 同上书，第 406 页注（1）。

⑤ 〔葡〕Carlos Alberto da Mota pinto：《民法总论》，澳门翻译公司、林炳辉、刘因之、欧阳琦、冯瑞国译，法律翻译办公室、澳门大学法学院 1999 年版，第 61 页。

责任的是少数。建立民事责任体系不是否定民事权利的重要地位。我国民法应当以权利为本位,以民事法律关系为核心。前者是就民法的本质属性和基本任务而言,属于价值判断问题;后者是就民法规范结构而言,属于立法技术问题。民事权利、民事义务与民事责任是民法规范结构的基石。[①] 将责任与债分离符合法律责任制度的发展趋势。采取多种民事责任方式,有利于充分保护各种民事权利和民事利益。再者,将责任与债分离,使债的财产属性更鲜明,从而使债法的内涵与结构更严谨,同时也会使物权与债权的界限的界限更加清晰。[②]

七、启示与思考

1. 根据现有的世界历史资料,近现代民法上的债最早起源于古代西亚地区买卖契约和借贷契约的欠物或者欠钱。担保制度和债奴制度(实质上的责任)从属于债务,没有债务,就没有责任。罗马法上的债起源于私犯的罚金责任,不同于古代西亚地区文明国家和古代中国债的起源,把罚金置于债的突出地位,但是后来优士丁尼的《法学阶梯》将债的发生原因概括为契约、准契约、私犯和准私犯,突出了契约的地位。罗马法创立的债的体系,是对私法发展的重大贡献。

从约公元前 2096 年以前至公元前 1930 年之间苏美尔法上的债的起源,到公元 1896 年《德国民法典》上债法的确立,关于债与债法的发展,可分为 4 个阶段:

第一个阶段,从苏美尔法上债的起源,到中国西周时期。这个时期,债产生于借贷契约和买卖契约而形成的"欠钱""欠物。"这种"欠钱""欠物"而形成的债的观念,可以说是为后世其他国家私法扩展债的适用范围提供了一个思路。

第二个阶段,从罗马法上债的起源到公元 2 世纪盖尤斯的《法学阶梯》问世。盖尤斯的《法学阶梯》初步形成了债的体系。

第三个阶段,从盖尤斯的《法学阶梯》问世到《法国民法典》颁布。《法国民法典》将物与债的区分开,创立了债法的一种类型。

---

① 参见魏振瀛:《制定侵权责任法的学理分析——侵权行为之债立法模式的借鉴与变革》,载《法学家》2009 年第 1 期,第 17—20 页。

② 参见魏振瀛:《物权的民法保护方法——是侵权责任,还是物权请求权》,载费安玲主编:《学说汇纂》(第 1 卷),知识产权出版社 2007 年版,第 49—55 页。

第四个阶段,由《法国民法典》颁布到《德国民法典》颁布。《德国民法典》将债作为一种财产法与物权法并列,创立了债法的另一种类型。

法、德两国的债法是世界民事立法历史经验的总结。债法的发展史说明,债法是财产法,是有别于物权法的一种财产法。自从知识产权成为重要的财产权以后,物权、知识产权和债成为财产的三种基本类型。物权法和知识产权法主要调整财产归属关系,债法主要调整财产流转关系。在市场经济条件下,物权和知识产权通过市场交换,进行财产流转,从而形成债权债务关系。社会生产和再生产总是处于动态之中,因此,财产关系经常处于变动状态。一个民事主体的总财产包括资产和负债,债权属于资产,债务属于负债。在某个时间点上(例如某年某月某日一个企业的资产负债表上),总资产减去总负债,余额(总财产的价值)可能是正数,可能是零,也可能是负数,这足以证明债在财产中的重要地位。如果只知道合同是当事人之间的协议,而不懂得合同的内容是债权债务关系,就没有把握合同的本质。健全债法,调整好债权债务关系,对于保护民事主体的财产权、维护社会经济秩序具有重要意义。

2. 通过债法的发展史可以更清楚地认清债的性质。对于债的性质的认识,有个历史发展过程。罗马法将“法锁”视为债的本质。《法国民法典》将债规定在取得财产的各种方法一编,说明该法突出反映债的财产属性。德国民法重视债的交易性质,重在债法与物权法的区别。这些不同的侧重点反映了时代、国情和法律观念的不同,各有其道理。

要全面认识债的性质,需要结合不同类型的债具体分析。按照传统民法理论,债的发生原因主要是契约、无因管理、不当得利和侵权行为,它们作为债具有共同性,但是进一步分析,各有不同的性质。自古至今“债的最重要的渊源是契约”①。基于契约产生的债属于动态性财产关系,是当事人一方向他方转移财产的关系。契约是商品交换的法律形式,说债法是交易法,因为债的最重要的渊源是契约。债的关系多由交易而生,但并非各种类型的债都是交易。例如,无因管理行为是为他人做好事,是行为人高尚道德的反映,如果将这种关系视为交易关系显然不确切。再如,侵权行为的实质是不法行为,如果将侵权行为之债视为交易关系就不妥当。再者,不履行契约、无因管理或者不当得利的债务,应当承担相应的责任,这些责任的性质

---

① 〔意〕彼得罗·彭梵得:《罗马法教科书》,黄风译,中国政法大学出版社 1992 年版,第 307 页。

也不同于债务。

笔者曾经指出:“责任具有强制性,义务没有强制性,责任和义务(债务)的地位不能互换。从实践上看,在侵权行为发生后,一般来说受害人不会立即请求法院对违约者或者侵权人采取强制措施,但也不排除在特定情况下,受害人立即请求法院对侵权人采取强制措施,以便确保其受侵害的权利得以恢复。”[①]前述《俄罗斯民法》一书的作者说:“如果合同义务履行适当,则不发生责任问题,反之便产生责任。而因损害产生的债则是另一种情形。在这里,债务产生于违反法律的事实。自该债务产生之时起责任也产生了。即此时可以对违法者实施制裁。”[②]这里说的“实施制裁”不是指立即由国家机关采取制裁措施,该书的主编苏哈诺夫指出:“在某些情况下,责任措施的实施也可以是自愿的,而不是借助公权力(例如违法者自愿赔偿损失)。”[③]当代一些国家提升了责任在民法中的地位,一些学者重视责任与债务的区别,其主要根据就在于责任与债务的性质不同。

另外,我国将侵权责任单独立法,规定多种侵权责任方式,只是债法结构的部分变动。《侵权责任法》不是否定而是更加准确地反映债的财产性质。侵权责任法主要是责任法,同时也是自由保障法。

根据不同类型债的共同性,借鉴苏联学者认为债法“调整经济流转关系”的观点[④],可以说债法是财产流转法。既明确债的共同属性,又明确不同类型债的特殊性,才能根据不同情况,具体分析,正确适用法律,达到应有的法律效果。

3. 债与债法的历史发展说明,责任与债的关系经历了不同时代的发展变化,表现为五种形态:(1) 债务与责任联系;(2) 债务与责任融合;(3) 债务与责任区别;(4) 责任与债结合;(5) 责任与债分离。

债与责任关系的发展变化和法律义务与责任关系的发展变化既有联系,又有区别。西方学者对法律义务的分析相对匮乏。法律义务成为独立的概念和对它进行系统分析,始于近代,20 世纪 70 年代以后研究逐渐深

---

① 魏振瀛:《物权的民法保护方法——是侵权责任,还是物权请求权》,载费安玲主编:《学说汇纂》(第 1 卷),知识产权出版社 2007 年版,第 23 页。

② 〔俄〕E. A. 苏哈诺夫主编:《俄罗斯民法》(第 4 册),付荣译,中国政法大学出版社 2011 年版,第 1576 页。

③ 同上书,第 404 页。

④ 〔苏〕B. N. 格里巴诺夫、C. M. 科尔涅耶夫主编:《苏联民法》(上册),中国社会科学院法学研究所民法经济法研究室译,法律出版社 1984 年版,第 415 页。

入。[①] 债务是民事义务的一种,民事义务是法律义务的一种。债法上的责任是一种民事责任,民事责任是法律责任的一种。从历史发展看,债务概念早于法律义务概念,违反债的责任概念早于法律责任概念。

债与责任的发展历史和法律义务与法律责任的发展历史说明,民事责任与其他法律责任既有共同性,也有特殊性。民事责任有其特定的内涵,例如:结果责任、过错责任、无过错责任;公平责任(衡平责任);无限责任、有限责任;按份责任、连带责任,以及责任契约[②]等。民事责任需要国家的强制力为后盾,但不是都需要国家直接干预。应当区分公法责任与私法责任[③],不宜用法律责任的"强制"这一共同性否定民事责任的特殊性。

4. 从改革开放开始,我国民事立法在以往30年民法虚无主义的基础上艰难起步,至今我国的民事立法发生了天翻地覆的变化,其中一条经验是:汲取历史的经验教训,借鉴外国的先进立法,走我们自己的路。"经由改革开放后三十余年立法机关、司法实务部门以及民法学界的共同努力,在中国业已颁行的一系列重要的民事法律中,已经孕育出了有资格被称为'中国元素'的诸多民事法律制度。"[④]民事责任制度是"中国元素"的民事法律制度之一。学者对于中国元素的民事法律制度评说不一。当前我国的民法理论处于趋同而又争鸣的时期,是从争鸣向更高层次统一的发展时期。

"将拿破仑法典视为法国文化之精华的法国人,宁肯对法典修修补补,也绝不愿意破坏拿破仑法典原有的风貌。"[⑤]"尽管社会和经济发生了很大变化,但《德国民法典》总体上仍然基本保持着80年前的外观。……《德国民法典》和《法国民法典》一样,其全部领域均穿上了色彩鲜明的法官外衣,以至于人们现在已经不再能够从法典条文的单纯阅读中简单地领悟现行实际

---

① 张文显:《法哲学范畴研究》(修订版),中国政法大学出版社2001年版,第290—291页。

② 《埃塞俄比亚民法典》第1895条的题目是约定制裁,该条规定:"如果合同约定,一方不履行其某项义务的,他方可适用某种制裁,则即使有相反的规定,法院仍应核查是否可适用约定的制裁。"这种"约定制裁"可谓一种责任协议(契约),这种规定可以追溯到日耳曼法上的责任契约。我国《合同法》第114条规定:"当事人可以约定一方违约时应当根据违约情况向对方支付一定数额的违约金,也可以约定因违约产生的损失赔偿额的计算方法。"当事人据此约定的契约条款属于责任条款,近似责任契约。当今,俄罗斯学者也认为:"非合同责任的形式和范围均由法律的命令式规范规定,而合同责任则既有法律规定的,也有合同约定的。"(参见〔俄〕E. A. 苏哈诺夫主编:《俄罗斯民法》(第4册),付荣译,中国政法大学出版社2011年版,第1576页。)

③ 参见孙笑侠:《公、私法责任分析——论功利性补偿与道德性惩罚》,载《法学研究》1994年第6期,第28—35页。

④ 王轶:《论中国民事立法中的"中国元素"》,载《法学杂志》2011年第4期,第1页。

⑤ 尹田:《法国物权法》,法律出版社1998年版,第17页。

法律。”[1]中国没有《法国民法典》和《德国民法典》那样光辉的民法文化历史；反过来说，中国人也没有法国人和德国人那样的保持民法典原貌的负担。我们应当继续借鉴外国的经验，总结我国的经验，在理论上和立法上进一步完善责任与债的关系，推进民法文化的发展。

① 〔德〕K. 茨威格特 H. 克茨：《比较法总论》，潘汉典、米健、高鸿均、贺卫方译，法律出版社2003年版，第229—230页。

第二题　责任与债分离的必要性和民事责任体系的构建

一、侵权行为法律后果的实质是责任不是债

近现代民法将侵权行为规定为债的一种，这一民法体系有其历史渊源和理论根据，从民事责任制度理论上看，侵权行为后果的实质是责任而不是债。

第一，将侵权行为看做是债，从法律关系上说混淆了义务与责任的区别。

"法律关系是根据法律规范产生的，以主体之间的权利与义务关系的形式表现出来的特殊的社会关系"①。"民事法律关系，是指由民法调整的具有民事权利、义务内容的社会关系"②。民事责任是义务人不履行义务的法律后果，有义务才有责任，无义务则无责任。法律义务可分为作为义务和不作为义务两类。合同关系中的义务通常是作为义务。物权关系和人身权关系中，义务人的义务通常是不作为义务，即不侵犯他人的物权和人身权，就是尽了不作为义务；反之是违反了义务。对他人造成损害的，应当承担民事义务。债务是民事义务的一种。违反不同的义务，应承担不同的法律责任。侵权行为通常是对不作为义务的违反，应承担侵权责任。如果说侵权行为的后果产生债，对债务人来说是产生了债务（义务），也就是说违反了义务又产生了义务，这样就违反了法律关系的逻辑性。事实是，先有不作为的义务，后有对不作为义务的违反，才导致义务人承担民事责任。违反不作为义务是因，民事责任是果，而不是相反。

---

① 沈宗灵：《法理学》，高等教育出版社 1994 年版，第 372 页。

② 郑立、王作堂主编：《民法学》，北京大学出版社 1995 年版，第 31 页。

第二，侵权之债与其他债的性质与法律后果不同。

侵权之债与其他债相比，其特殊性突出表现在性质上的不同。合同之债，其内容一般属于商品交换关系，是为满足人们物质文化生活需要。无因管理之债产生于管理人的义举，应当提倡。法律规定无因管理之债，是为平衡当事人之间的利益关系，鼓励无因管理行为。不当得利之债是非出于当事人意志的事件。法律规定不当得利之债，是为保护权利人的合法权益。上述三类债是正常的社会现象。而侵权行为是违法行为，是不正常的社会现象。侵权行为产生的债的实质是责任，是对债务人的惩罚。有些侵权行为与犯罪行为相伴而生，由此而产生的侵权之债，惩罚性更为明显。

由于侵权行为的违法性，其法律后果与其他债务不同，作为侵权之债的给付也不同。合同之债的给付内容可以由当事人自愿协商，违约责任的承担方式（赔偿损失、支付违约金）和计算方法也可由当事人事先约定。侵权责任的范围、承担的方式均由法律规定，当事人不能事先协商。受害方可以自愿让步，放弃请求权，但他并不能改变责任的性质。

第三，因民事责任形式的发展，债的请求权同一性理论已与实践相抵触。

过去几乎把损害赔偿视为唯一的侵权责任形式，因此债的请求权同一性理论有其合理性。当今民事责任形式已有很大的发展，例如有恢复名誉、赔礼道歉等纯人身性责任形式，除去侵害、停止侵害等已成为保护物权、知识产权、人身权等民事权利的不可缺少的责任形式。许多新的责任形式，都不能转化为债，"给付"的统一性已被打破。民事立法与司法实践的发展，需要使民事责任成为独立的法律制度，其中包括侵权责任制度。侵权行为责任形式的多样化及其复杂性，用债的请求权同一性理论与立法体系已难以容纳和解决，侵权之债需要从债法中分离出来。

第四，传统债法通则已远远不能适用于侵权责任。

由于侵权之债的特殊性，由于民事责任制度的新发展，更加显得将侵权行为与债概括在一起"并没有严格的科学性"①。债的科学性及其广泛适用主要体现在民法典债编的通则部分，而债的通则的许多规定并不适用于侵权行为之债。对此，下面简要分析一下作为民法典典范的《德国民法典》。

债编第一章债的关系内容，第一节给付，其中第 242 条"（依诚实和信用

---

① 王作堂等：《民法教程》，北京大学出版社 1993 年版，第 14 页。

为给付)债务人应依诚实和信用,并参照交易上之习惯,履行给付"。这就是著名的诚实信用原则的规定。这条规定从性质看与侵权之债不相容。侵权本身是违法行为,是严重违反道德的表现,谈何诚实信用?从形式上看侵权之后应为的给付也可以适用诚信原则,但这种给付已具有惩罚性,是承担责任的问题,实质上并不体现侵权人的诚实信用。

第二章因契约而产生债之关系。仅适用于契约之债,而不适用于其他债。

第三章债之关系之消灭。其中有清偿、提存、抵消、免除四节。侵权责任如仅是损害赔偿,可适用清偿与提存的规定,但不完全适用抵销的规定。该法典明文规定:"因故意侵权而产生的债权不得抵销"(第393条)。《日本民法典》则进一步规定:"债务因侵权行为而产生者时,其债务人不得以抵销对抗债权人"(第509条)。除损害赔偿责任外,其他侵权责任形式,完全不适用清偿、提存、抵销的规定。关于债的免除,侵权之债不同于合同之债务。合同法当事人在合同中可以约定免责条款,侵权责任的性质决定不能事先约定免除。法国法认为,任何侵权行为责任,"无论是为自己行为所负的责任还是为他人行为所负的责任,无论是为牲畜还是因本人失去谨慎和控制所发生之事件所负的责任,免责条款的协议都是无效的"①。

第四章债权人移转,第五章债务之承担。侵权行为责任如仅是损害赔偿,从给付形式上看似可"移转"、"承担",对此各国民法典未作禁止规定。但不无疑问。对侵犯人身权的责任特别是精神损害赔偿,重在对受害人人身的保护和对侵害人的制裁。如允许侵害人身权的债权可以转让,或者允许侵权人的债务转归他人承担,既不利于保护受害人,对侵权人也起不到制裁作用,并且还可能导致人身利益商品化。至于其他侵权责任形式,更不能适用债的"移转"、"承担。"

早在古代日耳曼法上,就对债与责任作了区分。日耳曼法上的债务(Schuld),属于法的当为(Rechtliches Sollen),而不含法的强制(Rechtliches Mussen)之观念。② 当为而为,属合法行为。侵权行为是违法行为,属不当为。法律对这种不当为的后果有强制力。可见侵权行为后果的实质是责任而不是债。

---

① 中国人民大学法律系民法教研室编:《外国民法论文选》1984年版(校内用书),第419页。

② 郑玉波:《民法债编总论》,台湾三民书局股份有限公司1978年版,第11页。

二、责任与债分离的必要性

近现代民法在概念上对责任与债作了区分，但根据萨维尼的理论，将责任包含在债的效力之中，民法典体系中没有责任的独立地位，因缺乏健全的民事责任制度。现代民法实践已突破了债与责任的融合，责任为债务所包含的理论也需要打破，应建立适应现实需要的民事责任观念与制度。早有学者认为，债与责任二者可以分离，但多强调合的一面。有的学者说，二者以合一存在为原则。[①] 有学者对此作了具体说明：财产责任与债为其责任，育债务即有责任。债务与责任原则上相伴而生，如影随身。难以分开。[②] 有的学者将债务与责任的关系比作肉与皮的关系："此一关系，就如同一个橘子，债务是肉，责任是皮，肉是用外皮保护，亦即债务为责任所包含，因有此肉与皮，此一橘子乃能为人所吃"[③]。

本文认为，无论从学理上还是从立法上，都有必要将责任从债中分离出来，并建立系统的民事责任制度。主要理由如下：

理由之一，民事责任的性质与民事义务的性质不同，不能用同一概念(债)包涵。

理由之二，事实上责任与债经常是分离的。强调债与责任合一，主要是指债务人以其财产为担保(责任)而言，从责任的法律强制力而言则大不相同。从法的强制力的保障角度看，有责任才能促使债务人履行债务，保障债权人实现债权；没有责任则债权债务失去了法律意义，但不能因此得出责任与债务不可分离的结论。事实上，民事权利义务基本上是当事人之间基于平等自愿而产生的，少量的是根据法律规定产生的。通常当事人能自觉履行民事义务，因而不产生民事责任问题。即使发生了民事责任。一般也能自动承担。不履行民事义务而承担民事责任的，从总体上看，为数不多。从大量的事实看，作为民事法律关系内容的权利义务与作为权利保障的民事责任，没有必然联系。实际情况表明，债务与责任不是以合一为原则，而是以分离为常态。依传统民法观念，民事责任指债务人以其财产为担保，侵权

---

① 诸葛鲁：《债务与责任》，载郑玉波主编：《民法债编论文选辑》(上册)，台湾五南图书出版公司1984年版，第21页。

② 王泽鉴：《民法学说与判例研究》(4)，台湾兴丰印刷厂印刷1986年版，第116页。

③ 林诚二：《论债之本质与责任》，载郑玉波主编：《民法债编论文选辑》(上册)，台湾五南图书出版公司1984年版，第40—41页。

责任是损害赔偿责任,据此认为债与责任合一,债的请求权同一性理论及立法体系,能自圆其说。从另一角度看,即从责任的强制性看,则难以自圆其说,因此需要打破这个传统观念,立法上则应冲破以此观念为基础建立的体系。

理由之三,民事责任形式的多样化、复杂化和民事责任理论的发展,需要建立独立的民事责任制度。民事责任大量的是财产责任,赔偿损失有失偏颇。由于现代科学技术的发展,不仅书刊、报纸、杂志很多,而且有广播、电视、夜间摄影、计算机网络等多种渠道,都可能作为侵犯民事权利的手段。同时由于现代人们权利观念增强,对人身权的民事保护的要求提高,因而仅仅损害赔偿已远远不足以充分保护民事权利。过去不认为是重要的民事责任形式的,今天成为重要的民事责任形式;过去没有过的责任形式也会应运而生。例如,《法国民法典》没有非财产损害的责任,《德国民法典》规定了非财产损害的责任,但没有侵害名誉权的责任规定。《日本民法典》明文规定:"对毁损他人名誉者,法院因受害人请求,可以命令代以损害赔偿或与损害赔偿一起实行恢复名誉的适当处分"(第723条),"恢复名誉"现在已成为人们重视的一种重要的民事责任形式。对侵犯荣誉权、姓名权、名称权、肖像权,以及侵犯自由权、隐私权等,也需要明确规定民事责任。知识产权遭受侵害的情况容易发生,侵害的方式不断变化,对侵犯知识产权的行为需要规定相应的民事责任形式。在物权关系、相邻关系方面,由于工业、交通、城市建筑事业的发展,环境污染日趋严重,权利人受到侵害的情况更广泛更复杂,原有损害赔偿的责任形式已不能适应新情况,也需要规定相应的责任形式,以切实保护民事权益,保证社会秩序和经济发展。我国《民法通则》规定了十种民事责任形式,是对民事责任立法的新发展,但需要总结经验,进一步完善。

今后,新的民事责任形式还会继续增多,各种责任形式有其不同的特点,也会有不同的适用条件。为正确适用法律,准确适用不同的民事责任形式,法律需要对不同的民事责任形式的适用条件作出规定。各种民事责任形式既有各自的特殊性,又有其共同性。为使民事责任制度系统化、科学化,对其个性与共性需要分别研究,作出不同的规定,所有这些,债与责任合一的制度解决不了;使责任与债分离,建立系统科学的民事责任制度才能解决。

以上对传统民法将债与责任融为一体的理论与体系作了简要的评析,以下两个问题是关于建立独立的民事责任制度和法律体系的思考。

三、民事责任与民事制裁的区别

民事责任与民事制裁是否同一概念？为弄清这个问题，首先需要弄清法律责任与法律制裁是否同一概念。法理学界对法律责任与法律制裁的关系的认识不同。有学者将法律责任与法律制裁等同，认为："法之有效推行亦必以实力为其后盾，当法规范的内容受到违反时，它就要借重实力，对于违反者实施处罚或强制，这种处罚或强制，统称为制裁。"[①]"法律的制裁，乃指国家对于违反法律者所予的惩罚。"[②]奥地利法学家凯尔森认为，法律责任是与义务相关的概念。一个人在法律上要对一定行为负责，或者他为此承担法律责任，意思就是，他做相反行为时，他应受制裁。[③] 以上三位学者都只讲法律制裁，而不讲法律责任，显然是把法律责任与法律制裁等同。有学者把法律制裁看做"法律责任的实现方式"，对法律责任与法律制裁不作严格的区分，认为："惩罚即法律制裁，是国家通过强制对责任主体的人身、财产和精神实施制裁的责任方式。"持这种观点的学者列举的法律责任的实现方式有三种，即惩罚、补偿(赔偿)、强制。[④] 沈宗灵教授明确提出法律责任与法律制裁不同。他说法律责任是"行为人由于违法行为、违约行为或者由于法律规定而应承受的某种不利的法律后果"[⑤]。"法律制裁，是指由特定国家机关对违法者依其法律责任而实施的强制性惩罚措施。"他指出："法律制裁与法律责任有着紧密的联系。一方面，法律制裁是承担法律责任的一个重要方式。法律责任是前提，法律制裁是结果或体现。法律制裁的目的，是强制责任主体承担否定的法律后果，惩罚违法者，恢复被侵害的权利和秩序。另一方面，法律制裁与法律责任又有明显的区别。法律责任不等于法律制裁，有法律责任不等于一定有法律制裁。"他还明确提出了法律责任的承担分主动承担和被动承担两类。他说："法律责任的承担是指责任主体依法承受不利的法律后果。法律责任的承担方式可以分为主动承担和被动承担两类。……主动承担的方式，是指责任主体自觉地承担法律责任，主动支付赔偿，补偿或恢复受损害的利益和权利。……被动承担的方式，是指责任主体根

---

① 韩忠谟:《法学绪论》,台湾雨利美术印刷有限公司 1994 年版,第 69 页。
② 管欧:《法学绪论》,蓝星打字排版有限公司 1982 年版,第 191 页。
③ 沈宗灵主编:《法理学》,北京大学出版社 2000 年版,第 505 页。
④ 张文显主编:《法理学》,高等教育出版社、北京大学出版社 1999 年版,第 127—128 页。
⑤ 沈宗灵主编:《法理学》,北京大学出版社 2000 年版,第 505 页。

据司法机关和行政机关的确认和归结，承担相应的法律责任。”[①]沈宗灵教授提出法律责任与法律制裁的区别，并将法律责任的承担区分为主动承担和被动承担两类，是对法律责任学说的发展。这一发展对于深刻理解法律责任的本质和内涵，对于立法和司法有重要的理论与实践意义，对于完善民法典中的民事责任体系具有指导意义。

为了弄清民事责任与民事制裁的区别，有必要对制裁的概念作进一步推敲。制裁一词与惩罚、强制两个名词相关联。惩罚一词又与处罚一词相关联。处罚是一个内涵较广的概念，如对罪犯的处罚，对犯错误的人的处罚等。惩罚比处罚的程度重，可以说惩罚就是严厉的处罚。惩罚可能是对人身的拘束，如拘役；也可能是对责任主体的财产予以没收，或使其承担惩罚性赔偿金或违约金。强制，是强迫的意思。强制可以用人身的力量、政治的力量、法律的力量强迫某人作为或不作为。惩罚与强制的内涵有共同点，侧重点不同。惩罚侧重在其后果；强制侧重在行为，在于其强制力。有学者在解释权利时，主张“法力”说，认为：“权利是受法律保护，得享有特定利益的法律实力。”[②]也就是说，为保护权利人的权利，对不履行义务的人或违法行为人，应当施以法律实力，即法律的强制力。由此可见，制裁的特点在于强制力。制裁一词从词义上讲，是指用强力管束并惩罚有不法行为的人。法律制裁包括违宪制裁、刑事制裁、行政制裁和民事制裁。

什么是民事制裁？对此民法学界论说不一。《民法通则》第 134 条第 1 款规定了 10 种承担民事责任的方式。第 3 款规定：“人民法院审理民事案件，除适用上述规定外，还可以予以训诫、责令具结悔过、收缴进行非法活动的财物和非法所得，并可以依照法律规定处以罚款、拘留。”人们对第 3 款的理解差别较大。有学者不把第 3 款的规定看做是民事责任，也不认为是民事制裁，有的大学教材不写第 3 款的内容。[③] 有学者把第 3 款理解为“强制措施”[④]。有学者将第 3 款理解为“民事制裁的方式”[⑤]。有学者认为《民法通则》第 134 条第 1 款是“民事责任的主要形式”，第 3 款是“承担民事责任的特殊方式(民事制裁)。[⑥] 参考沈宗灵教授关于法律制裁的定义，本文认为对

---

① 沈宗灵主编：《法理学》，北京大学出版社 2000 年版，第 527—528 页。

② 施启扬：《民法总论》，台湾大地印刷厂 1993 年版，第 25 页。

③ 参见佟柔主编：《中国民法》，法律出版社 1990 年版，第 43—50 页，“民事责任”一节。

④ 郑立、王作堂主编：《民法学》，北京大学出版社 1995 年版，第 701 页。

⑤ 马俊驹、余延满：《民法原论》(下)，法律出版社 1998 版，第 1069 页。

⑥ 杨振山主编：《中国民法教程》，中国政法大学出版社 1999 年版，第 611—612 页。

民事制裁的定义可表述如下：民事制裁，是指民事主体违反民事义务时，由司法机关对其实施的强制或惩罚措施。本文认为《民法通则》第134条第1款规定的是10种承担民事责任的方式（学理上又称民事责任形式）。对此该条第3款有明确规定："以上承担民事责任的方式，可以单独适用，也可以合并适用。"第3款则是10种民事责任形式之外的规定。该条规定有民事制裁与行政制裁不分之嫌，今后制定民法典时，不宜再作这类规定。

民事责任与民事制裁具有明显的区别。区别之一是后果不同。民事责任是违反民事义务的法律后果。这种后果表现为各种民事责任形式。各责任人的具体责任则因违约或违法的形式、程度等情况的不同而有不同。民事制裁是使责任人承担民事责任的一种强制措施。在义务人不主动履行民事义务的情况下，通过这种措施使民事责任的承担得以落实。

区别之二是发生的根据不同。民事责任是因民事主体不履行民事义务而产生，民事制裁是因不自动承担民事责任而产生。

区别之三是实现的主体不同。民事责任实现的主体是民事主体即责任人，民事制裁实现的主体是司法机关。

区分民事责任与民事制裁具有重要意义。首先，区分民事责任与民事制裁，有利于深刻理解民事责任的本质与内涵，对民事立法与民事司法均有实际意义。其次，区分民事责任与民事制裁，有利于鼓励民事主体自动承担民事责任，这也是民法自愿原则的体现。最后，区分民事责任与民事制裁，为完善民事责任体系提供了理论根据，为将责任与债区分开提供了理论根据，也为在民法典中将侵权行为独立成章提供了理论根据。有学者说，《民法通则》把侵权行为规定在民事责任一章中，"立法者的意图是强调国家强制力的保障，加重民事责任的强制意义，但是，实际的后果却使侵权行为丧失了其他的债权保证形式，削弱了对侵权受害人债权的法律保护"[①]。从传统民法学理论对责任与债不分的观点看，这种认识有其合理性。但是，从区分民事义务与民事责任、民事责任与民事制裁的理论看，这种观点有其局限性。因为"侵权行为法律后果的实质是责任不是债"[②]，民事责任不等于民事制裁。将侵权行为从债中分离出来，在侵权行为人主动承担损害赔偿责任的情况下，"并不妨碍侵权行为人承担民事责任过程中，在与债的本质不相

---

① 杨立新：《侵权特别法通论》，吉林人民出版社1990年版，第21页。

② 魏振瀛：《论债与责任的融合与分离—兼论民法典体系之革新》，载《中国法学》1998年第1期，第17—29页。

违背的情况下,适用债编通则的有关规定”①。

四、民法典中建立新的民事责任体系的必要性与设想

参考外国立法例,总结我国的经验,本文认为未来我国的民法典应当建立新的民事责任体系。

民法法系各国民法典规定的民事责任形式,通常有损害赔偿和违约金两种。究其原因主要有二。一是受罗马法的影响,责任与债不分,或不作严格的划分。二是传统民法重视财产权而不重视人身权,因此,为保护人身权的多种责任形式,就不会产生。立法与司法实践发展到今天,传统的民法典关于民事责任的规定,已经不能适应现代民法发展的需要。

近代各国和地区民法典包括法国、德国、日本和我国台湾的民法典,虽然区别了责任与债两个不同的概念,但是,在民法典中对责任关系与债的关系并未作区分,对责任关系并未作规定。那么,关于债务关系的规定是否能直接适用于责任关系?对此各国民法典均未作规定。由此可见,未将责任关系与债的关系作明确区分的立法体系不无问题。

根据现代民法发展的需要,我国制定民法典时应当建立新的民事责任体系,理由如下:

理由之一,是民事责任与民事权利、民事义务的性质不同。

权利、义务、责任是法律上三个最基本的概念。可以说全部法律规范和法律关系都是围绕这三个概念展开的,全部民事法律规范和民事法律关系都是围绕民事权利、民事义务、民事责任这三个概念展开的。民事权利、民事义务和民事责任的性质不同。民事权利是根据法律规定或当事人的约定享有的一种权利,民事义务是一方为了他方民事权利的实现而应有所作为或不作为,民事责任是违反民事义务应承担的法律后果。明确区分民事责任与民事义务,明确区分责任与债,在立法体系上顺理成章,在实践中也便于理解和适用法律。

理由之二,是民事责任制度发展的需要。

传统的民事责任形式基本上是损害赔偿。从各国立法例看,损害赔偿的方法有两种,一是原状回复主义,一是金钱赔偿主义。“原状回复主义,谓

---

① 魏振瀛:《论债与责任的融合与分离—兼论民法典体系之革新》,载《中国法学》1998年第1期,第51页。

应与如无发生损害之原因事实原应存在之状态,回复同一或同种之状态。例如返还夺取之物,重新设定被剥夺之权利,撤回继续加害之侮辱或侵害信用之主张,毁弃侵害书信秘密之抄录,返还因违反委任义务而不以委任人之名义而以自己名义所取得之物,偿还与被毁损书籍同种之书籍,重新配上破碎门窗玻璃,重建被撞倒之墙壁。”[①]我国通常习惯说的损害赔偿是指金钱赔偿。《民法通则》规定的民事责任形式之一的赔偿损失指金钱赔偿,本文称之为狭义的损害赔偿,原状回复主义的损害赔偿为广义的损害赔偿。今后,损害赔偿(狭义的)仍然是民事责任的基本形式之一。同时,其他多种民事责任形式将日益显示出其重要性。特别是在现代科学技术高度发展的情况下,侵害民事权利尤其是侵害知识产权、人身权的方式方法越来越多。因此,除传统民法上的损害赔偿、支付违约金等责任形式外,返还财产、停止侵害、排除妨碍、消除危险、消除影响、恢复名誉、赔礼道歉,以及强制履行等就成为重要的民事责任形式。鲜明地规定各种民事责任形式,突出民事责任的地位,有利于增强人们的民事责任观念,有利于保护民事权利。

理由之三,是健全侵权行为制度的需要。

传统民法典将侵权行为作为债的发生根据之一,在债编规定,称侵权行为之债。这样规定有其合理性。但是,从现代民法的发展看,并非最佳选择,因为:

首先,将侵权行为的后果看做是债,混淆了责任与债的区别。债务是民事义务的一种,民事义务有作为义务与不作为义务。侵权行为通常是义务人违反了不作为义务。有学者认为债的重点在于损害赔偿之债,损害赔偿请求权与原权利性质相同。本文认为在一定意义上说,损害赔偿请求权与原权利有共同点,例如买方请求卖方交付标的物与因卖方不交付标的物而买方请求损害赔偿,在价值形态上相一致。但是,两者更有不同点。买方请求交付标的物的权利是原权利。交付标的物是卖方的义务。卖方不履行交付标的物的义务时,买方请求损害赔偿的权利是救济权,卖方赔偿损失是责任。

其次,侵权行为的后果是责任,因侵权行为而产生的责任大都不宜转化为债,债法主要是调整财产流转关系的。即使将损害赔偿视为财产流转关系,也不同于基于交易而产生的财产流转。损害赔偿可以在一定程度上适

① 史尚宽:《债法总论》,中国政法大学出版社2000年版,第295页。

用债的一般规定，但不能全部适用。至于返还原物、停止侵害、排除妨碍、消除危险、消除影响、恢复名誉、赔礼道歉、强制履行等责任，则不能适用债编通则中关于种类之债、利息之债、选择之债、连带之债、代位权、撤销权、不安抗辩权、债权让与、债务承担、债的清偿、提存、抵销等的一般规定。

再次，随着人们物质文化生活的逐步丰富，人们的权利意识会不断提高，民事权利的种类也会增多，从而民事义务与民事责任形式也会增加。特别是由于现代科学技术高度发达，侵权的方式方法随之现代化，人们时时面临受到侵害的危险。传统民法将侵权行为限于债的发生根据，强调财产责任，忽视非财产责任，已距离现实甚远，不利于对民事权利特别是对知识产权和人身权的保护。为充分保护民事权利，需要健全侵权行为制度。我国民法典中应当将侵权行为独立成编，将侵权责任在该编作较为详细的规定。

未来我国民法典的民事责任体系应有新的架构。初步设想是，在民法典总则部分对民事责任的一般问题作出规定，将违反债的责任在债编规定，将侵权责任在侵权行为编规定。

在民法总则部分，民事责任不能离开民事权利和民事义务而独立出现，民法总则部分应对民事权利、民事义务和民事责任均作一般性规定：

一是对民事权利的种类作概括性规定，明确民事权利包括物权、债权、知识产权、发明权、发现权、人身权、亲属权、继承权等。还应规定，除法律明文规定的民事权利受法律保护外，还保护应当受法律保护的民事利益。

二是对民事权利和民事义务产生的根据作出规定，可列举：(1) 依法取得财产；(2) 著作、发明和其他智力成果；(3) 合同和其他民事行为；(4) 无因管理和其他事实行为；(5) 不当得利和其他事件；(6) 违反合同的行为；(7) 侵权行为；(8) 产生民事权利和民事义务的其他事由。

三是民事责任的一般规定，包括民事责任的形式和适用。《民法通则》规定了 10 种民事责任形式，这 10 种民事责任形式基本上是可行的，可在总结经验的基础上作适当的调整。

关于民事责任的适用，可沿用《民法通则》的原规定，即以上民事责任的形式，可单独适用，也可以合并适用。

在债编通则部分规定违反债的责任的一般规定，主要有：赔偿损失的范围的原则性规定；赔偿损失与违约金和定金的关系；承担责任与实际履行的关系；迟延履行责任；债权人的责任等。对违反各种债的具体责任，在有关部分作规定。

侵害物权、知识产权、人身权等绝对权的责任,在侵权行为编作规定,包括侵权责任的一般规定,侵害物权、知识产权、人身权的责任、特殊的侵权责任、侵权责任与其他民事责任的竞合等。

将侵权责任作了专门规定后,对物上请求权可不再在物权编作为独立的制度规定。但是,对请求返还原物、排除妨碍(或称妨害除去)和消除危险(或称妨害防止),适用诉讼时效的问题应作出特别规定。这里讲的三种请求权,是指因被请求人的行为或与其行为有关的事实而引起的。纯粹自然原因引起的当事人一方的物对他方的物造成的损害,不属于侵权责任问题,这种现象涉及当事人的利益平衡,应当根据具体情况个案处理。

应当指出的是,将侵权行为独立成编以后,从其性质与逻辑关系上看,侵权行为不再是债的发生根据之一。但是,鉴于侵权责任的承担大都不需要经过司法程序,侵权行为人与受害人可在自愿协商的基础上,确定损害赔偿的数额、期限、方式、地点以及由第三人保证等。在这种情况下,损害赔偿可以准用债编通则的有关规定。但是,因故意侵权而发生的损害赔偿,对受害人享有其他债权的侵权行为人不得主张抵销,因侵害人身权而发生的精神损害赔偿,原则上不得转让或继承。

民法应当随着时代的发展而发展。本文认为在民法典中对民事责任体系作如上的安排,能较好地适应现代民法发展的需要。

第二编　由责任和债分离到请求权体系变革

说明

责任与债分离，构建民事责任体系以后，请求权体系需要随之发生相应的变革。1998年初，立法机关决定恢复民法典编纂，在民法典编纂过程中，民法学界对民法典的体系及有关理论问题展开了热烈讨论，有些问题争论很激烈，《中外法学》2003年第4期刊载的拙作《论请求权的性质与体系》就是在此背景下发表的，本编第三题的四个问题是该文的内容。学者争论的突出的问题之一是关于物权请求权和侵权行为的立法设计，争论的焦点是要不要建立新的民事责体系和新的请求权体系。关于未来我国民法典中应建立新的民事责任体系问题，以前笔者的文章已有论述，该文主要阐述我国民法典的请求权体系。新的请求权体系是和新的民事责任体系相互关联的，因此讲请求权就必然会涉及民事责任问题。

关于物权请求权问题争论的焦点是我国未来民法典是否应当规定物权请求权。笔者主张不规定物权请求权，而以侵权责任方式对物权加以保护，因为《民法通则》已经将停止侵害、排除妨碍、消除危险和返还财产作为民事责任的方式规定，在民法典中继续作为民事责任方式，不仅可以使民法典体系和谐一致，而且在实践上也有优越性。关于侵权行为问题争论的焦点是：未来我国民法典是否应当继受传统民法上侵权之债的概念和体系。笔者认为不必继受，因为随着民事权利特别是人格权的发展，侵害民事权益的方法增多了，与之相适应的是需要增加侵权责任方式。在民法典中规定了多种侵权责任形式之后，侵权行为之债就容纳不了多种侵权责任形式，应当将传统的侵权行为之债变革为侵权责任。这一思路并不否定德国民法上的请求权理论，但应适当变革。

该文的基本观点是：民法典中不规定物权请求权，新的请求权体系区分原权利请求权与救济权请求权。债权请求权和债权救济权请求权规定在民法典债权编中,绝对权之请求权规定在民法典的侵权行为编中,加上总则编的有关规定,构成未来我国民法典的请求权体系。

建立新的请求权体系不仅是涉及物权编和债权编的结构,而且是关系到民法典体系的全局性问题,其中不可避免地会涉及传统民法中有关概念和理论问题。在争论过程中遇到的主要问题之一是,物权请求权的性质是什么?有学者认为物权请求权的性质是债权,这就涉及请求权和债权有无区别?要讲清物权请求权的性质和债权与请求权的区别,必须搞清楚请求权和基础权利的区别。问题之二是,《民法通则》所规定的恢复名誉、赔礼道歉等侵权责任方式是否构成债?这就需要对债的内涵进行反思。问题之三是,是否应在民法典中设债权编。

该文的中心是论述未来我国民法典中建立新的请求权体系,要讲清楚这个问题,需要结合德国民法中的请求权体系,也需要结合争论较大的上述三个问题作分析。由于该文的篇幅较长,直接涉及的问题较多,因此首先需要说明本文所写四个问题之间的理论与逻辑联系。该文的第一个问题“债权与请求权不存在实质上的区别吗?”是分析债权与请求权的区别,明确请求权和基础权利的关系,这是分析各种请求权性质的基础,也是在民法典中不规定物权请求权的理论根据之一。第二个问题“债权请求权的性质与体系”,中心是讲债权请求权可分为原权利请求权和救济权请求权,同时用较多的篇幅讲了债的内涵的财产性质,这是变革侵权行为之债为侵权责任,从而在民法典中建立基于民事责任而产生的救济权的请求权体系的理论根据。从民事权利的分类看,物权属于支配权,债权属于请求权,新的请求权体系包括原权利请求权和救济权请求权,债权既有原权利请求权,又有救济权请求权,而物权请求权只有救济权请求权,没有原权利请求权,讲清了债权请求权和债权的救济权请求权的原理,物权请求权的性质就好讲了。讲清了前两个问题,就同时为第三个问题奠定了基础。第三个问题是“物权请求权的性质与体系”,中心是讲变革物权请求权为侵权责任请求权的必要性,这是在民法典中建立基于民事责任而产生的救济权请求权体系的另一个理论根据。第四个问题是“请求权新体系的构建”,在这个问题中首先概括阐明建立新的请求权体系的根据。由于有学者反对在民法典中设债权编,2002 年 12 月全国人大常委会审议的《中华人民共和国民法典(草案)》也未设债权编,因此在这个问题中阐述了设债权编的必要性。

德国民法的体系严谨,如果既要继受德国民法的请求权体系,又要对其进行变革,可谓“牵一发而动全身”,但不是不可牵,不能动。该文提出在未来我国民法典中应建立新的请求权体系,同时对与其直接关联的债的概念及其内涵从另一个视角作了研究,阐明了笔者的见解。

第三题

请求权的性质与体系的变革

——未来我国民法典中的请求权

近年来,在我国民法典编纂过程中[①],民法学界对民法典的体系及有关理论问题展开了热烈的讨论,有些问题争论很激烈。其中突出的问题之一是关于物权请求权和侵权行为的立法设计问题,争论的焦点是要不要建立新的请求权体系和新的民事责任体系。关于未来我国民法典中应建立新的民事责任体系问题,笔者已有专题论文[②],本文主要讨论我国民法典的请求权体系。新的请求权体系是和新的民事责任体系相互关联的,因此讲请求权就必然会涉及民事责任问题。

关于物权请求权问题争论的焦点是:我国未来的民法典是否应当规定物权请求权制度。笔者主张不规定物权请求权,而以侵权责任形式对物权加以保护,因为《民法通则》已经将返还原物、妨害排除和妨害防止作为民事责任形式规定,在民法典中继续作为民事责任形式规定,不仅可以使民法典体系达到和谐一致,而且在实践上也有优越性。关于侵权行为问题争论的焦点是:未来我国民法典是否应当继受传统民法上侵权之债的概念和体系。笔者认为不必继受,因为随着民事权利特别是人格权的发展,侵害民事权利的方式也增多了,与之相适应的是需要增加侵权责任形式。在民法典上规定了多种侵权责任形式之后,侵权行为之债就容纳不了多种侵权责任形式,应当将传统的侵权行为之债变革为侵权责任。这一思路并不是否定《德国民法典》体现的请求权理论。请求权理论是科学的,值得我们借鉴,但不必

---

① 关于我国民法典编纂的背景,见《中国民法典草案建议稿》中梁慧星的序言。该建议稿由梁慧星主持的中国民法典立法研究课题组编写,由法律出版社于2003年5月出版。

② 魏振瀛:《论民法典中的民事责任体系——我国民法典应建立新的民事责任体系》,载《中外法学》2001年第3期,第353—362页。

照搬《德国民法典》的请求权体系，而应在继受的基础上加以发展和变革。

本文的基本观点是：民法典中不规定物权请求权，新的请求权体系区分原权利的请求权与救济权的请求权。属于原权利的请求权是基于债权产生的请求权，即债权请求权。属于救济权的请求权基本有两类：一类是基于违反债的责任而产生的救济权的请求权，即债权的救济权请求权；另一类是基于侵权责任而产生的救济权的请求权，即物权和人格权等绝对权的救济权请求权。债权请求权和债权的救济权请求权反映在民法典债权编中，绝对权的救济权请求权反映在民法典的侵权行为编中，加上总则编的有关规定，构成未来我国民法典的请求权体系。

建立新的请求权体系不仅涉及物权编和债权编的结构，而且是关系到民法典体系的全局性问题，其中不可避免地会涉及传统民法中的有关概念和理论问题。在争论过程中遇到的主要问题有三：问题之一是，物权请求权的性质是什么？有学者认为物权请求权的性质是债权，这就涉及请求权和债权有无区别？要讲清物权请求权的性质和债权与请求权的区别，必须搞清楚基础权利和请求权的区别。问题之二是，《民法通则》所规定的恢复名誉、赔礼道歉等侵权责任形式是否构成债？这就需要对债的内涵进行反思。笔者主张债仅以具有经济价值的给付为限。这种观点如能成立，那么债与侵权责任的划分就清楚了。所以，对债的内涵进行深刻反思，非常必要。问题之三是，是否应在民法典中设债权编。从请求权体系上看，这个问题的重要性在于如果不设债权编，民法典中的请求权体系的根基就不存在了。

本文的中心是论述在未来我国民法典中建立新的请求权体系，要讲清楚这个问题，需要结合《德国民法典》中的请求权体系讲，也需要结合争论较大的上述三个问题作分析。由于本文的篇幅较长，直接涉及的问题较多，因此首先需要说明本文所写四个问题之间的理论与逻辑的联系。本文的第一个问题“债权与请求权不存在实质上的区别吗？”是分析债权与请求权的区别，以明确基础权利和请求权的关系，这是分析各种请求权性质的基础，也是在民法典中不规定物权请求权的理论根据之一。第二个问题“债权请求权的性质与体系”，中心是讲债权请求权可分为原权利的请求权和救济权的请求权，同时用较多的篇幅讲了债的内涵应以具有经济价值的给付为限，这是变侵权行为之债为侵权责任，从而在民法典中建立基于民事责任而产生的救济权的请求权体系的理论根据。从民事权利的分类看，物权属于支配权,债权属于请求权,新的请求权体系包括原权利的请求权和救济权的请求权,债权既有原权利的请求权,又有救济权的请求权,而物权请求权只有救济权的请求权,没有原权利的请求权,讲清了债权请求权和债权的救济权请求权的原理,物权请求权的性质就好讲了。讲清了前两个问题,就同时为第三个问题奠定了基础。第三个问题是"物权请求权的性质与体系",中心是讲变物权请求权为侵权责任的必要性,这是在民法典中建立基于民事责任而产生的救济权的请求权体系的另一个理论根据。第四个问题是"请求权新体系的构建",在这个问题中首先概括阐明了建立新的请求权体系的根据,接着讲新的请求权体系体现在民法典的债权编、侵权行为编和总则编中。由于有学者反对在民法典中设债权编,而且在2002年12月全国人大常委会审议的《中华人民共和国民法典(草案)》也未设债权编,因此在这个问题中较为详细地阐述了设债权编必要性。

《德国民法典》的体系严谨,如果既要继受《德国民法典》的请求权体系,又要对其进行变革,可谓"牵一发而动全身",但不是不可牵,不能动。本文提出在未来我国民法典中应建立新的请求权体系,同时对与其直接关联的债的概念及其内涵从另一个视角作了研究,提出了个人的见解,愿与同仁共商榷。

一、债权与请求权不存在实质上的区别吗?
——基础权利与请求权

(一)债权请求权是实现债权的法律手段

"请求权"(Anspruch)这个概念不是早已存在,而是近代民法理论发展的产物。在罗马法上没有请求权的概念,法国民法典继受罗马法的体系,也没有请求权的概念。请求权的概念是德国法学家温德沙伊德(又译为温德赛,即Windscheid)所创,是由罗马法上的"诉"(Actio)发展出来的概念,为法学上一项重大贡献。过去人们不知道在诉权之外,有私人之间的请求权,温德沙伊德认为于诉权(公权)之外,尚有实体法上的请求权(私权),认为实体法上的请求权在先,诉权在后。[①]《德国民法典》采纳了温德沙伊德的请求权理论,在民法

① 郑玉波:《民法总则》,台湾三民书局股份有限公司1995年版,第49页。同时参见王泽鉴:《民法总论》,中国政法大学出版社2001年版,第92页;申卫星:《期待权基本问题研究——以所有权保留买卖为背景》,北京大学2003年博士后研究工作报告,第3页。

典中首创请求权,这在理论上和实践上均具进步意义。

德国学者的通说认为:"请求权和债权之间不存在实质上的区别。"①我国民法学者大都采此说。有学者认为"债权与请求权并无区别"②。从一些民法学家对债权和请求权的定义也可以看出这种观点。例如有学者说:"特定人得请求特定人为一定给付(作为或不作为)的权利,称为债权。"③有学者说:"请求权者乃要求他人为特定行为(作为、不作为)之权利也。"④债权与请求权的定义如此雷同,说明区分债权与请求权之难。这样的论述,不仅是受了德国民法学说的影响,而且可以从《德国民法典》的条文中找到根源。《德国民法典》第194条第1款规定:"要求他人作为或者不作为的权利(请求权),因时效而消灭。"第241条规定:"[债的关系和给付义务]债权人基于债的关系,有权向债务人要求给付。给付也可以是不作为。"难怪德国有学者说:"从上述两条法律规定所下定义的字面意思中,我们无法得出请求权与债权的区别。请求权的定义在总则中,而债权的定义在债法编中,因此请求权比债权更具一般性。"⑤

严格地说,债权与请求权有本质的区别。有学者指出:"请求权系权利之表现,而非与权利同其内容也。"⑥"请求权乃权利之表现,而非与权利同属一物。"⑦通常说债权是请求权,这是从民事权利的分类上讲的,债权不等于请求权,债权与请求权是两个不同的概念。债权与请求权不是合为一体而同时存在,其表现在诸多方面:债权成立后,履行期到来之前,债权已经存在,但债权人还不能行使其请求权,当履行期到来时,债权人才能行使请求权,此其一。其二,在即时清结的交易中,债的发生、履行和消灭的时间几乎是同时的。例如一手交钱、一手交货的现实买卖,当事人双方都没有必要行使请求权。其三,在同一个债的关系中,可能包括几个不同的请求权。例如,在租赁之债中,有返还租赁物请求权外,还有租金给付请求权;在金钱借贷之债中,有清偿原本的请求权,还可能有给付利息的请求权。其四,诉讼时效期满后,请求权消灭了,债权并未消灭,债务人仍为给付的,不得以不知

---

① 〔德〕迪特尔·梅迪库斯:《德国民法总论》,邵建东译,法律出版社2000年版,第69页。

② 参见王伯琦:《民法债编总论》,台湾正中书局1962年版,第5页评述的他人的观点,不是王本人的观点。

③ 施启扬:《民法总则》,台湾大地印刷厂1993年版,第28页。

④ 郑玉波:《民法总则》,台湾三民书局股份有限公司1995年版,第49页。

⑤ 〔德〕迪特尔·梅迪库斯:《德国民法总论》,邵建东译,法律出版社2000年版,第68页。

⑥ 梅仲协:《民法要义》,中国政法大学出版社1998年版,第37页。

⑦ 王泽鉴:《民法总论》,中国政法大学出版社2001年版,第92页。

时效为理由,请求返还。其五,就请求权而言,除债权请求权外,还有物权请求权等。①

根据请求权是权利的表现的观点,债权请求权是债权的表现;确切地说,债权请求权是实现债权的法律手段。

(二)债权是债权请求权的基础权利

根据请求权是权利的表现的观点,可以说请求权所由产生的权利是基础权利,债权则是债权请求权的基础权利。"请求权系由基础权利(如物权、债权等)而发生,必先有基础权利之存在,而后始有请求权之可言。"②

既然债权与请求权不同,就应当把这两个概念区分开来,不应混而不分。笔者认为传统意义上的债权的概念没有抓住债的核心功能,没有反映债的本质,容易混淆债权与请求权。债的核心功能是什么? 债的权能通常有四项:(1) 给付请求权。债权人利益的实现,需要通过债务人实现给付的行为方能达到目的,因此债权人具有给付请求权。从债的效力看,是为请求力。(2) 给付受领权。债务人履行债务时,债权人有权受领,并保有因债务人履行所得的利益。债权的主要内容在受领债务人的给付,有效地受领给付,是债权的本质所在。给付受领权体现在债的效力上,构成保持力。(3) 保护请求权。债务人不履行债务时,债权人可以请求国家机关给予保护,强制债务人履行。表现在债的效力上,是为强制执行力。(4) 处分权能。债权人可以用抵销、免除、转让的方式处分其债权。除上述四项权能外,在法定的条件下,债权人可以用私力救济(自力救济)的方法保护其债权。另外,债权还附有形成权、抗辩权等权能。③

在债权的上述权能中,给付受领权是债权的核心,而债权请求权仅仅是债权的一项权能,是债权的一种表现。债权人行使债权请求权时,如果债务人不为给付,债权就不能实现,因此,给付请求权不是债权的核心,给付受领权才是债权的核心。虽然从基于民事权利的作用分类上看,债权属于请求权,但是从这个分类角度给债权下定义,强调债权是请求权,没有反映债权的本质。经过反复思考,笔者认为应当从债权的核心权能(给付受领权)的

---

① 这五点是参考史尚宽、梅仲协、王泽鉴等先生的论述和笔者的体会综合而成。

② 郑玉波:《民法总则》,台湾三民书局股份有限公司 1995 年版,第 49—50 页。

③ 参见李宜琛:《民法总则》,台湾正中书局 1952 年版,第 49 页。另参见王泽鉴:《债法原理》,中国政法大学出版社 2001 年版,第 20—21 页;史尚宽:《民法总论》,台湾正大印书馆 1980 年版,第 20 页;魏振瀛主编:《民法》,北京大学出版社、高等教育出版社 2000 年版,第 304 页。

角度给债权下定义。后来查阅民法文献时发现，李宜琛先生早就从这个角度给债权下了定义："债权云者，其权利人有受领相对人所为之一定给付之权利也。"[①]简而言之，债权是债权人受领债务人给付的权利。对债权的概念这样定义，其意义有四：一是抓住了债权的本质。二是把债权与请求权区别开了。三是把基础权利与其请求权区别开了。四是明确基础权利与请求权的关系，对于把握与变革民法典中的请求权体系有重要意义。

当然，从给付受领权的角度给债权下定义，也并非绝对周延。例如，对于不作为债务无须受领；为第三人利益订立的合同的受领人是第三人。但是，从给付受领权的角度给债权下定义，比从请求权的角度下定义更为准确，而且这样的定义并不否认请求权大量体现在债权之中的事实，为了突出债权不同于物权（支配权）的特征，仍然需要强调债权属于请求权的特点，民法中的债权请求权体系仍然存在。

对债权的概念强调债权人的受领权，在法律条文上怎么反映？关于债的概念，各国民法典规定不同，有不作概念式规定的，如法国民法典、日本民法典和意大利民法典，对债作概念式规定的民法典所作定义的角度也不同。《德国民法典》第 241 条规定："[债的关系和给付义务]债权人基于债的关系，有权向债务人请求给付。给付也可以是不作为。"我国《民法通则》第 84 条第 1 款规定："债是按照合同的约定或者依照法律的规定，在当事人之间产生的特定的权利和义务关系。享有权利的人是债权人，负有义务的人是债务人。"第 2 款规定："债权人有权要求债务人按照合同的约定或者依照法律的规定履行义务。"《澳门民法典》第 391 条规定："债为法律上之拘束，使一人须对他人作出一项给付。"上述三个概念突出的不同点是，《德国民法典》和我国《民法通则》强调债权人的请求权，《澳门民法典》强调债务人的给付义务。未来我国民法典中对债的概念可作规定，也可以不作规定，但为了便于人们对债的理解作规定为好。在民法典中，债的概念要反映债的关系是特定人之间的法律关系，要突出反映给付受领权能，同时也要反映给付请求权。条文可表述如下：第 1 款：债是基于有经济价值的给付，按照合同的约定或者依照法律的规定，在当事人之间产生的特定的权利和义务关系，享有权利的人是债权人，负有义务的人是债务人。第 2 款：债务人有向债权人给付的义务，债权人有受领给付的权利和请求给付的权利。这里突出"受领

---

① 李宜琛：《民法总则》，台湾正中书局 1952 年版，第 48 页。

给付”是为表明债权和请求权不同,同时规定“请求给付”说明债权不同与物权的特点。

综上所述,从学理上讲,债权是债权人受领债务人给付的权利,债权是债权请求权的基础权利。关于债权如何定义不是法律条文必须规定的问题,事实上就世界上有代表性的民法典看,没有正式对债权作定义式规定的,本文主张从给付受领权角度下定义,主要是为了将债权和请求权的概念区分开,将基础权利和请求权区分开。

二、债权请求权的性质与体系
——原权利的请求权与救济权的请求权

以权利相互之间的关系为标准,民事权利可分为原权(又称原权利)与救济权。“因权利之侵害而生之原状回复请求权及损害填补之请求权谓之为救济权;与救济权相对待之原来之权利则谓之为原权。”[①]请求权可分为原权利的请求权和救济权的请求权。为什么救济权之上又会发生请求权?“盖救济权系因原权之侵害而发生,以原权之缺损为前提,故救济权每为原权之变形,且多为请求权焉。”[②]有学者说:“损害赔偿请求权,与原权利之性质,原属相同,故此之损害赔偿请求权,应认为原债权之继续,惟在形态上有所变更而已。”[③]换言之,救济权是原权利的继续,因此救济权还需要通过请求权实现。但是,从民事权利、民事义务、民事责任的关系上看,救济权与原权利的性质是不同的,救济权是基于他人违反民事义务或侵害民事权利而产生的权利,其实质是权利人请求相对人承担民事责任。

债权请求权也可分为原权利的请求权和救济权的请求权。《德国民法典》中的债权的请求体系是:违反债的后果不是直接产生救济权,而是再次产生债(损害赔偿之债),违反损害赔偿之债时,才产生救济权。这种从债到债的模式,在理论体系上能自圆其说,在实践上的优点是国家较少介入私权,能体现私法自治原则。但是在现代,随着人格权和知识产权形态的不断发展,民事责任形式需要增多,在这种情况下,如果仍然按照损害赔偿之债的途径,将消除影响、恢复名誉和赔礼道歉等多种民事责任形式,作为债的

① 李宜琛:《民法总则》,台湾正中书局1952年版,第51页。
② 同上书,第51—52页。
③ 王伯琦:《民法债编总论》,台湾正中书局1962年版,第162页。

发生原因,纳入债的组成部分,就有问题,因为这些民事责任形式,不仅与债权的原权利的性质不同,而且与损害赔偿之债的性质也不同,前者没有经济价值,后者有经济价值。这个问题直接涉及债的内涵是否应当以有经济价值的给付为限,直接关系侵权责任在民法典中的地位和体系问题,因此有必要对债的内涵进行反思。以下从债的发展史和构成债的内在统一性两个方面,分三个问题作简要的考察和分析。

(一)债的内涵及其请求权

1. 关于债的内涵的历史考察

关于债的内涵,从债法的起源看可以追溯到罗马法。查士丁尼的《法学总论—法学阶梯》的第 13 篇开宗明义地说;"现在谈债务。债是法律关系,基于这种关系,我们受到约束而必须依照我们国家的法律给付某物的义务。"在这段话的注解中说:"债的标的最后归结为债务人应提供的物,但是它的直接标的不是物本身,而是给予、作为或不作为等。给予(dare)指移转所有权,作为(facere)包括不作为在内,给付(praestare)指提交一物,供人使用,如租赁;有时泛指债务履行而言。"[①]罗马法上的物,以有无形体为标准,分为有形体物和无形体物。"按其性质能被触觉到的东西是有形体物,例如土地、奴隶、衣服、金银以及无数其他东西。……不能被触觉到的东西是无形体物,这些物是由权利组成的,例如遗产继承权、用益权、使用权、用不论何种方式缔结的债权等。"[②]在罗马法上债务的发生根据有契约的债、准契约的债、不法行为的债和准不法行为的债。

罗马法上的准契约的债务内容广泛,包括:(1) 无因管理;(2) 受监护人与监护人相互之间的诉讼(其中包括监护人在管理受监护人财产时支出费用或负担债务,向受监护人提起监护反诉讼等);(3) 共有物分割之诉讼;(4) 共同继承人对继承人中的一人提起遗产分割之诉;(5) 继承人对受遗赠人的债务;(6) 误以为负债而向他人为清偿。对上述六种情况称之为准契约的债务,理由是这些债务不是根据契约发生,也不是根据侵权行为发生,所以被认为是根据准契约而负有债务。[③]

早期罗马法上侵权的后果是刑事责任与民事责任不分,后来才逐渐由

---

① 〔罗马〕查士丁尼:《法学总论:法学阶梯》,张企泰译,商务印书馆 1989 年版,第 158 页。
② 同上书,第 59 页。
③ 同上书,第 184—185 页。

同态复仇到罚金,由罚金到损害赔偿之债。"最后必须指出,关于一切侵害,被害人可以提起刑事诉讼,也可以提起民事诉讼。在民事诉讼中,应根据以上所述估计一个数额,对行为人处以罚金。"①对于准侵权行为,也是处以罚金。正如彭梵得所说:"法律规定首先应当支付'罚金(poena)'或'债款(pecunia 或 res credita)',只是当根据债务人的财产不能给付或清偿时,权利享有人才能通过执行方式对其人采取行动;直到此时,债(obligatio)才第一次获得新的意义,即财产性意义。"②应当指出,近现代侵权行为的统一概念的确立,就是统一在损害赔偿之债之上的。"厥后罗马法侵权行为之罚金,其刑罚的性质,渐次淡薄,而损害赔偿的性质,乃渐次浓厚,两倍额之请求既不被允许,而加害人之责任亦渐有继承性。此固由于教会法之影响而然,但其最终之转变,乃系第十七、十八世纪,罗马法继受之德国法学所促成。亦即由自然法学派认为侵权行为乃损害赔偿债务之发生原因,于是侵权行为之统一概念,乃告确立。"③这说明从罗马法到近现代民法,侵权行为是指发生损害赔偿的行为,由侵权行为产生的损害赔偿称之为损害赔偿之债,这种债的内涵是具有经济价值的。

从上述《法学总论》中对债所下的定义和注解中,应理解为"给付"是指物包括其他具有经济价值的给付,而不包括不能用价值估算者。"依罗马学者之理论,债之标的,可分为下列三种:(一)[dare(交付)]即各种物权之移转交付是也;(二)[facere(作为)]即交付以外之其他积极行为也;(三)[praestare(供给)]即[交付]与[作为]两项以外之给付也,如关于损害赔偿之给付等属之。"④"因为罗马民事诉讼均以金钱赔偿作为制裁,故债的给付要以有财产价值的为限。"⑤以上说明,罗马法将债的标的统一在以有经济价值的给付上。

早在古代罗马奴隶制时期,就建立了比较完备的债的制度,经济根源就在于当时罗马已经建立起比较发达的简单商品经济。马克思曾经说过:"债权人或债务人的身份……是从简单商品流通中产生的。"⑥从债的发展史看,

---

① 〔罗马〕查士丁尼:《法学总论:法学阶梯》,张企泰译,商务印书馆 1989 年版,第 203 页。

② 〔意〕彼德罗·彭梵得:《罗马法教科书》,黄风译,中国政法大学出版社 1992 年版,第 284 页。

③ 郑玉波:《民法债编总论》,台湾三民书局股份有限公司 1978 年版,第 133 页。

④ 陈朝璧:《罗马法原理》,法律出版社 2006 年版,第 162 页。

⑤ 周枏:《罗马法原论》(下册),商务印书馆 1994 年版,第 630 页。

⑥ 中共中央马克思恩格斯列宁斯大林著作编译局编译:《马克思恩格斯全集》(第 23 卷),人民出版社 1972 年版,第 156 页。

债的关系后于物权关系而发达，关键在于商品经济的发展。“迨至相似的共同生活，进于分业的共同生活，人各就其直接所生产支配之物资，益觉经济上有有无相通之必要，从而产生各种交易习惯与原则。与此，法的债权观念，遂以确立。盖以一方对他方请求一定给付，若不认为一种权利，则信用经济制度无从树立。”①

从构成债的内在统一性看，其统一性也统一在有经济价值的给付上。构成债的内在统一性是什么？各国民法典的体系虽然不同，但是，债的发生原因主要是契约、无因管理、不当得利和侵权行为四项。王泽鉴先生对债的结构有精辟的论述。他说：“关于契约、无因管理、不当得利及侵权行为的指导原则、社会功能以及构成要件各有不同，不足以作为共同构成因素。其构成债之内在统一性的，乃其法律效果的相同性。易言之，即上述各种法律事实，在形式上均产生相同的法律效果：一方当事人得向他方当事人请求特定行为（给付）。此种特定人之间的请求特定行为的法律关系，是为债之关系（债务关系、Schuldverhältnis）。”②王泽鉴先生对于债的结构的这个概括，为我们研究债的内涵和外延提供了很好的思路。要保持债的科学性，必须保持构成债的内在统一性。这里说的“特定行为”的范围需要有一定限制，否则，债的内在统一性就会遭到破坏。

2. 恢复名誉不属于债的范畴③

近现代民法将债的范围拓宽了，对此可以从我国民国时期的民法典第199条的立法理由得到说明。该条立法理由说：“仅按债权者，即得向债务人请求作为或不作为之相对权，其作为或不作为，实为债之标的，故总称为给付。至给付须有财产价格与否，古来议论不一，本条规定，虽无财产价格之给付，亦得为债之标的，与实际上方为赅括。”《德国民法典》没有关于侵害名誉权的规定，我国民国时期的民法典规定，名誉被侵害，受害人虽非财产上之损害，亦得请求赔偿相当之金额，并得请求为恢复名誉之适当处分（第195条），该条规定在侵权行为之中，从立法体例上看，属于侵权损害赔偿之债的组成部分。

近代学者在学理上也将债的范围拓宽了，有学者认为恢复名誉（《民法

① 史尚宽：《债法总论》，台湾荣泰印书馆股份有限公司1978年版，第5页。

② 王泽鉴：《债法原理》，中国政法大学出版社2001年版，第3页。

③ 有学者强调恢复名誉是债，在传统民法理论上说是合乎逻辑的。但是，从债的构成的内在统一性看，恢复名誉不应属于债的范畴，从权利、义务、责任的原理来看，恢复名誉也不应属于债的范畴。讲清了这个问题，其他多种民事责任形式也不属于债的范畴的问题，就迎刃而解了。

通则》称“恢复名誉”,民国时期的民法典称“回复名誉”)是债。以下是王泽鉴先生针对我国台湾地区一个案例的分析。“回复名誉之适当处分。第195条第1项规定,其名誉被侵害者,并得请求为回复名誉之适当处分,如登报道歉启事。原审及终审法院均认为此项请求权系非以金钱为赔偿的请求权,因与人身攸关,具有专属性,纵经承认或已起诉,因其性质仍属人格权,不得让与或继承。惟必须特别指出的是,登报道歉启事系回复名誉的适当处分,对于保护名誉权至为重要。依上揭实务上见解,此项救济方法却最受限制,被害人处于诉讼中死亡时,其名誉却难依适当处分予以回复。鉴于此项请求权的专属性已因起诉而解除,其内容不以金额为赔偿标的,但性质上仍属债权,应从宽解释,得由其继承人行使之,期能适当回复被害人的名誉,维持人的尊严。”①从这里可以看出,对本案处理的理论观点不同。原审法院和终审法院均认为回复名誉之适当处分,与人身攸关,具有专属性,属人格权,不得让与或继承。王泽鉴先生主张可以继承的理由有二:一是回复名誉之适当处分,其性质属于债权;二是从宽解释《民法典》第195条第1项,被害人在诉讼中死亡,其继承人可以行使诉权,期能适当回复被害人的名誉。

上述分歧有两个法律问题,一个问题是回复名誉的权利是否属于债权,对此原审法院和终审法院没有明确表示,王泽鉴先生作了明确肯定的解释。第二个问题是继承人请求保护死者名誉的性质是什么。学者对第二个问题的认识不同,而且与本文无关,故本文不作论述,以下仅就第一个问题表示笔者的看法。按照对债的传统解释,回复名誉也是债的关系,因为回复名誉也是“一方当事人得向他方当事人请求特定行为(给付)”。但是,从醇化债的内在统一性角度来看,不应将恢复名誉视为债的关系。

从立法体例看,民法典与单行法及判例法不同,其优点就在于民法典有高度概括性的概念与严谨的体系。债法被称为民法关系的核心,债编总则(有称通则)被称为“债法理论之总汇”②。债法将契约、无因管理、不当得利等不同的关系统一在债编之中,就体现在体系严谨的债编总则之中。债编总则是债编分则的一般性规定,有了总则可以简化条文,避免重复。如果民法典中不设债编总则,债编就成为不同性质的法律关系的汇编,也就无所谓债的关系法了。因此,债编总则应当是能适用于分则的共同性问题的规定,分则的内涵及范围应当与总则相呼应,才能体现债的结构的统一性,如果分

---

① 王泽鉴:《侵权行为法》,中国政法大学出版社2001年版,第117页。

② 邱聪智:《民法债编通则》,台湾瑞明彩色印刷有限公司1993年版,“钱序”(钱国成的序言)。

则的范围超出了总则，不能适用总则的规定，就破坏了债的内在统一性。

如果把恢复名誉作为侵权行为之债的组成部分，则与债的结构的内在统一性相矛盾，很难说恢复名誉是损害赔偿之债。所谓损害赔偿，通常是指财产受到损害时予以赔偿。名誉受到侵害时，可请求慰抚金（精神损害赔偿），即金钱赔偿。名誉受到侵害，不是单纯用金钱赔偿解决的了的，金钱赔偿，不能代替恢复名誉。有的国家的民法典规定损害赔偿以回复原状为原则，因此可以将恢复名誉作回复原状解释，从传统民法理论上看，对这种解释无可挑剔。但以现在注重人格权的观念来看，不无疑问。恢复名誉不适用债权编总则的规定。各国民法典的债权编总则的体例尽管不同，但主要内容都是债的标的、债的效力、债的保全、多数债权人及债务人、债权转让与债务承担、债的消灭等。债的标的包括种类之债、货币之债、选择之债，都适用于财产关系，而不适用于恢复名誉。债的效力包括债的履行、履行迟延等，适用于财产关系，与恢复名誉相距甚远。债的保全包括代位权和撤销权，与恢复名誉无关。多数人的可分之债和连带之债，与恢复名誉难以挂钩。债权转让和债务承担不能适用于恢复名誉。债的消灭方式包括清偿、提存等对于恢复名誉没有实际意义。从权利、义务、责任的关系上看，不应将恢复名誉认定为债，而应认定为一种民事责任形式。

讨论这个问题的实质在于：消除影响、恢复名誉和赔礼道歉是否应当作为独立的民事责任形式。《民法通则》将消除影响、恢复名誉和赔礼道歉规定为民事责任形式，是外国民法上没有的，学界对此褒贬不一。恢复名誉在传统民法理论上解释为损害赔偿之债的回复原状的一种方法，但也有学者认为非财产上的损害赔偿不适用回复原状的方法给予赔偿，因为“回复原状，指重建赔偿权利人受侵害权利法益之原貌，如同损害事故未曾发生者然。”[①]而非财产上的损害难以“回复原状”，因此主张对非财产上的损害赔偿的回复原状应理解为法国民法上的“违法状态之排除”[②]。认为恢复名誉是回复原状或是违法状态之排除，均可自圆其说。认为“恢复名誉”是“损害赔偿”的方法，虽在法律解释上合乎逻辑，但是与普通百姓的通常观念格格不入，不合我国国情。《民法通则》将“消除影响”和“恢复名誉”之间用顿号隔开，并列作为一种民事责任形式，“消除影响，是指行为人因其侵害了民事主

---

① 曾世雄：《损害赔偿法原理》，中国政法大学出版社 2001 年版，第 148 页。

② 同上书，第 384 页。

体的人格权应在影响所及的范围内消除不良后果”①。“消除影响”类似法国民法上的“违法状态之排除”。消除影响和恢复名誉密切关联,在通常情况下,消除了影响,就恢复了名誉;恢复了名誉,就消除了影响。但是二者有所不同,有时名誉恢复了,影响并未完全消除,例如有关资料还存在,可能还有或还会发生不良影响。有些情况要彻底消除影响难以做到,做到什么程度才算合适,是个复杂的问题,需要根据不同的情况分别处理,需要在司法实践中逐步总结经验,才能统一认识。由此可见,恢复名誉与财产上的“回复原状”的性质不同,难以用“回复原状”解决。

在传统民法中将道歉作为恢复名誉的一种方法,民国时期的民法典第195条的立法理由说:“其名誉被侵害,非仅金钱之赔偿足以保护者,得命为回复名誉之适当处分,例如登报谢罪等。”“回复名誉之适当处分,普通为谢罪广告与交付谢罪文。日本民法修正案理由书及学说虽举法庭谢罪为回复名誉之适当处分,但在公开法庭上谢罪,须俟该诉讼事件之判决确定后,始得强制执行被告为之,而该事件之判决确定后,则公开法庭已不存在,故请求在公开法庭上恭向原告谢罪,结局乃请求不能之行为,不能认为正当。”②赔礼道歉早在中华人民共和国成立之前,在解放区司法调解中即是行之有效的方法,《民法通则》将赔礼道歉上升为民事责任,多年的实践证明受欢迎,效果好。赔礼道歉不仅可以适用于对名誉权的侵害,而且可以适用于对姓名权、肖像权、隐私权、人身自由权等的侵害。反对将赔礼道歉作为民事责任形式的理由之一是,赔礼道歉应当是自愿的,法院不能强制,因此不能作为民事责任形式。从上述立法理由书和学者的论述说明,赔礼道歉可以强制执行,不过与财产型的强制方法不同而已,法院可以判决侵权人登报道歉或交付道歉书,法院可以决定将含有责令侵权人赔礼道歉内容的判决书登报,其费用由侵权人承担等。

消除影响、恢复名誉和赔礼道歉与财产型的恢复原状不同,前者可以用金钱计算,后者不能用金钱计算;前者是物质性的,后者是精神性的,对于不同质的问题,应当用不同质的方法处理。由于现代科学技术的发展,侵权人身权的方式增多,人们更加重视名誉,重视精神利益。有的受害人并不在乎金钱赔偿,而强烈要求侵权人为其恢复名誉或向其赔礼道歉;有的侵权人对赔偿金钱并不在乎,但为受害人恢复名誉,向受害人赔礼道歉,则感到是对

① 马俊驹、余延满:《民法原论》(下册),法律出版社1998年版,第1062页。

② 龙显铭:《私法上人格权之保护》,中华书局股份有限公司1958年版,第76页。

其的严厉惩罚和谴责。消除影响、恢复名誉和赔礼道歉的意义重大，效果好，这类民事责任形式不是能用金钱赔偿的方法替代的，不是能用传统民法上的回复原状的方法替代的，将消除影响、恢复名誉和赔礼道歉作为独立的民事责任形式，是现代民法保护人格权的需要。

既然消除影响、恢复名誉和赔礼道歉不是债，那么，停止侵害、排除妨害、消除危险等也不是债，应当将它们作为民责任形式，归入侵权责任的范畴，同时也就成为基于侵权责任而产生的救济权的请求权之组成部分。

3. 债的范围需要重新界定

为了保持债的构成的内在统一性，也是为了建立新的民事责任体系，从而建立救济权的请求权体系，对债的范围需要重新界定。

强调消除影响、恢复名誉和赔礼道歉是责任而不是债，不是概念之争，而是涉及民法典的请求权体系的问题。如果机械地理解债的关系是“特定人间得请求特定行为的法律关系”，那么，就可以把许许多多关系都纳入债的关系范围，甚至把夫妻之间请求同居的关系也称为债的关系，因为在这些关系中，都存在“一方当事人得向他方当事人请求特定行为”情况，这样就模糊了债的关系和物权关系及人身关系的界限，是不科学的。

随着现代民事法律关系的复杂化，对债的范围需要重新界定。债的构成的内在统一性，不应停留在“一方当事人得向他方当事人请求特定的行为”上。现代社会市场经济高度发达，债的制度的发达，主要体现在作为商品交换法律形式的合同的发达。因此，界定债的范围，应当突出因商品交换而发生的关系，将贯彻商品交换原则的财产流转关系和其他相关的平等主体之间的财产流转关系（赠与、借用，以及不当得利、无因管理等）纳入债的范畴。债的特定行为基本上是交付财产、完成工作、支付金钱等，是具有经济价值的关系。不作为也可以作为债务的一种形式，但是不作为应当以作为债权人实现债权的必要条件为限，这种不作为债务对作为债务具有附属性质。例如，承租人未经出租人同意不得转租，经理人及代办商应负竞业禁止的不作为义务等。

上面讲的债的结构，把侵权行为排除在外了。传统民法典将侵权行为统一于损害赔偿，作为债的发生原因之一，有其时代的合理性。但是，这样的规定忽视了侵权行为的其他的责任形式，不利于对民事权利的保护。从权利、义务、责任的关系的原理看,侵权行为的后果的本质是责任,不是债。[①]从各国实践看,为了处理侵权行为的新问题,有些国家不得不制定单行法或增加大量判例,弥补侵权行为之债的不足。在当代人格权备受重视、对人格权的侵害日趋严重的情况下,我国制定民法典,应当顺应时代的潮流,变革侵权行为之债为侵权责任,增加侵权责任形式,扩充侵权行为法的内容,加强对人格权的保护。这样就有必要把恢复名誉、停止侵害等作为侵权的责任形式,并在实践中不断充实其内容,既有利于对人格权的保护,也避免了把恢复名誉等作为债而影响债的内在统一性的缺陷。

民法学者通说认为债权是财产权,如有的学者说"债法为财产法"[②]。我国内地学者常从物质资料的生产、交换、流通、消费四个环节的角度,阐述债法与物权法在民法中的地位和特点,如:"如果说所有权制度是在生产和消费领域中对财产进行保护,那么债和合同制度是在交换和流通领域中对财产进行保护。相对来说,前者调整静态的财产关系,后者调整动态的财产关系。"[③]民法教科书上讲债的特点,无不讲其财产性质,有说"债是能够用货币衡量评价的财产法关系"[④],有说"债权反映的是动态的财产关系,即财产流转关系"[⑤]。值得注意的是,《意大利民法典》第 1174 条的标题是[给付的财产特征],条文规定"债的标的的给付应当具有经济价值,并应当与债权人的利益即使是非财产性利益相一致"。这条规定鲜明地指出债的标的的给付"应当具有经济价值"。其中规定的"即使是非财产性利益",从该条注明的参阅条文可以看出,不是指"债的标的",而是债的履行中的具体规定。例如该条条文所列举的参阅条文之一的第 1457 条:[当事人一方的必要时间] 如果一方当事人确定的给付时间应当认为对他方利益是必要时,除有相反规定或习惯外,尽管期间届满,若一方要求履行,应当在 3 日内通知他方。在没有通知的情况下,尽管契约未约定解除,但是,契约将发生法律上的解除。

以上从罗马法的历史考察,从债的内在统一性,以及从现行意大利民法典的规定,都可以找到将债统一到具有经济价值的给付的根据。

综上所述,构成债的内在统一性表现是:内容上统一在以商品交换为基

① 关于债与责任的关系,参见魏振瀛:《论债与责任的融合与分离——兼论民法典体系之革新》,载《中国法学》1998 年第 1 期,第 17—29 页。

② 郑玉波:《民法债编总论》,台湾三民书局股份有限公司 1978 年版,第 15 页。

③ 佟柔主编:《中国民法》,法律出版社 1989 年版,前言第 5 页。

④ 魏振瀛主编:《民法》,北京大学出版社、高等教育出版社 2000 年版,第 303 页。

⑤ 余能斌、马俊驹主编:《现代民法学》,武汉大学出版社 1995 年版,第 428 页。

本内容的财产流转关系，形式上统一在基于有经济价值的给付。从原权利与救济权的分类上看，债权是原权利，债权人请求债务人履行债务的权利，是债权请求权，债权请求权属于原权利的请求权。

（二）债权的救济权及其请求权

债权的救济权是基于债务人违反债务而产生的权利，其实质是债权人请求债务人承担民事责任。什么是民事责任？对此说法不一。笔者认为“民事责任是民事主体违反法定义务或约定义务而应承担的法律后果”[①]。有学者坚持传统的定义，认为民事责任是债务人就其债务，应以其一般财产，为之担保。传统民法将违反债的责任包含在债的效力之中，并且把侵权行为的后果称为损害赔偿之债，这是继受罗马法上债与责任不分的结果。“在昔罗马法，债务与责任合而成为债务之观念……德国固有法，始将债务（Schuld）与责任（Haftung）截然区别，以债务为应为给付之义务，责任为此义务之财产的担保（Einstehen）。”[②]由于债法是财产法，违反债的责任也是财产责任，又由于债法是任意法，违反债的责任与债的标的具有相同点，因此《德国民法典》不突出违反债的责任，在立法体系上能自圆其说，但在理论上混淆了债务与责任的性质。“今日所称责任，仅限于债务人之一般财产，而其一般财产，又为其总债务之担保（责任），所有债务人均基于平等的立场，对之执行，以获得满足。故现代法上，责任与债务之相伴，乃属常事，因而二者在观念上遂不免常相混淆。”[③]这种“混淆”的根本原因在于忽视了法律责任的根本特征。民事责任、行政责任、刑事责任的承担都具有强制性，离开法律的强制力，就无所谓法律责任。将责任认定为债务人以其一般财产，为其总债务的担保，能够说明债务人应以其全部财产承担无限责任，但不能说明当事人所应承担的具体责任（如支付赔偿金）的性质，更不能反映民事责任的本质。

违反债的责任的承担，也有通过救济权的请求权实现的。既然讲责任，为什么又要讲请求权？这是由民事责任的特点决定的。有一种观点认为，将损害赔偿不看做债的发生原因之一，将其认定为责任，提前介入法律的强制力，就缺少了当事人自愿协商处理违反债的后果的环节，不能体现民法的

---

① 魏振瀛：《论民法典中的民事责任体系——我国民法典应建立新的民事责任体系》，载《中外法学》2001年第3期，第356页。

② 史尚宽：《债法总论》，台湾荣泰印书馆股份有限公司1978年版，第3页。

③ 郑玉波：《民法债编总论》，台湾三民书局股份有限公司1978年版，第12页。

意思自治原则。这种观点不无道理,问题在于持这种观点者将民事责任等同于民事制裁。其实,民事责任不等于民事制裁。法律责任承担的方式可分为自动承担(或称主动承担)和强制承担,“主动承担的方式,是指责任主体自觉地承担法律责任,主动支付赔偿,补偿或恢复受损害的利益和权利。…… 被动承担的方式,是指责任主体根据司法机关和行政机关的确认和归结,承担相应的责任。…… 法律制裁,是指由特定国家机关对违法者依其法律责任而实施的强制性惩罚措施。…… 法律制裁与法律责任有着紧密的联系。一方面,法律制裁是承担法律责任的一个重要方式。法律责任是前提,法律制裁是结果或体现。…… 另一方面,法律制裁与法律责任又有明显的区别。法律责任不等于法律制裁,有法律责任不等于一定有法律制裁”[①]。

法律责任的自动承担,主要体现在民事责任方面。救济权请求权是在当事人一方需要承担责任的情况下产生的,责任是产生救济权请求权的前提,没有责任,就不会产生救济权的请求权。救济权的请求权是在民事责任自动承担和强制承担的中间环节上产生的。在实践中承担民事责任有三种情况:一种情况是,责任发生后,责任人自动承担责任;另一种情况是,责任人不自动承担责任,权利人向责任人提出请求之后,责任人才承担责任;第三种情况是,权利人提出请求后,责任人仍不承担责任,权利人提起诉讼,请求法院强制责任人承担责任。从这个过程来看,民事责任的承担方式有自动承担、请求承担和强制承担三种方式。在自动承担的情况下,权利人没有必要行使请求权。在第二种情况下,权利人行使请求权,权利得到实现。在第三种情况下,权利人因行使请求权(实体法上的请求权)未果而行使诉讼法上的请求权,请求法院强制责任人承担责任。债权人请求债务人承担责任的权利就是债权的救济权请求权。债权的救济权请求权是现实存在的承担民事责任的过程的反映,救济权的请求权是权利人促使责任人承担责任、保护债权人利益的法律手段。我们应当提倡责任人自动承担民事责任,提倡当事人自行解决责任承担问题,尽量减少诉讼,债权的救济权请求权就是民事法律关系上意思自治原则的反映。

需要指出的是,由于违反债的责任(不包括侵权责任)是财产责任,而且违约责任的赔偿额的计算方法或违约金的比例,可以由当事人协商确定,在一定条件下,违反债的责任可以准用债权编总则的规定。但是,违约赔偿的

---

① 沈宗灵主编:《法理学》,北京大学出版社 2000 年版,第 527—528 页。

责任与债务履行的性质是不同的。基于原权利产生的债是根据当事人自愿(合同等)或法律规定(无因管理、不当得利等)而产生,没有违法性、不会发生强制性;违约赔偿是因当事人的行为具有违法而产生,会发生强制性。债务属于"当为","故非由外部所得而强制之"。责任"盖谓于债务不履行时,得诉之强制手段,要求债务之满足"①。

综上所述,债权请求权分为两类:一类是基于原权利产生的请求权,即债权请求权。另一类是基于债权的救济权而产生的请求权,即债权的救济权请求权。债权请求权反映在民法典债权编的债权债务关系中,债权的救济权请求权反映在民法典债权编的违反债的责任中。

三、物权请求权的性质与体系
——物权的救济权请求权与民事责任

(一)物权请求权的性质是救济权

关于物权请求权的立法首创于《德国民法典》,该法典的物权编的第三章第四节规定了"基于所有权的请求权",包括返还请求权(第985条)、除去侵害请求权和不作为请求权(第1004条)。对他物权的保护,准用基于所有权的请求权的规定,占有人也得基于占有提起请求权。但是《德国民法典》中并没有物权请求权的概念,物权请求权(物上请求权)这个概念是民法学者根据法律规定概括出来的。

物权请求权的性质是什么?争论由来已久,其说不一,约有十几种说法,归纳起来诸说可分为三类:一类是与物权相联系分析物权请求权的性质,其中有代表性的是附属性权利说,此说是德国学者的通说。该说认为物权请求权只为保证物权的完满状态而存在,不像其他权利那样有独立存在的目的,这种权利完全不可以与本权脱离,不可独立地转让与第三人;而独立的财产权,必然具有能够独立转让的性质。② 另一类是与债权相联系分析物权请求权的性质,其中有代表性的是债权说。主张此说的学者有的认为物权请求权系请求特定人为特定行为(排除侵害)之权利,为行为请求权,故为纯粹之债权。③ 再一类是独立的权利说。该说认为:"物权之内容在于直

① 李宜琛:《日耳曼法概说》,商务印书馆1943年版,第74页。

② 参见孙宪忠:《德国当代物权法》,法律出版社1997年版,第88页。

③ 参见谢在全:《民法物权论》(上册),台湾文太印刷有限公司1992年版,第39—41页。

接支配其标的物，而此项请求权，乃系对人之请求，故非物权之自体，而系独立之权利，不过其命运与物权同，亦即于物权存续之期限内不断的派生而已。至于此种请求权虽亦属对人之请求，但于破产之程序上，较一般债权为优，故与债权不同。”①

上述诸说多是著名民法学者的主张，有的是有代表性的国家及地区判例上的论点，多具权威性。笔者认为上述诸说的侧重点不同，各有道理。物权的附属性权利说强调物权请求权是基于物权而产生，物权请求权不能与物权脱离而独立转让给第三人。此说反映了物权请求权的特点，缺陷是容易被理解为物权请求权是包括在物权之中的一项权能。债权说强调物权请求权是请求特定人为特定行为之权利，是对人权，是行为请求权，而非物权本身，是有道理的。但是，此说脱离了物权请求权与物权的关系，难以划清物权请求权与债权的界限。独立的请求权说强调的是物权请求权不是物权本身，既说明了其与物权密切联系的一面，也指出了与债权的不同，分析较为周全。此说的缺陷是仅从请求权是否具有独立性上作解释，并未说明物权请求权的本质。上述观点的分歧，一方面说明物权请求权性质认定的难度，另一方面也说明物权请求权理论及相关立法体系的缺陷。

笔者认为，分析物权请求权的性质，应当从基础权利与请求权的关系上分析。按照民事权利的分类，物权属于绝对权、支配权，只有当物权受到侵害时，才会产生物权请求权。物权请求权不是基于原权利(物权)自身产生的请求权，而是原权利(物权)受到侵害而产生的权利，因此物权请求权的性质是救济权。这样认定物权请求权的性质，就将物权请求权与债权严格区别开了，物权和债权的区别也就更加明晰了。

综上所述，物权是物权请求权的基础权利，物权请求权是保护物权的法律手段，物权人行使救济权的请求权实质是请求相对人承担民事责任。

(二) 在民法典中创设物权请求权的进步性与局限性

《德国民法典》中创设物权请求权，作为对物权保护的形式，是民法上的一大进步。其优点之一是，对物权的保护不仅体现在诉讼法(公法)上的请求权，而且增加了实体法(私法)上的请求权，体现了私法自治原则。优点之二是，行使物权请求权不问相对人是否有过错，有利于对物权的保护。优点

① 参见郑玉波:《民法物权》，台湾三民书局股份有限公司 1977 年版，第 24—25 页；史尚宽:《物权法论》，台湾荣泰印书馆股份有限公司 1979 年版，第 10 页。

之三是，对物权的保护不涉及侵权行为，只将发生损害赔偿的行为才认定为侵权行为，用损害赔偿之债处理，使物权的救济方法（救济权）与债权的救济方法（救济权）区别开，体系清晰。

但是，在民法典中创设物权请求权的进步性是相对的，是有局限性的，随着社会的发展，其局限性更加明显。这种立法设计的缺点之一是，物权的妨害排除请求权与侵权行为的回复原状请求权的区别不明晰，"这是民法典第 1004 条未有最终解决的问题之一。但若从条文上看，二者的区别似乎在于，对于侵权行为的原状回复以加害人有故意、过失为要件（民法典第 823 条、第 826 条），而物权的妨害除去请求权则不以妨害者有故意、过失为要件。至于德国民法典立法时的起草者，虽在本质上欲对二者加以区别，但实质上却几乎未有给出区别的基准的任何线索"①。判例和学说虽然下了很多功夫，有了处理方法，但是"无论判例，还是学说亦均存有分歧"②。

缺点之二是，不作为请求权的适用范围及性质不明确。不作为请求权是否适用于未包含在权利中的法益，在实践中长期存在着理解上的分歧，后来随着社会实践的发展，德国判例上一般不作为之诉的形成，妨害除去与妨害预防的效果开始扩及于未包含在权利中的法益，在学理上得到广泛的支持，但对法益与权利的关系及其性质其说不一，有些著名的学者主张将一般不作为之诉"抑或作为诉讼法上的制度，甚或作为有助于'制度保护'的制度加以解释和把握"③。本来物上请求权是作为实体法上的请求权规定的，这里却使其又回到诉讼法（公法）上去了，这难说不是物上请求权的不周延之处。

缺点之三是，"妨害"与"损害"难以区分。《德国民法典》将"妨害"和"损害"区别开来，前者是指妨害物权人行使权利、产生排除妨害的后果，后者指因侵权行为发生了损害、产生损害赔偿的后果。前者属于物权请求权，后者属于侵权损害赔偿。《德国民法典》第 1004 条规定的排除妨害请求权和停止妨害请求权，是指所有人受到除剥夺或者扣留占有以外的其他方式的妨害时，所有人享有的请求权。究竟什么是"妨害"，其说不一，后来德国判例和学说"以妨害状态的继续性之有无为基准对二者加以区别。即对于继续性'侵害'的将来之'妨害'，适用妨害除去，而对于业已'过去'且'完

---

① 陈华彬：《德国相邻关系制度研究》，载梁慧星主编：《民商法论丛》（第 4 卷），法律出版社 1996 年版，第 316 页。

② 同上书，第 319 页。

③ 同上书，第 325 页。

结'了的'妨害'则适用原状回复(含赔偿)"[①]。有的学者将"妨害"分为三类:一是积极性干预,按照通说,以不正当的手段对物所在的位置的积极性干预属于妨害。二是消极性干预,是指某物与其周边环境的联系被切断了。三是意识性影响,是指第三人的行为妨害了物的使用人本来不应当被剥夺的美感或风俗。学者解释妨害的举例有:对物的损坏、通过在其上张贴广告的方式妨碍物的使用、践踏不动产、在其上建筑或者通过挖掘的方式撤除自然的支撑、物质性的侵入(如蒸汽、噪音和震动)、在别人的停车场越权停车、在别人的墙上涂写标语影响其外观、用气枪射落别人家的葡萄、某邻居将其在居民区的不动产作为报废车的堆放场地使用等。[②]

对妨害概念的上述分析可谓周全,对妨害与损害的区别在学理上划了界限,但是在实践上区分起来并不容易,仅以上述举例"对物的损坏"和"用气枪射落别人家的葡萄"来看,依侵害的继续性的有无作为区别妨害与损害的基准,如果连续不断地损坏他人的物或连续不断地射落他人家的葡萄是"妨害",业已过去的且完结了的对物的损坏和用气枪射落别人家的葡萄是"损害。"这种思维方法,对酷爱抽象思维的德国学者来说是高见,对我国普通百姓来说则难以理解。

以上说明,对物权的救济采取物权请求权的方式,从民法典的体系上看,有其内在的和谐与统一性,但同时也存在着模糊性。《德国民法典》的物权请求权和侵权行为之债,前后连贯,体系严谨,但是有封闭性,缺乏适应性。曾有学者说:"民法为规范吾人生活之基本法律,体系形成不易,切为人类法律智慧之伟大结晶。因此,立法之后少有修改,此亦为各国民法之共同现象。"[③]德国等国家,不修订其来之不易的民法典体系,用单行法或用判例解决出现的新问题,也是一种好办法。长期以来,德国的判例和学说,"通过现有的体系框架内的解释适用,而克服体系或概念的限制,有效地解决问题。而在这一过程中得到巩固和强化以至成为了一个'典范'"[④]。

从《德国民法典》的整体上看,物权请求权是其严谨的民法典体系的组成部分。但从德国式的其他国家的民法典看,有的国家并没有规定物权请

---

① 陈华彬:《德国相邻关系制度研究》,载梁慧星主编:《民商法论丛》(第4卷),法律出版社1996年版,第317页。

② 〔德〕曼弗雷德·沃尔夫:《物权法》,吴越、李大雪译,法律出版社2002年版,第151—152、154、163页。

③ 邱聪智:《民法债权通则》,台湾瑞明彩色印刷有限公司1993年版,第2页。

④ 武欣:《论物权请求权应当缓行》,资料来源:http://china.findlaw.cn/info/wuquanfa/wqxl/qqxl/111044.html,访问时间:2013年3月13日。

求权，我国民法典是否应当作规定呢？

（三）物权救济方式的选择

未来的我国民法典对物权的救济，应当采取什么方式？一种意见主张借鉴《德国民法典》，采用物权请求权的方式，另一种意见主张承继《民法通则》的路子，采用民事责任方式，笔者赞成后者。物权救济方式与民法典体系直接关联，因此，选择物权救济方式的问题实质是选择民法典的体系问题。现在我国制定民法典，需要借鉴外国的民法典体系，笔者赞成主要是借鉴《德国民法典》体系，因为《德国民法典》有较多的优越性，此其一。其二，从起草大清民律草案到民国时期制定的至今仍在台湾地区适用的“民法典”、《澳门民法典》，以及内地前三次起草民法典之中的两次和《民法通则》的制定，都在不同程度上直接或间接地借鉴了《德国民法典》。其三，在理论上，法学教育上，包括民法教科书的体系、概念，多受《德国民法典》及有关学说的影响。无疑，我们还应当借鉴民国时期的民法典，该法典的民商合一的体系设计，独树一帜。但是，民法典的体系的确定受多种因素的影响，可借鉴，不可照搬。在民法编纂史上，只有为数不多的国家如土耳其等照抄他国的民法典。①

对于物权的救济形式，各国民法典没有一定之规，有的用物权请求权的方式处理，如德国和瑞士的民法典。有的不用物权请求权的方式处理，例如，《意大利民法典》规定“保护所有权的诉讼”，“《法国民法典》通过对侵权行为条文的灵活适用，加以保护”②。“长期以来，法国判例对于近邻妨害责任，系专门作为侵权行为责任加以构成和处理。”③现在我国制定民法典，应当注重总结我国的特别是改革开放以来的民事立法经验。法律是社会实践的产物，法律的实施是千百万人的行动，总结改革开放以来行之有效的立法和司法经验，也就是尊重多年来立法机关、司法机关、法学教育和研究机构以及广大群众的智慧和经验。离开本国的基础，体系再完美的法典也难以施行；在本国成功经验的基础上的立法，不仅可以加快立法的进程，而且在法典颁布之后便于实施。

未来我国民法典对物权的救济的规定，应当采用民事责任的方式，这种

---

① 谢怀栻：《大陆法民法典研究（续）》，载《外国法译评》1994 年第 4 期，第 16—17 页；薛军：《略论德国民法潘得克吞体系的形成》，载《中外法学》2003 年第 1 期，第 18 页。

② 杜颖：《论民事保全请求权》，北京大学 2000 年博士学位论文，第 5 页。

③ 陈华彬：《法国近邻妨害研究》，载梁慧星主编：《民商法论丛》（第 5 卷），法律出版社 1996 年版，第 318 页。

方式能与我国过去的立法和司法实践经验相衔接。实际上从权利、义务、责任的关系上观察和处理问题的思路,早已为我国立法机关和司法机关的广大官员所熟悉。改革开放以来的诸多立法,大多有法律责任的专章、专节或专题的规定,可以说"权利、义务、责任"已经成为法律界的一种思维模式。《民法通则》颁布以来,对物权的救济采用民事责任的方式,实践证明是可行的。从我国现实出发,未来民法典对物权的救济,不沿用民事责任的方式而改变为另一种模式,不一定行不通,但效果不一定好。对物权的救济采民事责任的方式,理论上说得通,体系上能安排好,与采取物权请求权方式相比,优点未必少,缺点未必多。以下分析德国民法上的物权请求权的民事责任性质。

(四) 物权救济的民事责任方式

1. 返还原物的责任

在德国民法上,返还请求权这个概念,有时是指物权人的原物返还请求权,有时是指占有人的原物返还请求权。请求返还原物的前提是非法占有,"所有人的占有返还请求权只有针对非法占有人才能成立"[①]。返还请求权属于物权请求权的一种,是保护物权的主要途径。在《法国民法典》上,返还原物是作为侵权责任处理的。[②] 未来我国民法典对物权的保护可不采用物权请求权的方式,而采用侵权责任的方式(但不同于《法国民法典》的规定),在制度的设计上就会有所不同。按照后一种的设计,侵夺他人之物,是故意侵权,应承担侵权责任,对此不难理解。需要讨论的是能否把无权占有都认定为侵权?从立法政策上说是可以的。以民事法律行为不成立、无效或被撤销后的无权占有为例,民事法律行为不成立、无效或被撤销后,原设定的法律关系已不存在,占有人与占有物返还请求权人之间是什么关系,返还原物的性质是什么?对此,传统民法规定有占有制度,依占有的状态决定占有的效力,即将占有分为善意占有和恶意占有,分别做不同的处理。其中对善意占有人的返还请求权可与不当得利返还请求权竞合,对恶意占有人的返还请求权可与基于侵权行为的回复原状请求权竞合。[③]

---

① 〔德〕曼弗雷德·沃尔夫:《物权法》,吴越、李大雪译,法律出版社 2002 年版,第 101 页。

② 张民安:《现代法国侵权责任制度研究》,法律出版社 2003 年版,第 55—56 页。

③ 台湾地区"民法典"物权编的修订,"有助于处理占有回复关系上请求权与不当得利、侵权行为等的竞合关系"。见王泽鉴:《物权法上的自由与限制》,载梁慧星主编:《民商法论丛》(第 19 卷),中国法制出版社 2001 年版,第 251 页。

在未来的我国民法典上，对民事法律行为不成立、无效或被撤销后的受领给付物的占有人，可认定为无权占有人，因为原设定的法律关系已经不存在，原受领的物已经没有法律根据，其占有是无权占有。物权是绝对权，物权人以外的人对物权人来说是义务人，其义务是不作为，无权占有他人之物的人，违反了不作为义务，就应承担返还原物的责任，其性质可认定为侵权责任。参照善意占有人的返还请求权可与不当得利返还请求权竞合，恶意占有人的返还请求权可与基于侵权行为的回复原状请求权竞合的立法设计，对恶意占有可认定为过错侵权，对善意占有可认定为无过错侵权，无论是善意占有人还是恶意占有人，都应承担返还原物的责任，但是为了保护物权人的权利，返还原物的责任不问占有人有无过错。这样就把同一个对他人之物的侵权，分别按无过错责任原则和过错责任原则处理。这是否使问题“复杂化”了？不是。其实，按照德国法对同一个物权的救济，对返还原物按物权请求权处理，不问过错；对物的损害赔偿按侵权行为之债处理，以过错为要件，这同样是把同一个对他人之物的侵害，分别适用不同的归责原则处理。以上两种立法设计虽然对物权救济采取不同的方式，但是其结果可谓殊途同归。不同之处在于：采用民事责任的方式，对物权的保护都按侵权行为处理，这样的立法设计的好处是能够克服侵权行为之债的封闭性的缺点，便于增加侵权责任形式，有利于对物权等绝对权和其他民事权益的保护。

《德国民法典》创设了物权请求权，物权人行使物权请求权，不问相对人有无过错，但认定侵权行为一般以过错为要件，《德国民法典》强调这种区别。现在情况不同了，自《德国民法典》颁布以来，各国侵权法上的无过错责任的适用范围逐步扩大；在现代侵权行为法上无过错责任原则进一步发展，侵权归责原则多元化已经成为趋势，将返还原物（在善意无权占有的情况下）定为无过错责任，符合侵权归责原则多元化的趋势。

有的学者以对拾得物的处理为例，认为对物权的救济采用物权请求权方式，所有人可随时请求拾得人返还原物，有利于保护物权人的利益；如果采用民事责任方式就不好说拾得人侵权，难以按侵权处理。其实在实践中产生无权占有的原因很多，认定是否无权占有需要作具体分析。拾得遗失物是事实行为，如果拾得人适时将遗失物返还给所有人或交给主管机关，不请求偿还费用，不要报酬，是拾金不昧的高尚行为。从法律上讲，在拾得遗失物的关系中会发生拾得人与所有人之间的债的关系，拾得人有保管和返还原物的义务，所有人有请求返还原物的权利；拾得人有依法请求所有人偿还其为保管遗失物所支出的费用和给付报酬的权利，所有人有偿还拾得人为保管遗失物所支出的费用和给付报酬的义务。对拾得人在适时返还遗失物或交给主管机关之前这段时间的占有，应当推定是为了所有人的利益保管遗失物而占有，在此期间内，如果所有人请求返还原物，拾得人有义务返还而无权继续占有。如果拾得人侵占遗失物，则构成对所有人的侵权。同样的道理，即使在实施无因管理的过程中，也可能构成无权占有，例如，甲外出，乙为甲修缮漏雨房屋过程中，甲返回后请求乙停止修缮，而乙继续占有该房屋拒不返还，乙的行为则由无因管理变为无权占有，构成侵权。上述两例在法律关系上，既有债的关系，又有物权关系，如果对物权的救济采取物权请求权的方式，物权人可以随时请求返还原物，其物权固然可以得到充分保护；如果采取侵权责任方式，物权人也可以随时请求返还原物，其物权同样可以得到充分保护。

2. 妨害排除与妨害防止的责任

所谓妨害，是指以占有以外的方法侵害物权。妨害物权人行使物权的，违反了对物权人的不作为义务，有排除妨害的责任。排除妨害，对物权人来说是排除妨害请求权，其实质就是请求妨害人承担民事责任，其性质是侵权责任。妨害合法占有的责任，其实质也是侵权责任。

物权（或合法占有）有被侵害之虞时，物权人（合法占有人）有权请求防止妨害。虽然妨害尚未发生，但危险已经形成，威胁物权人的财产安全，法律不能让物权人坐等损害发生后才主张权利。对形成危险的人来说，也是违反了不作为义务，应当承担责任，这种责任与排除妨害没有本质的区别。

我国台湾地区民法学者曾世雄先生认为排除侵害是较为激烈的民事责任形式。“民事责任之分类，虽因标准而异，惟分类之总纲应在于承担民事责任的方法，即排除侵害及损害赔偿之分类。…… 排除侵害，因直接打击侵害，手段比较激烈。”[①]这里说的排除侵害是指台湾地区“民法典”第 765 条规定的所有人有权“排除他人之干涉”，排除他人干涉的手段就是该法第 767 条规定的物上请求权，包括返还原物、妨害排除和妨害防止。史尚宽先生讲到物上请求权时说：“排除妨害，回复物权圆满支配状态之请求权，谓之物权请求权，亦称物上请求权，有返还请求权、妨害除去请求权及妨害防止请求

① 曾世雄：《损害赔偿法原理》，中国政法大学出版社 2001 年版，第 4—5 页。

权三种。”[①]

根据物权请求权的原理,妨害排除和妨害防止不以当事人有过错为要件,如果将妨害排除和妨害防止作为侵权责任形式,是否不问当事人有无过错?这是个复杂的问题,因为妨害排除和妨害防止作为责任形式,不仅仅适用于物权,而且还适用于人格权,它涉及法律经济学,关系到立法政策。对此,可在参考法国民法的理论与实践的基础上总结经验,作出决策。法国判例和理论上有近邻妨害责任,近似于德国民法上的妨害排除。经过长期的实践和讨论,“在现今之法国学界,将近邻妨害责任作为无过错的侵权行为责任的构成见解已在事实上居于有利地位,并日益获得大多数学者支持。概而言之,这种无过错的侵权行为责任见解已成为众多见解中的支配见解,处于通说的地位”[②]。法国判例和理论上还有近邻妨害之禁止,近似于德国法上的妨害防止。经过长期的实践和讨论,在归责原则上,处于支配地位和有较大影响的有力学说是过错说及衡平说。按照过错说,近邻妨害之禁止,以加害人有过错为要件。没有过错的,受害人只能请求金钱赔偿等。按照衡平说,近邻妨害之是否禁止,必须考虑对立的诸利益对于社会是否有用及用之大小,并进而在此基础上加以决定。如果停止妨害原因(禁止营业活动)不如维持妨害原因(营业活动)对社会更有利时,受害人仅可请求金钱赔偿或请求改善工事,而不得要求禁止营业活动。[③] 法国的这些实践和理论值得借鉴。法国的实践和理论说明,对妨害排除和妨害防止按侵权行为关系处理,比较灵活,可以克服物权请求权封闭性的缺陷。

对于因为自然力引起妨害如何处理?《德国民法典》第 1004 条规定的“不作为与排除妨害请求权只能针对违法的妨碍。原则上,只要不存在特别的容忍义务……那么每一种妨碍从其结果看都是违法的。…… 这种妨害必须或多或少是人的行为所引起的,即危及邻居的不动产的具体原因。……与人无关的、影响某物的自然事件则不构成第 1004 条的请求权。…… 自然事件不能归咎于任何人”[④]。物权人的物因纯粹的自然原因遭受的侵害,一般按不可抗力对待。在自然原因与人的原因难以区分的情况下,德国民法建立了“保证人地位”理论,该理论的基本内容是:根据现实中造成危险的多

---

① 史尚宽:《物权法论》,台湾荣泰印书馆股份有限公司 1979 年版,第 10 页。

② 陈华彬:《法国近邻妨害研究》,载梁慧星主编:《民商法论丛》(第 5 卷),法律出版社 1996 年版,第 331—332 页。

③ 同上书,第 348 页。

④ 〔德〕曼弗雷德·沃尔夫:《物权法》,吴越、李大雪译,法律出版社 2002 年版,第 156 页。

种原因和相邻人之间的关系,根据所有人承担义务原则,确定侵害人一方应当为他人权利的正常行使负类似担保的责任;当其管领的物对他人造成损害时,他应当承担责任。[①]

(五)与物权救济的民事责任方式有关的几个问题

对物权救济采取民事责任的方式,是否把物权请求权的优越性都抹杀了,相应地会出现其他问题?以下结合有些学者提出的异议,对有关的几个主要问题作简要分析。

主张在民法典中设物权请求权的理由之一是,物权请求权不以过错为要件。关于将返还原物、妨害排除和妨害防止作为责任形式之后,其归责原则在前面已经阐明,对其归责原则可在民法典的侵权行为编作出规定。

主张在民法典中设物权请求权的理由之二是,物权请求权效力优先于债权请求权,侵权行为属于债的范畴,把返还原物作为责任,就使物权人与其他债权人处于平等的地位,尤其在占有物之人进入破产程序的情况下,物权人不能优先于其他债权人,取回其所有物,只能按比例受分配,从而使物权名存实亡。此说是按照传统民法理论的推理而得出的结论。根据权利、义务、责任关系的原理,侵权的后果是责任,不是债。侵权责任并不影响物权的优先效力。从破产法上的取回权来看,破产法中的取回权的根据是由物权本身的性质决定的,而不是根据物权优先于债权决定的。物权优先于债权的效力,是指物权无论成立先后如何,均有优先于债权的效力。其中一种形态是,债权以某特定物为给付的标的物,而该物之上又有物权存在时,无论物权成立的先后,均优先于该债权。例如在标的物是动产的一物二卖,后买者已经受领标的物,先买者无权请求后买者退回标的物。另一种形态是,物权优先于一般债权,例如在债务人的物上设有担保物权的情况下,享有担保物权的债权人优先于一般债权而受清偿。如果甲在其破产前无权占有乙的汽车,乙有请求甲返还原物的权利,甲负有返还原物的责任。甲破产时尚未返还汽车给乙,乙对其汽车仍然享有物权;乙的汽车不属于甲的物,自然不在破产财产范围之内。因此,乙当然对其汽车享有取回权。

德国民法规定物的回复请求权的重要原因是,德国民法强调物权行为的独立性和无因性,如果把返还原物归入债的关系,由于物权行为的无因

① 参见孙宪忠:《德国当代物权法》,法律出版社 1997 年版,第 95—96 页。

性，物权可能得不到保障，例如占有人破产时，只能参加分配。物权行为有因或无因的理论，是民法上最难了解的基本问题，至今争论不休，一些著名的民法学家提出了否定物权行为无因性或使之相对化的主张。未来的我国民法典可不作物权行为无因性的规定。

主张在民法典中设物权请求权的理由之三是，物权请求权不适用诉讼时效，如果物权救济按民事责任方式处理，就属于债的范畴，就需要适用诉讼时效。其实，返还原物、妨害排除、妨害防止是否适用诉讼时效，是个立法政策问题。哪些权利得为诉讼时效的客体，各国法律规定不同，有规定为债权的，如瑞士债务法；有规定为债权及其他非所有权的财产权的，如《日本民法典》；有规定为诉权的，如《法国民法典》；有规定为请求权的，如《德国民法典》。我国《民法通则》没有具体规定诉讼时效的客体，而是规定"向人民法院请求保护民事权利的诉讼时效"。需要指出的是，《德国民法典》并未规定物权请求权都不适用诉讼时效，特别值得注意的是，2002 年 1 月 1 日生效的《德国债法现代化法典》，重点修改了现行《德国民法典》中的债法和时效法。德国学者解释说：物上请求权原则上适用新法第 195 条关于 3 年的一般时效的规定，这一点尤其适用于收益返还、赔偿损害以及停止侵害和排除妨碍的请求权。但是，对于所有权的返还请求和其他物权，新法第 197 条第 1 项将它们作为最重要的物上请求权而规定了 30 年的消灭时效。① 现行《俄国民法典》第 208 条规定的不适用诉讼时效的请求，包括"财产的所有人或其他占有人关于排除对其权利的任何侵害的请求，即使这些侵害并不同时剥夺对财产的占有"。关于诉讼时效的适用范围，在我国立法上，有待深入研究。以物权请求权不适用诉讼时效，作为反对物权救济采取民事责任方式的理由不成立。

主张在民法典中设物权请求权的理由之四是，把返还原物、妨害排除、妨害防止作为民事责任形式，不合请求权的思维规律。按照请求权理论，在处理个案，检讨某特定请求权基础时，应当尽量避免受到前提问题的影响。请求权的基础，原则上应以下列次序加以检查：(1) 合同上的请求权；(2) 类似合同关系上的请求权；(3) 无因管理上的请求权；(4) 物权关系上的请求权；(5) 不当得利返还请求权；(6) 侵权损害赔偿请求权；(7) 其他请求权。遵循这一次序的理由有三：一是借此养成邃密深刻的思维方法，二是可以避免遗漏，三是可以确实维护当事人的利益。② 这是依据德国模式民法典体系

---

① 〔德〕曼弗雷德 · 沃尔夫：《物权法》，吴越、李大雪译，法律出版社 2002 年版，第 144 页。

② 王泽鉴：《法律思维与民法实例》，中国政法大学出版社 2001 年版，第 72、76 页。

形成的思维模式,是科学的。应当指出,上面所说的"处理个案"是在发生民事纠纷之后产生的请求权,不是原权利的请求权,而是救济权的请求权,在把返还原物、妨害排除、妨害防止作为民事责任形式的情况下,根据救济权请求权的原理处理个案,仍然符合请求权的思维模式。

综上所述,物权的救济权可以采取民事责任的方式实现,物权的救济权请求权是民法典中请求权体系的组成部分。

四、请求权新体系之构建
——区分原权利请求权与救济权请求权

(一)建立新的请求权体系的根据

未来我国民法典中的请求权应分为两类,一类是原权利的请求权,另一类是救济权的请求权。这样的请求权体系和《德国民法典》上的请求权体系的主要区别有二:一是在民法典中不设物权请求权,二是将违反债的后果认定为责任而不是再次产生债的原因,基于违反债的责任,债权人享有债权的救济权请求权,债权请求权则是原权利的请求权。

《德国民法典》建立的请求权体系具有开创性,反映了民事法律关系的特点。我国民法典应当继受德国民法上的请求权理论,但是,我们不必照搬德国的一套,在理论根据上和立法体系上可以有所不同。德国的请求权体系的理论是建立在区别公法上的诉权与私法上的请求权之上的,在这一点上新的请求权体系继受德国民法上的请求权理论。新的请求权体系的理论根据与德国的请求权体系的理论根据不同在于:新的请求权体系突出了救济权的请求权,其理论是建立在民事权利、民事义务、民事责任之间关系的基础之上的,其核心是突出了民事责任在民法中的地位,主张民事责任形式多样性。德国联邦法院一个著名的判决说:"人格权被损害,主要是发生非财产上损害,不以相当金钱赔偿之,放弃了保护人格权最有效的手段。"①这个判决具有法院造法性质,是对德国民法的发展。现在来看此判例重财产责任形式,轻人身责任形式,我们对当时这个开创性的判决无可厚非,但是现在情况发生了变化,特别是人格权有了新发展,对人格权的侵害很突出,为加强对人格权的保护,需要创立新的民事责任形式。再者,从法律责任理

① 参见王泽鉴:《民法学说与判例研究》(8),台湾金华打字行1996年版,第109页。

论的发展看,法理学上区分了法律责任与法律制裁,民事责任的承担方式有自动承担、请求承担和强制承担之分。民事责任形式的多样性和民事责任承担方式的灵活性,是建立救济权的请求权的理论根据。

再说,随着社会的变迁,民事权益在不断发展变化,有些特定的利益会逐渐转化为权利,例如,《德国民法典》多次修订,一直没有关于期待权的规定,但"现今已被普遍承认"[①],商品化权(Merchandising Right)也逐渐被重视。[②] 另外,有些现象原来不是法益的会逐渐转化为法益。与民事权益的发展相适应,民事义务的种类就会有所变化,附随义务的产生就是显著的例证。在新的情况下,对某些权利的保护往往难以用既定的典型的民事责任形式处理。为适应民事权益发展的需要,在民法典中对民事责任形式的规定应当是灵活的、开放性的,而不应是僵硬的、封闭的。"有关民事责任方面法律规定的开放性,实质上是给予权利人权利救济手段多样化的问题。"[③]因此,应当突破侵权行为之债的限制,建立能充分发挥多样性、灵活性、开放性的民事责任体系,并相应地建立救济权的请求权体系。

概括而言之,民事权利、民事义务、民事责任的原理是建立新的请求权体系的理论根据。

建立新的请求权体系的实践根据是《民法通则》颁布以来的立法和司法实践。《民法通则》专章规定了民事责任,从《民法通则》在一定时期起民事基本法作用但不是民法典方面看,专章规定民事责任有其适应当时国情的合理性,也有其立法体系上的合理性。现在制定民法典,就不一定将民事责任独立设编,但是对民事责任的原理和有关立法及司法实践经验不应抛弃,这方面多年来的实践经验也是未来的我国民法典建立新的请求权体系的根据。

(二)债权编总则是构建新请求权体系的基础

在民法典起草过程中争论很激烈的一个问题是,在民法典中是否设债权编。有些学者反对在未来民法典中设债权编。如果不设债权编,民法典的请求权体系的主体结构就垮掉了,而且重要之点还在于债权编是民法典

---

① 王泽鉴:《民法学说与判例研究》(3),台湾兴丰印刷厂 1986 年版,第 229 页。参见申卫星:《期待权基本问题研究——以所有权保留买卖为背景》,北京大学 2003 年博士后研究工作报告,第 3 页。

② 杜颖:《论商品化权》,载梁慧星主编:《民商法论丛》(第 13 卷),法律出版社 2000 版,第 1—31 页。

③ 江平:《制定一部开放的民法典》,载《政法论坛》2003 年第 1 期,第 7 页。

的基干之一,在民法典中,债权编是与物权编相对应的姐妹编,既然在民法典中设物权编,就应设债权编,否则民法典就难以形成严谨的科学体系。

主张不设债权编的一个重要理由是,将侵权行为从债分离出来,债的范围缩小了,没有必要再设债权编了。实际上在设侵权行为编之后,作为债的发生根据的,除合同外,还有无因管理、不当得利、悬赏广告[①]等需要在民法典中规定。另外,还有基于公司、票据、海商、保险、证券等特别法上的债。随着社会的发展,新的无名债还会不断产生,有些无名债还会上升为有名债。发生债的法律关系的性质各有不同,为什么能合在债权编中规定?就是因为这些法律关系有其内在的统一性,在民法典中其统一性突出体现在债权编的总则之中。我国合同法总则基本上是参照德国民法模式的债权编总则制定的,这是在我国还没有制定民法典的情况下不得已的做法。现在制定民法典,就应当将合同法中本来属于债权编总则的内容纳入债权编总则,以下分两个方面分析。

首先,作为债的组成部分的无因管理、不当得利、悬赏广告等诸多债的关系均与合同的性质不同,显然不能适用合同法的规定,只能适用债权编的规定。以下以无因管理为例作简要阐述:(1)因无因管理发生的债的标的可能是物,也可能是货币,因此就有种类之债、货币之债及利息之债的法律问题,这些问题是在债权编总则规定的。(2)在无因管理关系中标的额巨大,债务人不履行债务的情况下,债权人就会行使代位权或撤销权,这属于债的保全问题。(3)在无因管理关系中,也会发生多数人之债。(4)无因管理关系确定后,可以发生债权转让或债务承担问题,这就需要适用债权编总则中关于债权移转或债务承担的规定。(5)债的效力,包括给付、不完全给付、迟延给付,这对无因管理之债也是适用的。(6)无因管理之债的消灭,包括清偿、提存、抵销、混同等,均需要适用债权编总则的规定。

其次,仅从合同角度看看,是否应当以债权编的总则统率各种合同。债的关系有广义和狭义之分,对此王泽鉴先生在《债法原理》一书中,作了精辟的论述。他指出:民法典的债权编所规定的各种之债,是广义之债。狭义之债的关系,是指个别的给付关系。例如,在买卖之债中,买受人支付了价金,其债的关系(狭义之债)虽然消灭了,但买卖之债(广义债之关系)仍继续存在,须待各当事人均已履行基于买卖契约所生之一切义务时,此种广义债之

① 悬赏广告是单独行为,还是合同,其说不一,单独行为说更为合理。现行《俄罗斯民法典》将"悬赏"作为债的种类编的一章规定。

关系，始归于消灭。此种广义债之关系概念，对债法理论的发展，具有重大影响。王泽鉴先生特别指出，了解广义之债和狭义之债的关系的区别，甚为重要，台湾地区判例学说多未论及，应予注意。[①] 对此，大陆地区的判例学说论及更少，更应注意。

已故的佟柔教授很重视债在民法中的地位，有一次笔者和佟柔教授讨论民法体系问题时，他把左手的五个指头微微分开比做筛子，形象化地说：即使去掉债的其他发生根据，仅就合同而言，将各种合同的因素过过筛子，剩下的基本因素还是债（大意如此）。再看英美法国家某些学者的主张，近几十年来，有一些学者，如富勒（Fuller）、阿蒂亚（Atiyah）试图将大陆法债的概念引入英美合同法之中[②]，佟柔教授与一些英美法学者的主张如此相通，自有道理，笔者认为其核心是区分广义之债和狭义之债的原理。下面作些具体分析。第一，从标的看。合同的标的不同于债的标的。例如，出卖人交付标的物和买受人支付价金的行为，构成买卖合同的标的，表现在债的标的上，则为种类之债、货币之债、利息之债、选择之债等。如果不用债的概念而用合同的概念，就难以概括这些关系。第二，从债的保全看。行使代位权或撤销权的是债权人。如果不用债权编的总则统帅这类民事关系，而在合同总则中规定，就需要称权利人的代位权或撤销权，而“权利人”这个概念是上位概念，在合同关系中使用不确切，设债权编的总则，将各种不同的合同当事人，统一称之为债权人、债务人，则确切而明晰。第三，从多数人的债看。用按份之债、连带之债的概念，能较好地处理各种债的关系，而不能用按份合同、连带合同的概念。第四，从债的移转看。各种合同当事人几乎都可以将其权利移转给他人，或者其义务由他人承担，这需要有债权编的总则。如果用合同总则，就要用合同权利人的权利移转，合同义务人的义务承担的概念，用语也不确切。第五，从违反债的责任看。不履行债务或不完全履行债务的责任，债的迟延责任（包括债务人履行迟延和债权人受领迟延）、损害赔偿责任，是违反各种合同的共同的责任形式，对此在债权编的总则作概括性规定，有广泛的适用性。第六，从债的消灭看。对债的消灭的过程，既需要从债权人及债务人双方的角度考察，更需要从当事人各方的角度考察，债的清偿、提存、抵销、免除、混同，难说是合同的清偿、提存、抵销、免除、混同。

---

① 王泽鉴：《债法原理》，中国政法大学出版社 2001 年版，第 5 页。

② 王利明：《合久必分：侵权行为法与债法的关系》，载《法学前沿》第 1 期，法律出版社 1997 年版，第 95 页。同时参见沈达明：《英美合同法引论》，对外经济贸易大学出版社 1993 年版，第 24 页。

上述分析说明，所谓合同之债，是指基于合同而产生的债，是债的一个类型。合同当事人之间的债，总是表现为买卖之债、租赁之债等各种债，各种债中又可分为支付价金、交付标的物等等狭义的债，而不可能表现为笼统的债，正如吃水果，总是吃苹果或者吃橘子，而不能吃抽象的水果。《德国民法典》债编的第7章各种之债，将买卖、租赁等各种合同之债分别与无因管理之债、不当得利之债并列，而不是将笼统的"合同"之债与无因管理之债、不当得利之债并列是有道理的（笔者不是说在立法上不应区分合同之债与非合同之债）。可见合同之债不是一种债，而是多种债，各国民法典规定的有名合同，少者十几种，多者二十几种，加上其他类型的债，各种债多达三十余种（见《意大利民法典》）。由于债有多种，又分为广义的债和狭义的债，所以需要设债权编的总则，将各种不同性质（各种合同之债也具有不同的性质）的关系从法律形式上统一起来，使复杂的法律关系形成科学明晰的体系，有利于准确而快速地处理各种债的关系。

以上以合同为例说明债的概念和原理的重要意义，说明需要以债权编的总则统率各种合同之债。如果在未来的民法典中不设债权编和债权编总则，而是采现行的合同法的规定，即在合同编的总则中用债权和债务的概念，从立法体例上看，债的概念是模糊的。"如果民法典不设'债权总则编'，'合同编'不可能规定'债权'定义，因为'合同编'如果规定'债权'定义，也就成了'债权'编而不是'合同编'。可见，取消'债权总则编'也就取消了'债权'概念。"[①]如果承认债的概念的科学性，就应当强调债的总则的重要性。债的概念是债的关系法的基础，债权编总则是债权法的主体结构，若撤掉这个主体结构，债的关系法的大厦就倒塌了，合同法中债的概念就失去了支撑。再说，除合同之外，还有无因管理、不当得利、悬赏广告等需要在民法典中规定的债，还有特别法中的债的关系，还存在并不断增加的无名债，都需要适用民法典债权编总则。如果没有债权编总则，许多债的关系的处理就缺少法律根据。《民法通则》颁布至今已17年多了，债的概念和原理已为立法机关、司法机关和当事人所熟悉，若民法典中不设债权编，将会使人们产生概念上的模糊和适用法律上的困惑。

从请求权体系上看，基于债权产生的请求权是原权利的请求权，如果在民法典中不设债权编，在民法典中没有债的体系，债权请求权也就不存在

① 梁慧星：《松散式、汇编式的民法典不适合中国国情》，载《政法论坛》2003年第1期，第11页。

了。原权利的请求权是救济权的请求权的基础,原权利的请求权不存在,救济权的请求权就失去了其存在的前提,请求权体系就瓦解了。关于请求权的理论及其立法,是前人留下的宝贵的财富,我们不应抛弃,而应继承和发展。

(三)物权等绝对权的救济权请求权的结构

关于建立债权请求权及债权的救济权体系的理由,前面已经阐明。下面着重论述物权、知识产权和人格权等绝对权的救济权请求权。建立绝对权的救济权请求权体系的具体方法是,将侵权行为之债从债编分离出来,在民法典中设立侵权行为编①,将侵害物权、知识产权、人格权等绝对权,以及侵害其他民事权益的行为,都在侵权行为编规定,建立侵权行为责任体系,同时也就建立了基于侵权责任而产生的救济权的请求权体系。

在民法典中设侵权行为编有较多的优越性:

第一,设侵权行为编,侵权责任形式就不限于损害赔偿,而是设多种侵权责任形式,从而有利于充分保护民事权利,这突出表现在对人格权和知识产权的保护上,妨害排除、妨害防止等责任形式,既适用于对物权的保护,也适用于对人格权和知识产权的保护,还适用于未包括在权利之中的法益的保护。

第二,《民法通则》规定的多种民事责任形式已为法官和群众所熟悉,继续采用多种民事责任形式便于理解法律和适用法律。如果对物权的救济采用物权请求权的方式,返还原物就不好说是民事责任,如果将侵权行为作为一种债,那么侵害他人的名誉也是债的关系,这样的规定与我们已有的立法不同,与人们已经形成的习惯和观念也不同。已经行之有效的立法如果与新的立法精神不相冲突,新的立法就应沿用而不应抛弃,多种民事责任形式可以在民法典中得到合理的安排,就不应改变,对人们合情合理的习惯和观念也不应在法律上作变更,否则就不便于对新法律的理解和适用。

第三,设侵权行为编,设侵权行为的总则,可将侵害物权、知识产权、人格权和其他民事权益的共同性的法律问题在总则中作出规定,可以简化立法。在突破了侵权行为之债的体系之后,侵权行为编在内容、形式、归责原则等方面都会与侵权行为之债有所不同,将形成全新的体系。

---

① 关于侵权行为应当与债分离的论述,参见王利明:《合久必分:侵权行为法与债法的关系》,载《法学前沿》第1期,法律出版社1997年版,第92—118页。

第四，设侵权行为编，使侵权行为法具有开放性，可以容纳现存的和不断发展的侵害民事权益的关系，例如，对股权、信托财产权、债权以及其他财产权益的侵害，对具体内容不确定的一般人格权的侵害，对于基于婚姻、家庭、亲属关系产生的人身权益的侵害，在侵权行为编都可以得到较好的解决。

第五，将停止侵害、排除妨害、返还原物、恢复原状、消除影响、恢复名誉、赔礼道歉等作为侵权责任形式，纳入侵权行为法之中，不作为债的发生根据而纳入债编之中，有利于醇化债的结构，使债的关系法更加严谨。

在民法典中设侵权行为编之后，侵权行为不再属于债的组成部分。其中赔偿性质的责任可准用债权编总则的一般规定，但是不能与法律规定的精神相抵触，例如侵害人格权的精神损害赔偿不得转让或继承，已经依合同承诺或已经起诉的除外；因故意侵权行为造成的损害，侵权人不得主张抵销。赔偿性的责任虽然可以准用债权编总则的一般规定，但是因此而产生的请求权与原权利的请求权的性质是不同的。侵权行为编在民法典中的次序如何排列，有两种不同的意见。一种意见主张按照《荷兰民法典》的模式，将债编分为三编，即债权总则编、合同编、侵权行为编，持这种意见者的理由是，将侵权行为独立设编之后，侵权行为仍然是债的发生根据之一。笔者认为应当将侵权行为编排在各编之后，作为民法典的最后一编，理由是按照权利、义务、责任的关系看，侵权行为的后果是责任，而不是债。如果在民法典中设侵权行为编，就需要规定停止侵害、排除妨害、消除危险、返还原物、恢复原状、赔偿损失、消除影响、恢复名誉、赔礼道歉等多种侵权责任形式（如果不规定多种侵权责任形式，设侵权行为编就仅仅是篇幅的扩大和编排形式上的变化，没有实质的变化，而现有的两个侵权行为编的学者建议稿都规定了多种侵权责任形式）。如果将侵权行为编列在债权编与合同编之后，那么，在逻辑上就导致将这些民事责任形式视为侵权的损害赔偿之债。这样就会产生两个问题：一是破坏了债的结构的内在统一性，把这些民事责任形式都作为侵权损害赔偿之债，但又不能适用债权编总则，在理论上难以说得通；如果说这些责任形式是侵权损害赔偿之债的例外，那么，这样多的例外就喧宾夺主了，那就不是例外，而是一般了。二是会发生概念上的混乱。如果把侵权行为列在债权总则编与合同编之后，该编就是传统的侵权损害赔偿之债。传统民法上的损害赔偿包括金钱赔偿，还包括恢复原状，而且有的国家的民法规定损害赔偿以恢复原状为原则，如果把侵权行为编仍然作为债的发生根据之一，就意味着停止侵害、排除妨害、恢复名誉等责任形式都包含在损害赔偿之债中，这就会发生概念上的混乱。

将侵权行为编列在民法典的最后一编，意味着对侵害物权、知识产权、人格权、继承权、基于婚姻家庭关系产生的其他权益，均由侵权行为编调整，这样，传统的物权请求权和损害赔偿之债就不存在了，这样就形成了新的民事责任体系和请求权体系。

需要指出的是，救济权的请求权是在责任人承担民事责任过程中发生的，对此在债权编和侵权行为编都没有必要作明文规定，但可以在民法总则的责任条文中反映出来（见下文）。

这里值得注意的一个问题是，在设侵权行为编之后，是否还要在物权编规定物权请求权？笔者认为没有必要，因为物权请求权和侵权责任会发生重复、矛盾；如果按竞合处理，会带来诸多麻烦。是否可以不规定物权请求权，而规定物权的保护方法？如果称之为物权的保护方法，就会发生这种方法是物权请求权还是侵权责任的疑问，此法也不可取。

（四）新的请求权体系在民法典总则编的反映

新的请求权体系的特点突出了救济权的请求权，救济权的请求权是基于民事责任产生的。新的民事责任体系，在民法典分则中基本分为两部分：一是违反债的责任，二是侵权责任。另外，有的责任既不是违反债的责任，也不是侵权责任。例如，在债的发展过程中，除给付义务之外，依其情形，还会发生附随义务。再如，不完全给付如为加害给付，除发生原来债务不履行之损害外，更发生超过履行利益之损害，例如，出卖人交付病鸡致使买受人的鸡群受感染而死亡，应当承担赔偿责任。“附随义务的违反与不完全给付介于侵权责任与契约责任之间，涉及民事责任制度的变革与发展，如何调整现行‘民法’的概念和体系，实有赖于判例学说的协力，达成共识，期能在法之发现过程上更向前迈进一步。”①因违反附随义务和不完全给付（加害给付）产生的责任，不能归入违反债的责任或侵权责任，难以纳入传统的物权请求权和侵权损害赔偿之债之中，但可以作为其他类型的责任纳入民法典的责任体系，反映在民法典总则编之中。

要建立健全的民事责任体系，同时也就是建立基于民事责任产生的救

① 王泽鉴：《债法原理》，中国政法大学出版社2001年版，第44页。

济权的请求权体系,需要在民法典总则部分对民事责任作简要的规定。在总则中简要规定民事责任,应当:(1)体现民事责任法定化和多样化。(2)反映民事责任不同于行政责任和刑事责任的特点。(3)条文简洁。据此,在总则中规定民事责任的基本内容包括:(1)归责事由。条文可表述为:违反债务或其他义务,侵害他人民事权益的,应当承担民事责任。(2)关于免除责任的原则性规定。(3)民事责任的形式,可参照《民法通则》第134条第1款、第2款的规定,主要有:停止侵害;排除妨害;消除危险;返还财产;恢复原状;修理、重作、更换;赔偿损失;支付违约金;消除影响、恢复名誉;赔礼道歉。以上民事责任形式,可以单独适用,也可以合并适用。(4)民事责任的竞合。(5)民事责任与行政责任、刑事责任的关系。(6)承担民事责任的方式。条文可表述为:责任人应当自动承担民事责任;责任人不自动承担责任的,权利人有请求责任人承担责任的权利;经权利人请求,责任人仍不承担责任的,权利人有权请求人民法院强制责任人承担责任。

从上述关于民事责任的内容可以看出,承担民事责任的方式既有概括性,又有开放性,可以囊括各种民事责任。

为建立新的民事责任体系,也使总则与分则相呼应,侵权行为编的编名可称为"侵权责任编"。称侵权责任编,一可说明民法典的侵权责任编是由《民法通则》的民事责任章(第6章)发展而来,二可说明侵权责任编与传统民法典中的侵权行为之债有区别也有联系。

为使民法典总则较周全地反映民事法律关系,应在民事责任之前,对民事权利和民事义务作简要的规定。关于民事权利的规定大体是:自然人、法人和其他组织主要享有以下民事权利:(1)因生产创造物质财富和其他合法原因而享有物权。(2)因商品交换或其他原因发生财产流转关系而享有债权。(3)因著作、发明、使用商标等享有著作权、专利权、商标权等知识产权。(4)自然人享有生命权、健康权、人身自由权、姓名权、肖像权、名誉权、荣誉权、信用权、隐私权等人格权。(5)法人及非法人组织享有名称权、名誉权、荣誉权、信用权等人格权。(6)根据遗嘱或法律规定享有继承权。(7)自然人因婚姻、家庭、亲属关系而享有相关的各种人身权和财产权。(8)根据法律规定和民事法律行为及其他合法原因而享有的其他民事权益(民事权利和法益)。

关于民事义务可作原则的规定:自然人、法人和其他组织根据法律规定或依据合同约定负有民事义务,不履行民事义务的应当根据法律规定或根据合同约定承担民事责任。[①]

在民法典总则中概括规定民事权利和民事义务,有以下优越性:(1)既反映民事权利法定化,又反映民事权利的开放性;(2)概括而全面反映民事法律关系的要素,对民法典起到纲举目张的作用;(3)有利于人们明确自己既享有民事权利,又负有民事义务,有利于增强人们的民法观念。

从请求权体系上看,民法总则中关于民事权利的规定体现了原权利的请求权的基础,关于民事责任的规定体现了救济权请求权的根据,总则中关于请求权的原则性规定,具有开放性和广泛的适用性。

五、结　　论

随着社会的变迁和法律观念的进步,民事权利特别是人格权有了新的发展。随着科学技术的发达,人们的物质文化生活不断提高,同时由于侵害民事权利的手段增多,民事权利特别是人格权遭受的侵害往往是严重的,因此需要采取各种法律手段,加强对民事权利特别是人格权的保护,其中一个重要方面就是需要增加新的民事责任形式。增加民事责任形式并不意味着强调民事制裁的功能,而是在民事法律关系中要继续贯彻意思自治原则,包括在民事责任的承担方式上不但可以而且应当贯彻意思自治原则。民事责任的承担有自动承担、请求承担和强制承担三种方式,我们应当提倡自动承担和请求承担,减少强制承担,这样基于民事责任产生的救济权的请求权就会发挥重要功能。在未来我国民法典中新的请求体系表现为:请求权基本分两类,一类是原权利的请求权,即债权请求权,另一类是救济权的请求权,即债权的救济权请求权和物权等绝对权的救济权请求权。

新的请求权体系的特点是请求权体系与民事责任体系相关联。在民法典中建立新的民事责任体系,可以规定多种民事责任形式,《民法通则》规定的多种主要的民事责任形式虽然并非周全而精确,不无改进之余地,但是这种规定具有开放性,有较强的适应性,通俗易懂,便于理解,便于适用,有利于对不断发展的多种民事权利的保护。作为基本法的民法典对基本的民事责任制度作系统的规定是必要的。与此同时,对于民事责任的承担问题,在立法上应当明确规定提倡自动承担,重视发挥救济权的请求权的功能,从而

---

① 可供参考的立法例是《俄罗斯民法典》第1编第2章:民事权利和民事义务的产生,民事权利的实现和保护。

有利于当事人和谐、经济、高效地解决纠纷,这是新的请求权体系的特点之一,也是其优点之一。

现在我国制定民法典,应当注重总结我国改革开放以来的民事立法和司法经验,应当主要借鉴德国的民法典体系,应当承继民国时期的民商合一的模式,制定一部符合我国国情的新型的先进的民法典,这是本文的出发点和目标。

第三编　物权请求权变革为侵权责任请求权

说明

2002年12月全国人大常委会审议了《中华人民共和国民法(草案)》,因为该草案不够成熟,没有通过。会后立法机关在该草案中的物权法草案的基础上起草物权法。2005年7月10日全国人大常委会办公厅公布了《中华人民共和国物权法(草案)》,其中专章(第三章)规定物权的保护,这一章是民法学者争论的热点之一。根据德国民法理论,学者将物权的保护方法分为物权保护方法和债权保护方法。物权保护方法有物的返还请求权、妨害排除请求权和妨害防止请求权;债权保护方法有损害赔偿和返还不当得利等。我国《民法通则》没有规定物权请求权,专章(第六章)规定了十种主要的民事责任方式,其中多数可适用于对物权的保护。据此可以说《民法通则》规定的物权保护方法是民事责任方法,也可以说是侵权责任方法。物权法草案规定的物权保护方法既不同于《德国民法典》的规定,也不同于《民法通则》的规定,此规定引起了学者对物权的保护方法的进一步争论。关于物权的保护方法在未来我国民法典中如何规定?一种意见主张参照《德国民法典》,规定物权请求权,认为停止侵害、排除妨碍、消除危险、返还财产的性质属于物权请求权,不属于民事责任,未来民法典不应再将停止侵害、排除妨碍、消除危险、返还财产作为侵权责任规定。另一种意见认为停止侵害、排除妨碍、消除危险、返还财产既是物权请求权的方式,也是侵权责任的方式,未来民法典既应将停止侵害、排除妨碍、消除危险、返还财产作为物权请求权的方式,规定在物权编,又应将其作为侵权责任方式,规定在侵权行为编。笔者认为现在我国制定民法典的背景既不同于清末,也不同于1949年新中国成立以后的一个时期,突出之点在于改革开放以来,我国已经初步建立了民法体系,我们应当借鉴德国民法和我国民国时期的民法体系,结合我们的立法与实践经验,制定符合我国国情的民法典。应当维持《民法通则》

规定的多种侵权责任方式，不规定物权请求权。这个问题不仅是物权的保护方法，而且涉及未来我国民法典的体系。《法学会纂》2007 年第 1 卷（知识产权出版社出版）刊载的拙作《物权的民法保护方法——是侵权责任，还是物权请求权》（即本编第四题）系统详细地论述了笔者的观点。该文主要阐明不规定物权请求权的根据，并阐明将物权请求权变革为侵权责任请求权的合理性和可行性。

在讨论中笔者进一步体会到，上述意见分歧的根源之一是对法律责任与民事责任的认识不同，因此本文首先论述法律责任的概念与原理和民事责任的概念与原理，阐明笔者观点的基本依据。第二个问题是从物权请求权与损害赔偿到多种侵权责任形式，论证《民法通则》规定多种民事责任形式的理由及其优点。第三个问题是从物权请求权体系到侵权责任体系，论证建立侵权责任体系的根据和理由，阐明将物权请求权的有关规定怎样转变为侵权责任。

将绝对权请求权变革为侵权责任请求权，在理论上和立法技术上的难点是将所有物返还请求权变革为返还原物责任请求权。返还原物责任请求权既不同于德国民法上的所有物返还请求权，也不同于德国民法上的侵权损害赔偿请求权，这是我国民法立法模式与德国民法立法模式相区别的核心问题，也是争论多、难度大的问题。《中外法学》2011 年第 6 期刊载的拙作《论返还原物责任请求权——兼与所有物返还请求权比较研究》（即本编第五题）在从理论与立法结合上进一步阐明这个问题。返还原物责任请求权是对所有物返还请求权的借鉴与变革，二者既密切关联，又有区别，用比较方法研究便于讲清问题。该文的重点是第三个问题即返还原物责任请求权的构成要件与法律适用，文中提出了关于返还原物责任请求权的立法建议，但是对其中一个“例外”问题在立法技术上如何处理，没有阐明，后来在《两种责任理念的碰撞与三种不同的思路》（本书第四编第九题）作了补充。

第四题 物权的民法保护方法

——是侵权责任，还是物权请求权？

2005年7月10日全国人大常委会办公厅公布了《中华人民共和国物权法(草案)》(以下称物权法草案)，其中专章(第3章)规定物权的保护，这一章是民法学者讨论和争论的热点之一。各国民法规定的物权的民法保护方法不同，根据《德国民法典》的规定，学者将物权的保护方法分为物权保护方法和债权保护方法。物权保护方法有物的返还请求权、妨害排除请求权和妨害防止请求权；债权保护方法有损害赔偿和返还不当得利。我国《民法通则》没有规定物权请求权，专章(第6章)规定了10种主要的民事责任形式，其中可适用于侵害物权的责任形式有：停止侵害、排除妨碍、消除危险、返还财产、恢复原状和赔偿损失。据此可以说《民法通则》规定的物权保护方法是民事责任方法，也可以说是侵权责任方法。[①] 另外，根据《民法通则》第92条规定，返还不当得利也适用于对物权的保护。物权法草案规定的物权保护方法既不同于《德国民法典》的规定，也不同于《民法通则》的规定，此规定引起了民法学者对物权的民法保护方法问题的进一步争论。关于物权的民法保护方法在未来我国民法典中如何规定，学者有不同的观点。有学者主张参照《德国民法典》，规定物权请求权，认为停止侵害、排除妨碍、消除危险、返还财产的性质属于物权请求权，不属于民事责任，未来我国民法典不应再将停止侵害、排除妨碍、消除危险、返还财产作为侵权责任规定。有学

---

① 《民法通则》没有用物权的概念，用了“所有权和与所有权有关的财产权”，在民事权利一章除规定所有权之外，明文规定了“全民所有制企业对国家授予它经营管理的财产依法享有经营权”、“公民、集体依法对集体所有的或者国家所有由集体使用的土地的承包经营权”、“采矿权”等权利。对这些权利本应称之为物权，记得在《民法通则》起草过程中，一位民法学者解释说：现在人们对物权的概念比较生疏，不知道物权为何物，如果《民法通则》(草案)采用物权概念，拿到人民代表大会上，可能通不过。本文讲《民法通则》规定的“物权保护方法”是从学理上讲的。

者认为停止侵害、排除妨碍、消除危险、返还财产既是物权请求权的形式，也是侵权责任的形式，未来我国民法典既应将停止侵害、排除妨碍、消除危险、返还财产作为物权请求权的形式，规定在物权编，又应将停止侵害、排除妨碍、消除危险、返还财产作为侵权责任形式，规定在侵权行为编。我认为现在我国制定民法典的背景既不同于清末，也不同于1949年新中国成立初期，突出之点在于新中国成立以来主要是改革开放以来，我国已经初步建立了自己的民法体系，我们应当借鉴《德国民法典》和我国民国时期民法典的体系，结合我们的立法与实践经验，制定符合我国国情的民法典。应当维持《民法通则》规定的多种侵权责任形式，不规定物权请求权。以上三种观点各有道理，反映了不同的理论和思路。这个问题不仅是物权的民法保护方法，而且涉及未来我国民法典的体系。本文是从未来我国民法典体系的角度述物权的民法保护方法问题，主要阐明不规定物权请求权的根据，并阐明将德国式民法典上的物权请求权转变为未来我国民法典中的侵权责任的合理性和可行性。

在讨论中我进一步体会到，上述意见分歧的根源在于对法律责任与民事责任的认识不同，因此本文首先论述法律责任的概念与原理和民事责任的概念与原理，阐明我的观点的基本根据。第二个问题是从物权请求权与损害赔偿到多种侵权责任形式，论证《民法通则》规定多种民事责任形式的理由及其优点。第三个问题是从物权请求权体系到侵权责任体系，论证建立侵权责任体系的根据和理由，阐明将物权请求权的有关规定怎样转变为侵权责任。

一、从法律责任的概念与原理到民事责任的概念与原理

什么是民事责任，民法学者有不同的观点。民事责任概念的分歧，直接关系到侵权责任概念的分歧，未来我国民法典体系安排上的某些分歧的根源就在这里，《民法通则》与《德国民法典》所反映的理念有所不同也在这里。民事责任是一种法律责任，关于民事责任和侵权责任的分歧，根源于法理学上关于法律责任概念的分歧，要阐明民事责任的概念与原理就需要考察法律责任的概念与原理。

（一）法律责任的概念与原理

1. 关于法律责任的三种学说

什么是法律责任？法理学家有不同的观点，概括起来主要有三说。一是义务说。《布莱克法律词典》解释说，法律责任是“因某种行为而产生的受处罚的义务及对引起的损害予以赔偿或用别的方法予以补偿的义务”①。前苏联学者雅维茨说：法律责任“是违法者由于作出从法律观点来看应受指责的行为而受到痛苦的一种特殊义务，而惩罚是对违法者适用法律责任的目的”②。我国学者张文显说“法律责任是由于侵犯法定权利或违反法定义务而引起的、由专门机关认定归结于法律关系的有责主体的、带有直接强制性的义务，亦即由于违反第一性法定义务而招致的第二性义务”③。此说所反映的基本理念是什么，尚难详述，但似可找到其理论根源，即在一定程度上受罗马法上债与责任不分的影响。张文显教授提出的“第二性义务论”，的基本理论是：权利义务是法学的基石范畴。他指出：权利和义务是对法律现象本体属性、内在联系的最深刻、最全面的反映，其他法学范畴（法规范、法关系、法行为、法责任等）只有以权利、义务作为指称范畴或指称意义，才有实质意义。④“权利和义务是法的核心和法学的基石范畴，全部法律现象可以归结为权利和义务问题。”⑤

二是制裁说。英国学者奥斯丁说认为：法律命令的特有功能在于创造法律义务，命令与义务是相互联系的术语。负有做与不做的义务，或者遇有做与不做的义务，就是在不服从一个命令时，要对制裁负责或应受制裁。⑥奥地利学者凯尔森认为：“法律责任是与义务相关的概念。一个人在法律上要对一定行为负责，或者他为此承担法律责任，意思就是，他作相反行为时，他应受制裁。”⑦苏联有的学者认为对应负法律责任的人来说，法律责任（按

① 《布莱克法律词典》（英文版），美国西部出版公司1983年版，第1197页。

② 〔苏〕雅维茨：《法的一般理论》（英文版），莫斯科进步出版社1984年版，第236—237页。

③ 张文显主编：《法的一般理论》，辽宁大学出版社1988年版，第164、222页。

④ 张文显：《论法学的范畴意识、范畴体系与基石范畴》，载《法学研究》1991年第3期，第5—7页。

⑤ 张文显：《法学基本范畴研究》，中国政法大学出版社1993年版，第187页。

⑥ 转引自〔奥〕凯尔森：《法与国家的一般理论》，沈宗灵译，中国大百科全书出版社1996年版，第69页。

⑦ 〔奥〕凯尔森：《法与国家的一般理论》，沈宗灵译，中国大百科全书出版社1996年版，第73页。

其内容来讲）意味着最终要实施法律制裁（法律规范或契约规定的制裁）。[①]制裁说的基本原理可以从法的功能和特征方面来说明。有些学者的著作中涉及法律责任的问题时，直接讲法律制裁而不讲法律责任，有学者说："法之有效推行必以实力为其后盾，当法规的内容受到违反时，他就要借重实力，对于违反者实施处罚或强制，这种处罚或强制，统称为制裁。"[②]有学者认为法的外部特征之一在于："法律规范是国家强制力保障的规范，这是法律规范区别于其他社会规范、技术规范的重大特点。"[③]有学者讲法区别于其他社会规范的特征之一是："法由国家强制力保证实现。"指出"任何法要想发挥其功能，都必须以国家强制力为后盾，由国家对侵权行为和违反法律的行为实施制裁"。德国学者耶林在给法下的定义中，就包括了实质要素和形式要素，其中的形式要素即强制性。他认为："没有强制力的法是不燃烧的火，不发亮的光。"[④]

三是后果说。苏联学者萨莫先科认为：责任就是一个人必须承受他的行为给自己造成的不利后果。[⑤] 我国学者沈宗灵说，法律责任是"指有违法行为或违约行为，也即未履行合同义务或法定义务，或仅因法律规定，而应承受的某种不利的法律后果"。该说认为法律责任与法律制裁是密切联系而又有区别的概念，法律制裁"泛指特定国家机关对违法者实施某种惩罚措施"[⑥]。我国学者进一步指出"法律责任的承担方式可以分为主动承担和被动承担两类。……主动承担的方式，是指责任主体自觉地承担法律责任，主动支付赔偿，补偿或恢复受损害的利益和权利……被动承担的方式，是指责任主体根据司法机关和行政机关的确认和归结，承担相应的法律责任"[⑦]。此说的基本理念是在指出法有强制性的同时，回答法律制裁或国家强制力是否社会成员遵守法律的主要的甚至唯一的动力。沈宗灵教授指出："回答这一问题的关键是：这一社会的法律，从整体来说，是否或者在多大程度上符合绝大多数社会成员的利益，如果符合或基本上符合的话，而且事实上这

① 〔苏〕Л. В. 巴格里—沙赫马托夫：《刑事责任与刑罚》，韦政强等译，法律出版社1984年版，第3页。

② 韩忠谟：《法学绪论》，台湾雨利美术印刷有限公司1994年版，第69页。

③ 孙国华、朱景文主编：《法理学》，中国人民大学出版社2004年版，第34页。

④ 赵震江、付子堂：《现代法理学》，北京大学出版社1999年版，第33页。

⑤ 〔苏〕Л. В. 巴格里—沙赫马托夫：《刑事责任与刑罚》，韦政强等译，法律出版社1984年版，第5页。

⑥ 沈宗灵主编：《法理学》，高等教育出版社1994年版，第404—405页。

⑦ 沈宗灵主编：《法理学》，北京大学出版社2000年版，第527页。

一社会的法律秩序是或者基本上是稳定的,这就不能说这一社会的广大成员主要是或仅仅是因为畏惧法律制裁或强制是这一社会法律的主要的以至唯一的法律动力。相反地,应该说法律的动力是积极的指引和协调。但即使在这种情况下,法律制裁和国家强制力仍是必不可少的。因为社会上总有一些实在的或潜在的违法犯罪者。因此,法律制裁对他们来说当然是一种惩罚或威慑,而对广大社会成员来说,不是法律的动力,而是提供了一种必要的安全感。①

我国法理学界通常把法律责任区分为广义法律责任和狭义法律责任,广义法律责任与法律义务同义,如我有责任这样做,每个公民都有遵守法律的责任,人民法院有责任保护当事人的合法权利,等等。狭义的法律责任是指由违法行为所引起的不利的法律后果。越来越多的学者倾向于在狭义上使用法律责任这一术语。但是如何界定法律责任,学者提出了许多不同的思路和观点,归纳起来主要的不外以上三说。

究竟什么是法律责任,迄今为止,在中国法学界乃至世界法学界还没有形成一致的观点,更没有统一的定义。权利、义务、责任都是基本的法律概念,包含的内容丰富,而且随着社会的发展其内涵也在发展变化,学理上的研究随之逐步深入。法律责任与权利、义务一样,作为重要而复杂的法律范畴,都难以用一个定义概括无遗。关于法律责任概念的上述三说反映的思路有所不同、强调的重点有所不同,各有道理,各有不足之处,但是不足的程度是不同的。

2. 对三种学说的评析

笔者认为上述三说中,第二说和第三说比较接近,第三说是第二说的发展,第一说与后二说区别较大,笔者赞成第三说。

对世界各国法律影响很大的罗马法不区分义务与责任。美国学者庞德认为:“在罗马法中,也没有明确的权利分类或权利概念。”②英国学者梅因认为:“概括的权利是各种权利和义务的集合体……概括的权利这个用语不是古典的,但法律学有这个概念,应该完全归功于罗马法。”③在罗马法中“与债权相针对的义务,谓之债务”④。罗马法中没有义务和责任的区别,没有债务

---

① 沈宗灵主编:《法理学》,高等教育出版社 2000 年版,第 527 页。

② 〔美〕罗斯科·庞德:《通过法律的社会控制——法律的任务》,沈宗灵、董世忠译,商务印书馆 1984 年版,第 44 页。

③ 〔英〕梅因:《古代法》,沈景一译,商务印书馆 1959 年版,第 102 页。

④ 梅仲协:《法学绪论》,台湾文化大学出版部 1985 年版,第 100 页。

和责任的区别。”债权、债务、债之关系，夫此三种不同之名词，拉丁文均作‘obligatio’，罗马法上无单独之文字也。”①明确界定和严格区分权利、义务、责任这三个概念，是近现代法学研究的成果，但是即使在近现代，仍有学者将责任与义务等同。“学者间，有以责任为当然之义务者。其言谓，人民不可不服从法律之规定是为当然之责任，亦即当然之义务。并谓法律有命令与禁止之别，人民必须服从法律之所命令，及遵守法律之所禁止，始可免于法律之处罚，此即义务所以为应尽之责任也。”②

责任与义务和权利既有密切联系，又有本质区别。上述关于法律责任的第一说，虽然没有将责任与义务等同，但是没有将责任与义务严格区分开。该说将法律责任界定为因某种行为产生的“受惩罚的义务”、“赔偿义务”、“补偿义务”、“接受刑法惩罚的义务”，有学者将这类义务称为特殊义务，有其合理性。“第二性义务论”认为权利和义务是法的核心和基石范畴，分析深刻。但是，义务说有以下缺陷：

第一，义务说没有反映责任的独立性和重要性。

从权利、义务、责任三者在法律中的地位看，无疑权利和义务更为重要，但是责任也具有很重要的意义。从法律的运行过程（立法、守法、执法、司法、法律监督）看，各个环节都涉及责任。从整体上看，立法不能没有关于责任的规定，当事人之间设立、变更、消灭法律关系，一般同时会明确责任关系，执法、司法和和法律监督活动，不仅要判明当事人之间的权利义务是什么，重点在于确定和落实当事人的责任。责任不属于义务的范畴，它是与义务不同的独立的概念，特别是在现代社会，责任的内涵和形式丰富多样，具有独立的体系。法律体系以权利为中心，同时必须有与其相配套的义务体系和责任体系，否则就不是完善的法律体系。如果没有法律责任，权利和义务就会难以保证其应有的效力。有学者说：“法律责任，是法不可分割的属性。”③笔者认为责任也是法律的基石范畴，而不应把责任纳入义务的范畴。

这里需要说明的是，“第二义务说”与“义务说”有区别，可将第二义务说解释为：“第二义务”与“责任”形式不同而实质相同。但是“第二义务”至少在形式上看，责任仍然属于义务范畴，从观念上看，仍然没有反映责任的独立性和重要性。

---

① 陈朝璧：《罗马法原理》，法律出版社2006年版，第123页。

② 李肇伟：《法理学》，台湾东亚照相制版厂1979年版，第305页。

③ 〔苏〕B. N. 格里巴诺夫、C. M. 科尔涅耶夫主编：《苏联民法》（上册），中国社会科学院法学研究所民法经济法研究室译，法律出版社1984年版，第488页。

第二,义务说抹杀了责任与义务的根本区别。

什么是义务?有说:"义务是法律所加于人们行为或不行为的拘束。"[①]有说:"法律上的义务,即由国家规定或承认,法律关系主体应这样行为或不这样行为的一种限制或约束。[②]"有说:"义务是设定或隐含在法律规范中、体现于法律关系中的、主体以相对受动的作为或不作为的方式保障权利主体获得利益的一种约束手段。"[③]这三个表述有简有繁,但其基本含义相同。在法律上,义务是权利的对应词,两者相辅相成,一般地说,有权利即有义务,有义务即有权利。

责任与义务不同。一是性质不同。权利和义务反映正常的社会秩序,责任反映不正常的社会秩序。在法治社会,人人享有权利,人人负有义务。权利人实现权利需要义务人履行一定的义务(作为或不作为为),否则权利人的权利就难以实现或难以充分实现。人人履行应履行的义务,人人得以实现自己的权利,人们之间相互尊重,相互协作社会的正常秩序得以维持。当义务人不履行义务,侵害权利人的权利时,应当承担责任,以恢复被破坏的社会秩序,巩固正常的社会秩序。不履行义务才产生责任,通常没有义务就没有责任。"义务乃为责任之原因,责任乃为违反义务之结果。"[④]

二是功能不同。义务是权利主体实现权利的必要条件,通常权利人实现权利与义务人履行义务同时存在,二者互为条件。责任是促使义务人履行义务,保证权利人实现权利的辅助条件,是义务人违反义务后的救济手段。

三是拘束力不同。义务和责任均具有拘束力,但是拘束目的和方式不同。义务的拘束力是指义务人不得侵害权利人的权利,为权利人行使权利创造必要的条件。义务人不履行义务,侵害权利人的权利,义务人就变为责任人,对责任人的拘束力表现为责任人应承担不利的后果,会受到或可能受到法律制裁。有学者说:"义务是法律所定的拘束,即人们有遵照法律所定,为一定行为或不为一定行为的必要;如不遵照法律规定,即负担法律上的责任,而受某种制裁……因为义务具有这种性质,所以有些学者,以为义务就是法律上的责任,是法律对人们的强制。其实责任是义务的结果;义务是责任的原因,强制则是义务之法的效力,亦非义务自身,这几个不同的概念,不

---

① 林纪东:《法学绪论》,台湾五南图书出版公司 1996 年版,第 146 页。

② 沈宗灵主编:《法理学》,高等教育出版社 2000 年版,第 105 页。

③ 张文显:《法理学》,高等教育出版社、北京大学出版社 1999 年版,第 86 页。

④ 李肇伟:《法理学》,台湾东亚照相制版厂 1979 年版,第 306 页。

可混为一谈。”①

严格区分义务和责任有重要的理论意义和实践意义。将责任与义务等同,或将责任看成是义务或第二义务,不仅模糊了义务与责任的界限,而且在有些情况下难以理解,如果说刑事犯罪分子负死刑或徒刑是义务或第二义务,未免牵强。责任和义务不分不仅导致理论上的混乱,而且容易引起法律实践中公权力的任意干预。如在民事诉讼中,把当事人的举证义务称为举证责任,将其视为当事人必为的行为,而对当事人的财产进行处置或强制相关人作证。②

笔者认为,权利、义务、责任是法律的基石,法律的大厦是在这三块基石上建立起来的,法律的内容是在权利、义务、责任的基础上展开的,全部法律现象可以归结为权利、义务、责任,民法也不例外。

由于义务说对民法法系的民事立法的影响大,涉及以下要讲的民事义务与民事责任的关系,故作了重点分析。制裁说阐明了责任的强制性,突出了责任的功能,划清了义务与责任的界限,突出了法的特征。相比较而言,制裁说比义务说有更强的说服力。制裁说的缺陷是将责任等同于制裁,甚至有的法理学教科书或专著只讲法律制裁而不讲法律责任。制裁说只说明了法律责任的必为性,而没有说明法律责任的当为性。一般地说法律责任具有强制性,但是法律责任不等于法律制裁。在法律符合绝大多数社会成员利益的情况下,人们一般不仅会自动履行义务,而且当成为责任人时,在一定情况下也会自动承担法律责任(突出体现在民事责任的自动承担)。当今,法律和法学观念的发展已经超越了制裁说。

后果说将违法行为、违约行为和仅因法律规定作为责任的基本构成要件,阐明了责任的前提条件或承担责任的原因,揭示了法律责任与法律制裁的联系和区别,指出法律责任承担的方式有自动承担和强制承担。这样阐述责任和制裁的观点,吸收了义务说和制裁说的优点,是对以往法律责任观念的继承和发展。后果说不是没有缺陷,有学者正确地指出,后果说没有说明不利后果不都属于法律责任的范畴。笔者认为,后果说不将责任限于制裁,是其优点,同时也反映了其过于宽泛的缺点,不过这个缺点可以通过责任与制裁的联系和区别的解释予以弥补,即这里说的后果最终是可以进行法律制裁的,最终不能采取制裁措施的后果不属于责任的范畴,例如确认无

① 林纪东:《法学绪论》,台湾五南图书出版公司1996年版,第147页。

② 刘作翔、龚向和:《法律责任的概念分析》,载《法学》1997年第10期,第8页。

行为能力人的行为无效的后果不发生制裁问题，再如因债务人违约，债权人行使代位权或撤销权，也不是制裁问题，因此这类后果不属于责任范畴。

以上三说从不同的角度对法律责任下了不同的定义，这些不同的定义和理念对于一个国家的立法、司法有不同的指导或引导意义，对于人们增强法律意识和法律责任观念有一定的影响。各种法律责任的概念和学说对民事责任的概念和学说有不同程度的影响，影响较大的基本上没有超出上述三说。

（二）民事责任的概念与原理

民事责任概念与原理和法律责任概念与原理是相通的，但也有不同点。关于民事责任的概念学者有不同的观点，也有多种定义，总体上看可分为担保说（实质上是义务说）和后果说。

1. 担保说（义务说）

关于法律责任概念的不同观念和学说，在民事责任方面有直接反映。民法法系国家在法律观念上和立法上深受罗马法的影响（普通法系也受罗马法的影响），罗马法中义务和责任没有区分，在这方面德国民法理论和民事立法是否也深受其影响？有学者说："昔在罗马法，债务与责任合而成为债务之概念，责任常随债务而生，二者有不可分离之关系。德国固有法，始将债务与责任，截然区别，以债务为应为给付之义务，责任为此义务之财产的担保。债务人不为给付时，债权人得为强制执行之方法，以实行其债权者，即以此也。"[①]有学者认为："德国普通法时代，亦继受罗马法之思想，未尝树立债务与责任之区别，一般学者恒谓责任为债权及于债务人财产上之效果。……萨维尼则谓债权为债权人自然的自由之扩大，债务为债务人自然的自由之限制。债权关系之自然进行状态，为债务人之任意履行。不履行时，债权人即得强制执行。其强制执行为对不正之斗争，亦即债权关系不自然状态之排除也。是就债务与责任之间，皆未设何等之区别也。"并指出：确立债务与责任的区别，为日耳曼学者的功绩，日耳曼学者研究日耳曼法的结果证明日耳曼法上债务与责任是相区别的。日耳曼法上，债务的意思是当为。"债务之内容，既为当为状态，故非由外部所得而强制之者。债务人并不负有强制履行之义务，履行与否，悉属债务人之自由；若债务人基于其自由

① 史尚宽：《债法总论》，中国政法大学出版社 2000 年版，第 3 页。

意思,自进而为履行时,则其给付有终局的效力,即不得再行任意取回,而当时人间之债权债务,亦即因而消灭。至债权人亦不过仅得保有其所受领之给付而已,债权人亦无强迫诉追,要求债务人给付之权利也。反之,所谓责任,于日耳曼法上,为服从攻击权之义。盖谓于债务不履行时,得诉之强制手段,要求债务之满足,损害之赔偿及复仇者也。"①

从现代德国法理学理论上看,有的法理学著作(因资料有限,仅从一中文译本《法理学》作分析)没有严格区分义务和责任,在讲法律规范的结构时说:"任何公民对其违法且有过错引起的损害必须承担赔偿责任。"又说:"一个完整的法律规范首先要描写特定的事实类型,即所谓法定的事实构成,然后才赋予该事实构成某个法律后果,例如赔偿义务。"(该书所说的"赔偿责任"和"赔偿义务"均引自《德国民法典》第823条第1款)②从现代德国为代表的民法理论和民事立法看,义务和责任的概念有所区分,但没有严格区分。德国民法学者在讲债务关系时指出,"如果有人违背此种法律规范,例如因实施'侵权行为',而给他人造成损害……法律规定行为人对受害人负担损害赔偿义务。"③从《德国民法典》的条文看,义务和责任的概念也没有严格区分。"损害赔偿"一词在《德国民法典》中有时指"损害赔偿义务",有时指"损害赔偿责任"。总则编的法律行为部分第160条的标题是"效力未定期间的责任",第1款规定:"在效力未定期间,另一方因其过错而破坏或侵害条件所决定的权利的,在条件成就的情况下,附停止条件的权利人可以向另一方请求赔偿损害。"这里说的"赔偿损害"属于效力未定期间的"责任"。债务关系法编的侵权行为一节第823条的标题为"损害赔偿义务",而不是"损害赔偿责任"。该编第282条的标题是"给付不能时之举证责任",而不称"举证义务"。物权编第993条的标题为"善意占有人的责任",第1款后半段规定:"此外,占有人既不负返还收益的义务,也不负损害赔偿义务"。虽然该条的标题为"善意占有人的责任",但条文中又称"损害赔偿义务。"亲属编第1833条的标题为"监护人责任",第1款规定:"监护人因违反义务而发生的损害,向被监护人负责任,但以监护人有过错为限。"这里说的"责任"显然是损害赔偿。继承编第2219条的标题为"遗嘱执行人的责任",第1款前段规定:"遗嘱执行人违反其担负的义务,并且自己有过错的,即对由此发

① 李宜琛:《日耳曼法概论》,商务印书馆1943年版,第72—74页。
② 〔德〕伯恩·魏德士:《法理学》,丁小春、吴越译,法律出版社2003年版,第63页。
③ 〔德〕迪特尔·梅迪库斯:《德国债法总论》,杜景林、卢谌译,法律出版社2004年版,第4页。

生的损害向继承人负责任。”这里说的“责任”也是损害赔偿。

从《德国民法典》各编关于责任的条文可以看出,《德国民法典》并没有将义务和责任“截然分开”。在《德国民法典》中没有使用“民事责任”这个概念,德国民法上的责任形式是指“损害赔偿”,民事责任仅仅是学理上用的概念,有学者指出:“凡因人为因素引起损害时,被害人得以民法或其他法律规定,向加害人请求损害赔偿,称为民事责任。”[①]《德国民法典》没有专章或专节规定民事责任,而是将损害赔偿义务或损害赔偿责任规定在各编的有关条文中,并将损害赔偿归之为损害赔偿之债,不履行损害赔偿债务的,承担损害赔偿责任。可见德国民法上责任均体现为违反债的责任,没有直接反映侵害物权和人身权的责任。这就是《德国民法典》的民事责任体系的概貌。

我国民国时期的民法典主要是参照了德国民法的学理和体系,关于义务和责任的关系、债务和责任的关系,责任的概念和学理解释,基本上与德国一样。有学者说:“责任者,则系义务不履行之担保”,并指出责任概念之演进:“早期——→以‘人’(人格、身体)作为担保,是为人责。发展后——→以物(财产)作为担保,是为物责。从而产生债法上一项基本原则——→‘债务人之所有财产,是为所有债权人之总担保。’而所谓物责,即以债务人之财产,担保债权之实现。”并进一步指出担保的方式有:一般担保和特定担保。一般担保是指债务人之所有财产为所有债权人之总担保。特定担保分为人保和物保。人保(仍为物责)包括债务保证和人事保证。物保包括抵押权、质权和留置权。[②] 上述定义和解释是对以德国民法为代表的民事责任观念的高度概括,是对“担保说”的高度概括。

根据德国民法原理和立法,责任与义务(债务)没有实质的或严格的差别,从法律责任的学说看,《德国民法典》关于债务与责任的规定,实质上属于“义务说”的范畴。采德国民法理论的葡萄牙民法学者说:“民事责任是指法律对给他人造成损害的人强加的使受害人在没有受害时所应置身的状态的义务。”[③]这里一语道破德国式民法采法律责任的义务说。

按照德国民法原理和立法,侵权行为是债的发生原因之一,侵权行为引起的损害赔偿和不履行合同等债务引起的损害赔偿,统称之为损害赔偿之

① 曾隆兴:《详解损害赔偿法》,中国政法大学出版社 2004 年版,第 1 页。

② 林诚二:《民法债编总则——体系化解说》,中国人民大学出版社 2003 年版,第 14—15 页。

③ 〔葡〕Carlos Alberto da Mota pinto:《民法总论》,澳门翻译公司、林炳辉、刘因之、欧阳琦、冯瑞国译,法律翻译办公室、澳门大学法学院 1999 年版,第 56 页。

债。“损害赔偿”是债务,也是责任。有学者说:“民事责任是通过赔偿义务来实现的。”①因为债务和责任没有实质的区别,所以债务和责任可以互换位置。有学者说:“侵权行为的后果就是侵权责任成立,此处遵循着义务——责任的逻辑。侵权责任成立,使得受害人有权利请求责任人承担侵权责任。责任人有义务满足受害人的该项请求,向他承担侵权责任。此处的权利、义务发生在相对人之间,权利以请求为内容,符合债权、债务的质的规定性的要求,故这些权利义务关系就是债的关系。……如果责任人再次违法,拒不实际承担侵权责任,又产生义务不履行责任。受害人也就是债权人有权请求责任人承担债务不履行责任,责任人有义务满足这种请求,实际承担这种责任。这类权利、义务再次构成债的关系。循环往复,螺旋式上升。这才是符合逻辑的。”②从义务与责任的关系看,简要地说,这里的逻辑是:责任变为权利和义务(债权和债务);义务人(债务人)不履行义务(不履行债务)产生责任,责任再次构成权利义务(债权债务)。也就是说责任与权利义务(债权债务)可以多次反复变换位置。从法律责任的概念和原理上看,这种观点是法律责任的担保说(义务说)的反映,是义务(债务)与责任不分的观念基础上形成的观念,似乎符合逻辑。但是,权利人的人身或者财产受到侵害后,“责任—债—责任—债—责任”的“循环往复”,一般不会多次发生,否则,受害人的权利就难以保障,法律的严肃性就难以体现。即使出现“循环往复”也不是什么“螺旋式上升”,而是应受谴责的不正常社会秩序的加剧。按照法律责任的后果说,责任具有强制性,义务没有强制性,责任和义务(债务)的地位不能互换。从实践上看,在侵权行为发生后,一般来说受害人不会立即请求法院对违约者或者侵权人采取强制措施,但也不排除在特定情况下,受害人立即请求法院对侵权人采取强制措施,以便确保其受侵害权利得以恢复。这是因为违约者或者侵权人造成他人损害的后果是责任,如果造成他人损害的后果是义务(债务),则没有强制性,受害人就无权直接请求法院对违约者或者侵权人直接采取强制措施。由此可见,按照法律责任的后果说,责任与债务互换位置是不合逻辑的。

2. 后果说

德国民法上关于民事责任的观念和体系是绝对科学、不可改变的吗?

---

① 〔葡〕Carlos Alberto da Mota pinto:《民法总论》,澳门翻译公司、林炳辉、刘因之、欧阳琦、冯瑞国译,法律翻译办公室、澳门大学法学院 1999 年版,第 56 页。

② 崔建远、韩世远:《债权保障法律制度研究》,清华大学出版社 2004 年版,第 351 页。

不是。事实是关于民事责任的观念和定义也在发展，有些国家的民法典关于责任的观念已经有所变化。早在20世纪70年代末80年代初，苏联有些学者就改变了关于民事责任的传统观念，在民法教科书的债权法部分专章写"苏联民法中的责任"，而不称"违反债的责任"。有学者特别指出："在苏联民法教科书中，把责任仅仅看做是违反债的责任的传统观念，根深蒂固。的确，法律责任经常是在违反债的关系的情况下采用的。但是，不能由此得出结论，民法中的责任只是和违反债有关。在违反其他民事权利和义务的情况下，也适用民事法律责任。所以，正确一些的说法是苏联民法上的责任。"①

1986年颁布的《民法通则》专章（第6章）规定了民事责任。其中专节（第4节）规定了承担民事责任的方式，第134条第1款规定："承担民事责任的方式主要有：（一）停止侵害；（二）排除妨碍；（三）消除危险；（四）返还财产；（五）恢复原状；（六）修理、重作、更换；（七）赔偿损失；（八）支付违约金；（九）消除影响、恢复名誉；（十）赔礼道歉。"第2款规定："以上承担民事责任的方式，可以单独适用，也可以合并适用。"

《民法通则》颁布后，有代表性的民法教材多专编或专章或专节阐述民事责任。关于民事责任的定义，多采后果说。有说："民事责任，亦即民事法律责任，是指民事主体违反民事义务而应承担的民事法律后果。"②有说："民事责任，是指民事主体因违反合同或不履行其他民事义务所应承担的民事法律后果。"③有说："民事责任是指民事主体违反合同义务或法定义务而应承担的法律后果。"④也有学者采制裁说，认为民事责任"是由民法规定的对民事违法行为人所采取的一种以恢复被损害的权利为目的并与一定的民事制裁措施相联系的国家强制形式"。⑤ 也有学者主张采担保说。

笔者赞成后果说，赞成民事责任与民事制裁既有联系又有区别的观点，并认为民事责任的承担方式有自动承担、请求承担和强制承担三种，即（1）责任人自动承担责任。（2）责任人不自动承担责任的，权利人有权请求责任人承担责任。（3）经权利人请求，责任人仍不承担责任的，权利人有

---

① 〔苏〕B. N. 格里巴诺夫、C. M. 科尔涅耶夫主编：《苏联民法》（上册），中国社会科学院法学所民法经济法研究室译，法律出版社1984年版，第490页。

② 佟柔主编：《中国民法》，法律出版社1990年版，第43页。

③ 王利明主编：《民法》，中国人民大学出版社2000年版，第531页。

④ 魏振瀛主编：《民法》，北京大学出版社2000年版，第43页。

⑤ 李由义主编：《民法学》（第2版），北京大学出版社1998年版，第627页。

权请求人民法院强制责任人承担责任。[①]

3. 民事责任与民事救济的异同

需要指出的是,说民事责任是违反民事义务的后果,并不是说违反民事义务的后果都属于责任范畴。现在民法学论著中使用"救济"这一概念的不少,在合同法、侵权行为法和知识产权法的论著中,有些用"责任"而不用"救济"的概念,有些则相反,用"救济"而不用"责任"的概念,有的二者兼用,这里有必要区分民事责任和民事救济这两个不同的概念。

从法律制度上看,作为法律概念的"救济"源于英美法上的 remedy 一词。英文 remedy 一词有多种含义,包括:(疾病之)治疗;(邪恶等之)矫正;补救;治疗法;矫正法;药物;救济物;等等。作为法律概念的 remedy 一词也有多种含义,《布莱克法律词典》解释:救济是实现权利,防止侵害或补偿侵害的方法。《牛津法律大词典》解释:救济是纠正、矫正或改正已发生或业已造成的伤害、危害、损失或损害的行为。《美国统一商法典》第 1-201 条第 34 项规定,"救济"指受损方通过或不通过法院而取得救助的权利。救济可以采取多种方式,《牛津法律大词典》列举的救济主要有宽厚的行为,例如权利要求的撤回或出自恩惠的给付;政治的救济方法,例如向议会或其他政治机关提出申诉;法律救济方法,也就是须依法律规则获得的救济,其中又分为行政救济和民事救济(刑事诉讼可以间接地提供救济)。民事救济可以通过民事诉讼取得,也可以通过当事人协商取得,还可以通过对他方威胁要提起诉讼的方式取得等。

民事救济的具体方法有哪些?有学者论述英美契约法的违约救济方法有:重写合同、解除合同、取消合同、减轻损失、违约金、损害赔偿、恢复原状、实际履行、强制履行、下达禁止令。[②] 有学者论述英美财产法的救济方法有:对土地权利妨害的救济方法有排除妨害、赔偿损失、自力救济。对不动产租赁承租人违约的救济方法有协议终止合同、拒绝接受终止合同的要约、主张实际履约、主张先期履约、主张适用定金。对承租人于租赁期限届满后仍占有租赁财产的救济方法有出租人将承租人视为非法占有者,起诉将其逐出土地,并要求其交付非法占有期间的租金;或依照普通法,出租人将承租人

---

① 魏振瀛:《论请求权的性质与体系——未来我国民法典中的请求权》,载《中外法学》2003 年第 4 期,第 409 页。

② 参见〔英〕P. S. 阿蒂亚:《合同法概论》,程正康、周忠海、刘振民译,李志敏校,法律出版社 1982 年版,目录第 4—5 页;又参见杨桢:《英美契约法》,北京大学出版社 1997 年版,目次第 15—16 页;又参见王军:《美国合同法》,中国政法大学出版社 1996 年版,第 330—374 页。

继续占有土地的行为视为承租人默示的以年为单位期限续租赁合同。土地买卖合同的救济方法有请求实际履行合同、请求损害赔偿、撤销合同、行使法定抵押权。① 有学者论述美国侵权法时涉及的救济方法有：补偿损失；惩罚性赔偿；赔偿名义上的损害；物归原主；强迫侵占他人之物的人按照物品被侵占时的价格（并加上利息）将其买下来；自我防卫；保护、夺回、个人财产与收复失地等。② 有学者论述英美法系衡平法上的救济方法，其最重要的为特定履行和禁止令，其他衡平法上的救济有接管人、报账交款、废除、改正。③

仅从上述列举可以看出，英美法上的权利救济涉及的面很广，这些规定与民法法系的有关立法设计不同。以德国模式的民法典为例，民法典以民事权利为中心设计对民事权利的保护，在民法典物权编对所有权的保护设定了返还请求权、妨害排除请求权和妨害防止请求权，这些请求权准用于他物权；物权编还设担保物权制度，规定抵押权、质权、留置权等。在民法典债编中设计的对债权保护的方法主要是损害赔偿；还有债的保全制度，规定债权人可以行使代位权和撤销权；在债编的契约部分，规定有违约金、定金、契约的解除、契约的终止、双务契约的同时履行抗辩等。对人身权的保护主要是通过损害赔偿之债的方法保护。《德国民法典》对姓名权规定了要求除去侵害、停止侵害的方法。在民法典总则部分设法律行为制度，其中有关于法律行为无效和撤销的规定；有权利行使的规定，包括权利受到侵害时，权利人可以采取自卫行为和自助行为。用普通法的观点看，上述规定都属于权利救济方法。在民法法系国家（以《德国民法典》为典型）则将其分别在民法典的总则和分则的有关部分规定，成为民法典中不同的民事法律制度的组成部分，各有不同的内涵，而不是笼统地称之为“救济”，但在学理上也使用救济的概念。

《联合国国际货物销售合同公约》和《国际商事合同通则》是综合民法法系和普通法系的有关规定制定的，该公约和通则使用“补救”的概念。例如，前者规定，卖方违反合同的补救方法有损害赔偿；要求卖方履行义务；要求交付替代货物；修理；减低价格等（第45条至52条）。后者还从违约方的角

---

① 参见马新彦：《美国财产法与判例研究》，法律出版社2001年版，第187—188、191—192、206—207、237—242页。

② 参见李亚虹：《美国侵权法》，法律出版社1999年版，第32、34—35、87—89页；又参见李响：《美国侵权法原理及案例研究》，中国政法大学出版社2004年版，第138—156页。

③ 参见沈达明：《准合同与返还法》，对外经济贸易大学出版社1999年版，第61—76页。

度作了补救的规定,“不履行一方当事人可以自己承担费用对其不履行进行补救,但必须符合下述条件……”(第7·1·4条。)

从上述有关法律规定和学者的论述可以看出,民事责任与民事救济有共同点,共同点之一是前提相同,民事责任和民事救济都是以当事人一方的民事权益受到侵害或者有受到侵害的可能,否则就不发生民事救济问题。共同点之二是目的相同,民事责任和民事救济的目的都是保护民事权利。

民事责任和民事救济是有区别的,区别之一是内涵不同。民事救济泛指民事权利受到侵害时的救助方法,包括民事责任,但不限于民事责任,除民事责任外,还包括权利人依法可以行使的权利,如普通法上的撤销合同,行使法定抵押权,自我防卫,保护、夺回、个人财产与收复失地等。另外,民事救济还包括一些法律规定或由法院认定的关系的效力,例如依照普通法出租人将承租人继续占有土地的行为视为承租人默示的以年为单位期限续租赁合同。民法法系的自卫行为和自助行为,双务契约的同时履行抗辩,行使代位权和撤销权,行使契约解除权、法律行为无效和撤销等,学理上可称之为权利的救济方法,但不是责任。

民事责任和民事救济的区别之二是,实现方式不同。责任是指不履行义务或侵害他人权利应承担的法律后果,民事责任是以国家的强制力为后盾的,民事责任与民事制裁相联系,经权利人请求,责任人仍不承担责任的,可导致民事制裁。民事责任以外的民事救济的实现方式是权利人行使权利、拒绝履行、自力救济、当事人协商,以及由法律确认某种民事法律关系等,不通过国家的强制力实现。

二、从物权请求权与损害赔偿到多种侵权责任方式

(一)《民法通则》不规定物权请求权的根据

德国模式的民法典规定的侵权责任形式是“损害赔偿”,并将这种侵权责任归入损害赔偿之债。《民法通则》规定的侵权责任形式不限于损害赔偿,也不归入损害赔偿之债。规定的主要的民事责任形式有十种,其中有七种属于侵权责任,即:停止侵害;排除妨碍;消除危险;返还财产;恢复原状;消除影响、恢复名誉;赔礼道歉。有一种即赔偿损失,既可适用于侵权责任,

也可适用于违约责任或违反其他债的责任。[①] 这些责任形式的规定，实际上改变了传统民法上的侵权行为和侵权责任的概念，它反映了民事责任理念的改变，而且直接涉及未来我国民法典体系。这对传统民法理论来说，有点（不是根本）“离经叛道”。由于《民法通则》内容简略，这方面的问题似乎显得不很突出，在起草民法典过程中，这方面的问题就突出地暴露出来，并引起激烈的争论。

《民法通则》规定的停止侵害、排除妨碍、消除危险、返还财产在《德国民法典》中相应的条文是基于所有权的“返还请求权”（第 985 条）、“除去侵害请求权和不作为请求权”（第 1004 条），加上他物权对这两条规定的适用，学者统称为物上请求权或物权请求权。将德国民法上的物权请求权形式在《民法通则》中作为侵权责任形式规定，按照德国民法观念来看，可谓理论上的错误。《民法通则》将传统民法上的侵权责任形式损害赔偿变为多种侵权责任形式，按照传统侵权行为观念来看，可谓概念上的错误。但是，如果不是以德国民法上的物权请求权的规定和其理论作为判断正确与错误的标准，如果不是以传统的侵权行为法立法和其理论作为判断正确与错误的标准，《民法通则》的规定就不是什么理论错误，也不是概念错误，它念的是另一本经，走的是另一条道。

《民法通则》上述规定的根据是什么？这是一个过去没有专门研究而又值得研究的问题。笔者认为，从理论方面看，说到底就是关于法律责任的概念与原理和民事责任的概念与原理上的不同观点所致。从法律责任概念与原理和民事责任的概念与原理上看，《民法通则》采取的是后果说，没有采取义务说和制裁说，德国民法采取的是义务说，二者的理念有所不同，不是哪个对、哪个错的问题，条条道路通罗马，问题在于我们走哪条道路更好。

按照物权请求权理论，物权受到侵害而未产生实际损害，如物被侵占，物权人有返还请求权，如果物权的行使受到妨害，物权人有妨害除去请求权或者妨害防止请求权，侵害人（不称侵权人）有返还原物的义务、除去妨害的义务或者防止妨害的义务。在物权请求权关系中不存在责任问题，如果侵害人不履行义务，物权人有权请求法院强制执行，这也不被称为责任，换句话说，德国物权法上无责任。如果侵害物权造成损害，就成为损害赔偿之债，就属于债的范畴，而不属于物权的范畴了。

---

① 在实践中有的已经将消除影响作为独立的责任形式，实际上有 9 种侵权责任形式。

根据法律责任后果说，民事责任是违反民事义务的后果，违反物权义务、侵害物权的后果是侵权责任。为什么称责任？因为物权是直接支配物的绝对权。“所谓‘绝对权’者乃请求一般人不为一定行为之权利也。申言之，即得请求世人勿侵害其权利之权利，故亦所谓‘对世权’。其特征在于义务人之不一定，与请求内容之限于不行为二点。”[①]物权法律关系的权利人是物权人，义务人是物权人以外的不特定的人。物权法律关系的义务人的义务是不作为，只要不侵害物权人的物权，就是尽了不作为义务。如果违反了不作为义务，侵害了他人的物权，就因而产生了承担侵权责任的后果。《民法通则》不规定物权请求权而规定侵权责任，其理论根据就在这里。

以上讲的是《民法通则》不规定物权请求权的根据之一。根据之二，从立法技术方面看，《民法通则》专章规定民事责任，反映了我国立法模式的形成。1982 年《宪法》规定：“一切违反宪法和法律的行为，必须予以追究。任何组织或个人都不得有违反宪法和法律的特权”（第 5 条）。《宪法》的这条规定为我国各种法律规定法律责任提供了指导原则。我国自 20 世纪 80 年代初期，在立法技术方面逐渐形成了一种立法模式：在一些条款较多的法律中，将法律责任列为单独一章或一节。[②] 从我国逐渐形成的立法模式上看，《民法通则》专章规定民事责任，不是偶然的。

根据之三，从社会实际方面看，是适应我国改革开放和社会发展的需要。改革开放之前，我国长期实行在公有制基础上的高度集中的计划经济，在意识形态上“重公轻私”，在法律上“重刑轻民”，“文化大革命”时期民事权利特别是人格权受到严重侵害。“文化大革命”之后，实行改革开放政策，法律观念、民事权利观念增强，《民法通则》就是为了适应新时期新需要而起草和颁布的。《民法通则》规定了多种民事责任形式，不仅强调对财产权的保护，而且强调对人身权的保护，将消除影响、恢复名誉、赔礼道歉等非财产责任形式与财产责任形式并列，这是对我国“文化大革命”期间发生过的严重侵害人格权的教训的总结，也是适应现代社会发展潮流的表现。如果说《民法通则》是中国的“民事权利宣言”（海外学者对《民法通则》的评论），《民法通则》规定的多种民事责任形式则是实现“民事权利宣言”的法宝。

---

① 郑玉波：《民法总论》，台湾三民书局股份有限公司 1995 年版，第 51 页。

② 沈宗灵主编：《法理学》，高等教育出版社 1996 年版，第 407 页。

（二）《民法通则》规定多种侵权责任形式的理由

上面讲了《民法通则》不规定物权请求权的根据，也是《民法通则》规定的多种侵权责任形式的理由。这里主要讲《民法通则》规定的各种侵权责任形式的内涵及其理由，阐述《民法通则》规定的侵权责任形式与德国式民法典规定的物权请求权和损害赔偿的联系与区别，阐明《民法通则》规定的民事责任形式的特点和优点。

1. 消除影响、恢复名誉、赔礼道歉

近现代各国民事立法对名誉权的保护是由弱到强逐步发展的。《德国民法典》规定“因故意或过失侵害他人之生命、身体、健康、自由、所有权或其他权利者，对被害人负赔偿损害之义务”（第 823 条第 1 款），其中没有保护名誉权的规定。我国民国时期的民法典第 195 条规定了身体、健康、名誉等受到侵害时，受害人得请求赔偿相当之金额，并规定：其名誉受侵害者，并得请求回复名誉之适当处分，这是民事立法的进步。什么是回复名誉之适当处分？通常是在报刊上登载“谢罪广告”或“道歉启事”。登报道歉启事的性质是什么？有学者认为受害人请求侵权人在报纸上刊登道歉启事的权利属于债权。据此，侵权人有在报纸上刊登道歉启事的债务。这里的债务显然是因侵权责任而产生的债务。把回复名誉归入债法未尝不可，但是这不是理想的不可动摇的立法方法。

现代人们的人权观念和人格权观念日益增强，对名誉权更加重视，现代民法应当突出人格权包括名誉权的地位，应当加强人格权包括名誉权的保护。由重财产权轻人格权，到财产权和人格权并重，是现代民法发展的趋势。与此相适应，在民事责任上，应当是财产责任与非财产责任并重。《民法通则》规定的消除影响、恢复名誉、赔礼道歉是新型的民事责任形式，它与传统的损害赔偿责任的性质不同，后者是财产责任，前者是非财产责任。二者的功能不同，损害赔偿的功能在于弥补财产损失，对精神损害可以用金钱赔偿的方法，但并不能完全弥补人们的精神损害，也达不到“恢复原状”的效果，消除影响、恢复名誉、赔礼道歉是恢复名誉的好方法。事实上在许多情况下，人们更重视恢复名誉，因为名誉是人的精神、情操、能力、道德等多种因素的综合评价，名誉受到损害，仅用损害赔偿是难以弥补精神损失的。通过新闻媒体损害他人名誉，可能在全国甚至在世界上造成不良影响，在这种情况下采取消除影响、恢复名誉、赔礼道歉的责任形式比金钱赔偿重要得多。另外,名誉受到损害往往直接影响到受害人的经济利益,例如损害演员的名誉,该演员的演出机会可能减少,损害企业的名誉,该企业的盈利可能降低。损害他人或企业的名誉,引起的受害人的经济损失往往比直接侵害财产所造成的损失更为严重。由此可见,消除影响、恢复名誉、赔礼道歉不仅是保护人格权的好方法,而且在某些情况下,能起到保护财产权益的效果。

消除影响、恢复名誉、赔礼道歉,不仅适用于对自然人和法人的名誉权的侵害,而且对侵害自然人的姓名权、肖像权、荣誉权、隐私权等各种人格权,以及对死者的人格利益的侵害,都可以根据实际情况,全部或分别适用这些责任形式。《民法通则》将消除影响、恢复名誉并列规定为第9种民事责任形式,从司法实践看,消除影响、恢复名誉都是可以单独适用的独立的责任形式,例如,在商业和知识产权领域,进行误导和虚假宣传的行为,损害了同业者正当竞争的权益,没有造成同业者名誉的损害,侵害人应承担消除影响的责任,实践证明消除影响的责任形式已经超出了保护人格权的范围,在商业和知识产权领域具有广泛的适用性。上述责任形式在传统民法列入损害赔偿的范围,损害赔偿的适用范围过宽,不同侵权行为造成的后果不同,其适用条件也不同,这样规定难说绝对科学,不可改变。消除影响、恢复名誉、赔礼道歉的适用条件比较明确,即使需要作解释,也比较容易。

《民法通则》颁布以来的司法实践证明,这种责任形式是深受人们欢迎的。《民法通则》将消除影响、恢复名誉、赔礼道歉提升为损害赔偿之外的民事责任形式,是增强人权观念和人格权观念的表现,不仅反映了我国的国情,而且也符合社会发展的趋势。

2. 返还财产、恢复原状、赔偿损失

《民法通则》规定的返还财产的含义是什么,对此有不同的理解。主要有两种观点。观点之一认为:“民法通则第134条所规定的返还财产形式,是普遍适用于侵权责任、合同责任和返还不当得利责任的责任的方式。”[①]观点之二认为:“返还财产,亦称返还原物。……非法占有,包括恶意占有……非法占有的财产必须原物存在,否则只能用赔偿损失的办法弥补。”[②]笔者认为观点之一符合《民法通则》的规定,观点之二是参照物权请求权阐述返还财产责任的,不符合《民法通则》的规定的内涵,但有学理价值。未来我国民

① 王利明主编:《民法·侵权行为法》,中国人民大学出版社1993年版,第167—170页。
② 谢邦宇、李静堂:《民事责任》,法律出版社1991年版,第233—236页。

法典如设侵权责任编,应将侵权责任与违反债的责任分开,应采用“返还原物”的概念。

《民法通则》规定的“恢复原状”,通常理解为有体物被损坏之后恢复被损坏的物的原状,如修理被撞毁的汽车、修缮被破坏的房屋、填平被挖掘的土地等。恢复原状不同于传统民法上作为损害赔偿方式的回复原状(见下文)。

《民法通则》规定的“赔偿损失”与德国模式的民法上的“损害赔偿”不同。在汉语中“赔偿”一词是指一方的行为使他方受到损失而给予补偿,如照价赔偿、赔偿损失。在汉语中“损失”一词是指没有代价地消耗或失去,如财产受到损失。在汉语中“损害”一词比“损失”的含义宽,是指事业、利益、健康、名誉等蒙受损失,如光线不好,看书容易损害视力,不能损害他人利益等。[①] 损害和损失的主要区别在于损害既可作为动词,也可作为名词,损失是名词。《民法通则》规定的“赔偿损失”通常是指以金钱赔偿受害人的损失,但并不排除给付同样的物作为赔偿方式。

《德国民法典》将物的返还作为物权请求权规定在物权编,目的在于强调物权与债权的区别。德国民法明确区分了物权与债权是立法技术上的进步,德国民法理论上区分绝对权与相对权是合理的。但是,这样安排不无缺陷,仅从法律概念和其内涵来看,物权编规定的物的返还与损害赔偿有交叉。在德国民法上因侵权产生的损害赔偿加上因违约等原因产生的损害赔偿,构成整体的损害赔偿之债。根据第249条规定,损害赔偿以“回复原状”为原则,金钱赔偿为例外。对人格权受侵害者给予金钱赔偿以及回复名誉的适当处分,学理上也称之为“回复原状”。我国民国时期的民法典第213条的条题为“损害赔偿之方法——回复原状”第一项是“负损害赔偿责任者,除法律另有规定或契约另有订定外,应回复他方损害发生前之原状”。学者举的回复原状的例子有:返还夺取的物,重建被撞倒的墙壁,重新配上破碎门窗玻璃,偿还被毁损书籍同种的书籍,毁弃侵害书信秘密的抄录等。[②] 我国民国时期民法典第213条第2项是“因回复原状而给付金钱者,自损害发生时起,加给利息”。有学者指出:这里说的因回复原状而给付金钱者,系指骗钱还钱。[③] 该法第213条第3项规定:“第一项情形,债权人得请求支付回

① 中国社会科学院语言研究所词典编辑室编:《现代汉语词典》,商务印书馆2002年增订本,第956、1211页。

② 史尚宽:《债法总论》,中国政法大学出版社2000年版,第295页。

③ 郑玉波:《民法债编总论》,台湾三民书局股份有限公司1978年版,第247页。

复原状所必要之费用,以代回复原状。”由此可见,“回复原状”的方法多种多样。由于损害赔偿包括回复原状内涵过于宽泛,不仅不够清晰,不便掌握,而且发生了属于物权请求权的物的返还和属于损害赔偿的物的返还在概念上的交叉,无权占有他人的物,在物权法中采用返还请求权予以保护,在侵权法中采用损害赔偿并以回复原状为原则的方法予以保护。在形式上都是返还原物,前者称为物权请求权,后者称为损害赔偿,其区别在于前者不以过错为要件,后者以过错为要件,虽然理论上能自圆其说,但是毕竟与人们的一般观念相去甚远。《民法通则》规定的返还财产、恢复原状、赔偿损失三种民事责任形式,符合汉语的含义和人们的思维习惯,便于理解和适用法律。

3. 停止侵害、排除妨碍、消除危险

《德国民法典》第 1004 条第 1 款规定:“所有权受到被以侵夺或者扣留占有以外的方式侵害的,所有人可以向妨害人请求除去妨害。有继续受之虞的,所有人可以提起停止侵害之诉。”我国民国时期的民法典第 767 条后两段规定:“对于妨害其所有权者,得请求除去之。有妨害其所有权之虞者,得请求防止之。”对上述规定学说上分别称为妨害除去请求权和妨害防止请求权,二者统称为所有权保全请求权。什么是妨害?德国学者解释说:“第 1004 条规定除剥夺或者扣留占有之外所有妨碍所有权的形式。……由于所有权的目的就是在人们共同相处的前提下为所有人享受其用益提供全面的保护,因此凡是影响这种用益的行为都属于妨害之列。”[①]我国台湾学者有说:“所谓妨害,即不法侵害阻碍致所有人不能圆满行使其所有权之意。”[②]有说:“所谓妨害,指以占有以外之方法阻碍或侵害所有权之支配可能性。”[③]

德国学者和我国学者列举的妨害的事例主要有 6 种类型:(1) 对物的实体的侵害,例如无权占有他人土地兴建房屋、践踏不动产、对物的损坏、用气枪射落别人家的葡萄。(2) 可量物与不可量物的侵入,例如丢弃废料或垃圾于他人庭院,蒸汽、噪音和震动的侵入。(3) 无权使用他人的物,例如在他人建筑物上悬挂招牌、涂写标语、未经许可,进入他人土地拍摄受文物保护的建筑。(4) 妨碍所有权的行使,例如利用他人土地作为通道、停车于他人车库。(5) 否认他人对物的所有权,例如甲宣称乙的物归他所有。(6) 土地登

---

① 〔德〕曼弗雷德·沃尔夫:《物权法》,吴越、李大雪译,法律出版社 2002 年版,第 151 页。
② 姚瑞先:《民法物权论》,台湾海天印刷厂有限公司 1993 年版,第 56 页。
③ 王泽鉴:《民法物权》(1),台湾兴丰印刷厂 1993 年版,第 148 页。

记错误、遗漏或不实。例如冒名将他人土地登记为已有，或基于通谋虚伪意思表示等无效事由而为所有权移转登记。

由上述所举事例可以看出，“妨害”、“损害”和“侵害”三者是有交叉的。《德国民法典》第1004条规定的“妨害”的具体内涵是什么，德国判例和学说的主流观点是以妨害状态的继续性之有无为基准对二者加以区别。即对于继续性“侵害”的将来之“妨害”，适用妨害除去，而对于业已“过去”且“完结”了的“妨害”则适用原状回复（含赔偿）。依此基准，妨害所除去的非为妨害之“结果”，而是产生妨害之原因。同时还有学者主张存在“结果除去请求权”，对于判例显现的除去责任与侵权行为责任的接近，给予了积极的评价。有学者指出：从历史上看，除去请求权的本来内容乃是被限定于妨害源之撤去范围内，但是因为现代社会已将无过失损害赔偿责任导入于民事责任领域，由此以来，“结果除去请求权”即获正当化。有学者认为：在德国，基于物权的妨害除去请求权与基于侵权行为的回复请求权虽在立法上有所区别，但始终未有明确的区别界限。并且，无论判例，还是学说亦均有分歧。①

《民法通则》没有使用“妨害除去”或“排除妨害”，而用“排除妨碍”的概念。什么是妨碍？我国学者有说：“排除妨碍是指侵权行为人实施的行为使受害人无法行使或不能正常行使自己的财产权利、人身权利，受害人请求加害人将妨碍权利实施的障碍予以排除。”②有说：“加害人实施某种侵害行为而妨害他人正常行使权利或妨害他人合法利益的，受害人有权请求排除妨碍。”③学者列举的妨碍的事例有：堆放物品妨碍他人通行，妨碍他人通风采光，截留河水妨碍他人用水等。由此可以看出，《民法通则》规定的排除妨碍与《德国民法典》规定的妨害除去的内涵不同。用排除妨碍的概念，不用排除妨害的概念，还可以避免德国民法上区分妨害与损害的困扰。前面举的事例如对物的损坏、用气枪射落别人家的葡萄，不属于《民法通则》规定的“排除妨碍”的范围。

“妨害防止请求权”又称“不作为请求权”。根据《德国民法典》第1004条的规定，以及第12条（姓名权）和第862条（因妨害占有而产生的请求权），妨害防止请求权是在妨害发生之后，有继续受妨害之虞者，原受害人有妨害防止请求权。1951年原联邦德国最高法院的一个判决“规避了《德国民

---

① 陈华彬：《德国相邻关系制度研究》，载梁慧星主编：《民商法论丛》（第4卷），法律出版社1996年版，第317页。

② 杨立新：《侵权行为法论》，高等教育出版社2005年版，第120页。

③ 张新宝：《中国侵权行为法》，中国社会科学出版社1998年版，第184页。

法典》第 1004 条第 1 款第 2 句的规定”，只要存在不法行为的危险，当事人就可以提出停止侵害之诉，而不以侵害行为已经发生为前提。[①] 法律规定和司法实践的发展都说明“妨害防止”在于预防妨害发生或继续发生。

《民法通则》没有规定“妨害防止”而是规定“消除危险”。什么是消除危险？有说：“加害人实施某种行为，给他人之人身或财产安全构成威胁时，受到威胁的人有权要求消除危险。”[②]有说：“消除危险是指行为人的行为和其管领下的物件对他人的人身和财产安全造成威胁，或存在侵害他人人身或财产的可能，该他人有权要求行为人采取有效措施，将具有危险因素的行为或物件予以消除。”[③]学者列举的危险的事例有：违章建筑、危房、不符合安全标准的堤坝等。最高人民法院《关于贯彻执行〈民法通则〉若干问题的意见》(试行)第 154 条规定：“从事高度危险作业，没有按有关规定采取必要的安全防护措施，严重威胁他人人身、财产安全的，人民法院应当根据他人的要求，责令作业人消除危险。”这里讲的“危险”，是指现实存在的危险，与“有继续妨害之虞”有区别。前面讲到的德国学者举的“物的损坏、用气枪射落别人家的葡萄”，是指有继续物的损坏、用气枪射落别人家的葡萄之虞，与现存的危险房屋存在的危险及没有按有关规定采取必要的安全防护措施的高度危险作业存在的危险显然不同。

《民法通则》规定“停止侵害”为一种独立的民事责任形式。停止侵害作为一种侵权责任形式，适用于对人身权、物权、知识产权等绝对权益的侵害。停止侵害的含义是什么？原来占主导地位的观点认为，停止侵害是指侵权行为在进行中，受害人有权提出停止侵害，后来占主导地位的观点有所改变，特别是知识产权学者认为，停止侵害也适用于有侵害之虞的情况，并强调应借鉴国际上认可的“即发侵权”的概念，以便充分保护民事权利。

停止侵害不仅适用于正在进行中的侵害，而且更重要的是预防侵害的发生。停止侵害作为侵权责任形式，符合侵权法理论的发展。克雷斯蒂安·冯·巴尔教授在其所著《欧洲比较侵权行为法》(上卷)一开始就指出：“侵权行为法是私法的一部分。它决定某人受到侵害后得到赔偿(或者说在出现此等侵害情形，是否有权得到法律上的救济)。”在这段话之后的注解说：“对包括预防性法律保护的简单解释是，预防损害比赔偿好得多……因

---

① 〔德〕克雷斯蒂安·冯·巴尔：《欧洲比较侵权行为法》(下卷)，焦美华译，张新宝审校，法律出版社 2001 年版，第 167—168 页。

② 张新宝：《中国侵权行为法》，中国社会科学出版社 1998 年版，第 185 页。

③ 杨立新：《侵权行为法论》，高等教育出版社 2005 年版，第 120 页。

此，认为预防性法律保护是侵权行为法的必要部分的观点是正确的。"[①]在该书下卷专题讲"预防性法律保护措施"时，他再次强调："我们以前就指出过，它是私法损害赔偿法的一部分，是必要的和先于损害赔偿制度的那一部分。[②]

综上所述，停止侵害可适用于三种情况：(1) 正在进行的侵害，(2) 已经发生过侵害，有继续侵害之虞的，(3) 未曾发生侵害，存在侵害的可能。停止侵害与妨害除去及妨害防止有交叉，不同的是停止侵害包括停止损害，其实质是停止侵权，可以涵盖妨害除去和妨害防止不能涵盖的内容，即正在进行的侵害，如正在对损坏他人的物、正在用气枪射落别人家的葡萄，是正在进行"损害"，而不是"妨害"。另外，停止侵害还可以弥补《民法通则》的消除危险的不足，例如，对未经作者同意而印刷他人的作品并准备出售者，不好适用消除危险责任，可以适用停止侵害责任。再者，消除危险是指现实存在的危险，停止侵害包括未来可能产生的侵害。

有学者说："我国法上的停止侵害，相当于英美法上的永久禁止令。"[③]借鉴英美法上的禁止令，我国法院可根据受害人的请求，在受理案件后审理案件前发布停止侵害令，或者在审理过程中发布停止侵害令，也可以在判决中判决侵权人停止侵害。

（三）《民法通则》规定多种民事责任形式的特点与优点

通过比较研究可以看出，《民法通则》规定的民事责任形式具有三个特点，也是其优点。第一，《民法通则》创立了侵害人格权的民事责任形式（消除影响、恢复名誉、赔礼道歉），突出了对人格权的保护，符合时代潮流。传统民法有重财产责任、轻非财产责任的历史局限性，《民法通则》突破了传统民法的局限，超越了债的范畴，有利于对不断发展的人格权的保护。在这方面我国民法顺应重视人格权的时代潮流，走在前面了。

第二，民事责任形式具有多样性、开放性，能适应社会发展的需要。传统民法的责任形式是损害赔偿（侵权的责任形式是损害赔偿。违约金也是损害赔偿的一种方式，因此可以说传统民法的责任形式就是损害赔偿）。

---

① 〔德〕克雷斯蒂安·冯·巴尔：《欧洲比较侵权行为法》（上卷），张新宝译，法律出版社 2001 年版，第 1 页。

② 〔德〕克雷斯蒂安·冯·巴尔：《欧洲比较侵权行为法》（下卷），焦美华译，张新宝审校，法律出版社 2001 年版，第 166 页。

③ 张广良：《知识产权侵权民事救济》，法律出版社 2003 年版，第 101 页。

《民法通则》规定了多种责任形式，适应了实际需要。《民法通则》第 134 条规定的承担民事责任的方式主要有 10 种，就是说还会有其他责任形式，这样的规定具有开放性。这里说的开放性不是任意性，民事责任形式必须由法律规定。这样规定为今后增加新的责任形式留下了空间，为民事特别法规定民事责任形式提供了法律依据。如果知识产权法将销毁侵权物规定为侵害知识产权的责任形式，就使民事基本法规定的责任形式与民事特别法规定的责任形式相呼应。这样规定也为法院创造性地适用法律提供了法律依据。法院可以根据实际需要，采取扩大解释的方式灵活地适用民事责任形式，为创立新的责任形式作准备，在条件成熟时就可能将其提升为新的民事责任形式。

第三，用语通俗，含义清楚。《民法通则》规定的多种责任形式，使用的是通俗的大众语言，其内涵容易理解，又不失科学性，即使有不同的理解，也容易达成共识，不像德国法上的妨害与损害那样不好区分和掌握。《民法通则》规定的责任形式各有不同的含义，便于法官理解和适用法律，便于人们理解和遵守法律。一部好的法典在语言方面，既应体现科学性，又应体现实用性。著名的《瑞士民法典》的起草人欧根·胡贝尔主张："这部法典必须以民众的思想来说话。"《瑞士民法典》"保持了一种民族化的生动语言，具有清晰分明，相对有余地的体系"①。可以说《民法通则》规定的民事责任形式和其在语言方面也有这样的特点和优点。

笔者注意到，2005 年 7 月公布的《中华人民共和国物权法（草案）》征求意见稿，在物权的保护一章（第 3 章）采用了"排除妨害"，没有用"排除妨碍"的概念；废弃了"停止侵害"的责任形式；采用了"损害赔偿"，没有用"赔偿损失"的概念。这样规定会使损害赔偿的含义过宽，不够清晰，不便掌握，会产生德国法上"妨害"与"损害"难以区分的困扰，实际上在我国已经发生了这方面的问题（见下文）。《物权法（草案）》这样规定割断了物权法与《民法通则》的连续性，实际上是部分废弃了《民法通则》颁布多年来的实践经验和习惯，有待斟酌。

有学者在论述民事责任的意义时指出："法律关系自发生，经变更，至消灭，其变动之轨迹有正态反态二面。变动之结果如为反态时，终将以民事责任收场，因此民法总则中对于民事责任之基本原则，不能不作规定。……民

---

① 〔德〕K. C. 茨威格特 H. 克茨：《比较法总论》，潘汉典、米健、贺卫方译，法律出版社 2003 年版，第 256 页。

法通则第六章第一百另六条以下规定民事责任,体例上具有创见而合理。”①有学者指出:“民法通则不仅对民事义务与民事责任严格区分,而且进一步实现了责任法的统一。在第六章中,第一节规定民事责任的一般规定,第二节规定债务不履行民事责任,第三节规定侵权行为的民事责任,使民事责任成为一项统一的民法制度。应属于民法通则之首创。”②

有位学者说:“不要改变那些市民们以及法学家已经习惯了的体系,这应该是个明智的规则。”③我国的实际情况是怎样的呢?《民法通则》实施二十多年来的效果是好的。一般地说,习惯了的,就是正确的。在社会生活中,人们多年形成的习惯,总有其存在的合理性,法律也是如此。民法法系习惯于法典化,普通法系习惯于判例法。同一个法系的民法典也有区别,《德国民法典》不同于《法国民法典》,《瑞士民法典》又不同于《德国民法典》。这些法典的基本体系长期不变,其中习惯是重要原因之一。从权利、义务、责任的关系上观察和处理法律问题的方法,早已为我国立法机关和司法机关官员所熟悉,可以说“权利、义务、责任”已经成为法律人的一种思维模式。《民法通则》不是民法典,不应按照《民法通则》的体系制定民法典,但是我们应当重视《民法通则》颁布以来经过实践检验的我们自己的立法经验。

有学者说,把停止侵害、排除妨碍、消除危险、返还财产作为侵权责任形式,不合我国民法的既有理论。实际情况是1949年中华人民共和国成立之后,民国时期的法律被废除,此后我们接受的是苏联的法学理论,法律专业本科生的民法课参考的是苏联的教科书,民法理论基本上采取苏联学者的观点。在上世纪80年代改革开放初期,先后受司法部和国家教委委托,为法律专业本科生学习民法课程而编著的两本具有权威性的民法教材,都没有物权编,更没有物权请求权的概念。上世纪90年代至今出版的民法教材,写物权请求权的居多,也有的不写物权请求权,这些教材大都将侵权行为或侵权责任独立设编,有的将民事责任独立设编,其中大都讲停止侵害、排除妨碍、消除危险、返还财产等侵权责任形式。至今,侵权行为是否属于债的范畴,并没有形成统一的观点。从我国的民法理论和民法教学实际看,民事责任占有突出地位,反对规定民事责任的观点并没有形成通说。由此可见,认

---

① 曾世雄:《民法总论之现在与未来》,台湾瑞明彩色印刷有限公司承印,第264页。

② 梁慧星:《民法总论》,法律出版社2001年版,第84页。

③ 〔意〕鲁多尔夫·萨科:《思考一部新民法典》,薛军译,载《中外法学》2004年第6期,第647页。

为把停止侵害、排除妨碍、消除危险、返还财产作为侵权责任形式,不合我国民法的既有理论,其理由至少是不充分的。

(四) 多种侵权责任形式在民法典中如何安排

《民法通则》规定的多种侵权责任形式在未来我国民法典中如何安排?这是学者关注的热点问题之一,也是讨论热烈的问题之一。近几年公开出版了三部民法典草案学者建议稿,对民事责任的安排方法各不相同,以下按出版时间先后为序,简要介绍其内容,这对于研究民事责任与物权请求权的关系是有重要意义的。

建议稿一,将"侵权行为"作为与"债权总则"、"合同"并列的独立的一编。在侵权行为编中将"侵权的民事责任"规定为一章(第 67 章),第 1 节"一般规定",第 2 节"损害赔偿",第 3 节"其他民事责任方式的适用"。第 3 节用四个条文分类规定了 8 种责任方式,即停止侵害、消除危险、排除妨害、返还财产、恢复原状、赔礼道歉、消除影响、恢复名誉。这 8 种责任形式除了不用《民法通则》规定的"排除妨碍"而用"排除妨害"概念以外,其余 7 种责任形式与《民法通则》规定的责任形式相同。该建议稿在专章规定侵权责任的同时,在物权编(第 2 编)第 9 章通则,专节(第 3 节)规定了物权请求权,其中与侵权责任内容重叠或近似的有:返还请求权、排除妨害的请求权、消除危险的请求权、损害赔偿请求权。①

建议稿二,在"财产关系法"一编(第 2 编)的第 8 分编(债法分则)中规定"侵权行为之债"(第 3 题),其中第 4 章为"侵权责任确定",第 1 节为"责任方式及范围",其中第 1612 条的标题是"损害赔偿的含义:排除、赔偿"。第 1613 条的标题为"排除妨害方式及适用",表现在条文中的用语有:损害的"停止"、妨害的"停止或排除"、物品的"修理或更换"、"赔礼道歉"、"具结悔过"、"恢复名誉"、"消除影响"。第 1614 条的条题是"赔偿损失",第 1615 条的标题是"恢复原状",第 1616 条的标题是"预防损害"。该建议稿在"人身关系法"编(第 1 编),人格权(第 3 题)第 1 章一般规定,其中第 306 条的标题是"人格权的保护",条文中规定的保护方法与侵权责任内容近似的有:"停止侵害行为"、公开道歉并改正"、"纠正侵害行为"、"赔偿物质和精神损害"。财产关系法编,第 5 分编物权法的第 2 章,专节(第 3 节)规定了物上

---

① 参见梁慧星主编:《中国民法典草案建议稿》,法律出版社 2003 年版,第 52、324—327 页。

请求权,内容与侵权责任近似的有:“返还请求权”、“排除妨害请求权”[①]。

建议稿三,将“侵权行为”规定为独立的一编(第8编)列为民法典的最后一编。该编第1章总则,第1节一般规定,其中第1841条的标题是“侵权责任的方式”规定的责任方式有:(1)停止侵害;(2)排除妨碍;(3)消除危险;(4)返还财产;(5)恢复原状:(6)赔偿损失;(7)消除影响、恢复名誉;(8)赔礼道歉。这个规定的概念和排序与《民法通则》的规定相同。该建议稿在规定侵权责任的同时,在人格权编(第2编)第1章一般规定,其中第298条的标题是“人格权请求权”,与侵权责任的概念相同或接近的有:请求除去妨害、请求消除危险、请求消除影响、恢复名誉、赔礼道歉,并赔偿所造成的财产损失和精神损害。在物权编(第5编)第1章总则,专节(第3节)规定了物权请求权,与侵权责任内容重叠或近似的有:返还原物的请求权、排除妨害的请求权、消除危险的请求权、损害赔偿的请求权。[②]

三个学者建议稿的上述规定说明了两个问题,一是说明起草者对《民法通则》规定的民事责任很重视,都以不同的形式作了规定。二是三个建议稿对民事责任包括侵权责任的安排差异很大,反映了理论观点的重大分歧。三个学者建议稿反映出来的有待研究的问题主要有以下三个方面:

1. 侵权行为编规定了多种侵权责任形式之后,又规定物权请求权和人格权请求权,即承认二者竞合,在法理上似无问题,但是,在立法上应当避免可以避免的竞合,这种竞合是可以避免的。再说,这样规定还有其他问题,相同的概念如返还原物、排除妨害等(即使在人格权编和物权编有“请求”或“请求权”的字样,也难说就是两个概念)在同一部法典中具有不同的性质和不同的构成要件,理论上显得不大顺畅,体系上不够清晰,适用上容易发生歧义。

2. “损害赔偿”是传统民法上唯一的侵权责任形式,也是损害赔偿之债。在物权请求权中规定损害赔偿请求权,在理论上至少在体系形式上混淆了物权与债权。如果说物权请求权中规定的损害赔偿请求权不以侵害人有过错为要件,需要作理论上的论证。如果说物权请求权中规定的损害赔偿请求权以侵害人有过错为要件,按照传统民法理论属于债权请求权,那么,就应当将“物权请求权”改为“物权的保护”,因为对物权的保护,既可以适用物

---

① 参见徐国栋主编:《绿色民法典草案》,社会科学文献出版社2004年版,第83—84、319—320、722页。

② 参见王利明主编:《中国民法典草案建议稿及说明》,中国法制出版社2004年版,第102页。

权保护方法,也可以适用债权保护方法,侵害物权违反行政法或刑法的,还要适用行政法或者刑法的保护方法,简而言之,物权的保护有私法的保护方法和公法的保护方法。[①]

3. 在"侵权行为之债"中规定的损害的"停止"、妨害的"停止或排除"、物品的"修理或更换"、"赔礼道歉"、""具结悔过"、"恢复名誉"、"消除影响"、"恢复原状"、"预防损害",都作为"排除妨害"方式,并归入"损害赔偿",这样规定将德国式民法上属于绝对权求权的"妨害除去"、"妨害防止"与属于债法上的"损害赔偿",都变成了"损害赔偿"之债,将《民法通则》规定的多种民事责任变成损害赔偿之债,这样的变化与传统民法的概念大相径庭,与《民法通则》的规定迥然相异,这可谓另辟蹊径,理论上有待阐明。

有学者不赞成侵权责任与物权请求权竞合模式,主张规定物权请求权、并规定人格权请求权和知识产权请求权,不规定多种侵权责任形式,规定侵权行为之债。认为"理由不在于竞合模式损害了绝对权请求权制度,而在于把停止侵害、排除妨碍、消除危险、返还财产作为侵权责任的方式导致了侵权行为法内部的矛盾"[②]。这种主张从德国民法理论看,无可挑剔。笔者也不赞成侵权责任与物权请求权竞合模式,但不认为把停止侵害、排除妨碍、消除危险、返还财产作为侵权责任的方式导致了侵权行为法内部的矛盾,而是丰富了侵权行为的内容。结合我国的立法经验,笔者设想的模式是:不规定物权请求权,在民法典中将民事责任在三个部分规定:(1) 在民法典总则编简要规定民事权利、民事义务的同时,对民事责任作一般性规定。(2) 违反债的责任在债编规定。(3) 侵害物权、人身权、知识产权等绝对权的责任,在侵权行为(侵权责任)编规定(列在民法典的最后一编),不规定物权请求权及其他绝对权请求权。[③] 在未来我国民法典中对上述法律问题如何安排,是值得进一步研究的问题。本文是对笔者提出的上述体系,在理论上作进一步的论证。

---

① 〔德〕鲍尔/施蒂尔纳:《德国物权法》(上册),张双根译,法律出版社 2004 年版,第 246 页以下。

② 崔建远:《绝对权请求权抑或侵权责任方式》,载《法学》2002 年第 11 期,第 43 页。

③ 魏振瀛:《论民法典中的民事责任体系——我国民法典应建立新的民事责任体系》,载《中外法学》2001 年第 3 期,第 361—362 页。

三、从物权请求权体系到侵权责任体系

（一）关于物权请求权性质的诸学说及分析

物权请求权的性质是什么，众说纷纭，由来已久，近几年来在制定物权法过程中，我国学者又有一些新的观点。这里对物权请求权性质的诸学说的分析，目的在于论证物权请求权可以转变为侵权责任形式。物权请求权体系首创于《德国民法典》，该法典第 985 条规定："所有人可以向占有人请求返还其物。"第 1065 条规定："用益权人的权利受侵害时，用益权人的请求权，准用关于由所有权产生的请求权的规定。"第 1227 条规定："质权人的权利受侵害的，质权人的请求权，准用关于由所有权产生的请求权的规定。"《德国民法典》第 1004 条第 1 款规定："所有权被以剥夺或者扣留占有以外的其他方式的侵害的，所有权人可以向妨害人请求除去妨害。所有权有继续受妨害之虞的，所有人可以提起停止妨害之诉。"这条规定对他物权亦得准用（对地役权、用益权和质权受侵害的，有明文规定）。这就是《德国民法典》的物权请求权体系。

我国《民法通则》没有规定物权请求权，更没有规定其他绝对权的请求权，而是规定了多种民事责任形式。未来我国民法典是否可以不设物权请求权和其他绝对权请求权，而基于《民法通则》规定的多种民事责任形式建立侵权责任体系呢？笔者持肯定态度。为此首先需要分析物权请求权的性质及其在物权法中的地位。

物权请求权的性质是什么？据笔者掌握的资料有 12 种学说：（1）附属权利说：德国民法物权理论的通说认为，物上请求权的性质是一种附属性权利而不是独立的权利。[①]（2）纯粹债权说：认为物上请求权即系请求特定人为特定行为（排除侵害）之权利，为行为请求权，故为纯粹之债权。（3）物权的作用说：认为物上请求权乃物权之作用（效用），并非独立之权利。（4）准债权的特殊请求权说：认为物上请求权系一种准债权之特殊请求权。或谓物上请求权系请求特定人为特定行为之权利，就此而言，与债权相类似，但此项请求权系从属于物权，其发生、移转、消灭均从属于物权，故亦非纯债权，仅能谓系可准用债权规定之权利，故又称为准债权说。（5）非纯粹债权

① 孙宪忠：《德国当代物权法》，法律出版社 1997 年版，第 88 页。

说:认为物上请求权系对人之请求权,是独立的请求权,故非物权本身,盖物权之内容在乎直接支配其标的物。然其命运与物权同,与物权存续期间内不断滋生,故不罹于消灭时效。惟虽系对人之请求权,但于破产之情形,却有异于普通债权之强力地位(如有取回权,别除权),强烈表现其系自物权派生之特色,故非纯粹之债权。(6)物权效力所生之请求权说:认为物上请求权乃物权效力上所生之请求权,与物权不可分离,物权如有移转,此请求权当然随同移转。(7)物权派生之请求权说:认为物上请求权系由物权所派生,而经常依存于物权之另一种权利。(8)所有权动的现象说:认为物权请求权系观念的、绝对的近代所有权,对于特定人主张的一种动的现象形态而已。物权的请求权之须于此种意义下了解,与法国民法上所称物的诉权,其理相同。因而将此单纯地解为物权之效力,或解为债权之一种,或解为物权、债权外之别种权利,均属对此种请求权性质上之误解。(9)独立的请求权说:认为物上请求权系因特定人侵害物权而生,故非物权本身,而系独立之请求权。然其因系自物权而生,故与物权同其命运,此与债权之完全独立亦属有异,自亦非债权。①(10)物权权能说:有学者在论述所有物返还请求权时讲到所有权具有对物、对人的九大权能:第一,占有;第二,使用;第三,收益;第四,处分;第五,保存;第六,改良(以上6种为对物权能);第七,所有物返还请求权;第八,所有权妨害除去请求权;第九,所有权妨害防止请求权(以上3种为对人权能)。所有权具有以上九大权能,所有人对其所有权之行使始能得心应手,圆满无缺。② 此说是讲所有权的权能,但有学者参照此说,论证物权请求权的性质,故笔者称为物权权能说。该说认为物权请求权抽象存在,一旦具体化,自应认为具有独立的请求权之性质。(11)独立的债权说。该说认为物权请求权的性质是债权,但它是独立于债权的请求权,并指出物权请求权独立于债权的主要理由有三:一是行使物权请求权不问侵害人有无过错;二是物权请求权具有优先于债权请求权的效力;三是物权请求权不适用消灭时效。③ 此说主张物权请求权的权的性质是债权,又认为物权请求权必须从债权请求权独立出来,对此笔者称之为独立的债权说。(12)原权利保护请求权说:认为"请求权在民事权利中包含两个系统。一个系统,是民事权利的请求权;另一个系统是民事权利保护的请求权系统。

---

① 以上第2—9说见郑玉波:《民商法研究》(3),台湾永裕印刷公司1984年版,第69—70页;谢在全《民法物权论》,(上册),台湾文太印刷有限公司1992年版,第39—40页。

② 郑玉波:《民商法研究》(3),台湾永裕印刷公司1984年版,第67—68页。

③ 尹田:《物权法理论评析与思考》,中国人民大学出版社2004年版,第158—168页。

前一个系统，是指具有请求权性质的民事权利，如债权，以及其他民事权利中所包括的请求权内容，如身份权中诸如扶养请求权等对外、对内的请求权，可以称之为‘本权请求权’。这是民事权利的本身……后一个系统，是对民事权利进行保护的请求权系统，包括原权利的保护请求权和侵权请求权。前一个民事权利保护请求权是民事权利所固有的保护请求权；后一个民事权利保护请求权是基于权利被侵害依照侵权行为法的规定而产生的权利保护请求权。基于侵权行为法所产生的请求权，都是侵权请求权。在法理上，就民事权利保护的请求权而言，前一个系统的保护请求权，是民事权利固有的保护请求权，随着原权利的产生而产生，原权利的消灭而消灭，因此也叫做原权利的保护请求权，简称‘原权请求权’。后一个系统的权利保护请求权，是基于权利被侵害而发生的权利保护请求权，不是原权利本身的权利内容，而是基于侵权行为法的规定而产生的新的请求权，是基于原权利的损害而新生的权利，因此也称作次生的权利保护请求权，简称为‘次生请求权’。”①并认为“原权请求权对保护民事权利的意义重大。可以说，它的最大价值，就在于弥补次生请求权保护民事权利的缺憾和不足，因而使民事权利的保护系统更为完善和完备”②。

以上诸说可分为5类。第一类是纯粹债权说，此说指出了物权请求权是请求特定人为特定行为（排除侵害）的权利，划清了对物权与对人权的界限，也说明了物权请求权与物权的区别，有其合理性。但是将物权请求权视为纯粹的债权，混淆了物权请求权与债权的区别，是其缺陷之一。缺陷之二是混淆了基础权利与请求权的区别，把基于物权产生的请求权混同于债权，因而认为物权请求权是纯粹的债权。德国学者的通说认为：“请求权和债权之间不存在实质上的区别。”③《德国民法典》第194条第1款规定：“要求他人作为或者不作为的权利（请求权），因时效而消灭。”第241条：“［债的关系和给付义务］债权人基于债的关系，有权向债务人要求给付。给付也可以是不作为。”难怪德国有学者说：“从上述两条法律规定所下定义的字面意思中，我们无法得出请求权与债权的区别。请求权的定义在总则中，而债权的定义在债法编中，因此请求权比债权更具一般性。”④严格地说，债权与请求权

① 杨立新、曹艳春：《论民事权利保护的请求权体系及其内部关系》，载《河南省政法管理干部学院学报》2005年第4期，第58—59页。

② 同上。

③ ［德］迪特尔·梅迪库斯：《德国民法总论》，邵建东译，法律出版社2000年版，第69页。

④ 同上书，第68页。

有本质的区别。有学者指出："请求权系权利之表现，而非与权利同。其内容也。"[①]"请求权乃权利之表现，而非与权利同属一物。"[②]通常说债权是请求权，这是从民事权利的分类上讲的，债权不等于请求权，债权与请求权是两个不同的概念。

第二类是着重于准用债权规定而观察的学说，包括第(4)、(5)、(11)等三说。此三说的共同点有二：一是重点强调物权请求权具有债权的重要特征，即请求权，二是说明了物权请求权与物权有密切联系，但不同于债权。其中非纯粹债权说突出强调不是物权本身，是独立的权利，是对人权，然其命运与物权同，并指出在破产的情况下，有优于普通债权的强力地位。独立的债权说较为全面地阐明了物权请求权不同于普通债权之处，即物权请求权独立于债权的原因。此三说实际上是肯定了设立物权请求权的必要性，也是从不同侧面阐明了设立物权请求权的理由，均言之成理。其共同的缺陷是将物权请求权视为债权或准债权，或非纯粹债权，或独立的债权，模糊了物权与债权的区别。

第三类是着重于依存于物权而观察物权请求权，包括第(1)、(3)、(6)、(7)、(8)、(10)等六说。其共同点是强调物权请求权对物权的依存性，此六说突出阐明了物权请求权与物权的紧密关系，说明了规定物权请求权的必要性，言之成理。其中各说阐述物权请求权依存于物权的程度有所不同：附属权利说和物权作用说强调物权请求权没有独立性，物权效力所生请求权说和物权派生之请求权说强调派生性，所有权动的现象说强调物权请求权产生于近代所有权绝对的观念，物权派生之请求权说明确指出物权请求权"经常依存于物权"。这里应特别注意的是物权权能说，该说认为物权请求权抽象存在，一旦具体化，才具有独立的请求权之性质。这里说的"抽象存在"，应理解为抽象地存在于物权之中。基于此说，有学者认为物权请求权是物权的"构成因素"，这样就几乎把物权请求权视为物权本身。这类学说的缺陷是没有突出请求权的特点，其实物权请求权属于请求权的一种，而且与债权有一定联系，有时可准用债权法的规定，例如履行迟延的规定和债的清偿的规定。如果物权请求权没有类似债权之处，就不可能产生与第二类学说的争论了。这类学说中有的强调物权请求权会不断滋生是其特点，也是说明物权请求权抽象存在于物权之中。实际上物权请求权可能多次发生，也可能只发生一次，甚至不

① 梅仲协：《民法要义》，中国政法大学出版社1998年版，第37页。
② 王泽鉴：《民法总则》，中国政法大学出版社2001年版，第92页。

会发生，例如所有物第一次被侵害就灭失了，以后不会再滋生物权请求权。这里不是故意抠字眼，而是说明物权请求权不是物权的构成因素，更不是物权本身，只有当物权受到侵害时，才会产生物权请求权。

第四类是独立请求权说。独立的请求权说指出债权说不可采，认为物权请求权与物权同命运的请求权，实际是综合前八说而形成的折中说。

第五类原权利保护请求权说。此说阐明了物权请求权是为了保护物权的请求权，无疑是正确的。笔者对该说有以下三点异议：一是将民事权利进行保护的请求权分为原权利的保护请求权和侵权请求权，并分别称之为"原权请求权"和"次生请求权"。认为"原权请求权"是民事权利固有的保护请求权，"次生请求权""不是原权利本身的权利内容"，这实际上是把"原权请求权"看做为原权的权能或构成因素，这就模糊了原权与请求权的区别。二是将保护民事权利的请求权分为"原权请求权"和"次生请求权"，在实践中难以区分，例如，同一个物受到侵害时，可能只产生返还原物的请求权，也可能只产生赔偿损失的请求权，还可能二者同时产生，无所谓原生、次生的问题。三是认为原权请求权的重大意义在于弥补"次生请求权"保护民事权利的缺憾和不足，因而使民事权利的保护系统更为完善和完备。笔者认为物权请求权与损害赔偿是居于同等地位两种不同的保护物权的方法，不是这个弥补那个不足的问题。

原权利保护请求权说与德国学者赫克（Hek）的观点近似。赫克认为：物上请求权的性质是实现物权的权利，在权利位阶上，与债权上的履行请求权是一个层次。二者都不需要所谓的过错要件，都是为了权利的实现，物上请求权是原请求权层次的请求权。侵权法的规定达不到实现物权的目的，是次位的请求权，与违约责任是一个层次的。① 此说未区分原权利请求权和救济权请求权的差别，忽视了物权的原权利是支配权。若区分原权利请求权和救济权请求权，物权请求权是物权的物权受到侵害时才会产生，是次位的请求权，与违约责任是一个层次的。三潴信三认为：请求权，系权利所生之作用或效力。物权在被侵害前，虽系支配权，但在被侵害后，则有标的物返还之物上请求权，或损害赔偿请求权之对人的请求权也。② 此说把权物的返还请求权与损害赔偿请求权并提，可理解为二者是一个层次。

---

① 王洪亮：《物上请求权制度的理论继受》，2005 年 10 月提交北京大学法学院民法研究中心和《中外法学》编辑部联合举办的物权法草案研讨会的论文。

② 〔日〕三潴信三：《物权法提要》（上、下卷），孙芳译，韦浩点校，中国政法大学出版社 2005 年版，第 13 页。

以上各说对物权请求权的性质的认识和观点可谓见仁见智，各说的目的都在于正确理解和适用法律，开展这样深入的讨论是有积极意义的，同时也说明了物权请求权问题的复杂性。

以上各说都是在肯定物权请求权在民法中的地位的前提下展开的。笔者认为，分析物权请求权的性质，应当从基础权利与请求权的关系上分析。物权请求权不是基于原权利（物权）自身产生的请求权，而是在原权利（物权）受到侵害而产生的权利。物权的性质是支配权，不是请求权。物权请求权是保护物权的权利，物权请求权的实现，需要相对人一定的行为（作为或不作为）才能实现，物权请求权是对人权，而不是对物权。这种对人权是为了保护物权而产生的，是保护物权的手段。有了这种对人权，并不因此而使物权本身变为债权。

从民事权利的分类看，以权利相互之间的关系为标准，民事权利可分为原权（又称原权利）与救济权。“因权利之侵害而生之原状回复请求权及损害填补之请求权谓之为救济权；与救济权相对待之原来之权利则谓之为原权。”[①]据此分类，物权请求权的性质是救济权。物权请求权与债权请求权不同，债权既有原权利请求权，又有救济权请求权。物权是支配权，不是请求权，因此物权没有原权利请求权，只有当物权受到侵害时产生救济权。基于救济权产生的请求权是救济权请求权，物权人行使其救济权请求权，就是要侵权人承担侵权责任。[②]

（二）建立侵权责任体系的根据与理由

《民法通则》第6章民事责任的规定，形成了民事责任体系和侵权责任体系，在此基础上，未来我国民法典将形成独特的民事责任体系和侵权责任体系。新的侵权责任体系的主要特点是：(1) 侵权责任（侵权行为）独立成编，具有适应社会需要的丰富内容。(2) 它是将传统侵权行为法和《民法通则》的规定融合在一起形成的体系。(3) 民法典规定的基本的侵权责任形式和特别法规定的侵权责任形式（例如知识产权法规定的销毁侵权物等责任形式）构成侵权责任体系。本文主要是讲德国式民法典的物权请求权转变为侵权责任形式的有关理论和转变方法问题，为此首先需要论证建立侵

---

① 李宜琛：《民法总则》，台湾正中书局1952年版，第51页。

② 关于基础权利与请求权的关系，参见魏振瀛：《论请求权的性质与体系——未来我国民法典中的请求权》，载《中外法学》2003年第4期，第386页以下。

权责任体系的根据和理由何在。

1. 现代社会的发展需要多种民事责任形式

由于现代社会经济、科学、文化的发展，民事权利特别是人格权和知识产权迅速的发展，“环境权”的观念日益浓厚，今后有可能在法律上形成环境权的概念，增加新的民事权利类型。由于科学技术日新月异，广播、电视、网络等传媒系统发达，录音、录像、夜间摄影机、针孔摄像机、多功能手机等高新技术的应用，侵害人格权和知识产权的方法及类型增多，侵害程度加重，影响面扩大。现代工业、交通的进步，给人们带来幸福，同时也造成了高度危险和环境污染，侵害财产权和人身权的情况加剧。在市场经济高度发展的情况下，采取不正当竞争和其他非法手段其害他人权益的层出不穷。近现代民法的发展形成了多种民事权利体系，不同的民事权利的民事保护方法有共同点，也有不同点，为了充分保护各种民事权利，就需要有与其相适应的民事责任形式。现代社会既不同于《法国民法典》颁布时的风车水磨时代，也不同于《德国民法典》不大重视人格权的时期。《德国民法典》以调整财产关系为中心，对人格权的保护不够，根本不涉及知识产权，损害赔偿的责任形式足以适应当时的需要。我们在 21 世纪的今天制定民法典，需要加强对人格权的保护，作为民事基本法的民法典不能不考虑对知识产权的保护，不能忽视环境污染对民事权益的侵害。在这种情况下，仅仅损害赔偿一种责任形式远远不能适应保护民事权益的需要。消除影响、恢复名誉、赔礼道歉等责任形式是不能用损害赔偿替代的，也不应对这些责任形式称之为损害赔偿。今后，随着民事权和民事权利意识的发展，还可能需要不能用损害赔偿替代的其他新的责任形式。

除人格权的民事保护方法有不同于财产权的民事保护方法的特点之外，知识产权的民事保护方法也有不同于物权和债权民事保护方法的特点。例如销毁侵权工具和侵权产品等就难以纳入其他民事责任形式。英国早在《安娜法》中就规定：“……如果书店、印刷者或其他任何人未经版权所有人的许可，印制、重印或者进口……任何书籍，侵权者应将上述书籍移交给版权所有人，后者应立即将这些书籍化为废纸……”世界贸易组织协定中《与贸易有关的知识产权协议》第 46 条规定，司法当局有权考虑受害人的请求或自行决定，责令销毁侵权商品，责令将主要用于制作侵权商品的原料与工具排除商业渠道。在我国知识产权审判中，受害人常诉请法院收缴侵权工具及销毁侵权产品。有学者认为：“对于侵权工具及侵权产品的处理从法理上讲双方当事人可以协商解决……收缴侵权工具及销毁侵权产品，本身具有更强的民事责任性质，应该作为民事责任方式而非行政责任或民事制裁措施来对待。”[①]这类问题虽然有待进一步探讨，但是学者所提出的增加新的民事责任形式的观点应当肯定。“销毁侵权物”这类责任形式如果作为民法的基本责任形式，可能造成打击面过宽的副作用，可考虑在知识产权法中作为侵害知识产权的特定责任形式规定。

2. *从相邻关系侵害与环境侵害产生的妨害除去请求权与妨害防止请求权看，物权法与侵权行为法的界限需要进一步明晰*

为什么物权具有物权请求权？对此学者大体上从物权的排他性和支配性上寻求解释。物权既然为具有排他性的权利，则一物之上仅得有一所有权主体，因此所有权的标的物如被他人占有时，法律自应赋予所有人请求返还其标的物的权利；物权既为直接支配标的物的权利，则物权人对于物权内容之实现，自无须他人行为之介入，也不许他人介入。正是基于这些缘由，法律乃赋予物权以物权请求权的效力。[②] 简而言之，物权请求权根源于物权的支配性和绝对性。从学理上看，绝对权与相对权的划分并不精确，有学者从实体法意义上对“绝对权”这一概念提出了尖锐的批评，但是这一划分对于理解不同的权利义务关系是有积极意义的。物权作为一种绝对权，表现在物权是对抗一般人的权利，要求一般人不行为的权利。只要一般人不侵害物权，物权人就可以充分实现其权利，物权的绝对性就在于此，这是物权与债权相区别的根本所在。但是需要指出的是，物权请求权的性质与物权的性质不同，物权请求权是物权的表现，所有物的返还请求权、妨害除去请求权和妨害防止请求权有不同的表现。有学者说“绝对权是大陆物权法学者理解其物权法的核心概念，……通过冷静的分析，需要更多地指出的是，欧洲民法典中区分绝对权利与相对权利的观点之重要性是一种缺乏内容的理念之反映。可能的情况是，绝对权利之概念与所有者的返还请求权是密不可分的”[③]。的确，只要确定对某物具有所有权，所有人对无权占有人就有请求返还的权利，而不必再具备其他要件，从这个意义上说所有物返还请求权似乎也有“绝对性”。但是妨害除去请求权和妨害防止请求权就不同了，所有物返还请求权直接针对的是“物“本身的返还，妨害除去请求权和妨害

---

① 张广良：《知识产权侵权民事救济》，法律出版社 2003 年版，第 124 页。

② 陈华彬：《物权法原理》，国家行政学院出版社 1998 年版，第 98 页。

③ 〔德〕克雷斯蒂安·冯·巴尔：《欧洲比较侵权行为法》（上卷），张新宝译，法律出版社 2001 年版，第 650—651 页。

防止请求权是除去或防止对物的“妨害”。妨害除去请求权和妨害防止请求权比所有物返还请求权复杂得多。例如,未经所有人同意,在其土地上堆放垃圾,所有人有妨害除去请求权,这类请求权似乎有类似返还请求权那样也有“绝对性”。但是,在相邻关系中的侵害和环境领域里的侵害,主张妨害除去请求权和妨害防止请求权就不那么简单,并不是权利人一经提出,妨害就可以除去或被防止的,因为除去妨害或防止妨害,需要根据当事人之间的利益和社会利益进行平衡,司法机关才能作出裁决。

在相邻关系中较多适用妨害除去请求权和妨害防止请求权。《德国民法典》物权编所有权一章的第3节“所有权之内容”,其中对相邻关系作了较为详细的规定。德国民法上的相邻关系制度是作为所有权的内容,即以对所有权形式上予以限制的角度加以规定。德国法上的相邻关系制度是在尊重各邦(州)民众的长期的传统习惯制定的,“德国民法典以所有者名义规整相邻关系,这是长久以来的历史事实所留下的痕迹”[①]。相邻关系中适用妨害除去请求权和妨害防止请求权,突出体现在不可量物的侵入方面。《德国民法典》第906条(不可量物的侵入)规定:“土地所有者对于煤气、蒸汽、臭气、烟气、煤烟、热气、噪音、震动之侵入以及从他人传来的类似的诸种侵入,在没有对所有者之土地利用产生侵害时,或者是非本质的侵害,或者从该土地的位置上看乃是由于通常的土地利用所引起时,不得对其侵入加以禁止。但是通过特殊管道所产生的侵入是不允许的。”这条规定实施不久,德国法院在1904年5月11日的一项判决就对其作了修正。判决指出:在营业法第26条相类似的场合,所有人虽然基于民法典第1004条之规定而享有提起妨害除去和不作为之诉的权利,但“例外”地应容许对此种权利予以剥夺。判决列举的“例外”情形有铁道、邮递、高速公路、地下铁工程施工等基于公共利益所引起的侵入。[②] 1959年《德国民法典》第906条作了修正,增加的主要内容是“侵害对其土地进行当地通常的使用或者侵害其土地的收益的,土地所有人可以向另一土地的使用人请求适当的金钱补偿”。

对于不可量物侵入的禁止的法律构成问题,德国学者 Hersche 在1959年曾经提出批判,他指出了对不可量物的侵入限于相邻关系的局限性,他问道:使人类生活条件成为问题的情形,难道仅仅限于土地关系的场合吗?他

---

① 陈华彬:《德国相邻关系制度研究——以不可量物侵害制度为中心》,载梁慧星主编:《民商法论丛》(第4卷),法律出版社1996年版,第274页。

② 同上书,第285—286页。

对法国将有关近邻妨害作为侵权行为法加以构成给予了高度评价。尤其是对于某些特殊侵权行为，在禁止上当然不以加害者有过失为必要。对于这一点，他尤为赞赏。上世纪 70 年代初期有德国学者认为不可量物侵害的禁止乃是与不动产无关的应由侵权行为制度加以解决的问题，主张即使对于第 823 条第 1 项之人格法益的违法侵害，受害人亦可提起准禁止与妨害排除之诉，而此当然不以加害者有过失为必要，而只是在客观上有违法的侵害行为即获满足。①

德国学者克雷斯蒂安·冯·巴尔在其所著《欧洲比较侵权行为法》一书中尖锐地指出："不幸的是，德国法律规范这一问题的起点不是侵权行为法而是所有权法，这导致了一系列问题。"他指出的主要问题是修正后的《德国民法典》第 906 条规定的"金钱补偿"问题。德国联邦最高法院一直宣称：补偿数额决定于在强制征购土地中适用的原则。他说："其目的是为了强迫土地所有者忍受那些被证实不构成侵权行为的重大侵扰。结果是，受害的土地所有者对其邻居具有类似于土地所有人对强制收购其土地的国家之请求权。个人不再被授予保护令状（这对于产业之发展可能是十分有害的）防止其邻居的此等行为。但是这并不足以说明他只能得到经济损失的补偿，如依据《德国民法典》第 906 条第 2 款第 2 项的补偿而不能得到侵权法上的全面赔偿。在缺乏正当理由之情形，对土地之重大侵扰仍然是侵权的。不是不清楚的是，在此等案件中重大侵扰怎么才能被证实是正当的。可以进一步推论，德国法院判决的补偿额几乎与侵权法上的全额赔偿相等，这是不可合理的。"②在实践中，相邻关系中不可量物的侵入的法律后果有三种情况：一是不发生损害或者仅有轻微损害，相对人有容忍义务。二是属于重大侵害，基于利益衡量，令受害人忍受，但以衡量补偿请求权作为代偿。三是属于重大侵害，而侵害活动不具备补偿请求权成立要件，适用排除请求权制度。其中以衡量补偿请求权运用最为广泛，是数十年来《德国民法典》第 906 条运用的重心。其结果是大量扩张了受害人的忍受义务，物权请求权的功能在事实上受到重大抑制。对此，仍被认为"有其不得不如此"的理由是现

① 陈华彬：《德国相邻关系制度研究——以不可量物侵害制度为中心》，载梁慧星主编：《民商法论丛》（第 4 卷），法律出版社 1996 年版，第 299—300 页。

② 〔德〕克雷斯蒂安·冯·巴尔：《欧洲比较侵权行为法》（上卷），张新宝译，法律出版社 2001 年版，第 657—658 页。

代社会生活的需要。[①]

德国相邻关系法中的上述难题通过特别法得到解决。早在1869年制定、1960年修订的《德国营业法》对不可量物的重大侵害,援用公法上的牺牲补偿请求权制度补偿受害者遭受的损害。1974年德国制定了《联邦大气污染防止法》,该法将营业法上的"损害补偿"改为"损害赔偿",这项改动正式意味着立法已将"营业设备"所生不可量物侵害视为一种特殊侵权行为类型,适用无过错责任原则,进而与民法典第906条排除侵害的规定相互衔接。[②] 上述情况说明,由于近代工业和科学技术的发展,特别是由于环境的破坏和污染对物权和人格权的严重侵害,将妨害除去和妨害防止作为物权法的组成部分,已经显示出其局限性,在这方面日本的环境侵权方面的判例和学说的发展得到进一步佐证。有趣的是《日本民法典》虽然借鉴《德国民法典》的体系,但是没有规定物权请求权(学者通说肯定物上请求权)。在环境法领域,对于妨害除去和妨害防止的法律对策,日本判例和学说在侵害排除的法律构成颇费了一番工夫,在理论上存在着权利说和侵权行为说(生活利益说)之争。权利说中又分为物权请求权说、人格权说和环境权说。物权请求权说曾一度被作为日本判例、学说的通说。自1970以后,该说受到激烈的批判,学者指出该说的主要缺陷是:第一,物权请求权的产生须以物权存在为前提,在环境侵权中,有些不存在物权,例如,通行人、来客、入院患者、在校学生等可能因无物权而难以获得救济。第二,公害、生活妨害的本质在于对人类自身健康乃至生活的侵害,而与居民或土地上所有物的所有者或享有物权者并无直接的关系,而物权请求权却以土地利用妨害为理论构成前提,与被害的实质不相符合,并且,有轻视人格利益重要性之嫌。第三,物权请求权说强调其法的安定性,但这只是物权请求权概念的安定性,与此相对,在个别生活妨害事件中,法院对是否承认侵害排除请求权进行利益衡量的场合极多,为此,物权请求权的外延仍存在不明确的地方。不仅如此,在司法实务中,以物权请求权为侵害排除请求权的构成理论还面临不少难题:例如,因事业公共性而限制物权请求权时,是否应该承认受害人无过错补偿请求权;加害者为复数的场合,是否依据侵权行为法上的共同侵权行为理论展开共同物权请求权等。[③]

---

① 陈华彬:《德国相邻关系制度研究——以不可量物侵害制度为中心》,载梁慧星主编:《民商法论丛》(第4卷),法律出版社1996年版,第305页。

② 同上书,第302—304页。

③ 罗丽:《中日环境侵权民事责任比较研究》,吉林大学出版社2004年版,第343—346页。

侵权行为说主张，在具备侵权行为构成要件的场合，除承认损害赔偿请求权外，还应当承认侵害排除请求权。侵权行为说不以权利侵害为要件，认为《日本民法典》第709条规定的侵权行为的效果，不仅包括对损害的金钱赔偿，而且还包括了对侵权行为的侵害排除。侵权行为说主张对被侵害利益的种类、程度与侵权行为的形态等相关因素进行衡量，在此基础上，考虑排除侵害对双方当事人的影响，以判断是否采取侵害排除责任方式。①

权利说被限定在物权、人格权或环境权等绝对权被侵害的场合，侵权行为说理论构成，不要求受害人享有某种绝对权，而在构成侵权行为的场合，对加害人、受害人各因素进行利益衡量的基础上，即可决定是否承认侵害排除责任。特别是在日本侵权行为法理论从“权利侵害向违法性”转变之后，重新认识权利侵害，扩大侵害排除请求权之适用范围，成为可能。因此，侵权行为说的适用范围似乎较权利说更广。②

有学者归纳了美国、日本和德国环境法上排除侵害的不同处理方法：“总体上，对于环境危害，在严重侵害生命健康时，美、日、德一般都适用排除危害和侵害排除责任，而不管危害行为的公共性和必要性；在侵犯公共安宁舒适时，进行合理性检验，环境危害不合理的，可适用排除危害责任；在侵害财产权利时，一般进行成本效益分析，按照利益衡平原则，或适用侵害排除责任，或适用损害赔偿责任。”③以上关于相邻关系和环境侵权的立法和司法实践证明，妨害除去和妨害防止以所有权法为起点，欠缺科学性。上述情况向我们提出了一个启迪性的问题，即在立法上如何更好地划分物权法和侵权行为法的界限？这是有待研究的一个重要课题。参考上述各国立法和司法实践，结合我国的立法经验，在相邻关系侵害和环境侵害方面的妨害除去和妨害防止，不宜再走德国民法的路子，即起点应是侵权责任法而不是物权法。对于相邻关系和环境侵权的法律问题，西班牙、意大利、法国和比利时的立法和司法实践为我们提供了可借鉴的经验。《西班牙民法典》(与《荷兰民法典》极为相似)第2编将其规范定于界定所有权的内容和范围。关于法律责任的问题被正确地限定在侵权行为法范围内。对重大的侵扰和过分散发看做是不法侵犯所有权，被认为是侵权行为，从实际分析来看，现在的意大利法律中实行的是严格责任。在法国法，在相邻关系中对所有权侵扰的

① 罗丽：《中日环境侵权民事责任比较研究》，吉林大学出版社2004年版，第350页。

② 同上书，第353页。

③ 王小刚：《环境法侵害排除和排除危害制度——从美、日、德相关诉讼制度的视角》，载《现代法学》2005年第3期，第131页。

无过错责任，最初是由法院提出来的。在经过细致的修改之后，现在比利时法律也接受了这一原则。在法国，政府授予的许可经营企业的执照并不当然成为对责任的抗辩理由。基于相邻关系中侵扰的责任不限于无形的侵扰；某人的土地被从地下流出的石油污染他也有权请求赔偿。"负面侵扰"（如对采光的妨碍）也受到规制。①

如果未来我国民法典的物权编规范物权的内容和范围，关于责任问题规定在侵权责任编，就会使物权法与侵权行为法的界限更明晰。

3. 从所有物返还请求权与其从请求权的关系看，物权法与侵权行为法的界定需要进一步明晰

《德国民法典》第985条规定："所有人得向占有人请求返还其物。"根据这条规定，所有人的物一旦被他人侵占，所有人就有请求侵占人返还其物的权利，而不需要其他构成要件。问题很清楚，所有人对其物有排他性支配权，任何人不得非法干预，其物被他人侵占，他当然有返还请求权。然而看起来这么简单的问题并不简单，原因在于与所有物的返还相联系的法律问题是复杂的，例如物可能在占有人那里被损坏，占有人可能自物中取得收益，也可能支付了费用。因此，在物的返还的同时，往往会发生所有权人的损害赔偿请求权、收益返还请求权及占有人的费用返还请求权。《德国民法典》在所有物返还请求权方面，对善意占有人、恶意占有人、侵权占有人的各方面的法律问题分别作了不同的规定。例如，因物的灭失或毁损不同类型的占有人承担的责任不同，善意占有人不负责任；恶意占有人和诉讼占有人因其过失造成物的毁损灭失或不能返还其物造成的损害，负其责任；侵权占有人对任何损害，包括意外事故，均需负责任。另外在收益返还、和费用补偿方面也分别对不同类型的占有人作了不同的规定，这些规定可谓精细。与所有物返还请求权伴随的所有权人的损害赔偿请求权、收益返还请求权及占有人的费用偿还请求权，学理上有称为所有物返还请求权的从请求权。②

上述精细的规定有其优点，同时也被学者认为是理解和适用所有物返还请求权难题之一。值得提出的一个问题是，物权请求权中的侵权占有人（有译为违法占有人）应负的责任与侵权行为法上的侵权人应负的责任有何

---

① 〔德〕克雷斯蒂安·冯·巴尔：《欧洲比较侵权行为法》（上卷），张新宝译，法律出版社2001年版，第662—666页。

② 王泽鉴：《民法物权》(2)，台湾兴丰印刷厂1959年版，第189页。

不同？《德国民法典》第992条（违法占有人的责任）规定："占有人以禁止的擅自行为或者以犯罪行为取得占有的，根据关于侵权行为产生的损害赔偿的规定，对所有人负其责任。"这个规定就产生了与侵权行为中的占有在法律适用上的复杂关系问题，例如所有物返还请求权的从请求权的诉讼时效的适用等。

有学者指出：《德国民法典》的上述规定"其条文繁杂，区别过于苛细，解释适用上争论甚多，颇滋异议"[①]。《德国民法典》规定的所有物返还请求权的从请求权的难题，"确实给初学者——实际上远不只他们！——造成极大的理解困难[②]。"再者，《德国民法典》规定的所有物返还请求权的适用范围，加上其与契约法、侵权行为法以及不当得利法间的关系，"对这些问题，司法判例与学术界所勾绘的，是一幅斑驳陆离间或令人眼花缭乱的图画。而能够理解这些问题的，也常常仅是那些对此十分精通之人士"[③]。我国民国时期的民法典没有采用德国民法的上述立法模式，而是采用了日本民法和瑞士民法立法例，在所有权一章不规定所有权返还请求权的从请求权，在占有一章规定占有人与回复请求人的权利义务。这样规定显得不像德国法那样复杂，但又显得不够周全。学理上认为"占有人与回复请求人的权利义务，系属一种法定债的关系"[④]，按照债与责任分离的观点[⑤]，对此可以作为侵权责任处理。

如果未来我国民法典将返还财产（原物）作为一种侵权责任形式，就不存在德国式民法典中物的返还请求权与其从请求权结合在一起规定产生的复杂情况，使物权与债权的界限更明晰，使物权法与侵权行为法的界限更明晰。

（三）变革了的侵权责任的概念与内涵

《民法通则》关于民事责任和侵权责任的规定，改变了民法法系上的侵权责任概念和内涵。这里主要是讲《民法通则》的规定与传统民法上的规定的异同。侵权责任和侵权行为是有联系又有不同的两个概念，侵权责任是

---

① 王泽鉴：《民法物权》（2），台湾兴丰印刷厂1995年版，第189页。

② 〔德〕鲍尔/施蒂尔纳：《德国物权法》（上册），张双根译，法律出版社2004年版，第185页。

③ 同上书，第196页。

④ 王泽鉴：《民法物权》（2），台湾兴丰印刷厂1959年版，第192页。

⑤ 魏振瀛：《论债与责任的融合与分离——兼论民法体系之革新》，载《中国法学》1998年第1期，第17页以下。

指因侵权行为产生的责任，因此，要明确什么是侵权责任，首先搞清楚什么是侵权行为。什么是侵权行为？这是学者一直争论不休的问题，这里不作详细论述，只将与本文主题有关的问题作简要阐述。首先看看有关立法例。现代侵权行为法根源于罗马法。罗马王政时期将违法行为分为公犯和私犯。私犯是指侵害私人的财产或人身的违法行为。罗马对致人损害行为的制裁方式最早是自由复仇，后来改变为“同态复仇”，再后发展为“赎罪金”制度，私犯上的损害赔偿就是由“赎罪金”演变而来的。“罗马法上的私犯与近现代民法上的侵权行为虽在范围上有所不同，但在性质上并无区别。”①《法国民法典》专节规定了侵权行为和准侵权行为，第 1382 条规定：“任何行为使他人受到损害时，因自己的过失而致行为发生之人对他人负赔偿的责任。”《德国民法典》专节规定了侵权行为，第 823 条的标题为“损害赔偿义务”。《德国民法典》采取折中于列举与一般概括原则之间的方式，规定了三个基本侵权类型：(1) 第 823 条第 1 款规定：“因故意或过失侵害他人之生命、身体、健康、自由、所有权或其他权利者，对被害人负赔偿损害之义务。”(2) 第 823 条第 2 款规定：“违反保护他认为目的之法律者，负同样之义务。如依法律之内容，虽无过失亦可能违反法律者，在有过失时始负赔偿损害之义务。”第 826 条的标题为“违反善良风俗之故意损害”，具体规定是“以违反善良风俗之方法对他人故意施加损害之人，对受害人负有赔偿损害之义务”。《意大利民法典》专章规定了“不法行为”，与侵权行为没有实质差别，具体规定均为因不法行为造成的损害的赔偿问题。另外，一些国家的民法典将“侵权行为”变为其他概念，例如，1964 年的《苏俄民法典》(第 40 章)和现行的《俄罗斯民法典》(第 59 章)不用侵权行为、不法行为或侵权之债的概念，而是规定“因损害所发生的债”。《埃塞俄比亚民法典》则称为“因过犯所生责任”，《葡萄牙民法典》、加拿大的《魁北克民法典》和我国特别行政区《澳门民法典》，不用“侵权行为”，而用“民事责任”。

以上各国民法典关于侵权行为规定的称谓不同，其内容大同小异，没有根本的区别，但在称谓上反映的着重点是有区别的，有的重在行为，有的重在损害赔偿之债，有的重在责任。《民法通则》第 6 章第 3 节规定“侵权的民事责任”，第 117 条第 1 款规定：“侵占国家的、集体的财产或者他人财产的，应当返还财产，不能返还财产的，应当折价赔偿。”第 2 款规定：“损坏国家

① 周枏：《罗马法原理》(下册)，商务印书馆 1994 年版，第 781 页。

的、集体的财产或者他人的财产的，应当恢复原状或者折价赔偿。”第3款规定：“受害人因此遭受其他重大损失的，侵害人并应当赔偿损失。”

关于侵权行为的概念，学者的观点不同，比较典型的有四种学说，即过错行为说、违反法定义务说、责任说和不法侵害他人权益说。[①] 持不同学说的学者给侵权行为下定义就反映了其强调的重点不同，其共同点是都指向损害赔偿。分歧较大的问题是，在侵权行为概念中是否显示“过错”（故意或过失）。我国台湾学者中有代表性的概念是：“侵权行为，指因不法侵害他人权益，依法律规定，应对所生损害负赔偿责任的行为。”[②]此定义有两个特点，一是没有指明“过错“一词，解释上应认为其内涵包括了过错责任和无过错责任。二是用“权益”，而不用“权利”的概念，其含义包括侵害了尚未形成权利的利益（法益），也构成侵权。这两个特点反映了侵权行为法的发展。

《民法通则》颁布后，我国学者对侵权行为的概念有不同的解释。有说：“侵权行为是由于过错侵害他人的财产、人身，依法应承担民事责任的行为，以及法律特别规定对受害人承担民事责任的其他致害行为。”[③]这个概念显然是根据《民法通则》第106条界定的。有说：“侵权行为，是指行为人由于过错，或者法律特别规定的场合不问过错，违法法律规定的义务，以作为或不作为方式，侵害他人人身权益或者财产权益，依法应当承担损害赔偿等法律后果的行为。”[④]后一定义和前一定义没有本质的不同。其主要区别是用“承担损害赔等法律后果”，比“承担民事责任”具体些。其中一个“等”字说明侵权行为的后果主要是损害赔偿，但不限于损害赔偿。有说：“侵权行为，是指侵害他人的合法权益，应承担民事责任的行为。”[⑤]这个定义和前两个定义没有本质的区别，特点是比较简练。从上述三个定义可以看出，其共同点与传统民法上侵权行为的概念主要的不同，在于不是将侵权行为限于负损害赔偿责任的行为。

什么是侵权责任？传统民法学上通常只讲侵权行为的概念，不大讲侵权责任的概念，有的学者在讲侵权行为时顺便提到有关侵权责任的问题。例如因侵权行为而生的损害赔偿责任，数人不法侵害他人，应连带负损害赔偿之责等。民事立法上明文规定侵权责任、并建立了侵权责任制度的是我

① 王利明：《侵权行为法》（上卷），中国人民大学出版社2004年版，第6—7页。
② 王泽鉴：《侵权行为法》（第1册），台湾菩萎设计印刷公司1998年版，第66页。
③ 佟柔主编：《中国民法》，法律出版社1900年版，第557页。
④ 王利明主编：《民法》，中国人民大学出版社2005年版，第754页。
⑤ 魏振瀛主编：《民法》，北京大学出版社、高等教育出版社2000年版，第307页。

国的《民法通则》。《民法通则》颁布后，在民法教科书中，有的直接讲侵权的民事责任或侵权责任，有的既讲侵权行为，又讲侵权责任。学者对侵权责任的概念有不同的描述。有说："侵权的民事责任是侵权行为的法律后果。"[①]有说侵权的民事责任是"民事主体因实施侵权行为而应承担的民事法律后果"[②]。

从《民法通则》的规定和学者根据《民法通则》对侵权行为和侵权责任所下的定义可以看出，已经改变了民法法系上侵权行为的传统概念，这样的改变在立法上可谓独此一家，这样的改变不是和民法应当"与世界立法接轨"的趋势背道而驰吗？不是。与世界立法接轨目的是为了便于和各国交往，促进世界进步，并不是要求各国法律的体系和内容必须一致。例如，最需要与世界接轨的是反映市场经济要求的合同法，由国际统一私法协会制定的《国际商事合同通则》，它虽然不是一个国际性公约，但是各国的合同法如果符合该通则，甚至以该通则为合同法的范本，就便于各国之间的商事往来。但是，该通则不可能完全替代各国的合同法，至于各国的合同法是作为单行法，还是作为民法典债编的组成部分，是规定各种有名合同等，还是适用判例法，则不一定要接轨。同理，侵权行为法与国际接轨问题也应如此。"欧洲侵权行为法团体"草拟的《欧洲侵权行为法基本原则》是一个旨在谋求协调欧洲各国侵权行为法的建议稿，是一个建设性的、对侵权行为责任广泛系统的前瞻性的建议。该建议稿对侵权损害赔偿作了原则性规定。[③] 如果该建议稿在全世界范围内起到类似《国际商事合同通则》的作用，无疑，在侵权损害赔偿方面我国法律应当在这方面与其接轨。但是，它不可能完全替代各国的侵权行为法，例如，各国对不同类型的侵权行为是否分别作规定；侵占他人的物或者无权占有他人的物，是由侵权行为法规范还是由财产法规范；消除影响、恢复名誉、赔礼道歉是作为侵权责任形式，还是作为债的形式；英美侵权行为法上，对侵入他人土地，虽然没有造成损害，也认定为侵权，原告可以获得名义性的赔偿；如此等等，则不一定要接轨。这里所说，各国一些特有的规定不一定要接轨，是指的是实现情况。但是，今后经过长期的实践和研究，通过相互借鉴和协调，各国法律会有更多的共同点，乃至"世界大同"。

---

① 佟柔主编：《中国民法》，法律出版社 1990 年版，第 562 页。

② 资料引自 www.iolaw.org.cn，访问时间：2005 年 9 月 27 日。

③ 资料来源：www.iolaw.org.cn，访问时间：2005 年 9 月 27 日。

《民法通则》的规定有其理论根据,并且经过近二十年的司法实践检验,因此不应抛弃我们的立法经验。我们既可以借鉴民法法系的做法,也可以借鉴普通法系的做法。在英美侵权法上,"torts 这个词,中文可以翻译为'侵权法',或者更学究一点翻译为'民事损害赔偿法'"[①]。然而英美法上的侵权法的内涵除了赔偿之外,"还包括禁令和恢复原状令,而且它的领域是在不断扩大、变动和发展的"[②]。更广一些说,没有实际损害的情况下也可以认定为侵权行为。"在普通法中,此等没有损害的侵害是由另外一些侵权行为规则调整的。比如,据说非法侵入不动产被认为是没有实际损害但可以提起诉讼请求的侵权行为。"[③]如果非法侵入未造成实际损害,在德国模式的侵权行为法中找不到认定侵权的根据,而是按物权请求权处理。又如,在英美侵权行为法中,对"非法拘禁"的侵权行为不要求在它们具有可诉性之前造成了实际的损害,但是对这种侵害不是不能提出赔偿要求。对非法拘禁者法院可以根据不同情况,"判处名誉上的赔偿、加重的赔偿或惩罚性的赔偿,消除持续性的侵扰(强制令)和发出停止侵害的禁止令"[④]。《民法通则》规定的"停止侵害",与禁令英美法上的禁令很接近,我国民法学者主张我国民法上借鉴英美法上的禁令者为数不少。英美法上侵权行为法与财产法的界限不够清晰,但是英美侵权行为法比较灵活,有利于侵权行为法的发展,值得我们借鉴,在未来我国民法典中将侵权行为法独立成编已经成为主流观点,这个观点就是在借鉴英美侵权行为法灵活性的指导思想下形成的。被译为侵权的 Infringement,有学者称之为侵权的大概念,其涵盖面比 Tort 大得多,包含了"物权请求权"之类绝对权的请求权,有学者认为"这一术语,才真正应译为'侵权'"[⑤]。

如今,日本侵权行为法理论和实践的发展,学者对侵权行为的含义有了不同的见解,除前面讲到的反映在环境侵权领域的问题之外,在其他方面也有反映。例如,日本最高裁判所对一起因村道的通行自由受到妨害提起诉讼的案件所作的判决(1964 年 1 月 16 日)写道:"通行的自由虽然是由来自公法关系的权利,但却是人们各自行使日常生活上各种权利不可或缺的重

---

① 李响:《美国侵权法原理及案例研究》,中国政法大学出版社 2004 年版,第 1 页。

② 李亚虹:《美国侵权法》,法律出版社 1999 年版,第 4 页。

③ 〔德〕克雷斯蒂安·冯·巴尔:《欧洲比较侵权行为法》(上卷),张新宝译,法律出版社 2001 年版,第 652 页。

④ 同上书,第 339—340 页。

⑤ 郑成思:《侵权责任、损害赔偿与知识产权保护》,载《环球法律评论》2003 年第 4 期,第 461—464 页。

要工具,对此应该给予民法上的保护是当然合乎逻辑的。因此,当一个村民的这种权利受到妨害时,当然地发生民法上的侵权行为的问题,在这种妨害继续之时,有要求排除这种妨害的权利是不言而喻的。”①日本大阪地方法院1977年4月7日的一项判决写道:“已经设立的零售商店的零售商业者在营业上的利益,能否称为营业权另说,该违法侵害构成侵权行为,停止行为请求权可以得到认可。”②以上说明日本的判例已经肯定“排除妨害”和“停止侵害”是侵权法的处理方式,而未归入物权请求权或者其他什么请求权的范围。

从理论上说,物权受到“侵害”时如果请求返还原物,或者请求排除妨害,或者请求防止妨害,如果认为是请求权,而不是侵权,就会产生一个问题:侵害的既然是物权,又不能称为侵权,那么这里“侵害”的是什么? 正如有学者指出的:“在欧洲大陆法律制度中,这样一个判断是不言而喻的:侵犯权利导致责任,由于侵犯的权利是所有权,因此即使没有实际损害所有权也受到了侵害。排除对占有之侵扰的权利是所有权之一部分,它甚至可以作为《德国民法典》第823条1中的‘其他权利’受到侵权行为法的保护。”③

从法理学上讲,改变侵权行为的概念和其内涵,是重大的变革,如果需要花费很高的成本则不应变革。根据我国已有的立法,参考外国的立法和学理,这种变革在立法技术上并不困难,不需要花费高成本,而且容易被公众接受。相反,如果废弃《民法通则》关于民事责任的规定,抛弃既有的司法实践经验,规定物权请求权,不仅不易被公众接受,还会产生一般法律工作者不易掌握的难题,花费的成本可能是很高的。

《民法通则》规定的侵权责任与传统民法上的侵权行为有很大的区别,鉴于《民法通则》没有用侵权行为的概念,《民法通则》的规定形成了具有中国特色的侵权责任体系,据此笔者认为未来我国民法典可不用侵权行为的概念,而用侵权责任的概念,可设侵权责任编,而不设侵权行为编。具体理由是:(1) 用侵权责任的概念符合《民法通则》颁布以来形成的侵权责任观念。(2) 用侵权责任的概念既反映了其与传统民法上的侵权行为有密切联系,又反映了侵权责任与侵权行为有区别。(3) 传统民法上的侵权行为重在侵权人的行为,但是实际上在很多情况下承担侵权责任的不是行为人,而是

---

① 于敏:《日本侵权行为法》,法律出版社1998年版,第336页。

② 同上书,第337页。

③ 〔德〕克雷斯蒂安·冯·巴尔:《欧洲比较侵权行为法》(上卷),张新宝译,法律出版社2001年版,第652页。

行为人所属的法人或其他社会组织,或者是行为人的监护人,理论上称为"对他人侵权的责任"。在另一些情况下是因为饲养的动物、建筑物或工作物造成的侵害,以及产品责任等,对此在学理上有称"准侵权行为"。由此可见,用侵权责任的概念重在讲责任,概念和其内涵更为贴切。(4)侵权责任涉及责任的分担问题,例如,公平责任的分担问题,侵权责任与社会保险责任分担问题等,因此用侵权责任的概念比用侵权行为的概念更为合适。

讲到这里,可以用下定义的方式回答什么是侵权责任:侵权责任是侵害他人财产权益或者人身权益应承担的民事责任。

(四)侵权责任与债及物权的关系

有学者指出物权法的重要性在于"给侵权行为法确立侵权侵害必须得到赔偿的规则"①。有学者指出:"为了将民法安排有序,对物权与对人权这两个范畴具有极端的重要性。对人权是与债务人的债相对应的。"②物权法中规定物权请求权在立法体系上在于区分物权与债权。在民法上不规定物权请求权,而将物权请求权归入侵权责任的情况下,侵权责任与物权及债的关系怎样?物权与债权的立法体系是否会遭到破坏?如前所述,将物权请求权转变为侵权责任,在一定程度上会使物权与债权的界限和体系更加明晰,使物权法与侵权行为法的界限和体系更加清晰。以下阐述将物权请求权转变为侵权责任,形成的侵权责任与物权及债的关系的变化,阐明《民法通则》规定的多种侵权责任形式不属于债的范畴,论证不规定物权请求权及人格权请求权而规定侵权责任的合理性和可行性。

1. 以民事权利、义务、责任为主线的民法体系

基于《民法通则》形成的民法体系(指主要借鉴德国民法与结合我国立法为基础的民法典体系)与德国式民法体系有所不同。德国民法体系以权利为中心,与权利对应的是义务或债务,侵权的后果称为损害赔偿义务,或者称为责任,由责任再形成债的关系,责任在法律上不占明显的地位。基于《民法通则》形成的民法体系仍然以权利为中心,以义务为对应,与德国式民法体系不同的是明确了责任的地位,形成了以权利、义务、责任为主线的民法体系。在这样的体系安排下,侵害物权产生的返还原物、妨害除去及妨害

---

① 〔德〕克雷斯蒂安·冯·巴尔:《欧洲比较侵权行为法》(上卷),张新宝译,法律出版社 2001 年版,第 653 页。

② 〔意〕鲁多尔夫·萨科:《思考一部新民法典》,薛军译,载《中外法学》2004 年第 6 期,第 647 页。

防止属于责任的范畴,本质上不属于债务的范畴。概括起来说,德国民法体系以权利、义务为主线,基于《民法通则》形成的民法体系以权利、义务、责任为主线,二者的根本区别就在这里,反映在理论上的根本区别在于,对法律责任德国法采义务说,我国法采后果说。近几年我国民法学者关于是否规定物权请求权的讨论,持肯定说和否定说的学者各自的具体论点论据不同,争论可谓激烈,有时甚至难以交流,争论的根本分歧在于对法律责任的概念和原理的认识不同,在于民法体系的主线是什么,法理根源就在于对法律责任采义务说,还是后果说。笔者主张以权利、义务、责任为主线的民法体系,这是笔者不赞成规定物权求权而建立新的请求权体系的出发点,也是以下要讲的侵权责任与债权及物权的关系的出发点。

需要指出的是,有学者认为采用侵权责任形式保护物权,一旦发生侵害物权的情况,就以国家强制力介入,不采用物权请求权的保护方法,不符合民事法律关系平等、自愿的本质属性。这样认识的根源还在于对民事责任属性的认识。根据法律责任的后果说,法律责任是以国家的强制力为保障的,但是法律责任不等于法律制裁,民事责任也不等于民事制裁,不论违约责任还是侵权责任,并不直接以国家的强制力介入。事实上民事责任多由责任人自动承担,或者经权利人请求后承担,只有当责任人拒不承担责任或其他特殊情况下,经权利人提起诉讼时,才会以国家的强制力介入。这是民事责任区别于行政责任和刑事责任的突出特点。笔者认为,在对民事责任的属性的认识上,应当注意两点:一是把握民事责任的承担不同于行政责任的承担和刑事责任的承担,即更多的不需要通过国家的强制力介入。二是民事责任需要国家的强制力为保障,否则民事责任就不是法律责任了。有学者认为:“私法的任务并非在于强调义务的国家强制执行,因此,‘责任’并不是私法秩序中的一个环节。”①从德国民法理论和《德国民法典》的规定看,此观点可谓正确;从权利、义务、责任的原理看,此观点未必正确。

2. 侵权责任与债的关系

《民法通则》规定的侵权责任中有的是由物权请求权转变而来,有的是新增的责任形式,如消除影响、恢复名誉、赔礼道歉,以及销毁侵权物等作为侵权责任形式,都不属于债的范围。如果将这些责任形式认定为债,就会使债的内容复杂化,造成理解和适用法律的困扰;不将其认定为债,有利于醇

① 杨明:《知识产权请求权研究》,北京大学出版社 2005 年版,第 45 页。

化债的内涵。

所谓醇化债的内涵，是指将不具有经济价值的恢复名誉、消除影响、赔礼道歉等不再作为债的内容，更加突出“债法为财产法”的特点，使各种债的内容更好地与民法典债编通则的规定相衔接，和谐一致。各国民法典的债权编总则的体例尽管不同，但主要内容都是债的标的、债的效力、债的保全、多数债权人及债务人、债权转让与债务承担、债的消灭等，这些都适用于具有经济价值的债，一般不适用于没有经济价值的债。

债的标的是否应具有经济价值？这是个有争论的问题。《意大利民法典》第 1174 条的标题是[给付的财产特征]，条文规定“债的标的的给付应当具有经济价值，并应当与债权人的利益即使是非财产性利益相一致”。这条规定鲜明地指出债的标的的给付“应当具有经济价值”。其中规定的“即使是非财产利益”，从该条注明的参阅条文可以看出，不是指“债的标的”，而是债的履行中的具体规定。例如该条条文所列举的参阅条文之一的第 1457 条的标题是“当事人一方的必要时间”，条文规定：“如果一方当事人确定的给付时间应当认为对他方利益是必要时，除有相反规定或习惯外，尽管期间届满，若一方要求履行，应当在 3 日内通知他方。在没有通知的情况下，尽管契约未约定解除，但是，契约将发生法律上的当然解除。”笔者认为，随着现代民事法律关系的复杂化，对债的范围需要重新界定。债的构成的内在统一性，不应停留在“一方当事人得向他方当事人请求特定的行为”上。现代社会市场经济高度发达，债的制度的发达，主要体现在以作为商品交换法律形式的合同的发达。因此，界定债的范围，应当突出因商品交换而发生的关系，将贯彻商品交换原则的财产流转关系和其他相关的平等主体之间的财产流转关系（赠与、借用，以及不当得利、无因管理等）纳入债的范畴。债的特定行为基本上是交付财产、完成工作、支付金钱等，是具有经济价值的关系。不作为也可以作为债务的一种形式，但是不作为应当以作为债权人实现债权的必要条件为限，这种不作为债务对作为债务具有附属性质。例如，承租人未经出租人同意不得转租，经理人及代办商应负竞业禁止的不作为义务等。①

笔者赞成债的标的应当具有经济价值，重点在说明既然基于《民法通则》的民法体系建立了权利、义务、责任体系，将侵权责任独立成编，就应

---

① 魏振瀛：《论请求权的性质与体系——未来我国民法典中的请求权》，载《中外法学》2003 年第 4 期，第 394 页。

将不具有经济价值的“消除影响、恢复名誉、赔礼道歉”（按照德国式民法理论认为是“债”）纳入民事责任体系，其本质不属于债的范畴。[①] 随着新的民事责任形式的增多，会越来越显示出这样安排的优越性。基于此，笔者主张丰富民事责任的内容，醇化债的内涵。有学者的主张相反，认为应当醇化侵权责任的内涵，强调不应将债限于具有经济价值，其目的是论证不改变债及其侵权行为法的基本理念，侵权行为法不应脱离债编，为此突出论证“近代法律，不仅没有必要将债权的标的限定于金钱价值，而且尚有将债权标的范围扩大到所有领域的要求”[②]。既然这个问题是涉及侵权责任与债的关系，涉及民法体系的大问题，就有必要对此作一些具体分析。

有些学者举了不少例子论证债不应限于具有经济价值的重要意义，其中有：(1) 根据约定，一位自药厂离职的药师负有不以在该厂所获知识自营企业或提供给竞争者的义务。(2) 根据约定，甲在0:00至6:00不弹钢琴，不跳迪斯科。(3) 按约定教师甲将无偿地为其硕士生乙介绍工作。(4) 按照约定，甲每天前往乙的住宅无偿地为其浇花。(5) 依照约定，甲无偿地为乙看护小孩。(6) 出租车驾驶员甲应一发烧乘客的请求而免费地将其送往医院。有学者认为如果非得要求债具有财产性，上述关系“就因无财产内容而不属于债的关系，而在现代法制上，除了债的制度，尚无其他法律制度及规则使得它们具有法律拘束力，如此一来，这些，至少是一部分人必需的社会生活关系，因无相应的法律制度保障，以至于他们得不到遵循。其后果极为严重”[③]。果真如此吗？以下分析上述六个例子。

上述六例可分为三类，一类是以不作为的方式避免给合同的另一方造成经济损失，属于这一类的例子是，一位自药厂离职的药师负有不以在该厂所获知识自营企业或提供给竞争者的义务。这个例子和我前面举的“经理人及代办商应负竞业禁止的不作为义务”的性质相同，合同内容不直接体现经济价值，实际上具有间接的经济价值，因为合同的目的是保护药厂的经济利益，一旦负有不作为义务的一方违约，致使另一方造成经济损失，就应承担赔偿责任。

第二类是约束自己的行为，为他人构造更舒适的生活环境，属于这一类

---

① 魏振瀛：《论请求权的性质与体系——未来我国民法典中的请求权》，载《中外法学》2003年第4期，第391—392页。

② 崔建远、韩世远：《债权保障法律制度研究》，清华大学出版社2004年版，第343页。

③ 同上书，第339—340页。

的例子是，根据约定，甲在0:00至6:00不弹钢琴、不跳迪斯科。这是涉及相邻关系和环境法上的噪音污染问题。在0:00至6:00弹钢琴、跳迪斯科，如果属于超出了相邻关系中可忍受的程度或者违反了环境法的规定，受害人自可请求停止侵害。对这个合同似可理解为弹钢琴、跳迪斯科未超出相邻关系中可忍受的程度，没有违反环境法的规定，而是为他人构造更舒适的生活环境。如果一方违约，在0:00至6:00弹钢琴，跳迪斯科，怎么处理？如果合同约定违约者赔偿损失，就具有了经济价值。如果未约定违约者赔偿损失，产生了纠纷，提起诉讼，法院如何处理？应当说这种不弹钢琴、不跳迪斯科的约定，不是法律关系，不是合同之债。

第三类是无偿为他人提供劳务或者服务，属于这一类的例子有四个。其中有按约定教师甲将无偿地为其硕士生乙介绍工作；按照约定，甲每天前往乙的住宅无偿地为其浇花；此二例如果合同没有约定负赔偿责任，属于为他人做好事，不属于民事法律关系，不是合同之债。出租车驾驶员甲应一发烧乘客的请求而免费地将其送往医院，也属于为他人做好事，但是，如果甲中途将发烧乘客放在路边不管了，因此造成该乘客病情加重，可参照无因管理处理，甲应承担民事责任，因为这是关系到患者的身体甚至生命的重大问题，不同于无偿为他人浇花、介绍工作之类的做好事。甲无偿地为乙看护小孩，性质近似委托监护，虽是无偿的，如果因甲的过失造成小孩伤害，甲应负赔偿责任，根据亲属法或监护法的立法精神，这样处理是不言而喻的。

有学者举日本学者讲的“道歉公告债务”作为扩大债的标的范围的理由，若从权利、义务、责任的关系看，道歉公告的性质是责任，不是债。

既然债的标的是否应具有经济价值是个有争议的问题，笔者的主张也难以成为公认一致的见解。笔者认为应当醇化债的内涵，坚持《民法通则》确立的权利、义务、责任体系。有学者反对这种体系，主张醇化侵权责任的内涵，反对醇化债的内涵，这是两个不同的思路。不同的思路对同一个问题有不同的甚至相反的看法，这不足为奇。

按照传统民法损害赔偿是债的基本形式，根据《民法通则》的规定和权利、义务、责任体系的观点，赔偿损失是民事责任的一种形式，其性质不属于债。鉴于侵权责任的承担不一定要经过司法程序，侵权行为人与受害人可在自愿协商的基础上，确定赔偿损失的数额、期限、方式地点以及由第三人保证等，赔偿损失可以准用民法债编通则的规定。但是，因故意侵权发生的赔偿损失，对受害人享有其他债权的侵权行为人不得主张抵销，因侵害人身权而发生的精神损害的赔偿,原则上不得转让或继承。[①]

3. 侵权责任与物权的关系

物权法规定物权请求权的必要性何在?学者论证规定物权请求权的理由主要有三点,理由之一是,物权请求权优于债权请求权。在不规定物权请求权的情况下物权是否不能受到优先保护?回答是肯定的,因为物权优于债权不是必须通过物权请求权来实现。对此以下分三点阐明:

第一,原物返还、妨害除去、妨害防止转变为侵权责任之后,不会影响物权的优先效力。基于妨害造成的损害赔偿,不存在优先权问题。物权人的物被他人侵占,对返还原物不规定为返还请求权而规定为侵权责任的情况下,也不会影响物权的优先效力,如前所述,返还原物作为责任并不会变为返还原物之债,返还原物是直接保护物权的方式,基于物权优于债权的原则,返还原物责任当然优于赔偿损失责任。

第二,在一物二卖的情况下,如果是动产,标的物已经交给后买者;如果是不动产,后买者已经办了登记手续,取得了所有权,其所有权当然优先于先买者的债权。如果是不动产,先买者即使已接受交付,已办了登记手续的后买者,其所有权当然也有优先效力。在此情况下,法律不规定返还请求权,并不影响后买者请求先买者交付标的物的权利。同理,在甲将其物借给乙使用期间,甲将该物卖给丙,丙的所有权当然优先于乙的债权。再者,在某特定物已成为债权的标的物,后又在该物上成立质权、抵押权或其他物权,后成立的物权有优先于债权的效力,这些优先权的实现并不是必须有明文规定的物权请求权,因为物权的支配性和排他性是实现物权优先效力的根据。

第三,有学者认为在出现破产的情况下,所有物返还的效力强于债权。[②]实际上破产法中的"取回权"的标的物"根本不属于'破产财产'(即债务人的责任财产)的范围,债务人的债权人对之根本不能享有请求权,故不可能发生请求返还财产的物权人(收回权人)与其他债权人之间的竞争"[③]。"取回权"源于所有物的支配性和排他性。

主张物权请求权的理由之二是,物权请求权的行使不问侵害人有无过错,有利于对物权的保护。物权请求权转变为侵权责任之后,是否以侵害人

---

① 魏振瀛:《论民法典中体的民事责任体系——我国民法典应建立新的民事责任体系》,载《中外法学》2001 年第 3 期,第 362 页。

② 郑玉波:《民商法问题研究》(3),台湾永裕印刷公司 1984 年版,第 70 页。

③ 尹田:《物权法理论评析与思考》,中国人民大学出版社 2004 年版,第 170 页。

有过错为要件？笔者在《请求权的性质与体系》一文曾说："在现代侵权行为法上无过错责任原则进一步发展，侵权归责原则多元化已经成为趋势，将返还原物（在善意无权占有的情况下）定为无过错责任，符合侵权归责原则多元化的趋势。"①对于妨害排除和妨害防止是否适用无过错责任原则，笔者在该文参考一位民法学者的文章中提供的资料作了阐述："妨害排除和妨害防止作为侵权责任形式，是否不问当事人有无过错？这是个复杂的问题，因为妨害排除和妨害防止作为责任形式，不仅仅适用于物权，而且还适用于人格权，它涉及法律经济学，关系到立法政策。对此，可在参考法国民法的理论与实践的基础上总结经验，作出决策。法国判例和理论上有近邻妨害责任，近似于德国民法上的妨害排除。经过长期的实践和讨论，'在现今之法国学界，将近邻妨害责任作为无过错的侵权行为责任的构成见解已在事实上居于有利地位，并日益获得大多数学者支持。概而言之，这种无过错的侵权行为责任见解已成为众多见解中的支配见解，处于通说的地位'。法国判例和理论上还有近邻妨害之禁止，近似于德国法上的妨害防止。经过长期的实践和讨论，在归责原则上，处于支配地位和有较大影响的有力学说是过错说及衡平说。按照过错说，近邻妨害之禁止，以加害人有过错为要件。没有过错的，受害人只能请求金钱赔偿等。按照衡平说，近邻妨害之是否禁止，必须考虑对立的诸利益对于社会是否有用及用之大小，并进而在此基础上加以决定。如果停止妨害原因（禁止营业活动）不如维持妨害原因（营业活动）对社会更有利时，受害人仅可请求金钱赔偿或请求改善工事，而不得要求禁止营业活动。法国的这些实践和理论可值得借鉴。法国的实践和理论说明，对妨害排除和妨害防止按侵权行为关系处理，比较灵活，可以克服物权请求权封闭性的缺陷。"②笔者说的"涉及法律经济学，关系到立法政策"主要是指"如果停止妨害原因（禁止营业活动）不如维持妨害原因（营业活动）对社会更有利时，受害人仅可请求金钱赔偿或请求改善工事，而不得要求禁止营业活动"的情况。后来笔者又考虑，法国民法实践中对停止营业活动，要看是否对社会更有利的处理方法，可解释为对私权的限制，与妨害防止不问行为人有无过错是性质不同的问题。笔者在《关于未来我国民法典民事责任体系的思考》一文说："在民法典中不设物权请求权，因而在民法典

---

① 魏振瀛：《论请求权的性质与体系——未来我国民法典中的请求权》，载《中外法学》2003年第4期，第400页。

② 同上。

中需要变动的法律问题，在立法技术上不难解决。其中主要是停止侵害、排除妨碍和消除危险作为侵权责任形式之后，其构成要件问题。这几种形式作为物权请求权，其构成要件不问行为人有无过错，作为侵权责任形式也不以过错为要件，即将其作为无过错责任的组成部分，这在侵权责任编写清楚并不困难。”①

因为停止侵害、排除妨害、消除危险、返还财产不包括赔偿损失在内，并不增加侵权人的负担，仅仅是返还财产、停止侵害、排除妨害或者消除危险，不必问侵权人有无过错。例如甲侵占乙的所有物，乙只要能证明该物归其所有，就有权请求甲返还原物，理所当然。甲如果是一个理智的人，就不会要求乙证明他有过错，审理这类案件的法官更不会要求乙证明甲有过错。同理，物权人只要证明其享有物权，就有权请求排除妨碍或消除危险，也无须证明侵权人有过错。由于《民法通则》对返还财产、停止侵害、排除妨害、消除危险这些责任的承担，没有明文规定不以侵权人有过错为条件，对此会有不同的理解。《民法通则》颁布后，司法实践中在物权纠纷案件中没有出现什么问题，在知识产权纠纷案件中出现过疑问，后来的司法解释在一定程度上作了回答。《最高人民法院关于审理涉及计算机网络著作权纠纷案件适用法律若干问题的解释》第 7 条第 2 款规定：“著作权人出示上述证明后网络服务提供者仍不采取措施的，著作权人可以依照著作权法第 49 条、第 50 条的规定在诉前申请人民法院作出停止有关行为和财产保全、证据保全的规裁定，也可以在提起诉讼时申请人民法院先行裁定停止侵害、排除妨碍……”该解释已接近认定判决停止侵害、排除妨碍不问过错。

有学者对笔者的观点提出批评，认为将返还财产、停止侵害、排除妨碍、消除影响规定为无过错责任，不是依据一般侵权行为、特殊侵权行为的分类而分别确定归责原则，而是按照责任方式确定归责原则，不符合归责原则的起源、根据。并指出：归责原则是确定法律责任成立不成立的原则，是同时确定该法律责任由谁承担的原则；而不是法律责任确定成立之后，其每种责任方式是过失归责还是“无过失”归责的制度。还指出：归责原则是指基于一定的归责事由而确定责任成立的法律原则，或者说是基于一定的归责事由而确定行为人是否承担责任的法律原则。归责事由在一般侵权行为场合是行为人的故意或过失，在危险责任场合是企业、装置、物品本身有危险性，

---

① 魏振瀛：《关于未来我国民法典民事责任体系的思考》，载《北大论坛法学论文集》，北京大学出版社 2005 年版，第 250 页。

在产品责任场合是产品的缺陷……。在后几种情形下，只有法律明文规定，才会有法律责任，才谈到归责与否。笔者认为，将返还财产、停止侵害、排除妨碍、消除危险按无过错责任处理，并非按照责任方式确定归责原则，如果说危险责任、产品责任因为有"高度危险性"、"产品缺陷"的"事由"，可由法律规定适用无过错责任，那么，因无权占有他人的物、妨害他人物权的行使等"事由"，法律也可以规定适用无过错责任。按照传统民法观点，这样解释还是"不符合一般侵权行为和特殊侵权行为的区分原理"，因为一般侵权行为和特殊侵权行为的区分针对的是损害赔偿，不包括所有物返还、妨害除去和妨害防止，按照德国民法理论这无疑是正确的。但是，按照法律责任的后果说，返还财产、停止侵害、排除妨碍、消除危险是侵权责任，是与传统的侵权责任的损害赔不同的另一种侵权责任，其归责原则也是不同的。这样就又回到两种不同的侵权责任概念的问题上去了，进一步说，又回到消除影响、恢复名誉、赔礼道歉是责任还是债的问题上去了，涉及侵权责任（侵权行为）是否独立成编的问题上去了。总之，这是两个不同的思路产生的对同一问题的不同认识。

再说，从立法技术上看，将返还原物、停止侵害、排除妨碍、消除危险作为侵权责任，并不难处理。在停止侵害、排除妨碍、消除危险、返还原物与赔偿损失并存的情况下，针对赔偿损失确定的一般侵权行为和特殊侵权行为的区分或者仍然存在。停止侵害、排除妨碍、消除影响、返还原物与赔偿损失是两种不同的责任类型，应将这两种不同的责任类型分别作规定。

主张规定物权请求权的理由之三是，物权请求权不适用诉讼时效，债权请求权适用诉讼时效。持此观点的学者指出，如果将物权请求权变为侵权责任，就要适用诉讼时效。笔者认为，对诉讼时效的适用范围各国有不同的规定，有规定为债权的，如《瑞士债务法》；有规定为债权及其他非所有权的财产权的，如《日本民法典》；有规定为诉权的，如《法国民法典》；有规定为请求权的，如《德国民法典》。《民法通则》没有具体规定诉讼时效的客体，而是规定"向人民法院请求保护民事权利的诉讼时效"。这样规定的效果近似于规定为诉权，但有不同。物权请求权转变为侵权责任之后，并不变为债权，也不会影响诉讼时效的适用或不适用的问题，因为侵权责任是保护民事权利的方法，哪类责任形式适用或不适用诉讼时效，由法律规定。

物权请求权是否适用诉讼时效有理论问题，也有立法政策问题，物权请求权不适用诉讼时效，并不是民法上设立物权请求权的理由。从物权请求权的立法史看,民法上设物权请求权始于德国民法理论和《德国民法典》,而《德国民法典》恰恰对动产和未经登记的不动产适用诉讼时效,可见德国民法理论并没有把物权请求权不适用诉讼时效作为规定物权请求权的根据,至少从《德国民法典》的规定可以得出这个结论。对于物权请求权适用诉讼时效问题,我国台湾学者是这样解释的:"然我国实务上则认为除已登记不动产所生之所有物回复请求权与妨害除去请求权,不因时效而消灭外,其余之物上请求权会因时效而消灭。此应系一方面贯彻不动产登记之权能,一方面兼顾消灭时效之机能,以应社会政策之需要,故似难责其与物上请求权之性质不符。"①

妨害除去请求权和妨害防止请求权是否适用诉讼时效呢?有的主张规定物权请求权的学者认为难以找出妨害除去请求权和妨害防止请求权适用诉讼时效的理由,有说现存的妨害无法计算时效的起算点。以下先看看美国法是如何规定和如何计算时效的起算点的。在对土地妨害行为的一些案件中,往往是行为人实施了行为若干年后,才对他人行使土地权利造成妨害,诉讼时效自受害人遭受妨害或损失时开始计算。例如,A 和 B 甲乙两地相邻,两地之间有一堵 6 英尺高的砖墙作为分界。近 20 年来,B 一直在他的后院翻新旧家具,操作过程中产生的大量木屑、清漆、胶、沙、油及灰尘翻过分界墙落在 A 种蔬菜的园子中。A 发现落在菜园中的脏物是 B 的行为所致,但不想去打扰 B,遂将菜园移到远离分界墙的地方。近日,A 顺着墙扯了四条晾衣服的绳,晾晒洗过的衣服,被 B 园内飞过来的灰尘脏物弄脏,并无法洗掉。该州法律规定,土地权利妨害的诉讼时效期间 10 年。A 起诉 B,请求 B 停止以造成妨害的方法从事整修旧家具的生意。B 以诉讼时效超过予以抗辩。在本案中,B 是在自己的土地上实施翻新旧家具的行为,因此他对 A 造成的侵害是土地权利的妨害,而非土地的非法侵占,诉讼时效自行为给原告人造成损害时计算。行为的实施虽已有 20 年之久,但 20 年来,B 的行为所导致的灰尘和废物落在 A 的园子里,未对 A 造成实质性损害,诉讼时效不能起算。只是当 A 将衣服挂在自己园中被 B 造成的污物污染时,A 行使自己土地权利的圆满状态受到 B 行为的妨害,诉讼时效方开始计算。A 起诉完全在诉讼时效期间内进行,故 B 的抗辩不能成立。②

再看看德国关于妨害除去请求权和妨害防止请求权方面的时效的规

---

① 谢在全:《民法物权论》(上册),台湾文太印刷有限公司 1992 年版,第 41 页。

② 马新彦:《美国财产法与判例研究》,法律出版社 2001 年版,第 209 页。

定,德国新时效法规定不作为请求权和排除妨碍请求权适用普通诉讼时效(3年)。官方的解释是:"在实践中,没有将30年时效期间适用于不作为请求权的必要,因为每次出现违反行为都将重新出现该不作为请求权。同样,也没有必要将此种30年的时效适用于源于绝对权的排除妨碍请求权,因为如果适用的话,将会造成区分此种排除妨碍请求权与侵权法上排除妨碍请求权的困难,而侵权法上的排除妨碍请求权的时效期间为3年。另外,依据新法第199条的规定,不作为请求权和排除妨碍请求权的时效期间始于请求人获知存在请求权和违反行为,这样足以保护其免于突如其来的权利损失。"①

以上美国案例及德国新时效法的规定证明,妨害除去请求权和妨害防止请求权不是不能适用诉讼。以上笔者阐述的观点并不表明笔者主张物权请求权必须适用诉讼时效(关于所有物返还请求权是否适用诉讼时效问题,我国台湾学者早就有争论,主张不适用诉讼时效的理由更为充分),而是证明规定物权请求权的根据,至少不是首创物权请求权的《德国民法典》关于物权请求权立法的根据。尽管如此,根据我国国情,从立法政策的立场说,笔者赞成停止侵害、排除妨碍、消除危险、返还原物不适用诉讼时效,这在民法典侵权责任编不难安排和表述。

还有学者从其他角度讲物权请求权的功能,阐述所有权返还请求权的重要意义。我国民国时期的民法第761条第3款规定:"让与动产物权,如其动产由第三人占有时,让与人得以对于第三人之返还请求权,让与受让人,以代交付。"(该条规定与《德国民法典》第931条规定相同)有学者据此指出:"所谓对第三人之返还请求权,亦包括此之所有物返还请求权在内。可见所有物返还请求权,不但所有人得藉以排除他人之干涉,有时且得作为转让所有权之手段,其功能不小,值得研究。"笔者认为,这条规定是动产交付的一种手段,学理上称为指示交付,它是在所有权转让关系确定之后,如买卖合同有效成立之后,根据德国的物权变动理论,也达成物权转让的合意之后,进行的交付行为。上述规定是在物权编通则规定的"动产物权之让与方法",而不是在所有权通则规定的"物上请求权"条款中规定"所有物返还请求权的让与"。学者的通说强调物权请求权不能单独让与,上述规定是个例外。严格地讲,这条规定的"让与人得以对于第三人之返还请求权,让与受

① 朱岩编译:《德国新债法——条文及官方解释》,法律出版社2003年版,第20页。

让人”用语不确切,因为对买受人来说,是以接受第三人交付的方法取得物的所有权,而不是第三人向买受人返还所有物,因为买受人还没有取得所有物,何以发生返还问题?这样规定与物权请求权的性质是矛盾的,因此这不是应当进一步研究物权请求权的功能,而是应当研究修改这个条文的问题。关于物权请求权的性质本来众说纷纭,如果再从动产交付手段方面强调研究物权请求权的功能,将会使问题更加复杂,形成民法烦琐哲学。烦琐哲学表现在形式上可能是细致的、深刻的,表现在实践上则是笨拙的、低效的。

(五)从物权请求权体系向侵权责任体系转变

本文从法律责任的学说讲起,至此已经阐明了未来我国民法典不规定物权请求权的理由和可行性,现在讲从物权请求权体系向侵权责任体系转变。所谓从物权请求权体系向侵权责任体系转变是个形象的说法,意思是指将德国民法上的物权请求权的内容按侵权责任处理,即按照变革了的侵权责任处理。以下体阐述物权请求权的内容如何纳入侵权责任法中。

1. 从所有物返还请求权向侵权责任转变

所有物返还请求权转变为侵权责任,首先要的问题是明确其适用范围。在诸多法律关系中都会遇到所有物返还问题,是否都适用物权法规定的所有物返还请求权?以下引用几位著名学者对此问题的阐述。德国学者鲍尔/施蒂尔纳指出物上请求权的适用范围“限于无权占有”,“既不适用于有权之自主占有人与有权之他主占有人,也不适用于占有期限届满之后的他主占有人”。“即使契约关系已结束,其返还清算仍应受契约法调整——比如行使契约解除权或依民法典第325条、第326条所规定之解除权时,则应受民法典第346条以下之特别规定调整。”①学者史尚宽指出:“占有人与占有物返还请求人(即回复请求人)之间,有寄托、租赁、地上权等关系或有其他正当的法律关系时,占有人就占有物所负之责任及所支出费用之偿还权之有无及其范围等,均各依其法律关系解决之。然无此正当的法律关系或外形上有之而为无效或被撤销时,则此关系究应依何标准以决定,不免发生问题。于一定情形,虽可适用关于侵权行为或不当得利之规定,然仅此尚不足以充分解决问题,故民法第953(似为952调之误)条至959条,就无本权

---

① 〔德〕鲍尔/施蒂尔纳:《德国物权法》(上册),张双根译,法律出版社2004年版,第195、201、203页。

之占有人分别善意与恶意,而设有详细规定。”[①]学者郑玉波更具体地指出:“基于典权、地上权、质权、留置权等物权关系,或者基于租赁、委任、借贷等债之关系,或基于无因管理、不当得利、侵权行为、契约解除等法律规定,而需将占有物返还于受领权人等情形……可依其基本法律关系或法律之规定定之,无待另行规定。””不基于任何既存的法律关系而需返还者,此即无权占有人遇有回复请求权人请求时,需将占有物返还之情形……因其既无基本法律关系可资依据,则法律上即不能不另设规定,用作准绳……此我民法第952条至第958条(似为第959条之误)规定之所有设也。”[②]

综上所述,对不基于任何既存的法律关系的无权占有,才适用所有物返还请求权的规定,基于既存的法律关系和法律规定而需要返还的,不适用物的返还请求权的规定。既然如此,基于既存的法律关系和法律规定而需要返还的,就不构成侵权责任。这里需要说明的是,笔者设想的民事责任体系,是将侵权责任和违约责任及违反其他债的责任分开的。[③]

从物权请求权转变为侵权责任,比较复杂的是返还原物请求权的转变,复杂在于德国民法上规定的随着原物返还产生的三个“从请求权”,即因占有物的毁损或者灭失产生的损害赔偿请求权、收益返还请求权和费用返还请求权,这个复杂问题在下一个问题中讲,这里只讲原物返还本身的问题。这里需要再次强调的是适用范围,仅仅适用于无权占有,不包括基于既存的法律关系的原物返还。根据我国法律规定,属于无权占有的包括因民事行为不成立、被撤销或者无效形成的无权占有,因误认他人的物为己物成的无权占有等。这里应当说明的是,对这些无权占有在法律上认定为侵权,是因为无权占有人在事实上侵害了物权人的权益,违反了不作为义务,要求占有人承担无过错责任,在法律上和道德上都没有谴责的意思。[④]

在认定返还无权占有的原物为侵权之后,德国民法上随着所有物返还产生的三个“从请求权”另作处理,这样就把复杂的问题变得简单了。以下

---

① 史尚宽:《物权法论》,中国政法大学出版社2000年版,第582页。

② 郑玉波:《民法物权论》,台湾三民书局股份有限公司1977年版,第399—400页。

③ 魏振瀛:《论民法典中体的民事责任体系——我国民法典应建立新的民事责任体系》,载《中外法学》2001年第3期,第360页以下;魏振瀛:《论请求权的性质与体系——未来我国民法典中的请求权》,载《中外法学》2003年第4期,第408页。

④ 我和一些法官讨论物权请求权的性质时,有的法官说,无论叫“请求权”,还是叫“责任”,最终一方当事人总是要承担责任。我和一些教授讨论物权请求权的性质时,有的教授说,物权请求权所针对的事实有两个方面,从权利本位方面说是请求权,从权利、义务、责任的关系方面说是责任。这些观点从一个侧面说明认定无权占有的性质为侵权,在法理上和情理上都说得通。

讲所有物返还请求权的从请求权向侵权责任转变。

2. *所有物返还请求权的从请求权向侵权责任转变*

在确定无权占有为侵权之后，就不存在物权请求权的三个从请求权了，原属于三个从请求权的内容原则上按照民法的一般规定处理，即构成侵权的按侵权处理，属于无因管理或者不当得利的，分别按无因管理或者不当得利处理。例如，甲乙二人合伙经营运输业，甲以一辆汽车出资，乙以房屋出资，后来合同被撤销，乙未及时返还汽车给甲。乙占有汽车原来是有权占有，在合同被撤销后，变为无权占有，乙未及时返还汽车，并继续占用，构成传统侵权要件的，应按侵权处理。如果不能认定为侵权，因占有该车获得的收益，按不当得利处理。如果修理该车支出了费用，按无因管理处理。以下作具体分析：

(1) 过错造成毁损或者灭失的处理

如果因过错造成汽车毁损或者灭失，应当承担赔偿损失的侵权责任，对此不必赘述。

(2) 占有物获得的收益的处理

如果因占有物获得的收益，按不当得利处理问题。在按所有物返还请求权处理的情况下，关于物的使用收益的返还，法律对善意占有人的返还和恶意占有人的返还有不同的规定。我国民国时期的民法第 958 条规定："恶意占有人，负有返还孳息之义务，其孳息如已消费，或因其过失而毁损，或怠于收取，负偿还其孳息价金之义务。"该例乙继续占用汽车，如未构成侵权，但合同被撤销后的占有为无权占有，乙是明知的，应按恶意占有人的返还处理，返还孳息和收益。再看看在不适用所有物返还请求权的情况下，按不当得利的返还处理是怎样的。通常法律对善意受领人的返还和恶意占有人的返还也有不同的规定。我国民国时期的民法第 182 条第 2 款规定："受领人于知无法律上之原因或后知者，应将受领时所得之利益或知无法律上之原因时现存之利益，附加利息，一并偿还，如有损害并应赔偿。"这里的规定是对是加重恶意占有人的返还责任，"恶意受领人不能主张所受利益不存在，而免返还义务"[①]。由此可见，恶意占有人的返还责任和恶意受领人的返还责任没有实质差别，因此对乙无权占有甲的汽车在不构成侵权的情况下，其使用收益按不当得利返还是可行的。

---

① 王泽鉴：《民法债编总论 · 不当得利》(第 2 册)，台湾兴丰印刷厂 1991 年版，第 212 页。

(3) 支出费用的处理

在适用所有物返还请求权处理的情况下,关于对占有物费用支出的偿还,通常法律对善意占有人的偿还和恶意占有人的偿还有不同的规定。我国民国时期的民法第957条规定:“恶意占有人,因保存占有物所支出之必要费用,对于回复请求权人,得以无因管理之规定,请求偿还。”对于恶意占有人是否有权请求偿还有益费用,没有规定。台湾最高法院1972年台上字第1004号判决说:“恶意占有人因保存占有物所支出之必要费用,故得以关于无因管理之规定请求偿还(民法第959条),其所支出之有益费用,故亦得依不当得利之规定请求返还,但恶意占有人不得与其所负担使用代价返还扣除之,应另行请求。”(对此学者有不同观点)《日本民法典》第196条第2款规定:“关于占有人为改良占有物而支出的金额及其他有益费用,依其价格增加现存情形为限,可以依恢复人的选择,使其偿还支付的金额或增加价额。但是,对于恶意占有人,法院可以因恢复人的请求,许以相当的期限。”这里可以看出,《日本民法典》明文规定恶意占有人可以请求偿还其支付的有益费用。再看看在不适用所有物返还请求权的情况下,按无因管理的返还处理是怎样的。我国民国时期的民法第176条规定:“……管理人外为本人支出必要或有益费用……得请求本人偿还其费用及自支出时起之利息。”《日本民法典》第702条也有类似的规定。上述法律规定和判例说明,对恶意占有人费用的偿还,与对管理人支付的费用的偿还没有实质的差别,因此对乙无权占有甲的汽车在不构成侵权的情况下,其对占有物支出的费用按无因管理返还是可行的。

对于误认为己物而占有他人的物,可参照善意占有的规定,作为无过失责任的另一种类型。所有物返还请求权的三个从请求权的不同规定主要是对善意占有人返还的特殊处理问题。在无权占有中,物的使用收益、物的毁损灭失和物的支出费用“此三个问题,本得适用民法一般规则,即关于物的使用收益,依不当得利;关于物的灭失毁损,依侵权行为;关于对物支出费用,依无因应管理或不当得利。惟日本、瑞士及德国民法立法例多另设规定,我国民法斟酌损益,设第九五二条至九五九条,以资规范……民法特设九五二条以下,而不适用民法一般规定,旨在优惠善意占有人”[①]。在不适用所有物返还请求权的情况下,也应对善意占有人予以优惠,方才合理。根据

① 王泽鉴:《民法物权·占有》(第2版),台湾兴丰印刷厂1995年版,第188—190页。

《民法通则》规定,将返还财产作为一种侵权责任形式,在侵权行为理论上随之会形成与传统民法不同的学理和概念,在立法上对误认为己物而占有他人的物,可不用善意占有的概念。对这种无权占有可参考我国民国时期民法第952条、第953条,在侵权责任编,专节规定"赔偿损失",其中规定一条:占有他人的物而不知为无权占有,因过错致使占有物灭失或毁损的,仅以因灭失或毁损所受利益为限,负赔偿责任,不赔偿不知为无权占有期间的收益。对费用支出不作规定,按无因管理处理。

综上所述,按照权利、义务、责任的原理,认定无权占有为侵权,在立法技术上是将物的返还请求权与其三个从请求权分离,将物的返还在侵权责任编规定为"返还原物"的责任;将三个从请求权基本按民法的一般规定处理,这样处理在法理上无障碍,可以简化立法,重要的是不再存在物权请求权与其从请求权之间的复杂关系,从而使物权与债权的界限更明晰了,使物权法与侵权行为法的界限更明晰了。除了以上讲过的理由外,这里再以德国民法上的他主占有人超越占有权学说为例,进一步阐明我不主张规定物权请求权的理由。根据《德国民法典》第993条第1款后半句,善意占有人即使有过错,"既不负返还用益的义务,也不负损害赔偿的义务"。按此规定,如果承租人因过错损坏了房屋,这时发现该房屋租赁合同没有成立,原来是有权占有,虽然有因过错损坏了房屋,既不负返还用益的义务,也不负损害赔偿的义务。这样,善意的物权占有人的地位比有权占有人还要优越,显然不合理。"故此为解决这一问题,就有所谓的他主占有人超越占有权的学说产生。由民法典第991条第2款之规定,可推导出这种思想:即占有人对所有权人,至少应负假如在他们之间存在一项契约关系时,占有人所应负的责任。因而,除作为通说唯一论据的民法典第823条之规定外,对此问题之解决,亦可类推适用民法典第991条第2款之规定。"[①]按此学说,上例的承租人,对损坏房屋应负损害赔偿责任。如果我国民法典不规定物权请求权,对物权占有的返还和其三个"从请求权"按照上述办法分开处理,就不会产生这样的问题的困扰。

另外,按上述方法处理还可以使关于占有的法律条文简化。如上所述,关于占有人与恢复请求权人的权利义务在侵权责任法中规定。关于对非所有人占有的保护,可在物权的保护部分,参照《俄罗斯联邦民法典》第20章

---

① 〔德〕鲍尔/施蒂尔纳:《德国物权法》(上册),张双根译,法律出版社2004年版,第201—202页。

所有权和其他物权一章,第 305 条"对非所有人的占有人的权利保护",规定:虽然不是物的所有人,但根据法律或者合同约定对物的占有不受侵犯,该占有人也有权保护其占有不受物的所有人的侵犯。对于占有的侵夺,可以在侵权责任编规定一条:占有的物被他人侵夺的,自侵夺发生之日起超过一年的,法院不予保护。因占有而取得所有权的时效问题可在所有权部分取得时效中作简要规定。

关于妨害除去请求权和妨害防止请求权向侵权责任转变,在适用法律上比较简单。将妨害除去请求权和妨害防止请求权转变为侵权责任,不问侵害人有无过错,即作为无过失责任的一种类型,理论上不再赘述。

(六)物权请求权与人格权请求权及知识产权请求权的异同

有学者主张不仅要规定物权请求权,而且还应规定人格权请求权和知识产权请求权。对此笔者持不同态度。人格权请求权和知识产权请求权与物权请求权的不同,在于前者有物的返还请求权,后者不发生返还请求权问题。以下分析人格权请求权和知识产权请求权问题。

有学者提出我国民法应规定人格权请求权,主要理由是人格权请求权和侵权请求权在来源、性质、功能、构成要件及举证责任方面具有本质的差别。认为"人格权是民事主体生而固有的权利,是必备的权利,人格权请求权则是随人格权的产生而产生的权利,因此,人格权请求权也具有固有性、必备性的特点。……简言之,人格权请求权——防患未然;侵权请求权——亡羊补牢"①。

主张规定人格权请求权的理由还有,基于人格权请求权的行使不以侵害人有过错为要件,人格权请求权不适用诉讼时效等。有学者认为人格权请求权与诉讼时效设立的目的冲突,如果人格权请求权适用诉讼时效不利于对权利人的保护,如果由于时间的经过,就任凭侵权人侵害权利人的生命、健康、身体、自由、名誉、隐私等权利,还有什么公平、正义、秩序可言?

以上讲的人格权请求权的理由与规定物权请求权的理由近似,从权利、义务、责任的原理看,不规定人格权请求权,也可以采取侵权责任的方案处理,这与不规定物权请求权的理由基本相同,不再赘述。这里需要进一步具体阐述的是关于人格权请求权是否适用诉讼时效的问题。人格权请求权是

① 杨立新、袁雪石:《论人格权请求权》,载《法学研究》2003 年第 6 期,第 65—66 页。

否适用诉讼时,既有理论问题,也有立法政策问题。例如,《德国民法典》第194条规定:"要求他人作为或不作为的权利(请求权),因时效而消灭。基于亲属法关系而产生之请求权,其设定如以将来恢复亲属关系状态为目的者,不因时效而消灭。"这里没有明确排除人格权请求权(第12条规定了对姓名权的侵害产生的妨害除去请求权和妨害防止请求权)适用消灭时效。1980年的《英国时效法》明确规定,因诽谤或者诋毁他人而引起的诉讼应在诉因发生之日起三年内提起。加拿大、澳大利亚、新加坡的时效法也有类似的规定。[①]《俄罗斯民法典》则不同,该法典第208条规定"不适用诉讼时效的请求"包括"要求保护人身非财产权利和其他非物质利益的请求,但法律规定的情况除外"。需要指出,我这里不是说我主张人格权请求权必须适用诉讼时效,而是说人格权请求权与物权请求权是否适用诉讼时效问题,不是规定绝对权请求权的原因,即使适用诉讼时效,同样可以在民法典侵权责任编规定。

人格权请求权的形式有哪些,学者有不同的观点,有学者提出人格权请求权的基本权利除排除妨害请求权、停止妨害请求权之外,还有侵害人格权的人身损害赔偿请求权。认为"在已经构成妨害的情况下,可以考虑将侵害人格权的人身损害赔偿权请求权纳入人格权请求权。……当人格权受到侵害的权利人行使人身损害赔偿请求权超过诉讼时效时,就无法再获得赔偿。这种情况和人格权在法律乃至整个社会运行中最基础地位是不相符的。中国目前还有为数众多的法律意识不是很高的中低层收入者,如果他们做人的最基本的人格权受到侵害却没有及时寻求法律的保护,而若干年后法律也不再予以保护,就会影响所追求的正义的实现,为社会制造不安定的因素"。并指出侵害人格权的损害赔偿请求权应作以下限定:"第一,适用的前提是侵权请求权已经超过诉讼时效……第二,在举证责任上,其构成要件是否包括过错,由法官参照侵权责任的归责原则确定。第三,该请求权不可以转让。第四,必须事实清楚,证据充分。"[②]笔者认为,主张侵害人格权的人身损害赔偿不适用诉讼时效的理由不无疑问。疑问之一,"在已经构成妨害的情况下,可以考虑将侵害人格权的人身损害赔偿权请求权纳入人格权请求权",这里说的妨害与损害是什么关系,是妨害还是结果?疑问之二,如果受害人在几十年后提起诉讼,证据是否齐全、真实?如果是伪证,又难以认定,

① 李富莹:《诉讼时效有关法律制度研究》,北京大学2001年博士学位论文,第37页。
② 杨立新、袁雪石:《论人格权请求权》,载《法学研究》2003年第6期,第67、69页。

相对人又难以提出足以推翻伪证的真实证据，怎么办？这种情况下法官很难避免错判，若因错判带来的社会不安定因素可能更严重。疑问之三，提出适用该请求权时，在举证责任上，其构成要件是否包括过错，由法官参照侵权责任的归责原则确定，这样规定带来的是适用法律的灵活性，还是自由裁量权的滥用，深感忧虑。疑问之四，如果将侵害人格权的人身损害赔偿请求权作为人格权请求权的一种形式，会导致请求权与损害之间又产生了一种新的概念交叉，使绝对权请求权体系更加复杂。因此，对此问题需要三思。

值得提出的是，近期有学者从未来民事立法的立场，提出对消除影响、恢复名誉、赔礼道歉重新定位。主张把赔礼道歉视为损害赔偿的变态，将恢复名誉、消除影响规定为人格权请求权。认为“恢复名誉、消除影响的请求权及其行使就在于恢复人格权的原状，属于人格权的消极权能，故为人格权的有机构成因素”。并认为恢复名誉、消除影响作为人格权的消极权能，“天然地蕴藏于人格权本体之中，每逢侵权行为实际发生时他就产生出来，表现出不断滋生性”[①]。对此，有学者持否定态度，认为“因为恢复名誉、消除影响、赔礼道歉在本质上也属于恢复原状的措施，针对的是损害结果而非妨害行为，是事后的救济措施而非事前的预防措施。尽管人格权本身受到损害就不可能恢复原状，但是，我们仍然可以认定恢复名誉、消除影响、赔礼道歉是法律明知不可为而为之的一种无奈的立法技术考虑”[②]。

笔者不赞成将消除影响、恢复名誉规定为人格权请求权的理由有：第一，按照德国民法理论，消除影响和恢复名誉既不是继续性“侵害”，也不是将来的“妨害”，而是在人格权受到“损害”情况下的法律保护措施，因此不属于人格权请求权的范畴。如果要规定人格权请求权，其形式应为“妨害除去”和“妨害防止”。第二，认为消除影响、恢复名誉的请求权属于人格权的消极权能，为人格权的有机构成因素，与认为物权请求权是物权的消极权能和有机构成因素的观点雷同，这种观点混淆了至少模糊了绝对权与其请求权的界限。第三，只有当人格权受到侵害时，才能承担消除影响、恢复名誉的责任。如从德国民法理论看，只有当人格权受到损害时，才能产生恢复名誉、消除影响即损害赔偿之债，无损害则无赔偿。如果将消除影响、恢复名誉转变为人格权请求权，就是说消除影响、恢复名誉不以人格权受到损害为

① 崔建远、韩世远：《债权保障法律制度研究》，清华大学出版社 2004 年版，第 362、364 页。

② 杨立新、袁雪石：《论人格权请求权》，载《法学研究》2003 年第 6 期，第 67、69 页。

前提,这与事实不符。第四,按照德国民法理论和德国民法规定,债务人一般是就其故意或过失负责任。《德国民法典》第 276 条第 1 款规定:“债务人,如无其他规定,应就其故意或过失负其责任。”我国民国时期的民法典第 220 条第 1 款规定:“债务人就其故意或过失之行为,应负责任。”第 195 条的标题是“侵害身体、健康等非财产法益之损害赔偿”,该条第 1 款在规定侵害身体、健康等非财产法益,被害人虽非财产上之损害,亦得请求赔偿相当之金额。该款末句是“其名誉被侵害者,并得请求回复名誉之适当处分”。据此,按照德国民法理论和我国民国时期的民法理论,消除影响、恢复名誉应理解为损害赔偿(回复原状)的方式。损害赔偿以当事人有故意或过失为要件,法律没有规定“回复名誉”不问过错,就应当适用过错责任原则。如果将消除影响、恢复名誉转变为人格权请求权,就变为不以过错为要件(主张规定绝对权请求权的一个重要理由是,绝对权请求权的行使不以侵害人有过错为要件),对此重大转变需要从理论上作论证。

按照德国民法理论,消除影响和恢复名誉,显然不应纳入人格权请求权的范围。上述两种对立的观点又回到了德国民法上的“损害”与“妨害”如何区别的难题,按照《民法通则》规定的民事责任形式,就没有这样的难题,就没有必要“把赔礼道歉视为损害赔偿的变态”,也没有必要认定恢复名誉、消除影响、赔礼道歉也属于恢复原状的措施,“是法律明知不可为而为之的一种无奈的立法技术考虑”。

主张规定知识产权请求权的理由,不外是主张规定物权请求权和人格权请求权的理由,不必详述。需要研究的是知识产权请求权的形式是什么?有学者提出形式有:停止侵害请求权;妨害预防请求权;废弃请求权;获取信息请求权;赔礼道歉、消除影响请求权五种。这里重点分析废弃请求权;获取信息请求权。“废弃请求权,是指知识产权人据以请求侵权人将侵权产品,侵权行为产生的物,用于制作侵权产品的原料和设备排除出商业渠道的权利。”[①]这里说的“废弃”和有些学者讲的“收缴侵权工具及销毁侵权产品”类似,可简称废弃侵权物请求权。前面已经讲到,有学者对此称之为责任。笔者赞成于将废弃侵权物作为一种侵害知识产权的责任形式。由于废弃侵权物是保护知识产权的重要形式,而且废弃侵权物的实现,可以通过当事人协商解决,也可以由受害人请求法院强制执行,因此可作为保护知识产权的

① 杨明:《知识产权请求权研究》,北京大学出版社 2005 年版,第 119 页。

一种侵权责任形式。

“获取信息请求权,是指当发生知识产权侵权时,权利人借此可以要求侵权行为人将涉及侵权产品或服务、侵权行为所产生的物品、用于生产侵权产品的原料和设备的信息,以及有关侵权产品的生产和销售渠道、涉及侵权行为第三人的信息告知自己的权利。”[①]对这类情况有学者是作为侵权责任考虑的,有学者指出,世贸组织的 Trips 协议已将“向被侵权人公开侵权人的销售渠道”作为一种特殊的侵权责任。[②] 笔者认为,无论作为知识产权请求权形式还是作为知识产权侵权责任形式,都应当是可以强制执行的,要求侵权人公开侵权信息是否能强制执行? 如果不能强制执行,可称之为一种救济措施。

综上所述,笔者不赞成未来我国民法典规定物权等绝对权请求权,一是因为《民法通则》规定多种民事责任形式,有理论根据,有好的效果,将来在民法典中应当规定多种民事责任形式,废弃我们自己的经验没有充分理由。二是参照《德国民法典》模式,规定物权请求权,再加上规定人格权请求权和知识产权请求权,将侵权责任形式仅限于损害赔偿,难以灵活适应民事权益不断发展的需要。有学者指出:“返还原物、排除妨碍、停止侵害、消除危险等侵权责任承担方式将有适用于各类民事权益保护的可能,而不仅仅如传统民法那样,仅将其作为绝对权保护请求权的类型。……如果在物权保护制度的立法选择中采纳第二种观点(注:指规定物权请求权),则须分别建立人格权保护请求权以及知识产权保护请求权等绝对权保护请求权制度。而且绝对权保护请求权所包含的法律规则并不当然能够适用于对其他类型民事权益的保护。”[③]笔者举一判例为证。《中华人民共和国最高人民法院公报》1990 年第 3 期刊载的“莒县酒厂诉文登酿酒厂不正当竞争案”,简要案情是:原告山东莒县酒厂于 1987 年 1 月 30 日在国家商标局核准注册了圆圈图形喜凰牌商标 1 枚,用于本厂生产的白酒。此酒的瓶贴装潢上,除印有圆圈图形喜凰牌的注册商标外,还印有“喜凰酒”这一特定名称。被告山东文登酿酒厂生产的白酒,注册商标为圆圈图形天福山牌。被告为与原告争夺市场,仿照印制了与原告的酒近似的瓶贴装潢,其中除将喜凰酒的“凰”字改为“凤”字外,其余均与原告的酒的瓶贴装潢一样,因此造成消费者误认,“喜

---

① 杨明:《知识产权请求权研究》,北京大学出版社 2005 年版,第 120 页。

② 郑成思:《侵权责任、损害赔偿与知识产权保护》,载《环球法律评论》2003 年第 4 期,第 459 页。

③ 王轶:《物权保护制度的立法选择》,载《中外法学》2006 年第 1 期,第 42 页。

凰”白酒销量下降。原告提起诉讼,请求被告立即停止对原告商标专用权的侵害,并赔偿由此造成的经济损失,临沂地区中级人民法院判决被告败诉。被告山东文登酿酒厂不服,上诉到山东省高级人民法院。山东省高级人民法院第二审认为:被上诉人贴装潢上的图案、文字、颜色等,不属注册商标专用权保护之列,原审判决认定被告侵害商标专用权,适用法律不当。但是,上诉人为与被上诉人竞争,违反国家工商行政管理局、轻工业部、商业部关于酒的商标应当同其特定名称统一起来的规定,使用与自己注册商标完全不同的“喜凤酒”三字作为自己的酒的特定名称,从而制作出与被上诉人近似的瓶贴装潢,造成消费者误认误购。同时,上诉人还在同一市场上采取压价的手段与被上诉人竞争,致使其在经济上遭受一定损失。上诉人的上述行为,不仅违反了《民法通则》第四条规定的公民、法人在民事活动中,应当遵循诚实、信用的原则,而且违反了第五条的规定,侵害了被上诉人合法的民事权益。依照《民法通则》第七条的规定,上诉人的这种行为,还损害了社会公共利益,扰乱了社会经济秩序,是不正当的竞争行为,必须予以制止。被上诉人由此遭受的经济损失,必须由上诉人赔偿。二审判决上诉人败诉,是正确的,但判决适用法律的技巧上不无商榷余地。笔者引用此案例重在说明“近似的瓶贴装潢”,侵害的不是绝对权,用绝对权请求权不能解决问题,认定上诉人侵害被上诉人“合法的民事权益”,作为侵权责任处理,则能解决问题。如果侵权责任形式仅仅限于损害赔偿,就不能适用停止侵害、排除妨碍、消除危险等责任形式,就难以充分保护法律保护的利益(法益)。对民事权益的保护,是民法的重要任务,无疑,“侵权责任”是完成这个任务的好方式。由此可见,在未来我国民法典中规定绝对权请求权,把侵权责任限于损害赔偿,未必是上策。

(七)关于未来我国民法典中侵权责任形式体系安排的设想

以上讲了将德国式民法典的物权请求权在未来我国民法典中转变为侵权责任的根据和可行性,对此在民法典中怎样安排呢?笔者的初步设想是,民法典的最后一编为“侵权责任”,侵权责任编的最后一章为“侵权的责任形式与适用范围”,第一节为一般规定,主要内容有:(1)列举侵权的责任形式,包括赔偿损失、停止侵害、排除妨碍、消除危险、返还原物、恢复原状、消除影响、恢复名誉、赔礼道歉等。(2)关于侵权责任形式适用的一般规定,包括侵权责任形式可以单独适用,也可以合并适用等。

第2节为赔偿损失，主要内容有：(1) 一般规定，包括赔偿的原则、赔偿的方式、过失相抵、损益相抵、损失的分担（指侵权人和受害人对损失的发生都没有过错的情况）等。(2) 关于财产损失赔偿的规定。其中规定1条：占有他人的物而不知为无权占有，因过错致使占有物灭失或毁损的，仅以因灭失或毁损所受利益为限，负赔偿责任，不赔偿不知为无权占有期间的收益。(3) 关于精神损害赔偿的规定。

第3节为其他侵权责任形式的适用，主要内容有：(1) 规定停止侵害、排除妨碍、消除危险、返还原物、恢复原状、消除影响、恢复名誉、赔礼道歉等各种侵权责任形式的适用范围。(2) 停止侵害、排除妨碍、消除危险、返还原物不问侵害人有无过错。(3) 停止侵害、排除妨碍、消除危险、返还原物不适用诉讼时效。

（八）侵权责任与法律规范结构及法律思维规律

1. 侵权责任与法律规范结构

反对将停止侵害、排除妨碍、消除危险、返还财产作为侵权责任形式的理由之一是，对物权的保护是物权的组成部分，不应与物权相分离而规定在侵权责任编，否则物权制度就不完整，这个问题属于法律规范结构问题。法律人都知道，一个完整的法律规范，一般由事实构成和法律后果两个部分组成，但这不意味着每个法律条文都构成一个完整的法律规范。法律条文有完全性法条（既有事实构成，又有法律后果）、不完全性法条和补充性法条之分。在一部民法典中，不一定每一种权利制度中都必须有完整的保护方法的规定，将停止侵害、排除妨碍、消除危险、返还财产作为侵权责任形式，规定在侵权责任编，而不规定在物权编，从民法典整体上看，法律规范结构还是完整的，并不会影响对物权的保护。当物权受到侵害时，适用法律并没有困难。

有学者批评笔者的观点说：若说《民法通则》未把停止侵害、排除妨碍、消除危险、返还财产作为物上请求权的类型加以规定，乃因它未采用物权概念、未把物权作为一个整体制度加以涉及，尚可理解的话，那么，如今全国人民代表大会常务委员会已经将《中华人民共和国物权法（草案）》公布，比较详细地规定了物权制度及其物上请求权，仍不赞同把停止侵害、排除妨碍、消除危险、返还财产作为物上请求权的类型，人为地肢解完整的物权制度，其理由何在？事实是《中华人民共和国物权法（草案）》第三章的标题是“物权的保护”,而不是物权请求权,其内容既有属于物权请求权的规定,也有不属于物权请求权的规定,还规定“侵害物权,除承担民事责任外,违反行政管理规定的,应当依法承担行政责任;构成犯罪的,依法追究刑事责任”①。现在制定的物权法在形式上是单行法,没有明确规定为民法典物权编,因此,物权法草案第 3 章规定的物权的保护方法没有错。

笔者不赞同把停止侵害、排除妨碍、消除危险、返还财产作为物上请求权的类型,仍然按照《民法通则》的规定,将其作为侵权责任形式,不是人为地肢解完整的物物权制度,把停止侵害、排除妨碍、消除危险、返还财产规定在侵权责任编,其中停止侵害、排除妨碍、消除危险,不仅适用于侵害物权,而且还可以适用于侵害人格权和侵害知识产权,可以简化立法。知识产权学界有学者提出:“具体到‘侵权法’的结构,似可以不以现有的法、德、意、荷、日乃至台湾地区的侵权赔偿责任的窄框架为蓝本,而延续我国已经在近 20 年中把(至少)9 种侵权责任在一篇中加以规定的名实相符的‘侵权法’(或侵权责任法)。与已有法不同的(即应加改动的)是:把不需要‘四要件’的那部分侵害责任(如停止行为的责任)与必须有‘四要件’的那部分侵害责任,明确区分清楚。这种修改并不大,但却是实质性的、极端重要的。以这样的框架起草‘侵权法’可以省去物权篇(或者还有人格篇、知识产权篇)中‘物权保护’中的除‘确认权利’之外的绝大多数条文。因为它们都进入‘侵权法’中无须‘过错’等前提的那部分侵权责任中了。这种立法选择的优点是文路清晰且避免重复。”②笔者认为这个建议是务实的。退一步说,即使物权法草案的这些规定被立法机关通过,物权法颁布施行,笔者的观点还可以讨论。据悉在《物权法》颁布以后,立法机关可能接着要起草侵权责任(侵权行为)法,2002 年 12 月全国人大常委会审议的《中华人民共和国民法(草案)》第 8 编为侵权责任法,规定的侵权责任形式就有停止侵害、排除妨碍、消除危险、返还财产等。在往后还应当起草民法总则,乃至完整的民法典,从民法典总体上看,侵权责任形式和物权请求权的关系仍然是需要讨论的问题。

---

① 2005 年 7 月 1 日下午 3:00,全国人大常委会在人民大会堂台湾厅举行新闻发布会,邀请全国人大常委会法制工作委员会副主任王胜明和法制工作委员会民法室主任姚红介绍物权法立法情况。王胜明副主任说:“在物权法(草案)当中,我们专门写了一章,即‘物权的保护’。关于‘物权的保护’,在理论和学术界上还有一些争论,就这些保护方式,究竟是一种债的保护方式,还是物权的保护方式?我们是把有关物权保护的各种方式都比较系统全面地规定在这一章当中。”

② 郑成思:《侵权责任、损害赔偿与知识产权保护》,载《环球法律评论》2003 年第 4 期,第 459 页。

2. 侵权责任与法律思维规律

有学者认为，把停止侵害、排除妨碍、消除危险、返还财产作为侵权责任方式，不合请求权基础的思维规律。所谓请求权基础，是请求权规范基础的简称，具体说就是“可供支持一方当事人得向他方当事人有所主张的法律规范”[①]。请求权基础理论是德国学者根据德国民法创造的处理个案的思路和方法的理论。德国学者梅迪库斯说：“当今流行最广的案例分析方法，是根据请求权进行操作的。只要案例中提出的问题指向那些可通过请求权达到的目的，如支付金钱、损害赔偿、返还、停止侵害等，那么在解答案例时，就应当以能够产生这些法律后果的请求权规范作为出发点。”[②]有学者提出在处理个案时，应当尽量避免在认定某特定的请求权基础时，需要以其他请求权基础为前提。基于此，在处理个案时请求权基础的检查次序为：(1) 契约上请求权；(2) 无权代理等类似契约上请求权；(3) 无因管理上请求权；(4) 物权关系上请求权；(5) 不当得利请求权；(6) 侵权行为损害赔偿请求权；(7) 其他请求权。[③] 这是依据德国模式民法典体系形成的处理个案的思维模式，对此虽然也有不同观点，但已成为通说。

笔者在一篇文章中说：“处理个案”是在发生民事纠纷之后产生的请求权，不是原权利的请求权，而是救济权的请求权，在把停止侵害、排除妨碍、消除危险、返还财产作为侵权责任形式的情况下，根据救济权请求权的原理处理个案，仍然符合请求权的思维模式。[④] 对此笔者未作具体分析，受到有学者批评说：不分青红皂白地将返还原物、妨害排除、妨害防止一律作为侵权责任的方式，意味着至少误导人们到侵权行为法编去寻觅相应的法律规范。在此笔者对上述观点作些解释。首先应当说明，在把停止侵害、排除妨碍、消除危险、返还财产作为侵权责任形式的情况下，与作为物权请求权的思路有所区别，但是没有动摇在处理个案时请求权基础的检查次序。笔者说“处理个案”是在发生民事纠纷之后产生的请求权，不是原权利的请求权，而是救济权的请求权，因为是“处理个案”，当然是在发生纠纷之后，如果不发生纠纷，就谈不到处理个案问题。支付金钱、损害赔偿、返还原物、停止侵害等都属于救济权请求权。当物权受到侵害而发生纠纷之后，当事人请求

① 王泽鉴：《法律思维与民法实例》，台湾菩菱设计印刷公司 1999 年版，第 60 页。

② 〔德〕迪特尔·梅迪库斯：《德国民法总论》，邵建东译，法律出版社 2000 年版，第 70 页。

③ 王泽鉴：《法律思维与民法实例》，台湾菩菱设计印刷公司 1999 年版，第 87—90 页。

④ 魏振瀛：《论请求权的性质与体系——未来我国民法典中的请求权》，载《中外法学》2003 年第 4 期，第 403 页。

救济的权利不是原权利,因为原权利是指物权,物权是支配权,物权受到侵害时才会产生请求救济的权利,受害人提起诉讼,行使的是救济权。把停止侵害、排除妨碍、消除危险、返还财产作为民事责任形式后,请求权基础的名称需要有所变化,可称之为"救济权请求权基础",上述请求权基础的七个检查次序不变。例如,按照债与责任分离的观点,把返还财产作为民事责任形式,不属于侵权行为之债,因此不能列为第六个顺位,而应列为第四顺位。再如,解除合同的救济权请求权应当列为第一顺位,如此等等。

再者,把停止侵害、排除妨碍、消除危险、返还财产作为民事责任形式,并不意味着要人们仅仅到侵权责任编去寻觅相应的法律规范,而是要看在什么情况下根据什么法律认定某种侵权责任,为此就要寻觅能够产生这些法律后果的法律规范,例如认定侵害名誉权的责任,需要在侵权责任编寻觅侵害名誉权的责任形式有哪些。例如,梁慧星主编的《中国民法典草案建议稿》第 5 编侵权行为,第 67 章侵权的民事责任,第 3 节其他民事责任方式的适用,第 1640 条的标题为"赔礼道歉、消除影响、恢复名誉",第 1 款规定:"受害人名誉权、隐私权、姓名权、肖像权、人身自由以及其他人格权或者人格尊严遭受侵害的,得请求赔礼道歉、消除影响、恢复名誉。"[①]据此,遇到侵害名誉权的案件,需要找法到侵权行为编,第 67 章,第 1640 条,还应找法到该建议稿总则编第 53 条关于名誉权的规定(如果未来我国民法典将人格权权规定为独立的一编,就需要找法到人格权编)。这正如处理买卖合同纠纷,不仅要到买卖合同的规定中找法,还可能需要到债权通则编找法,甚至需要到总则编的民事法律行为一章找法,道理是一样的。再如,我国民国时期的民法典将所有物的返还请求权规定在物权编第 2 章所有权,第 1 节通则中,与所有物的返还请求权伴随的损害赔偿请求权需要到第 10 章占有的有关条文找法,还需要到债权编第 1 章通则,第 2 节债的标的有关条文找法,如此等等。[②]

四、结　　论

1.《民法通则》首创了民事责任制度,规定了多种民事责任形式,形成了

---

① 梁慧星主编:《中国民法典草案建议稿》,法律出版社 2003 年版,第 327 页。

② 说明:本文引用有些学者的话未加引号,因为不是原话。其中有的是为了行文方便,有一些是将散见在有关著作各部分的内容综合在一起的,如果有失原意,由笔者负责,在此谨向有关作者表示谢意。

民事责任体系,多年来实践证明是好的。未来我国民法典应当继受《民法通则》创立的民事责任制度,将《民法通则》的规定稍作调整即可纳入民法典的有关部分,形成具有民事责任制度的科学的民法体系。物权法和可能将要制定的侵权责任法应当继受《民法通则》的有关规定。

2. 权利、义务、责任是法律的基石,法律的大厦是在这三块基石上建立起来的,法律的内容是在权利、义务、责任的基础上展开的。《民法通则》颁布以来,法官在审理民事案件中,已经形成了"权利、义务、责任"的思维模式,并在公众中产生了广泛的影响。物权法和可能将要制定的侵权责任法应当体现"权利、义务、责任"的思维模式。

3. 未来我国民法典应当借鉴《德国民法典》和我国民国时期的民法典,设立物权编和债权编,但是可以不规定物权请求权。将物权请求权转变为侵权责任,规定在民法典的侵权责任编中,理论上有根据,立法技术上行得通。将物权请求权转变为侵权责任,不仅不会破坏物权与债权的科学体系,而且会使物权与债权的区分更加明晰,债与责任的区分更加明晰。

4. 规定物权请求权的理论根源于法律概念的义务说,根据此说,侵权的后果产生损害赔偿之债。规定侵权责任的理论根源于法律责任的后果说,根据此说,侵权的后果产生侵权责任。此二说各有道理,条条道路通罗马;遵循《民法通则》指引的途径便于我们达到的目的地。

第五题　返还原物责任请求权

——兼与所有物返还请求权比较研究

在《侵权责任法》颁布之前和颁布以后，我国民法学者的著作中，有“侵权请求权”概念，也有“侵权责任请求权”概念[①]，二者的内涵并无区别。《侵权责任法》第 3 条规定：“被侵权人有权请求侵权人承担侵权责任。”侵权责任请求权概念与该条规定相吻合。德国民法上有“所有物返还请求权”，属于物权法上的问题。本文的目的是论证返还原物责任请求权的根据及其法律适用。我国《侵权责任法》与德国式侵权行为之债法的区别，突出体现在《侵权责任法》第 15 条规定了八种主要的侵权责任方式，返还财产（返还原物）是八种主要的侵权责任方式之一。返还原物责任请求权既不同于德国式民法上的所有物返还请求权，也不同于德国式民法上的侵权损害赔偿请求权，这是我国民法立法模式与德国式民法立法模式相区别的核心问题，也是争论较多、难度较大的问题，有必要从理论与实务结合上进一步研究。返还原物责任请求权是对所有物返还请求权的借鉴与变革，二者密切关联，又有区别，用比较方法研究便于讲清问题。

---

① 参见张新宝：《侵权责任法立法研究》，中国人民大学出版社 2009 年版，第 322 页；王轶：《民法原理与民法学方法》，法律出版社 2009 年版，第 60 页；王利明：《侵权责任法研究》（上卷），中国人民大学出版社 2009 年版，第 57 页；魏振瀛主编：《民法》（第 4 版），北京大学出版社、高等教育出版社 2010 年版，第 49 页。

一、返还财产责任的含义及其涉及的民事法律关系分析

（一）《民法通则》和《侵权责任法》规定的返还财产与《物权法》规定的返还原物解读

《民法通则》第134条规定了十种主要的民事责任方式,其中之一是返还财产。1985年起草《民法通则》时处于改革开放初期,经济体制改革已经取得一定成果,《民法通则》的内容反映了当时的社会状况。《民法通则》第五章第一节的题目是财产所有权和与财产所有权有关的财产权,实际是指物权。这一节题目用语不准确,这是在起草《民法通则》时使用物权概念的条件尚未成熟情况下的权宜之计。《民法通则》中有返还财产概念,没有返还原物概念,与《民法通则》没有使用物权概念有关。

《民法通则》第六章专章规定民事责任。该章分为四节:第一节一般规定;第二节违反合同的民事责任;第三节侵权的民事责任;第四节承担民事责任的方式。其中第四节是承担民事责任方式的一般规定。《民法通则》第106条第1款规定:“公民、法人违反合同或者不履行其他义务的,应当承担民事责任。”根据这条规定,不履行不当得利(第92条)义务和无因管理(第93条)义务的,均适用《民法通则》第六章第四节关于承担民事责任的方式的有关规定。《民法通则》第61条规定:“民事行为被确认为无效或者被撤销后,当事人因该行为取得的财产,应当返还给受损失的一方。有过错的一方应当赔偿对方因此所受的损失,双方都有过错的,应当各自承担相应的责任。”对根据本条规定应当承担责任的,也适用《民法通则》第六章第四节关于承担民事责任的方式的有关规定。从上述规定可以看出,《民法通则》规定的返还财产责任适用范围较广。

《民法通则》第六章第三节的题目是侵权的民事责任,第117条规定:“侵占国家的、集体的财产或者他人财产的,应当返还财产,不能返还财产的,应当折价赔偿。”对本条规定的“财产”应理解为有体物,对本条规定的“返还财产”应当理解为返还原物,也就是说侵权责任中的返还财产实际是指返还原物,因为如果不是指原物,对不能返还财产的就谈不上“折价赔偿”。

《侵权责任法》第二章的题目是责任构成和责任方式,其中第15条规定了八种主要的承担侵权责任的方式,完全沿用《民法通则》的规定,其中之一

是返还财产,对此应当如何理解,首先有必要明确财产的含义。人们通常说的财产是指土地、房屋、物资等物质财富和金钱的总称。民法学理上通常讲的财产是指"由具有金钱价值的权利所构成的集合体"[①]。财产有广义与狭义之分,狭义的财产是指有金钱价值的权利的总和,物权、债权、知识产权、股权等属于狭义的财产。广义的财产是指财产权利和债务的总和,可称为总财产。总财产在特定的时间体现为金钱价值时,可能是正数,可能是零,也可能是负数。[②] 对《侵权责任法》规定的返还"财产",显然不应理解为广义的财产。民法上应当区分返还财产与返还原物,这样才能避免混淆不同性质的民事法律关系。

关于《侵权责任法》规定的返还财产的客体,可以结合《侵权责任法》第2条列举的民事权益和生活现实具体分析:

1. 侵害所有权、用益物权和担保物权而无权占有标的物的,根据《侵权责任法》第15条的规定,应当返还财产,实际上是返还原物。

2. 侵害著作权、专利权、商标专用权等知识产权,不适用返还财产责任,因为知识产权是无形财产,不发生占有和返还问题。作为体现知识产权载体的物被侵占的,根据《侵权责任法》第15条的规定,应当返还财产,实际上是返还原物。

3. 发现权包括署名权等权利,发现权人可能获得财产奖励。侵害发现权,不一定就侵害了权利人的财产权。如果侵占了权利人的奖金,一般适用赔偿损失责任。

4. 股权具有财产权与社员权双重性质。股权的享有方式可能体现为债权,例如公司需要给股东分红,会形成公司和股东之间的债权债务关系。如果采用实物形式分红,公司用于分红的物或者股东分到的物被侵占的,根据《侵权责任法》第15条规定,应当返还财产,实际上是返还原物。

5. 继承权的标的一般是不动产和动产,也有著作权、专利权、商标专用权等知识产权以及债权等。侵害不动产或者动产的,根据《侵权责任法》第15条规定,应当返还财产,实际上是返还原物。

6. "无权占有之标的物为金钱时,应返还原物,而非偿还其价额。金钱因存入银行或其他事由,难以辨别时,使用混合之规定。"[③]在民法学理上货

---

① 王泽鉴:《民法总则》(修订版),中国政法大学出版社2001版,第233页。

② 参见魏振瀛主编:《民法》(第4版),北京大学出版社、高等教育出版社2010年版,第9页。

③ 王泽鉴:《民法物权》(第2版),北京大学出版社2010年版,第128页。

币也是物，属于动产。侵占他人货币的，根据《侵权责任法》第15条规定，应当返还财产，如果是原货币，也是返还原物。但货币不是一般的有体物，通常货币的占有者为货币的所有人。侵权人侵占他人货币的，除返还原货币属于返还原物外，一般适用赔偿损失责任。

7. 支票、汇票、存单等有价证券与其所表示的财产紧密联系，它们可以转化为财产，但它们本身不等同于其所表示的财产。有价证券丢失时一般可以挂失，挂失有效的，有价证券作废。因为有价证券具有物质性、财产性，侵占他人有价证券的，根据《侵权责任法》第15条规定，应当返还财产，实际上是返还原物。

8. 身份证、驾驶证、房产证、股权证、营业执照等，属于身份证件或者财产权利证书。财产权利证书与财产紧密联系，但不等同于它所表示的财产。身份证件和财产权利证书具有物质性、财产性，侵占身份证件或者财产证书的，根据《侵权责任法》第15条规定，应当返还财产，实际上是返还原物。

根据以上分析，《侵权责任法》规定的返还财产的客体是有体物。《侵权责任法》颁布以后，将返还财产解释为返还原物的居多。其中有的明确指出《侵权责任法》规定的返还财产是指返还原物；有的虽然没有具体讲明返还财产是指返还原物，但从其解释的内容看也是指返还原物。[①] 有学者认为《侵权责任法》规定的返还财产不限于返还原物。[②] 笔者认为，将《侵权责任法》规定的返还财产解释为返还原物，有利于区分不同性质的民事法律关系。为了行文方便，除有必要外，以下将《侵权责任法》规定的返还财产改称返还原物。

（二）《物权法》规定的返还原物涉及的民事法律关系性质

返还原物是我国物权法上的概念。《物权法》第一编总则的第三章规定物权的保护，其中第34条规定："无权占有不动产或者动产的，权利人可以请求返还原物。"《物权法》第五编的题目是占有，其中第243条前段规定："不动产或者动产被占有人占有的，权利人可以请求返还原物及孳息……"

① 参见奚晓明、王利明主编：《侵权责任法条文释义》，人民法院出版社2010年版，第107页；杨立新：《侵权责任法》，法律出版社2010年版，第121页；王胜明主编：《中华人民共和国侵权责任法释义》，法律出版社2010年版，第80页；魏振瀛主编：《民法》（第4版），北京大学出版社、高等教育出版社2010年版，第675页。

② 参见王利明：《侵权责任法研究》（上册），中国人民大学出版社2010年版，第637页；张新宝：《侵权责任法》（第2版），中国人民大学出版社2010年版，第132页。

本条规定的“请求返还原物”与第 34 条规定的“请求返还原物”用语相同。对此应当怎样理解？它们的内涵与相互关系如何？因为我国《物权法》在这方面的立法技术主要是借鉴德国民法与我国台湾地区民法的有关规定，对这两条规定的理解需要参考德国民法与我国台湾地区民法的有关规定。

我国台湾地区“民法”物权编第二章的题目是所有权，其中第 767 条的题目是所有权之保护—物上请求权。该条前段规定：“所有人对于无权占有或侵夺其所有物者，得请求返还之。”学理上称此为所有物返还请求权。物权编第十章的题目是占有，其中第 962 条的题目是占有人之物上请求权。该条前段规定：“占有人，其占有被侵夺者，得请求返还其占有物。”学理上称此为占有物返还请求权。

按照德国民法与我国台湾地区民法的规定，占有是事实不是权利。“占有虽然不是物权，但占有反映的是特定的人对特定物的支配关系，这一点与物权关系的特征并无差异；而且对占有的保护也采用的是物权的保护方法，所以占有制度规定在民法典的物权编之中。这是德国民法学者对占有制度为什么规定在物权编的通说性解释。”①物权法中规定的占有是调整占有关系的制度，占有制度不仅保护有权占有，也保护无权占有，是为了保护占有秩序，维护社会秩序，也有利于恢复物权人占有的可能。

德国民法与我国台湾地区民法上的所有物返还请求权与占有物返还请求权是不同的民事法律关系，其不同点有四：一是性质不同。前者是物权关系，后者是占有关系。二是主体不同。前者的请求权人是所有人；后者的请求权人包括但不限于所有人，还包括基于债权关系发生的占有恢复请求权人，无权占有人可以作为占有恢复请求权人。② 三是构成要件不同。所有物返还请求权以无权占有为要件，占有物返还请求权以占有被侵夺为要件。四是保护期限不同。保护所有权的期间长，保护占有的期限短。《德国民法典》规定普通消灭时效期间 3 年（第 195 条），基于所有权或其他物权而发生的返还请求权的消灭时效期间为 30 年（第 197 条）。占有恢复请求权的消灭时效期间为 1 年（第 864 条）。“占有保护请求权与所有人之物上请求权之目的与效力不同，各自独立，互不相妨，得发生竞合关系，得合并或先后行使之。”③

---

① 孙宪忠：《德国当代物权法》，法律出版社 1997 年版，第 106—107 页。

② 王泽鉴：《民法物权》（第 2 版），北京大学出版社 2010 年版，第 519 页；谢在全：《民法物权论》（下册），台湾文太印刷有限公司印刷 1991 年版，第 583—584 页注 104。

③ 王泽鉴：《民法物权》（第 2 版），北京大学出版社 2010 年版，第 544 页。

《物权法》第 34 条与第 243 条规定的“权利人可以请求返还原物”,用语相同,但性质不同。前者是指物权关系中的请求返还原物,后者是指占有关系中的请求返还原物。根据《物权法》的规定,占有是一种事实,不是权利。参考德国民法与我国台湾地区民法的规定及原理,在学理上应当区别这两种不同的“返还原物”,将前者称返还原物,后者称返还占有物。结合我国的侵权责任原理,从责任角度将前者称返还原物责任,本文主题是讲返还原物责任请求权,除有必要外,一般不涉及返还占有物的问题。

二、德国民法规定所有物返还请求权与我国民法规定返还财产责任的社会背景及其理论根据分析

我国《民法通则》与《侵权责任法》规定的返还财产责任是对《德国民法典》规定的所有物返还请求权的借鉴与变革,为深刻理解返还财产责任的规定,需要对《德国民法典》与我国《民法通则》的有关规定的社会背景及理论根据作比较分析。

(一)《德国民法典》规定所有物返还请求权的社会背景与理论根据

1.《德国民法典》规定所有物返还请求权的社会背景

《德国民法典》第 194 条第 1 款规定:“向他人请求作为或不作为的权利(请求权),受消灭时效的限制。”有学者对这款规定解释说:“德国民法典总则编第 194 条第 1 款以很不显眼的方式给出了一个对整部德国民法典来说十分重要的法定定义—请求权是向他人请求作为或不作为的权利。……请求权是一个将德国民法典所有五编贯穿起来的法律概念,典型地体现了德国民法典的体系性和逻辑性。”①《德国民法典》第 903 条规定:“以不违反法律和第三人权利为限,物之所有人得随意处分其物,并排除他人之干涉。”第 985 条规定:“所有人可以向占有人请求返还其物。”学者对第 985 条的规定称为所有物返还请求权。这两条是《德国民法典》物权编的核心条文,对第 985 条规定需要结合第 903 条规定的精神理解。

《德国民法典》的上述两条规定有其深刻的社会背景。1871 年德意志帝国成立,为制定《德国民法典》奠定了政治基础,在全德范围内统一私法,是

① 《德国民法典》(第 2 版),陈卫佐译注,法律出版社 2006 年版,第 63 页。

德国经济发展的需要。起草《德国民法典》有法典编纂基础，但对原有法典作了重大变革。1794年的《普鲁士普通邦法》和1811年的《奥地利民法典》中，处分权能和用益权能被划分为不完整的所有权相互分离，处分权人被视为“上级所有权人”，另外的权利人被视为“用益所有权人”。这是封建制度下分割所有权（封建采邑主享有上级所有权，农奴享有用益所有权）制度的反映。

从1874年《德国民法典》开始起草到颁布这个时期，德国经济落后于其他一些国家，德国社会正处在资本主义发展阶段，大规模的垄断尚未形成，竞争非常活跃，而与此相应的是经济自由主义思想，这种思想反映在德国民法典起草中。《德国民法典》起草者有意识地摈弃了所有权分割模式，《德国民法典》第903条的规定意味着所有权是对物完整的、统一的、全面的不可分割的权利。私人所有权的行使被认为是个人行为自由的组成部分，是个人自身的、可以自由塑造的层面的一部分，《德国民法典》第903条的规定体现了所有权自由原则和所有权的绝对性。[①]

所有权是物权的重要组成部分，物权是对物的控制权，所有权是对物的完全控制权，都属于绝对权。德国民法上的所有物返还请求权是绝对权的体现，“绝对权之概念与所有者的返还请求权是密不可分的”[②]。

2.《德国民法典》规定所有物返还请求权的理论根据

从理论上看，《德国民法典》是潘德克顿（学说汇纂）法学的产物。《德国民法典》第一个起草委员会的主席是温德沙伊德，他是当时最孚众望的潘德克顿法学派的学者，委员会的头脑人物。[③]《德国民法典》请求权体系的根据就是温德沙伊德的请求权理论。温德沙伊德通过剥离罗马法上的诉所内含的诉权或可诉请性因素，提出了纯粹实体法上的请求权概念：请求权是指“法律上有权提出的请求，也即请求的权利，某人向他人要求一些东西的权

---

① 本段和前段中的资料参见《北京大学法学百科全书》（民法学、商法学卷），北京大学出版社2004年版，第160页；谢怀栻：《外国民商法精要》，法律出版社2002年版，第72—78页；〔德〕罗尔夫·克尼佩尔：《法律与历史》，朱岩译，法律出版社2003年版，第238—240页；〔德〕K.茨威格特、H.克茨：《比较法总论》，潘汉典、米健、高鸿均、贺卫方译，法律出版社2003年版，第218—219页；〔德〕马克西米利安·福克斯：《侵权行为法》，齐晓琨译，法律出版社2006年版，译者前言，第2页。

② 〔德〕克雷斯蒂安·冯·巴尔：《欧洲比较侵权行为法》（上卷），张新宝译，法律出版社2001年版，第651页。

③ 〔德〕K.茨威格特、H.克茨：《比较法总论》，潘汉典、米健、高鸿均、贺卫方译，法律出版社2003年版，第216页。

利。"[①]温德沙伊德将对物权所包含的请求权称为对物的请求权;而对人权所包含的请求权称为对人的请求权。他认为这两种请求权有如下区别:(1)两种请求权针对的相对人不同。对物权是由无限多的请求权构成的,对物权人具有针对一切人的请求权;对人权则含有针对特定人(或特定多数人)的请求权。(2)对物权或其请求权针对的是某种消极的东西,是一项不作为。而对人权或其请求权则可以是某种积极的或消极的东西,以一项作为或不作为为其客体。这实际上是指这两种请求权的标的不同:即作为与不作为。但是温德沙伊德认为,对物的请求权也可以要求他人进行作为,获得某种积极的内容。这主要是在对物权受到侵害的情形;由于这种侵害,其就转换成了要求消除侵害的请求权。《德国民法典》接受了温德沙伊德提出的物权请求权这一术语。《德国民法典理由书》指出:"债权为权利人设定一项针对义务人之给付的请求权。物权则针对物,不管作为所有权还是限制权利,均须依权利人对该物之意思,或于某方面须由该意思决定。该权利所生之请求权,不限于针对特定人。"[②]由此可见,在法典起草人的观念中,物权请求权也包括温德沙伊德讲的消极意义上的物权请求权。

基于所有权具有全面性、排他性、独立性、长期性、自由性的特点,为了维护所有权,所有物返还请求权就成为保护所有权的极其重要的救济方法。温德沙伊德的请求权理论对于构建《德国民法典》体系具有指导意义。《德国民法典》颁布后,德国学者对温德沙伊德的请求权理论既有发展,又有争论,在两次世界大战期间及战后,长期争论不休,其中对温德沙伊德讲的物权是对一切人的不作为请求权、请求权有无强制实现可能性等问题争论尤为激烈。[③]

(二)我国民法规定返还财产责任的社会背景与理论根据

1.《民法通则》规定返还财产责任的社会背景

1949年,在全国范围内废除了民国时期的法律,立法完全另起炉灶。改革开放以后,先后颁布的《民法通则》、《合同法》、《物权法》与《侵权责任法》都鲜明地规定了民事责任,这是为什么?对此需要从制定《民法通则》讲起。

---

① 参见金可可:《论温德沙伊德的请求权概念》,载《比较法研究》2005年第3期,第114—115页。

② 参见金可可:《论温德沙伊德的请求权概念》,载《比较法研究》2005年第3期,第118—120页;田士永:《物权行为理论研究》,中国政法大学出版社2002年版,第332页。

③ 参见苑书涛:《请求权基础理论研究》,西南政法大学2005年博士学位论文,第27—36页。

《民法通则》规定多种民事责任方式包括返还原物责任，有其深刻的社会背景。

《民法通则》是在特定历史条件下形成的特定的体系，其突出的特点是开创了民事权利—民事义务—民事责任立法模式。这种立法模式的创立有其偶然性，也有其必然性。说其有偶然性，是因为在《民法通则》起草之前，我国民事立法基础薄弱，起草《民法通则》缺乏长期的充分的理论准备。说其有必然性，是指根据其社会背景，有其客观必然性，对此可从三个方面说明：

其一，《民法通则》是在改革开放初期加强法治的产物。1949 年新中国成立后，长期实行纯粹公有制，全盘否定私有制；实行高度计划经济，根本否定市场经济。十年浩劫促使人们反思，改革开放的浪潮激发了人们的觉悟，提高了法治观念，感悟到没有民事权利就没有人的尊严；有了民事权利，没有民事责任等于丧失民事权利。因此，必须健全民事权利制度与民事责任制度。《民法通则》突出了民事权利在民法中的重要地位，专章规定民事责任，突出了对民事权利的保护。因而《民法通则》被海外学者誉为中国的"民事权利宣言"。《民法通则》是中国人民三十多年的经验与教训的总结，特别是"文化大革命"十年惨痛教训的总结，这是《民法通则》开创民事权利—民事义务—民事责任的立法模式的主要社会根源。

"我国自 80 年代初以来的立法技术中，逐渐形成了一种模式：即在一些条款较多的法律中，将法律责任列为单独的一个章节……各个法律、法规中都有关于法律责任与法律制裁的规定。但有些基本法律，对形成我国迄今为止关于法律责任制度与法律制裁制度的框架具有关键作用，它们可以说是这一框架的支柱。"①其中《民法通则》专章规定民事责任，就是这一框架的支柱之一。这种立法模式是我国立法者否定过去重视人治轻视法治，加强法治的产物。

其二，《民法通则》是经济体制改革与社会发展的成果。改革开放之初，随着经济体制改革迅速发展，合同、债权债务、涉外经济贸易、财产、知识产权、侵权等各方面的民事案件随之增多，在这种情况下，需要更多的民事立法，特别是民事基本法。《民法通则》是为适应改革开放事业的急需而迅速制定和颁布的，从开始起草到颁布不到一年时间。立法机关原定起草民法

① 沈宗灵主编：《法理学》，高等教育出版社 1994 年版，第 407 页。

总则，起草过程中在听取各方面意见的基础上，为了适应更多方面的需要，立法机关决定改为起草民法通则。《民法通则》约有二分之一条文属于传统民法总则方面的内容，另外二分之一条文是关于民事权利与民事责任的基本规定。《民法通则》是在我国改革开放初期特定历史背景下产生的民事基本法。《民法通则》专章规定民事责任，为民事司法提供了基本法律根据，也为司法解释留下了广阔的余地。[①]

德国学者罗尔夫·克尼佩尔在《法律与历史》一书中说："不同的立法形式的基础不应从不同的学说传统中去探寻，相反却应从不同的经济、社会和政治关系及其本位中去寻找。"[②]我国《民法通则》与《德国民法典》的立法形式的基础不同，它们的体系和内容不同是由两国不同的经济、社会和政治关系决定的。

其三，《民法通则》是立法者和民法学者解放思想的结晶。《民法通则》借鉴了苏联学者关于民事责任的学说。早在上世纪后期，苏联民法学者对民法上责任的研究已经有了发展，突破了传统民法将责任限于违反债的责任的观念。20 世纪 70 年代末 80 年代初，在苏联民法教材中专章写"苏联民法中的责任"，专节讲"民事法律责任的概念和基本特征"，或者专节讲"民事法律责任的概念和形式"，而没有按照 1964 年的《苏俄民法典》第十九章的题目称为"违反债的责任"。[③]《民法通则》关于民事责任的规定与这种民事法律责任观念的影响有关系。

随着改革开放，民法学研究的思想解放了，对外国民法理论与民事立法的借鉴不再局限于某一个国家的模式而兼收并蓄。从当代法学理论上看，关于法律责任有不同的学说，其中一种是后果说，《民法通则》采取了后果说，其显著标志是《民法通则》第 106 条第 1 款的规定。

《民法通则》在指导思想和立法政策上借鉴了其他国家的民事立法与学理，超越了苏联的民法理论与民事立法。例如，苏联民法学界的主流观点反对精神损害赔偿，民法上没有关于精神损害赔偿的规定。《民法通则》第 120 条规定："公民的姓名权、肖像权、名誉权、荣誉权受到侵害的，有权要求停止

---

① 1988 年《最高人民法院关于贯彻执行〈中华人民共和国民法通则〉若干问题的意见（试行）》共 200 条，在一定程度上具有开创性。

② 〔德〕罗尔夫·克尼佩尔：《法律与历史》，朱岩译，法律出版社 2003 年版，第 240 页。

③ 参见〔苏〕B. N. 格里巴诺夫、C. M. 科尔涅耶夫主编：《苏联民法》（上册），中国社会科学院法学研究所民法经济法研究室译，法律出版社 1984 年版，第 488 页；〔苏〕B. T. 斯米尔诺夫等：《苏联民法》（上卷），黄良平、丁文琪译，中国人民大学出版社 1987 年版，第 395 页。

侵害，恢复名誉，消除影响，赔礼道歉，并可以要求赔偿损失。"这条规定不仅包括赔偿财产损失，也包括赔偿精神损失。[①]《民法通则》规定多种民事责任方式，突出了对民事权利的保护，加强了对人格权以及知识产权的保护，符合民法发展的潮流。

从整体上和立法政策上看，《民法通则》适应了改革开放的需求，在一定程度上也为改革开放开辟了道路。虽然《民法通则》没有像《德国民法典》那样经过长期的理论准备与长期细致的起草工作，但也不是立法者随心所欲的产物。而是既有借鉴，又有创新，关于民事责任的规定是其重要组成部分之一。可以说《民法通则》是立法者和民法学者解放思想的结晶。

2.《民法通则》与《侵权责任法》规定返还财产责任的理论根据

《民法通则》和《侵权责任法》都规定了返还财产责任，《侵权责任法》第3条使用了"请求"概念，从学理上看，这条规定肯定了"请求权"概念。返还财产责任(返还原物责任)的相对人是权利人，权利人有返还原物责任请求权，讲《民法通则》与《侵权责任法》规定返还财产责任的理论根据，也就是讲返还原物责任请求权的理论根据。笔者主张将《物权法》与《侵权责任法》相重合的条文解释为引致规范，适用《侵权责任法》的有关规定包括返还原物责任请求权，其道理何在？这是与我国民法立法模式与民法体系紧密关联的问题，仅就返还原物责任本身难以讲清楚，需要从我国民法立法模式整体上论证。过去我的一些文章对这方面问题从不同的方面作了论述，现结合本文主题简要归纳总结如下：

(1) 我国民法采取债务与责任分离体例的理论根据

我国民法突破了德国式民法的债务与责任结合模式，将债务与责任分离，创立了民事权利—民事义务—民事责任立法模式。以下分三个方面阐述其理论根据。

第一，关于责任的概念与民法立法模式问题。德国式民法采取债务与责任结合立法模式，主要体现在：其一，责任的含义有三层意思：A. 责任是债务人承担损害赔偿义务。B. 责任是债务人以其全部财产(原则上)为履行债务的担保。C. 责任是强制债务人履行债务。[②] 其二，对债务与责任不严格区分，二者往往通用。"在法律中以及在其他场合'负责任'有时亦与'负

---

① 参见最高人民法院《民法通则》培训班编辑组、全国法院干部业余法律大学：《民法通则讲座》，北京市文化局出版处京文出版字第86—033号，1986年9月印刷，第250—254页。

② 参见〔德〕迪特尔·施瓦布：《民法导论》，郑冲译，法律出版社2006年版，第168—169页；王泽鉴：《民法学说与判例研究》(4)，中国政法大学出版社1998年版，第122—123页。

担债务'同义使用(如第276条第2款和第277条中所称的'责任')。这常常只是为了避免重复使用'负担债务'。"①其三,物权编规定保护物权的方式是物权请求权,没有关于责任的规定。对他人的物造成损害的,负损害赔偿义务,属于侵权损害赔偿之债。

我国民法将债务与责任分离,严格区分债务与责任。《民法通则》第106条第1款规定:"公民、法人违反合同或者不履行其他义务的,应当承担民事责任。"民事责任与民事义务(债务)有以下区别:一是性质不同。义务是"当为",反映正常的社会秩序。当为而不为产生责任。义务是责任之因,责任是违反义务之果。责任反映不正常的社会秩序,责任人承担责任是恢复正常的社会秩序。二是功能不同。义务是权利主体实现权利的必要条件,通常权利人实现权利与义务人履行义务同时存在,二者相辅相成。责任是促使义务人履行义务、保证权利人实现权利的辅助条件。三是拘束力不同。义务和责任均具有拘束力,但是拘束的程度和方式不同。义务的拘束力是指义务人应当履行义务,不是可履行可不履行;不履行义务或者侵害他人的权利的,义务人就变为责任人。责任具有强制性,必要时司法机关可以强制义务人承担责任。

虽然责任一词有多种含义,但是,作为法律用语,应当将义务(债务)与责任严格区分开。我国民法严格区别义务(债务)与责任,是《民法通则》创立民事权利—民事义务—民事责任立法模式的理论根据,并为将德国式民法上的侵权行为之债法变革为独立的侵权责任法奠定了理论基础。返还原物责任请求权的理论根据也在于此。

这里需要辨明的一个问题是,《合同法》采取的是债务与责任结合体例,还是债务与责任分离体例?有学者认为是前者,其理由不外是因为合同是发生债的原因,违约责任规定在合同法中,所以责任与债没有分离。笔者认为是后者。《合同法》总则第七章专章规定违约责任,分则各章有关于违约责任的具体规定。《侵权责任法》规定的责任不包括违约责任,是因为违约责任与侵权责任的性质不同。违约责任属于不履行债务的一种责任,保护的是债权,债权属于相对权。侵权责任保护的是人格权、物权与知识产权等绝对权,以及需要由侵权责任法保护的其他民事权益。有学者认为侵权责

---

① 〔德〕迪特尔·梅迪库斯:《德国债法总论》,杜景林、卢谌译,法律出版社2004年版,第17页。

任是狭义的民事责任。[①] 违约责任规定在合同法中,不等于说违约责任等同于债。因为违约责任与侵权赔偿损失责任都是财产责任,可以准用债法通则的有关规定。如果说这种财产责任也是债,那就是有学者指出的,责任是"一种特殊的债"[②]。其特殊就在于责任与债的性质不同。

第二,关于民事责任与民事制裁相区别的问题。有学者认为,民事责任作为法律责任的一种,其体现的是国家的强制,民事责任的立法方式有损私法自治理念。有学者认为,近现代民法已经将古代法上的债或者责任的强制性剥离出来而纳入公法领域,表现为当债务人不履行债务时,债权人可以向法院提起诉讼,请求法院以国家强制力强制债务人履行债务或者承担责任。这两种观点归结到一点就是:责任具有强制性,私法上无责任。从法理学上看,这种观点是制裁说,认为法律责任就是制裁。

我国法理学者在上世纪 90 年代初期就提出,法律责任与法律制裁既有联系,又有区别。法律责任的承担有主动承担和强制承担,这一理论被越来越多的法理学者接受。[③] 民事责任不同于刑事责任,主要不是对违法者的惩罚。民事责任与民事制裁既有联系,又有区别,民事责任有自动承担、请求承担与强制承担三种途径:

一是自动承担。民事责任是责任人向民事权利受到侵害的人承担的责任,根据意思自治原则,受害人有权放弃请求责任人承担责任,责任人有权自动承担民事责任,例如自动支付违约金、赔偿金,责任人自动继续履行等。在德国民法语境下,也有关于自动承担责任的观点。德国学者拉伦茨说:"承担责任是人类生存的一个基本现象……他一旦认识到自己对他人从事了非法行为,认识到相对于他人违反了义务,他就会感到一种道德上的迫切要求,去把他人所遭受的不利后果承担过来,去'赔偿'非法行为所产生的损害。"[④]

二是请求承担。如果责任人没有自动承担责任,受害人有权请求责任

---

① 参见苏永钦:《民法典的时代意义——对中国内地民法典草案的大方向提几点看法》,载苏永钦:《民事立法与公法的接轨》,北京大学出版社 2005 年版,第 71 页注 86。

② 梁慧星:《民法总论》(第 2 版),法律出版社 2001 年版,第 86 页。

③ 参见沈宗灵主编:《法理学》,高等教育出版社 1994 年版,第 400—415 页;张骐:《当代中国法律责任的目的、功能与归责的基本原则》,载《中外法学》1999 年第 6 期,第 28—34 页;卓泽渊主编:《法理学》(第 4 版),法律出版社 2006 年版,第 269—273 页;张文显主编:《法理学》(第 3 版),高等教育出版社、北京大学出版社 2007 年版,第 175 页。

④ 〔德〕卡尔·拉伦茨:《德国民法通论》(上册),王晓晔、邵建东、程建英、许国建、谢怀栻译,法律出版社 2003 年版,第 50 页。

人承担。在权利人提出请求后,责任人如果承担了责任,责任关系随之消灭。此外,当事人双方协商同意,可以采取变通的方式解决,例如变更承担责任时间、地点、数额等。当事人自动承担责任,经权利人请求后承担责任或者协商承担责任,都是当事人之间的关系,不涉及国家强制力,不涉及制裁。

三是强制承担。权利人在其权利受到侵害后,经过请求,责任人仍不承担责任时,权利人有权提起诉讼,请求法院强制责任人承担责任。另外,权利人有权不经自动承担和请求承担过程,直接提出诉讼,请求法院判决责任人承担责任。在民事责任关系中,这种情况虽然不会经常发生,但是受害人有选择这种方式的权利,这对于充分保护民事权利,维护社会秩序是必要的。[①]

把法律责任看做是制裁是一种责任观,区别法律责任与法律制裁是另一种责任观,我国民法采取的是后者。我国法理学教材基本上将法律责任分为四种:其一,民事法律责任;其二,行政法律责任;其三,刑事法律责任;其四,违宪责任。[②] 所谓责任即制裁,私法上无责任,与我国法理学的主流观点不一致,与我国民法的规定相矛盾。

第三,民事责任体系与民法以权利为本位的关系问题。我国民法建立民事责任体系,与民法以权利为本位有无矛盾?有学者认为有矛盾,笔者认为无矛盾。笔者认为,我国民法应当以权利为本位,以民事法律关系为核心。"民法之基本观念,亦即民法之基本目的,或基本作用,或基本任务,时论多称之为本位。"[③]民法以权利为本位与民法以民事法律关系为核心,二者虽相关联,但不是同一性质的问题。前者是从民法的属性与理念上讲的,后者是从民法规范结构上讲的,二者并不矛盾。

通常说民事法律关系有主体、客体、内容三要素,民事法律整体就是由这三个方面组成。传统民法不严格区分义务与责任,通常讲民事法律关系以权利义务为内容,实际上包括了责任。民事责任也是一种民事法律关系,它是义务人违反民事义务或者侵害他人民事权利发生的民事法律关系,其

---

① 参见魏振瀛:《制定侵权责任法的学理分析—侵权行为之债法立法模式的借鉴与变革》,载《法学家》2009 年第 1 期,第 26—27 页。

② 参见沈宗灵主编:《法理学》(第 2 版),北京大学出版社 2004 年,第 362—363 页;张文显:《法理学》(第 3 版),高等教育出版社、北京大学出版社 2007 年,第 172 页。

③ 王伯琦:《民法总则》,台湾编译馆 1979 年版,第 31 页。

主体是权利(救济权)人与责任人。[①]

(2) 笔者主张将物权请求权变革为侵权责任请求权的理论根据

我国《侵权责任法》突破了侵权损害赔偿之债法的传统,规定了包括返还原物在内的多种侵权责任方式。笔者主张将所有物返还请求权变革为返还原物责任请求权,其理论根据如下:

第一,根据物权是支配权的原理,针对一切人的消极意义上的物权请求权不存在。

前已述及,《德国民法典》规定的所有物返还请求权是接受温德沙伊德的请求权理论的结果。邓恩伯格在其1888年的《潘德克顿》第二版中首先使用了"支配权"一词,他指出:"对物权是使某有体物直接服从我们的权利。这种权利中最完满的权利是所有权,对物作普遍支配的权利。而按照特定的关系和在有限的范围内的支配权,就产生了对他人之物的对物权……"[②]支配权在短短十几年的时间里被迅速接受,以至于成为无须引证说明即可使用的概念。后来,支配权成为一种独立的权利类型。[③] 从民事权利类型的划分讲,物权是支配权,不是请求权。

显然,物权是支配权的原理与温德沙伊德提出的物权是针对一切人的不作为请求权的原理相比较,前者更为科学。物权是支配权,具有排他性,物权的行使不需要向任何人提出请求。当物权受到侵害时,要求消除侵害的请求权,源于物权的支配权,而不是源于针对一切人的不作为请求权。所有权是所有物返还请求权的基础权利,所有物返还请求权是保护所有权的法律手段。所有物返还请求权属于救济权的请求权。[④] 物权是支配权的原理出现以后,针对一切人的消极意义上的物权请求权观点就落后了。德国学者迪特尔·施瓦布指出:"慕尼黑的A将会针对基尔的B(就像针对任何一个其他人一样)享有要求尊重其财产所有权的请求权,而B可能在一生中都不会同这种财产发生什么瓜葛。如果B根本就不会想到同A因其所有权

---

① 魏振瀛:《制定侵权责任法的学理分析—侵权行为之债法立法模式的借鉴与变革》,载《法学家》2009年第1期,第16—17页。

② 转引自金可可:《论支配权概念——以德国民法学为背景》,载《中国法学》2006年第2期,第73页。

③ 同上书,第74—75页。

④ 救济权请求权的实质是权利人请求权相对人承担民事责任。关于原权利请求权与救济权请求权的论述,参见魏振瀛:《论请求权的性质与体系——未来我国民法典中的请求权》,载《中外法学》2003年第4期,第389、396—397页。

而发生争议,A的这种请求权对他又有什么用呢?”①我国学者史尚宽说:“在物权事实状态适合于物权内容之限度,不发生任何请求权,例如所有权为物之支配,无对于任何人为请求权之必要。有抵触物权内容之事实存在时,始对于特定之侵害人,合法的有请求原状之回复及损害赔偿请求权。”②

根据物权是支配权的原理,所谓针对一切人的消极意义上的物权请求权纯属空洞抽象的理论构思,实际上不存在。《德国民法典》立法者接受物权请求权的第一种含义(对物权人具有针对一切人的请求权),在当时是一种先进的理论,而这种理论早已陈旧,我国民法不应借鉴。

第二,根据债务与责任分离的原理,所有物返还请求权的实质是请求相对人承担侵权责任。

物权请求权的第二种含义(在对物权受到侵害时要求消除侵害的请求权)没有变成陈旧的理论,对此我国不是不能借鉴,但是,我国民法已经采取了民事权利—民事义务—民事责任立法模式,为了使民法整体协调一致,就没有必要借鉴这种理论,而应采用侵权责任方式处理这个问题,其理论根据在于所有物返还请求权的实质是请求相对人承担侵权责任。

所有权是所有人直接支配其物的排他权利。所有权关系的权利主体是所有人,义务主体是所有人以外的不特定的人。这种义务主体的义务是不作为。有学者说:“物权的最大特征是其绝对性:法律以一项可针对任何人而主张的效力来构造物权,并保护物权免受任何不法之侵害,任何人对物权均须负尊重义务。”③

根据德国式民法的规定,“所有物返还请求权之相对人(义务人),须为占有其物而妨害所有人占有之人”④。换言之,这种民事法律关系的权利人是所有权人,义务人是无权占有人。这里的问题是在所有人行使所有物返还请求时,相对人是否违反了不侵害他人所有权义务?对此可以借用德国学者拉伦茨的观点来回答。他在讲到人格权与所有权法律关系时说:

还有另外一种法律关系,如同人格权和所有权,它提供给一个人对于所有其他人的权利。……它是法律保证给一个特定的人的自由空间,在这里这个特定人可以排除所有其他的人。所有其他的人都有尊重这种权利、不侵犯这种权利的义务。这种义务最初只是很一般的,它还不给予权利人对

① 〔德〕迪特尔·施瓦布:《民法导论》,郑冲译,法律出版社2006年版,第139页。

② 史尚宽:《民法总论》,中国政法大学出版社2000年版,第27页。

③ 〔德〕鲍尔/施蒂尔纳:《德国物权法》(上册),张双根译,法律出版社2004年,第12页。

④ 郑玉波:《民法物权》,台湾三民书局股份有限公司1977年版,第61页。

某一特定人的具体的功能。一旦某人违反了这个义务或以违反义务相威胁,权利人就对这个人发生了“请求权”。这种请求权就是,排除侵害、请求停止继续侵害,依情况还可以请求损害赔偿。①

由此可见,所有物返还请求权的相对人违反了不侵犯他人所有权义务,所有人才能行使所有物返还请求权。根据德国式民法不严格区分义务(债务)与责任的观念,所有权法律关系的义务人负有不侵害他人所有权义务,违反这种义务者,应当承担所有物返还义务,换言之,违反了义务者应当承担义务,这是德国式民法的思路。我国民法的思路是违反民事义务的,应当承担民事责任;违反不侵害他人所有权义务的,应当承担返还原物责任。因此可以说,所有物返还请求权的实质是请求相对人承担侵权责任。

以上说明,我国民法将返还原物作为一种侵权责任方式(从被侵权人的角度讲是返还原物责任请求权),有理论根据。侵害了所有权,即使没有实际损害,也构成侵权。德国学者冯·巴尔说:“在欧洲大陆的大陆法制度中,这样一个判断是不言而喻的:侵犯权利导致责任,由于被侵犯的权利是所有权,因此即使没有实际损害所有权也受到了侵害。排除对占有之侵扰的权利是所有权之一部分,它甚至可以作为《德国民法典》第 823 条第 1 款中的‘其他权利’受到侵权行为法的保护。”②

第三,将所有物返还请求权变革为返还原物责任请求权不影响物权的效力。

有的学者认为,物权请求权优于债权请求权,将物权请求权变革为侵权责任,物权就失去了优先效力。从债务与责任分离的观点看,责任不属于债的范畴,《侵权责任法》已经与债法分离,侵权责任包括返还原物责任不是侵权损害赔偿之债,而是保护物权的方法,因而物权的效力不会改变。具体说,关于物权的效力有二效力说、三效力说和四效力说;四效力说认为物权有排他效力、优先效力、物权请求权效力和追及效力。物权的排他效力是由物权的支配权性质决定的,物权优于债权的效力是物权的支配权性质及物权变动的公示公信原则决定的,这两种物权效力均不取决于物权请求权。多数学者认为物权的追及效力应当包括在优先效力和物权请求权之中。简而言之,物权的效力决定于物权是支配权的性质,而不取决于物权请求权。

---

① 〔德〕卡尔·拉伦茨:《德国民法通论》(上册),王晓晔、邵建东、程建英、许国建、谢怀栻译,法律出版社 2003 年版,第 256 页。

② 〔德〕克雷斯蒂安·冯·巴尔:《欧洲比较侵权行为法》(上册),张新宝译,法律出版社 2001 年版,第 652 页。

第四,《物权法》与《侵权责任法》的规定相重合的条文应当适用《侵权责任法》规定的理由。

《物权法》规定的物权的保护方式中有请求返还原物,请求排除妨害或者消除危险,请求修理、重作、更换或者恢复原状,请求损害赔偿。《侵权责任法》规定的侵权责任方式有:排除妨碍,消除危险,返还财产,恢复原状,赔偿损失。这两部法律规定的上述条文是重合的:返还原物与返还财产重合,如前所述,《侵权责任法》规定的返还财产实际是返还原物;排除妨害与排除妨碍没有实质区别;消除危险重合;恢复原状重合;损害赔偿与赔偿损失重合,因为在我国民法中损害赔偿与赔偿损失为同义语①;学者的通说认为《物权法》规定的损害赔偿属于侵权责任范畴;修理属于恢复原状(我国民法采狭义的恢复原状概念,是赔偿损失的特殊方法);重作和更换属于实物赔偿,可纳入赔偿损失中。

对《物权法》与《侵权责任法》的重合条文有不同的解释。一种观点认为,《物权法》规定的物权的保护方式与《侵权责任法》规定的侵权责任方式的构成要件与法律适用不同,前者不问过错,不适用诉讼时效;后者一般以过错为要件,适用诉讼时效,二者形成竞合关系,有利于当事人自由选择。关于这个问题早在制定《侵权责任法》过程中就有分歧。有学者指出,同样是排除妨碍、消除危险和返还财产,在《物权法》与《侵权责任法》中规定不同的构成要件,这种竞合说很难运用价值判断的讨论方法去论证其正当性。即使从法律适用角度人手,这种做法的缺陷也是显而易见的,很难想象当事人在保护自己的物权时,会弃简就繁,放弃主张物权请求权,而去选择主张侵权请求权。这样,有关侵权责任请求权的相关规定不就会沦为形式?② 笔者认为此说言之有理。

再者,竞合说存在理论上的障碍,与我国民法立法模式相矛盾。我国《民法通则》创立了民事权利—民事义务—民事责任立法模式,《合同法》与《侵权责任法》延续了这种立法模式,此模式的理论根据是债务与责任分离,竞合说没有将债务与责任分离的理论贯彻到底。如果《物权法》规定的请求返还原物不问相对人有无过错,不适用诉讼时效,《侵权责任法》规定的返还原物责任一般以相对人有过错为要件,适用诉讼时效,那么从法律适用条件

① 参见崔建远:《论归责原则与侵权责任方式的关系》,载《中国法学》2010 年第 2 期,第 41 页注。

② 王轶:《民法原理与民法学方法》,法律出版社 2009 年版,第 193—194 页。

上看，这与德国式民法上的所有物返还请求权和侵权损害赔偿之债的适用条件相比，没有多大区别，从形式逻辑上推理，就可以将《侵权责任法》规定的返还原物责任理解为侵权损害赔偿之债。

债务与责任分离是指民事责任不限于债的范畴，各种民事法律关系包括物权关系都会发生责任问题。竞合说主张保留物权请求权体系，就意味着物权法中无责任，这样就削弱了侵权责任法的理论意义，使侵权责任法的主要意义成为扩大侵权行为法的篇幅而已。如果说《侵权责任法》已经脱离了债法范畴，《侵权责任法》规定的返还原物责任是保护物权的方法，那么为什么物权法中的返还原物不问过错，而《侵权责任法》的返还原物责任一般以相对人有过错为要件？这样一来，当事人就不会选择返还原物责任，《侵权责任法》的返还原物责任等于没有规定，实际上就回到了物权法上无责任的德国模式。为将债务与责任分离的理论贯彻到底，避免这种矛盾，就应当扬弃物权请求权制度，健全侵权责任法制度。

现实情况是，《物权法》与《侵权责任法》是两个独立的法律，实务上存在着当事人选择适用《物权法》或者选择适用《侵权责任法》的问题。比较好的解释方案是：《物权法》与《侵权责任法》重合的条文的适用条件相同。这样一来，无论当事人选择适用《物权法》的规定，还是选择适用《侵权责任法》的规定，其效果相同。

（3）我国民法采取债务与责任分离体例与将物权请求权变革为侵权责任请求权的优越性

第一，采取债务与责任分离体例使债法更加科学。债法是财产法，这是通说。债务有效的前提是是否为一项有财产价值的利益，或者至少是值得保护的债权人得到债务人清偿的利益。在制定《德国民法典》时的权威意见对此作出了否定回答，第一委员会也站在同一立场上。①

"特别必要指出，在萨维尼、索姆等人的设想中，债权所针对的行为必须是具有财产价值的行为，是可以被转化为金钱数额的行为。"②萨维尼指出，并非一切行为都适于成为债的客体；只有这种行为，即因其物质价值属性既可以视为来源于人格，又可以被认为是与物相类似的行为，才可以成为债的客体。他进一步解释说，更为确切的含义是：不适合成为债的客体的行为，

---

① 参见〔德〕霍尔斯特·海因里希·雅克布斯：《十九世纪德国民法科学与立法》，王娜译，法律出版社 2003 年版，第 135—136 页。

② 金可可：《债权物权区分说的构成要素》，载《法学研究》2005 年第 1 期，第 29 页。

是那些完全不能转化为金钱数目的行为;至少其只能非真正的、以不完全的方式被视为债权。[①] "但温德沙伊德在发明请求权概念之后,债权的概念逐渐被等同于请求权,如《德国民法典》即有将两者混同的倾向。温德沙伊德在发明请求权概念时,仅仅是为了强调一切权利都具备的强制性因素,并没有将之单独适用于财产权的意图,请求权仅仅是指向他人行为的权利,而并不要求这种行为具有某种经济价值。因此,债权的客体逐渐也就扩大到一切行为,而不再要求是具有财产价值的行为。"[②]《德国民法典》颁布后,学理上和实务中债的含义有逐步扩大的趋势,不含财产内容的债逐步扩张,例如,赔礼道歉也被纳入债的范畴;认为婚约和夫妻同居义务属于不完全的债;等等。我国有学者认为,我国《侵权责任法》规定的各种侵权责任方式,除返还原物属于物权请求权以外,停止侵害、排除妨碍、消除危险、赔礼道歉等其他责任方式均应纳入债的范畴。如果是在债务与责任结合的立法体例中,这样处理有其理论根据,但这样就造成许多与财产无关的责任都归入债的范畴,削弱了债法的严谨性。我国民法采取债务与责任分离体例,就可以将不具有财产性的"债"剔除,确立债的固有财产属性,醇化债的内涵,从而使债法更加科学。

第二,变革侵权损害赔偿之债为多种侵权责任方式,通俗易懂,有利于发挥我国民法既是行为规范、又是裁判规范的功能。

民法应当是裁判规范,抑或既是行为规范,又是裁判规范,对此有不同的立法观念。例如,《德国民法典》不是要用之于普通公民,而是要用之于法律专家的。以损害赔偿为例,一位德国学者在解释损害赔偿的含义时说:"损害赔偿不像一般人所想象的那样首先是以金钱赔偿,而是'恢复一种状态'(恢复原状)。"[③]许多不同的方式方法都可以纳入损害赔偿,学者的举例与个别采取德国式损害赔偿理论的国家的民法规定有:更正广告、赔礼道歉、恢复名誉、疾病得到治愈、汽车得到修理、重新设定被剥夺的权利、夺物者还物、骗钱者还钱,以及"法院可发布禁令,禁止被告实施、继续实施或恢复损害原告的行为。……在不正当竞争的情形中,法院可命令放弃被告采

---

① 〔德〕弗里德里希·卡尔·冯·萨维尼:《萨维尼论财产权》,金可可译,载王洪亮、张双根、田士永主编:《中德私法研究》(第1卷),北京大学出版社2006年版,第211页。

② 金可可:《债权物权区分说的构成要素》,载《法学研究》2005年第1期,第29页。

③ 〔德〕迪特尔·施瓦布:《民法导论》,郑冲译,法律出版社2006年版,第254页。

用的不诚实做法"[①]等等，不胜枚举，这些都是"恢复一种状态"，都是损害赔偿。[②] 以上说的"夺物者还物"，在德国式物权法上，用物权请求权的方法处理，权利人有所有物返还请求权；在债法上用侵权损害赔偿之债的方法处理，权利人有侵权损害赔偿请求权。事实上都是"原物返还"，但在法律上有不同的称谓和处理方法，这是德国民法为了区分物权与债权的需要。再如，德国"民法典第985条所规定的基本公式，……给初学者—实际上远不只他们！—造成极大的理解困难。……对这些问题，司法判例与学术界所勾绘的，是一幅斑驳陆离间或令人眼花缭乱的图画。而能够理解这些问题的，也常常仅是那些对此十分精通之人士"[③]。由此可以看出德国民法高度抽象的优点，也可以看出其晦涩难懂的缺点。《德国民法典》是典型的裁判规范。

《法国民法典》是另一种风格。拿破仑在主持起草《法国民法典》时，"他坚持法典的起草风格对于即使如他那样的非法律家也应当透明易懂"[④]。在风格和语言方面，《法国民法典》堪称杰作。其表达生动明朗和浅显易晓，有人称《法国民法典》是一部"出色的法国文学著作，因此对法典在法国民众中普及作出了实质性的贡献"[⑤]。

笔者赞成"民法者行为规范兼裁判规范也"[⑥]。我国民法是调整平等民事主体的人身关系与财产关系的基本法律，是民事主体行使民事权利的法律工具，又是保护民事权益，与侵害民事权益的违法行为作斗争的法律武器，这是发挥民法效力的源泉所在。民法具有科学性、专业性，不可能让所有的人都懂得和掌握。但是，在重视民法科学性的同时，应当考虑民法广泛的适用性，注意通俗易懂。我国民法借鉴与变革债务与责任结合的德国式民法模式，明确民事权利、民事义务与民事责任在民法中的地位及其相互关系，规定八种主要的侵权责任方式等，通俗易懂，有利于发挥我国民法既是行为规范、又是裁判规范的功能。

第三，将物权请求权变革为侵权责任请求权有利于充分保护民事权益，

---

① 《埃塞俄比亚民法典》第2121条第1款，第2122条。这是该法典规定的多种"其他赔偿形式"中的两种。

② 〔德〕卡尔·拉伦茨：《德国民法通论》（上册），王晓晔、邵建东、程建英、许国建、谢怀栻译，法律出版社2003年版，第8页。

③ 〔德〕鲍尔/施蒂尔纳：《德国物权法》，张双根译，法律出版社2004年版，第185、196页。

④ 〔德〕K. 茨威格特、H. 克茨：《比较法总论》，潘汉典、米健、高鸿钧、贺卫方译，法律出版社2003年版，第129页。

⑤ 同上书，第141页。

⑥ 郑玉波：《民法总则》，台湾三民书局股份有限公司1995年版，第10页。

并能简化立法。

《德国民法典》第985条规定了所有物返还请求权,司法实务上的发展扩大了其适用范围,只要某种物权之内容包含有对物之占有,则该规定均有适用之余地。[①]《德国民法典》第1004条规定了侵害除去请求权与不作为请求权,这条规定在司法实践中扩大了适用范围,包括他物权。以上是德国物权请求权的基本内容。《侵权责任法》规定了停止侵害、排除妨碍、消除危险三种责任方式,这三种责任方式的内涵与《德国民法典》规定的侵害除去请求权和不作为请求权的实际内涵基本相同,不同的是前者从权利人的角度规定,后者从义务人的角度规定,二者的目标一致。将物权请求权变革为侵权责任请求权,就是将所有物返还请求权变革为返还原物责任请求权,将侵害除去请求权与不作为请求权变革为停止侵害责任请求权、排除妨碍责任请求权、消除危险责任请求权。

物权、人格权与知识产权都属于绝对权,绝对权请求权是随着绝对权类型的丰富而不断发展的,新的绝对权有个"长成"过程,绝对权请求权难以保护正在长成过程中的绝对权益。采取"侵权统一救济模式",就有了兜底条款,可以避免采取绝对权请求权与侵权损害赔偿请求权保护民事权益的局限性。[②] 将物权请求权变革为侵权责任请求权,集中规定侵害各种绝对权的责任,制定侵权责任法,将来成为民法典中独立的一编,便于适应社会发展需要,丰富侵权法的内容,有利于充分保护民事权益。

将停止侵害、排除妨碍、消除危险规定为侵权责任方式,就不必在物权法、人格权法、知识产权法中重复规定这些相同的请求权方式,可以简化立法,便于司法。

第四,将物权请求权变革为侵权责任请求权,使物权法与债法的界限更加清晰。

在德国司法实务中,早已将物权法中的侵害除去请求权与不作为请求权适用于侵权行为领域,其适用条件与物权请求权适用条件相同,不问侵权人有无过错。[③] 这说明德国侵权行为法的发展已经超越了《德国民法典》中关于侵权行为的规定。《德国民法典》在物权法中规定侵害除去请求权与不作为请求权,司法上又适用于侵权行为法,而按照德国民法理论与立法,侵

① 〔德〕鲍尔/施蒂尔纳:《德国物权法》(上册),张双根译,法律出版社2004年版,第185页。

② 参见张新宝:《侵权责任法立法研究》,中国人民大学出版社2009年版,第349—350页。

③ 参见〔德〕马克西米利安·福克斯:《侵权行为法》,齐晓琨译,法律出版社2006年版,第131—133页。

权行为法属于债法,侵害除去请求权与不作为请求权适用于侵权行为法,就使物权请求权中的侵害除去请求权与不作为请求权变为侵权损害赔偿之债,这样就模糊了物权法与债法的界限。将物权请求权变革为侵权责任(对权利人来说就是侵权责任请求权),并制定独立的侵权责任法,侵权责任法既不是物权法的组成部分,也不是债法的组成部分,这样就使物权法与债法的界限更加清晰。

三、返还原物责任请求权的构成要件与法律适用

(一)返还原物责任请求权的构成要件

所有物返还请求权与返还原物责任请求权都是保护物权的方法,由于所有物返还请求权是从权利人的角度观察和处理问题,返还原物责任请求权是从责任人的角度观察和处理问题,它们的构成要件虽有密切联系,但不相同。

所有物返还请求权的构成要件有:(1) 主张请求权人(原告)对某物的所有权;(2) 请求权相对人(被告)对该物的(直接的或者间接的)占有;(3) 占有缺少合法的原因。①

怎样理解"占有缺少合法的原因"? 我国民国时期的民法典第 767 条前段规定与《德国民法典》第 985 条规定的内涵实际相同,不同的是前者明文规定"无权占有或侵夺其所有物者",容易理解。"所谓侵夺,乃系违反所有人之意思,而取得其物之意思,故强盗、抢夺、盗窃或侵占均属之。此仅是无权占有之例示,不过其系以不法之手段取得占有而已,其系无权占有则无二致。"②"无权占有常见的案例,诸如越界建筑,占住他人空屋,租赁或使用借贷终了后继续使用租赁物或借用物,土地所有人领得被征收土地的地价补偿后仍继续耕种。"③上述规定与学者的解释可以说是对"占有缺少合法的原因"的注解。

笔者认为,返还原物责任请求权的构成要件有:(1) 请求权的主体是某物的所有人;(2) 请求权的相对人是对该物的无权占有人;(3) 无权占有人

---

① 参见〔德〕曼弗雷德·沃尔夫:《物权法》,吴越、李大雪译,法律出版社 2002 年版,第 101 页。
② 谢在全:《民法物权论》(上册),台湾文太印刷有限公司印刷 1992 年版,第 150—151 页。
③ 王泽鉴:《民法物权》(第 2 版),北京大学出版社 2010 年版,第 122 页。

违反了不得侵害他人所有权义务。返还原物责任请求权的构成要件与所有物返还请求权的构成要件的区别在于,返还原物责任请求权的构成要件之一是无权占有人违反不侵害他人所有权义务,所有物返还请求权的构成要件没有这一条。

笔者在《论请求权的性质与体系》一文中讲过,物权是绝对权,物权人以外的人对物权人来说是义务人,其义务是不作为,无权占有他人之物的人,违反了不作为义务,就应当承担返还原物责任,其性质可认定为侵权责任。[①]现在看来这段话的文字表述有缺陷,说"无权占有他人之物的人,违反了不作为义务,就应当承担返还原物责任,其性质可认定为侵权责任",容易被误解为一切无权占有无论具体情况如何,都是侵权。应当将这段话改为"无权占有他人之物,违反不侵害他人所有权义务的,应当承担返还原物责任,其性质是侵权责任"。这样表述就将无权占有分为违反不侵害他人所有权义务和未违反不侵害他人所有权义务两类,这样的分类源于德国式民法上无权占有的概念及其含义。

德国式民法上的占有分为有权占有与无权占有。区分有权占有与无权占有的意义在于:在有权占有,占有人得拒绝他人为本权的行使。反之,在无权占有,倘遇本权之人请求返还占有物时,无权占有的占有人有返还的义务。[②] 据此,不仅抢劫他人的物是无权占有,拾得遗失物也属于无权占有。[③]有学者还指出:"拾得人须负保管义务,此于法律虽无明文,但因拾得人处于无因管理地位,是自应负此项义务。"[④]拾得遗失物的人可能具有拾金不昧的高尚品德,及时将拾得物交给所有人,不计费用,不要报酬。拾得人对遗失物的占有没有权源,当所有人请求返还其物时,拾得人有返还义务,因此,具有拾金不昧的高尚品德人占有遗失物,也属于无权占有。按照返还原物责任请求权的思路,对于具有拾金不昧的高尚品德的人占有遗失物,显然不能认定为侵权。因此,不应当将无权占有都归之为侵权行为,而应当根据区分

---

① 救济权请求权的实质是权利人请求权相对人承担民事责任。关于原权利请求权与救济权请求权的论述,参见魏振瀛:《论请求权的性质与体系——未来我国民法典中的请求权》,载《中外法学》2003 年第 4 期,第 400 页。

② 王泽鉴:《民法物权》(第 2 版),北京大学出版社 2010 年版,第 428 页;谢在全:《民法物权论》(下册),台湾文太印刷有限公司印刷 1992 年版,第 488—489 页。

③ 郑玉波:《民法物权论》,台湾三民书局股份有限公司 1977 年版,第 374 页;王泽鉴:《民法物权》(第 2 版),北京大学出版社 2010 年版,第 428 页;谢在全:《民法物权论》(下册),台湾文太印刷有限公司印刷 1992 年版,第 489 页。

④ 谢在全:《民法物权论》(上册),台湾文太印刷有限公司印刷 1992 年版,第 281 页。

义务(债务)与责任的原理,区别对待。

为了阐述返还原物请求权的适用,需要谈谈返还原物责任与赔偿损失责任的关系。在侵权行为之债法上,返还原物与赔偿损失都属于损害赔偿之债的具体内容。《侵权责任法》将返还原物与赔偿损失规定为两种不同的责任方式,返还原物不涉及赔偿损失,返还原物责任只是将原物返还给权利人,不会给侵权人增加负担,因此适用无过错责任,即不问无权占有人有无过错。赔偿损失是用侵权人的财产赔偿被侵权人的损失,一般以侵权人有过错为要件。

侵权行为之债法规定的侵权行为后果是损害赔偿,有其特定的归责原则。我国《侵权责任法》规定了多种侵权责任方式,与侵权行为之债法上的损害赔偿的归责原则就不会完全相同。不同性质的问题需要用不同的方法解决。从法律整体上看,不同性质的违法行为需要承担不同类型的法律责任,包括民事法律责任、行政法律责任、刑事法律责任等。从民法上说,不同类型违反民事义务的行为需要承担不同的民事责任,不同的侵权责任方式所反映的违反民事义务的行为的性质有所不同。例如,造成了财产损失和存在危险状态的性质不同,责任方式就不同,适用的归责原则也不同。[①] 这样可能发生一个案子同时出现返还原物责任请求权和赔偿损失责任请求权,二者适用不同的归责原则,形成两种民事责任聚合,这对原告不会增加负担。

(二)返还原物责任请求权的法律适用

返还原物责任请求权的法律适用,主要是处理返还原物责任请求权与无权占有的关系。以下对无权占有他人的物分三种类型、,分别阐述返还原物责任请求权的法律适用。

1. 基于行为人自身行为形成的无权占有他人的物与返还原物责任请求权的法律适用

按照所有物返还请求权的思路,所有人对无权占有其所有物的,有所有物返还请求权,不问无权占有物取得的方式如何,如抢劫、盗窃、合同关系终止后继续占有、误认他人的物为自己的物而占有等,也不问行为人有无过错。这是从权利观念出发,从权利人的角度处理无权占有的方法。按照返

---

① 参见魏振瀛:《侵权责任方式与归责事由、归责原则的关系》,载《中国法学》2011 年第 2 期,第 27—37 页。

还原物责任请求权的思路，基于行为人自身行为形成的无权占有，违反不侵害他人所有权义务的，不问占有物取得的方式，不问行为人有无过错，都构成侵权，所有人有返还原物责任请求权。这是从民事法律关系（包括民事权利义务关系与民事责任关系）出发，从权利人与责任人双方的角度处理无权占有的方法。这两种处理无权占有的方法都有其理论根据，上文已经阐明。

对基于行为人自身行为形成的无权占有他人的物，无论按照所有物返还请求权的思路，还是按照返还原物责任请求权的思路，都区分所有物返还请求权与占有物返还请求权。这里有法律适用上的问题，即物权法中关于善意占有与恶意占有的规定与其他民事法律关系中原物返还的关系。有学者认为：无占有权利之占有人，与回复请求人间之法律关系，往往有与无因管理、不当得利、侵权行为或者债务不履行所生之关系并存者，它们之间发生竞合。王泽鉴教授"原则上赞同请求权竞合说，并认为法律为'保护'善意占有人，或'制裁'恶意占有人而设有特别规定时，应依其规范目的，排除一般规定的适用"[①]。根据我国《物权法》关于善意占有与恶意占有的规定，司法实务中可以参考王泽鉴教授的观点。[②] 但是，根据我国大陆民法规定，应将返还原物责任请求权解释为不问相对人有无过错，不直接涉及赔偿损失责任，因此返还原物责任请求权与返还占有物请求权会发生竞合。这种竞合的主要意义在于返还原物责任请求权不受关于返还占有物请求权一年的除斥期间（《物权法》第 245 条第 2 款）的限制，除斥期间届满后，所有人有返还原物责任请求权。

2. 既存民事法律关系终止后无权占有他人的物与返还原物责任请求权的法律适用

（1）合同等既存民事法律关系终止后与返还原物责任请求权的法律适用

在合同、无因管理、不当得利、各种用益物权与担保物权等既存的民事法律关系终止后，多有返还原物问题，会发生不同的请求权竞合，以王泽鉴教授所举例题与解答为例：甲出租某屋给乙，租赁关系终止后，乙拒不返还继续使用，致甲不能出租于他人。试问甲对乙得主张何种权利？"在上揭例题，甲出租某屋给乙，租赁关系终止后，乙拒不返还而继续使用，甲对乙得主

---

① 王泽鉴：《民法物权》（第 2 版），北京大学出版社 2010 年版，第 531—532 页。

② 我国学者通说将《物权法》第 37 条、第 242 条和第 244 条规定的损害赔偿请求权解释为侵权的损害赔偿请求权，属于侵权行为法的范畴；而不一律将之作为物权请求权的从请求权。参见崔建远：《物权法》（第 2 版），中国人民大学出版社 2011 年版，第 124—128 页。

张契约上的租赁物返还请求权、所有物返还请求权、侵权行为损害赔偿请求权。此外，尚有两个不当得利请求权，一为使用他人之物的不当得利，一为占有他人之物的不当得利。”①

按照返还原物责任请求权的思路，返还原物责任请求权往往与其他请求权竞合。以上述例题为例，甲对乙得主张合同上的租赁物返还请求权、返还原物责任请求权、侵权赔偿损失请求权与不当得利请求权。与按照所有物返还请求权的思路和法律规定不同的是，将所有物返还请求权变革为返还原物责任请求权，将侵权损害赔偿请求权变革为侵权赔偿损失请求权。

按照返还原物责任请求权的思路，租赁关系终止后，乙拒不返还继续使用，构成违反租赁合同责任；同时也违反了不侵害他人所有权义务，构成侵权，形成租赁合同责任请求权与返还原物责任请求权竞合。形成租赁合同责任请求权与返还原物责任请求权竞合的主要意义在于，返还原物责任请求权不受诉讼时效限制，诉讼时效期限届满后，当事人有返还原物责任请求权。在无因管理与不当得利等民事关系中也有类似问题。

需要明确的是，对既存的民事法律关系终止后的无权占有的处理，发生与返还原物责任请求权竞合时，在权利人没有明确选择的情况下，应当首先适用既存的民事法律关系当事人的约定或者法律规定。例如，通常情况下，违反合同的，应当首先适用当事人的约定或者合同法的规定。

（2）合同无效或者被撤销与返还原物责任请求权的法律适用

《合同法》第58条前段规定：“合同无效或者被撤销，因该合同取得的财产，应当予以返还；不能返还或者没有必要返还的，应当折价赔偿。”根据我国法律规定，按照所有物返还请求权的思路，合同无效或者被撤销后，基于合同发生的物权变动丧失基础，发生物权变动的回转，出卖人有权请求返还原物，性质属于物权请求权。

笔者主张《物权法》与《侵权责任法》规定的相重合的条文应当适用《侵权责任法》的有关规定，那么合同无效或者被撤销，应如何处理？以买卖合同为例，买卖合同无效或者被撤销，占有的标的物为无权占有，这种无权占有是否构成侵权，不能一概而论，应当根据不同的情况而定。如果买卖双方恶意串通，损害第三人利益，合同无效。这种无效合同的当事人的行为构成对权利人的侵权，权利人可以基于合同无效提出请求，也可以基于侵权责任

---

① 王泽鉴：《不当得利》，北京大学出版社2009年版，第209页。

提出请求。

如果不是买卖双方恶意串通，而是出卖人欺诈，买受人误认是出卖人的物，签订了买卖合同，合同被撤销，买受人占有的标的物为无权占有，但不能认定这种无权占有为侵权，因为买卖合同是因买受人被欺诈而订立，标的物是出卖人交付给买受人的。《合同法》第 58 条规定的返还财产是法定返还义务，如果义务人不履行返还义务，同时也违反了不侵害他人所有权义务，构成侵权，权利人有返还原物责任请求权。

合同无效或者被撤销后，原有的合同关系就不存在了，但还可能有遗留的问题需要处理，如已交付的标的物或者货款需要返还，造成的损失需要赔偿等，当事人有相应的民事权利或者民事义务，从而形成另一种民事法律关系。笔者将基于合同无效或者被撤销而形成的民事法律关系列入既存民事法律关系范围，因为其中的义务与其他既存民事法律关系终止后的义务没有实质差别，例如合同终止后返还原物的义务与基于合同无效或者被撤销产生的返还原物的义务就没有实质差别，因此不需要用所有物返还请求权方法解决，而是在诉讼时效期间届满后，可以适用返还原物责任请求权。

(3) 拾得遗失物与返还原物责任请求权的法律适用

按照德国式民法关于占有的理论，遗失物拾得人占有遗失物为无权占有。在英国，拾得或者发现无主或者所有人不明的物品，拾得人或者发现人对该物享有占有权。该占有权得对抗所有人之外的任何人。一旦所有人出现或者确定，拾得人或者发现人如不合理地继续占有该物，则其不仅对所有人构成侵占侵权，也可能构成刑事犯罪。[①]

由于我国民法理论主要是借鉴德国民法理论，应当遵循德国民法关于无权占有的原理，拾得人占有遗失物为无权占有。由于拾得人的主观意识和行为后果有所不同，形成的法律后果也会不同。

《物权法》第 109 条规定："拾得遗失物，应当返还权利人。拾得人应当及时通知权利人领取，或者交公安等有关部门。"这条规定在第九章所有权取得的特别规定中。从一些国家法律规定看，拾得遗失物拾得人有通知义务、保管义务、交付义务，有对拾得人的费用返还、拾得人的报酬、拾得人的留置权，以及公开拍卖、拾得人或者国家取得所有权等规定。笔者认为，关于拾得遗失物的法律规定是一项相对独立的法律制度，不是简单的所有权

① 胡雪梅：《英国侵权法》，中国政法大学出版社 2008 年版，第 44 页。

的特别取得方法问题。

拾得遗失物是一种特定的民事法律关系(其主体是拾得人与所有人),因此,笔者将基于拾得遗失物形成的关系也归入既存的民事法律关系。拾得人返还遗失物是法定义务,如果拾得人不返还遗失物,既违反了返还遗失物的法定义务,又违反不侵害他人所有权义务,构成侵权,所有人有返还原物责任请求权。这样处理与合同终止后返还租赁物义务没有差别,因此也不需要用所有物返还请求权方法解决。

3. 基于第三人行为形成的无权占有他人的物与返还原物责任请求权的法律适用

例题:甲家失火,在场的甲的客人乙帮助救火,乙将甲的一套贵重的书放在邻居丙家里暂存,得到丙的同意和接受。乙随即返回甲家,继续帮助救火。火被扑灭后,乙离开甲家,忘记将该书从丙家取回交给甲。乙回家后立即打电话给甲,说明甲的一套书保存在丙家里。试问甲对乙及丙有何种权利?

分析:此例的起因是紧急避险行为。《民法通则》第 129 条对紧急避险作了原则性规定。紧急避险过程中和紧急避险完成后,可能形成不同的民事法律关系,需要具体分析。丙接受乙暂存的书,如果在火被扑灭后随即将书交还给甲,其性质是帮助甲紧急避险的行为。

根据空间、时间、占有意思和社会观念等因素综合分析,如果丙对甲的书形成了无权占有,丙有返还标的物义务,可称为“返还第三人转移物义务”,甲有“返还第三人转移物请求权”。因为丙是由于第三人(乙)的行为形成的无权占有,不应认为丙违反不侵害他人所有权义务。这里说的“返还第三人转移物请求权“与所有物返还请求权不同,其理由与前面讲的“返还无效给付物请求权”的理由相同。如果丙违反返还义务,同时违反了不侵害他人所有权义务,构成侵权,应当承担侵权责任,甲有返还原物责任请求权。

乙将甲的一套书放在丙家里暂存,是帮助甲紧急避险,乙对甲的书没有形成占有,甲对乙没有任何请求权。

第三人转移标的物而形成的无权占有,不属于既存民事法律关系终止后形成的无权占有,是无权占有的另一种类型。“返还第三人转移物请求权”的权利人是所有人,义务人是基于第三人转移标的物而形成的无权占有人。这类问题的具体情况不同,例如,甲的物被乙盗窃,后来被作为遗产由丙继承;甲的物由乙保管,乙死亡,标的物被作为遗产由丙继承等。

“返还第三人转移物请求权”与所有物返还请求权有区别,区别之一,概念不同。区别之二,所反映的民事法律关系不同。返还第三人转移物请求权是基于第三人行为而形成的无权占有,是一种特定的民事法律关系,不同于德国式民法上泛指的所有物返还请求权。区别之三,处理方法不同。按照所有物返还请求权的思路,义务人不履行返还义务的,权利人可以再次请求义务人履行返还所有物义务,不发生责任问题。按照返还原物责任请求权的思路,义务人不履行返还原物义务,同时也违反了不侵害他人所有权义务,构成侵权,权利人有返还原物责任请求权。

有学者可能认为,上述事例说明返还原物责任请求权不能完全替代所有物返还请求权,所有物返还请求权照样存在,不能否定。按照所有物返还请求权的思路,从形式逻辑上看,这样认识不无道理。但是,返还原物责任请求权与所有物返还请求权的理论根据不同,处理案件的方法也不同。笔者使用返还第三人转移物请求权概念,是基于我国民事权利—民事义务—民事责任立法模式与原理,扬弃了德国式物权请求权包括所有物返还请求权制度以后,所采取的处理方法。

(三)比较分析

以上分三种无权占有类型,分别阐述了返还原物责任请求权的法律适用,其中第三种法律适用问题中出现了“返还第三人转移物请求权”概念。从所有物返还请求权的思路看,本来所有物返还请求权是保护所有权的简单易行的好方法,为什么弃而不用,这样处理无权占有岂非增加麻烦,理由何在?仅从这一点来看,不无道理,若从我国民法的大局看,这样处理无权占有是大局中的小问题,是一般和例外的问题。返还原物责任请求权与所有物返还请求权是两条路上的车,走的不是一个道,因此,我国民法上的请求权体系与德国式民法上的请求权体系就有所不同。

所谓大局是指我国民法采债务与责任分离体例和民事权利—民事义务—民事责任立法模式。从法学理论上看,区分义务(债务)与责任是法学发展的结果,权利、义务与责任是法学的基本范畴,法律规范结构是权利、义务与责任的结合体,从这个意义上说,权利、义务与责任是法律大厦的基石,民法也不例外。债务与责任的性质不同,不应混淆。因此,上述处理无权占有的方法,从所有物返还请求权的思路看,思路不通畅,但从区分义务(债务)与责任的思路看则是通畅的。

德国民法采取债务与责任结合模式,不重视义务(债务)与责任的区别,有其理论根据与逻辑性。我国民法需要借鉴德国民法上的请求权理论与立法技术,由于两国的民事立法模式不同,加上德国民法依据的请求权理论有其缺陷,就难以照搬,需要变革。请求权是行使民事权利的方法,民事立法模式远比行使民事权利的方法重要,如果因为民事立法模式而发生请求权问题上的缺陷,两害相权取其轻,不应照搬德国式请求权体系而否定我国的民事立法模式。

前面讲的我国民法采取债务与责任分离体例与将物权请求权变革为侵权责任请求权的优越性,也是我国民事立法模式的优越性。立法模式主要是立法技术问题,也涉及价值判断问题,例如民法究竟是裁判规范,还是兼具行为规范与裁判规范双重功能的问题,主要是价值判断问题。各国的民事立法模式有所不同,难以用同一个标准评价其高低优劣,重要的是应当根据一国的国情,看其法律规定与适用的效果如何,笔者是从这个意义上看待我国民事立法模式的优越性的。是否应当坚持我国的民事立法模式,有不同的观点,笔者持肯定态度。在坚持我国民事立法模式的前提下,如何处理好请求权问题,有待深入研究,笔者的上述意见是抛砖引玉。

四、结　　论

1.《民法通则》规定的“返还财产”适用范围较广,《侵权责任法》颁布后,应当区分“返还财产”与“返还原物”,将《侵权责任法》规定的返还财产解释为返还原物。

2. 德国式民法上的责任有义务、担保、强制三层意思,不严格区分义务(债务)与责任,德国民法是债务与责任结合模式。我国民法采取法律责任后果说,严格区分义务(债务)与责任,将债务与责任分离,这是《民法通则》创立民事权利—民事义务—民事责任立法模式的理论根据,也是返还原物责任请求权的理论根据。

3. 返还原物责任请求权的构成要件有三:(1) 请求权的主体是某物的所有人;(2) 请求权的相对人是对该物的无权占有人;(3) 无权占有人违反不得侵害他人所有权义务。

4. 返还原物责任请求权是侵权责任请求权的组成部分。变革德国式民法上的物权请求权,使其纳入侵权责任请求权,使《民法通则》创立的民事权利—民事义务—民事责任立法模式贯彻到底，是构建我国新的民法体系的需要。

5. 返还原物责任请求权是我国民事立法模式的产物，我国民事立法模式是没有先例的，在这种模式下同时借鉴与变革德国式请求权有一定困难，正如德国的物权请求权有个完善的过程一样，我国的返还原物责任请求权也有个完善的过程。

第四编　侵权行为之债法变革为侵权责任法

说明

2007年3月16日《中华人民共和国物权法》颁布以后，立法机关制定侵权行为法，后改称侵权责任法。对该法的制定有不同意见，有学者认为侵权责任属于债法范畴，强烈反对制定侵权责任法，于是在制定物权法过程中的热点问题之一即物权请求权与侵权责任的关系争论更加激烈。立法机关将《中华人民共和国侵权责任法草案(2008年10月24日修改稿)》寄给笔者征求意见，笔者提出了修改建议，并将拙作《制定侵权责任法的学理分析——侵权行为之债立法模式的借鉴与变革》初稿作为修改建议理由书寄给立法机关，该文定稿后在《法学家》2009年第1期发表(即本编第六题)。该文系统而详细地论述了笔者的观点，阐明了较多的相关理论问题。笔者认为，应当制定侵权责任法，将来侵权责任法变为民法典的侵权责任编。未来我国民法典应当主要借鉴德国民法和我国民国时期民法的体系，内容上也应借鉴英美法的先进经验，同时应当注重和总结我国民事立法与实践经验，形成侵权责任法。

关于制定侵权责任法的争论，直接涉及一系列民法的基本原理，该文结合一些学者对笔者的观点的批评，从不同的视角作了进一步深入的探讨，并提出了作为立法建议的“侵权责任法纲要与部分条文建议”稿。

2009年12月26日全国人大常委会通过了《中华人民共和国侵权责任法》。侵权责任法是对传统的侵权行为法的借鉴与变革，是我国民事立法的创举。《中国法学》2010年第2期刊载的拙作《侵权责任法在我国民法中的地位及其与民法其他部分的关系——兼与传统民法相关问题比较》(即本编第七题)是从总体上对《侵权责任法》解读。这个问题涉及民法体系改革，为讲清楚这个问题，需要与传统民法上的侵权行为法在民法体系中的地位作比较。

归责原则既是侵权行为之债法的核心问题,也是侵权责任法的核心问题。《侵权责任法》规定的多种责任方式是对德国民法上的损害赔偿责任的继受和变革,对此学者评价不一,对侵权责任方式与归责原则的关系理解也不同,可谓众说纷纭。《侵权责任法》颁布后,一些影响较大的作者合著的一本书中,不同作者的观点鲜明对立,这是以往少有的现象。这个问题既是涉及我国民法体系和理论的全局性问题,又是直接关系民事审判适用法律的原则问题,有必要进一步深入探讨。《中国法学》2011 年第 2 期刊载的拙作《侵权责任方式与归责事由、归责原则的关系》(即本编第八题)阐明了笔者的观点。

责任与债结合的民法体系的典型是《德国民法典》,责任与债分离的民法体系的典型是我国的《民法通则》、《合同法》与《侵权责任法》,这两种民法体系反映了两种不同的责任理念。我国《物权法》规定的物权请求权是德国民法上责任理念的反映,它与《民法通则》、《合同法》和《侵权责任法》反映的责任理念相矛盾,对此学者有不同的观点和解决方案。这个问题不仅是理论观点的分歧,而且直接涉及民事司法实务。《私法》第 20 卷(2013 年)刊载的拙作《两种责任理念的碰撞与三种不同的思路——我国民法体系矛盾的解决方案》(即本编第九题)阐明了笔者的观点。

第六题

制定侵权责任法的学理分析

——侵权行为之债立法模式的借鉴与变革

制定侵权责任法抑或侵权行为之债法,涉及未来我国民法典的体系。学者对这个问题争论激烈(过去争论的主要问题表现在,我国制定民法典是否应将传统民法上的"侵权行为"从债编分离出来,设立侵权行为编)。笔者认为,应当制定侵权责任法,将来侵权责任法变为民法典的侵权责任编。未来我国民法典应当主要借鉴德国民法典和我国民国时期民法典的体系,内容上也应借鉴英美法的先进经验,同时应当注重和总结我国民事立法与实践经验。制定侵权责任法应当借鉴与变革德国侵权行为之债的立法模式,并借鉴英美侵权行为法的内容,形成我国的侵权责任法。

关于制定侵权责任法的争论,直接涉及下列问题:侵权法的基本原理;债的概念与原理;请求权的概念与原理;债务与责任的原理;法理学上的权利、义务与责任的原理;民法典以权利为核心还是以法律关系为核心的立法理念,以及损害赔偿和恢复原状的含义;等等。本文将结合一些学者对笔者的观点的批评意见,从不同的视角作进一步深入的探讨。由于近现代民法上的侵权行为之债法源于罗马法上的"私犯",要借鉴与变革侵权行为之债的立法模式,需要从罗马法上债的起源与性质谈起(这是学者争论过程中所涉及的基本问题之一),然后对制定侵权责任法和未来我国民法典设立侵权责任编(以下简称"侵权责任法(编)")的有关问题作学理分析,并提出作为立法建议的"侵权责任法纲要与部分条文建议"稿。

一、罗马法上债的起源与性质

（一）罗马法上债的起源

被称为20世纪意大利及欧洲最伟大的罗马法学家之一的朱塞佩·格罗索（Giuseppe Grosso，1906—1973）对债的起源是从商品经济中的信用关系谈起的，他首先讲的债是指借贷产生的债务。他讲了“最初的债”的两种形式，在讲这两种最初的债之前，一开始就讲原始债的特点，他说：“那种可以较有伸缩性地表现原始债特点的形式是扣押人质。人身为债的履行承受着实际的责任约束。”[①]他讲的最初的债的一种形式是债务协议。在债务协议中需规定关于人身自我解脱的条款，这意味着为保障债的履行而对人实行可以解除的扣押。最初的债的另一种形式是原始的誓约，格罗索认为原始的誓约是债的起源的最典型的形式。原始的誓约同其他形式一样，担保是基本的手续。原来是由他人担保，后来发展到以自己的人身作担保。

我国罗马法专家周枏讲罗马法上的要式口约时说，“要式口约渊源于《十二表法》以前的神前誓约，债务人在神明前声明其所负的债务，并宣誓若不履行其债务，原受神罚，经债权人默认而订立的契约。但最初并不发生法律上的效力，仅靠道德、宗教的约束力来维持”[②]。这里讲的神前誓约，可能就是格罗索讲的“原始的誓约”。

格罗索指出：债有着上述起源，它保留着为履行给付责任而设置抽象的潜在约束的概念，它的逻辑结果就是对债务人躯体的执行。只是在后来，以财产承担责任的做法才取代了以债务人的躯体承担责任的做法。他还明确指出：“在债的最初形式上（无论是涉及‘债务协议’，还是以‘誓约’为根据的形式），债的产生均同那种后来发展为契约之债的债形式交织在一起。只是到了第二个发展时期，从另一个角度发展起来的私犯才被归结为债的渊源。”[③]

格罗索讲到对私犯最初的制裁是任凭被害人实行报复，包括杀死被当场发现的夜盗者、同态复仇、鞭笞等。后来对私犯规定了财产刑，这是一种

---

① 〔意〕朱塞佩·格罗索：《罗马法史》，黄风译，中国政法大学出版社1994年版，第115页。

② 周枏：《罗马法原论》，商务印书馆1994年版，第667页。

③ 〔意〕朱塞佩·格罗索：《罗马法史》，黄风译，中国政法大学出版社1994年版，第115—116页。

由私人通过维护自己权利的诉讼手段而取得的私人罚金。“给付罚金的义务因而被列入债的范围；就这样，在债的体系中，除契约之债外，出现了私犯之债。作为早期私人报复的替代物，这种债的历史地位使它具有自己的特点。”①

英国法律史学家亨利·梅因(Sir Henry Maine)在《古代法》一书契约的早期历史一章(第9章)，对契约之债的起源与发展过程作了详细分析。梅因说：“古代法特别使我们看到粗糙形式的和成熟时期的‘契约’间存在着一个很远的距离。在开始时，法律对于强迫履行一个允约，并不加以干涉。”②梅因用较长的篇幅阐述了罗马法上承认当事人的“合约”为受法律保护的契约，经历了长期的历史过程，他详细论证了构成契约之债的条件。他指出：罗马法学专家关于“合意”的分析，是他们智慧最美丽的纪念碑。他们把“债”和“协议”或“合约”在理论上加以分开。“一个‘合约’是个人相互间同意的极端的产物，它显然还不构成为一个‘契约’。它最后是否会成为一个‘契约’，要看法律是否把一个‘债’加上去。一个‘契约’是一个‘合约’(或‘协议’)加上一个‘债’。在这个‘合约’还没有附带着‘债’的时候，它称为空虚合约。”③

什么是“债”？梅因用的罗马法律家的定义，即“应负担履行义务的法锁”。他指出，“债”是法律用以把人或集体的人结合在一起的“束缚”或“锁链”，作为某种自愿行为的后果。“法锁”是怎样形成的，“债”是怎样加到“合约”或“协议”上去的呢？根据梅因的分析，“债”或“法锁”就是订立契约的法定程序，当事人的合意或协议遵守了规定的一定手续，“契约”就成立了，“法锁”就形成了。梅因根据历史顺序，将契约分为“口头契约”、“文书契约”、“要物契约”和“诺成契约”四类，并对每类契约附加上“债”的形式作了具体阐述。简要地说：口头契约必须经过一种专门的术语，通过一问一答的形式进行。文书契约或书面契约是通过把确定的欠款数目登入一本总账的借方的方式完成。要物契约是以送达一种特殊(定)物件为目的，送达必须确实发生。法定程序完成之时，就是“合意”或“协议”成为“债”之时，这时合意“或“协议”才具有法律效力。“诺成契约”的特点是：从“合约”中产生“契约”，无须任何手续。用罗马人的用语来说，“契约“是吸收在“合约”

---

① 〔意〕朱塞佩·格罗索：《罗马法史》，黄风译，中国政法大学出版社1994年版，第131页。

② 〔英〕梅因：《古代法》，沈景一译，商务印书馆1959年版，第177页。

③ 同上书，第182页。

中了。用梅因的话说,古代“契约”法的革命就完成了。[①]

罗马法上债的另一种类型是私犯。王政时期罗马已将违法行为分为公犯和私犯。公犯是指通敌、叛国等危害国家利益的犯罪。私犯是指侵害私人的财产或者人身的犯罪。对私犯的制裁方式逐步由人身惩罚演变到“赎罪金”。私犯主要有盗窃、抢劫、损害、侵辱等。公元前451—450年公布的《十二表法》第8表的题目是“伤害法”(有学者译为私犯)。[②] 第8表的内容包括对人身伤害、诽谤、侮辱他人的处罚;对故意放火烧毁建筑物和蓄意采伐他人树木的犯罪的处罚等。处罚形式有死刑、赔偿、罚金等。对夜间行窃者,就地被杀死是合法的;对暗地毁灭庄稼者,处以比杀人还要严重的死刑,其中财产刑不占有重要地位。罚金的数额也比较少。盖尤斯的《法学阶梯》分析《十二表法》关于对侵辱的惩罚时说:“在断肢的情况下,是同态复仇;在打碎或者碰碎头骨的情况下,如果受害者是自由人,规定处以300阿斯罚金;如果是奴隶,则处以150阿斯罚金;对于其他侵辱,处以25阿斯罚金。在那些很贫穷的时代,这样的财产刑看起来相当合适。”[③]

后来,随着商品经济发展和人们法律观念的变化,对现行盗窃者“严酷刑罚受到谴责,无论对奴隶还是自由人,裁判官均以告示规定了四倍罚金之诉”[④]。对抢劫处以四倍于所窃财物价值的罚金。罗马法学家解释:其中的1份是赔偿私犯造成的损失,其余的部分则是属于罚金性质,仍保留着旧时候赎罪的痕迹。优帝一世时明确四倍金额中的一倍是赔偿损失,三倍是罚金。[⑤] 非现行盗窃的罚金是两倍。

在古代其他一些国家也有类似的罚金或者赔偿制度。梅因在《古代法》一书还指出,日耳曼部落对杀人罪也不例外有一个庞大的金钱赔偿制度,对于轻微损害的庞大的金钱赔偿仅有少数例外。根据盎格鲁—撒克逊法律,对每一个自由人的生命、人身及其民权、荣誉或者安宁所造成的几乎每一种损害,都可以用金钱赔偿;金额按照偶然情势而增加。这些和解费用明显地被认为是收入的一种有价值的来源。[⑥]

被称为20世纪前半叶意大利和欧洲影响力最大的罗马法学家之一的彼

---

① 〔英〕梅因:《古代法》,沈景一译,商务印书馆1959年版,第182—190页。

② 参见编写组:《外国法制史资料选编》(上册),北京大学出版社1982年版,第144—157页;周枏:《罗马法原论》(上册),商务印书馆1994年版,第27页。

③ 〔古罗马〕盖尤斯:《盖尤斯法学阶梯》,黄风译,中国政法大学出版社2008年版,第206页。

④ 同上书,第195页。

⑤ 周枏:《罗马法原论》(下册),商务印书馆1994年版,第792页。

⑥ 〔英〕梅因:《古代法》,沈景一译,商务印书馆1959年版,第208—209页。

得罗·彭梵得(pietroBonfante,1864—1932)指出,债的特有构成要件是对某一主体的法律约束。"'债(obligatio)'这个词原是指这种约束即保障履行义务的法律约束;但后来人们也用它表示负债人的义务,有时(至少在优士丁尼法的文献中)还指权利享有人的权利。"[①]彭梵得对债的起源是从债这个词意即法律约束讲起的,他说:"罗马债的起源产生于私犯(exdelcito)的罚金责任;契约责任在初期从属于这一概念。无论是小偷还是借贷人均以自己的人身负责并陷于受役状态。后来,法律规定首先应当要求支付'罚金'(poena)或'债款'(pecunia res credita),只是当根据债务人的财产不能给付或清偿时,权利人才能通过执行方式对其人身采取行动;直到此时,债(obligation)才第一次获得了新的意义,即财产性意义。从此,诉讼和清偿的标的变成了罚金和钱款,而不再是人身,陷入受役状态变为一种次要的执行程序。债向这种财产性罚金形式转变的顶峰时期(即现代债的产生时期),其标志是《博埃得里亚法》的颁布。"[②]将这段话的前后意思连贯起来,彭梵得讲的债第一次获得了财产性意义,也就是具有了"现代债"的意义。

彭梵得认为,在早期,犯罪是产生债的唯一渊源。在王政时期,罗马将违法行为分为公犯和私犯。对私犯的惩罚由人身制裁发展为以钱赎罪,产生了罚金责任。需要注意的是,这里所讲的罚金的性质,张企泰在其翻译的优士丁尼的《法学阶梯》的私犯部分专门作了解释:"不是指刑法上的罚金,而是为原告个人的利益所给付的罚金,因此追求罚金之诉不得与刑事追诉相混淆。"[③]彭梵得说:"私犯的概念,有关诉讼和刑罚所具有的、私人和债的特点,这些都是原始制度的残余,根据这些原始制度,犯罪是产生债的真正的和唯一的渊源。"[④]彭梵得的论述说明在古代罗马法上虽然区分了公犯与私犯,在对公犯与私犯的惩罚方式上还没有严格的区分,也说明古代意义上的债不限于财产之债,私人报复、同态复仇,"血债要用血来偿"等,属于广义的债的"法律约束"形式,笔者认为,彭梵得说犯罪是产生债的真正的和唯一的渊源,就是从这个意义上讲的。

以上三位著名的学者对债的起源的论述有所不同,格罗斯和梅因从债

---

① 〔意〕彼得罗·彭梵得:《罗马法教科书》(修订版),黄风译,中国政法大学出版社2005年版,第215页。

② 同上书,第216页。

③ 〔罗马〕查士丁尼:《法学总论:法学阶梯》,张企泰译,商务印书馆1989年版,第210页。

④ 〔意〕彼得罗·彭梵得:《罗马法教科书》(修订版),黄风译,中国政法大学出版社2005年版,第308页。

的内涵及其主要组成部分(契约)讲债的起源,彭梵德从在早期对犯罪的惩罚讲起,从债的表现形式的变化,讲到"现代债"的起源,三位学阐述的角度不同,各有道理。

(二)罗马法上债的性质

1. 债的"法锁"性

从罗马法专家和法律史专家对债的起源的考察可以明显地看出,债的突出特点是"法锁"、"法律约束"。优士丁尼的《法学阶梯》中债的定义,强调了债的约束力和强制力。对优士丁尼的《法学阶梯》中关于债的定义的同一个条文有不同的译法。一种译法是:"债为法锁,约束我们根据我们城邦的法偿付某物。"[①]再一种译法是:"债是一种迫使我们必须根据我们城邦的法律制度履行某种给付义务的法律约束。"[②]另一种译法是:"债是法律关系,基于这种关系,我们受到约束而必须依照我们国家的法律给付某物的义务。"[③]这三个译文,都突出了"法锁"、"约束"、"迫使"这样具有法律强制力的特点。

"罗马法将'法锁'视为债的本质所在。……债权人完全可以根据这种'法锁'的效力而对债务人的人身具有'管束权',并可在债务得不到清偿时实现之。后来,随着社会的发展,'法锁'已渐渐成为抽象的概念,并逐步由财产上的责任取代了人身上的管束。但不管怎样,在债的关系中,或在由'法锁'确定的特定当事人双方相互连接的关系中,'约束'力仍然是关键因素。"[④]现代民法学者阐述债的概念时,一般都不讲"法律约束"或者"强制力",但也有学者强调这一点。例如,学者梅仲协说:债者,特定之人(即债权人),本诸法律上之强制力,使他特定人(即债务人)为给付之一种人的关系也。[⑤]

所谓"法锁"锁的是债务人,在私犯之债中锁的是私犯行为人。"法锁"包含着债务和责任,罗马法上没有区分债务与责任的概念,"债务与责任合而成为债务之观念"[⑥]。

---

① 〔古罗马〕优士丁尼:《法学阶梯》,徐国栋译,中国政法大学出版社 2005 年版,第 343 页。

② 〔意〕彼得罗·彭梵得:《罗马法教科书》(修订版),黄风译,中国政法大学出版社 2005 年版,第 215 页。

③ 〔罗马〕查士丁尼:《法学总论:法学阶梯》,张企泰译,商务印书馆 1989 年版,第 158 页。

④ 江平、米健:《罗马法基础》(第 3 版),中国政法大学出版社 2004 年版,第 280 页。

⑤ 梅仲协:《民法要义》,中国政法大学出版社 2000 年版,第 3 页。

⑥ 史尚宽:《债法总论》,中国政法大学出版社 2000 年版,第 3 页。

2. 债的财产性

从债的起源的可以看出,具有财产性质。从债在罗马法体系中的地位看,债属于“物”的范畴。盖尤斯和优士丁尼的《法学阶梯》的结构,都分为人、物、诉讼三个部分。“在古代罗马,人们所称的物是指除自由人外而存在于自然界的一切东西……后来,法律和法学思想不断发展,罗马法逐渐把物限定为一切人力可以支配、对人有用并能构成人们财产组成部分的事务,在优帝《法学汇纂》中,它包括有体物、权利和诉权,又称‘财物’,这是狭义的物。……地役权、用益权、债权等权利,在罗马法上称为无体物,它们也属于财产的组成部分。”①

对优士丁尼的《法学阶梯》中关于债的定义的同一个条文的三种译法中,有两个译文有“偿付某物”或者“给付某物”,说明了债的财产性。另一个译文用“给付义务”,比前两个译文范围较宽。罗马法上的“物”的原文是“res”②。彭梵得说:“应当把‘res’一词从一般意义上理解为‘给付’;否则,该定义严格地说就只是指要求转移所有权的债。”③彭梵得关于“给付义务”译法和解释,从另一个侧面至少说明优士丁尼的《法学阶梯》中对债下定义重在债的财产性。

罗马法上的债的标的是否必须具有财产性?学者曾经有不同的说法。有学者在阐述罗马法上债的标的“行为”时说:“‘行为’是否须对债权人应有金钱上之价值,罗马法前后略有不同。”④有学者说:“在昔罗马市民法,无财产价值之物,不得为债权之标的,其后法务官法曾有变更。”⑤有学者说:债“须为确定或能够确定的事项和标的须有财产上的价值。因为罗马民事诉讼均以金钱赔偿作为制裁,故债的给付要以有财产价值的为限”⑥。

罗马法上的委任契约是无偿的,但是作为债的关系,委任契约履行过程中也会发生财产责任。例如,对于因不归责于受任人的事由而致使受任人遭受的损失,委任人应予以赔偿;受任人处理委任事务应尽善良家长之注意。受任人为数人时,相互应负连带责任。在罗马法上,有四种人的报酬称

---

① 周枏:《罗马法原论》(上册),商务印书馆 1994 年版,第 276—277 页。

② 参见〔意〕彼得罗·彭梵得:《罗马法教科书》(修订版),黄风译,中国政法大学出版社 2005 年版,第 141 页。

③ 同上书,第 216 页。

④ 丘汉平:《罗马法》,朱俊勘校,中国方正出版社 2004 年版,第 318 页注 2。

⑤ 郑玉波:《民法债权总论》,台湾三民书局股份有限公司 1978 年版,第 210 页。

⑥ 周枏:《罗马法原论》(下册),商务印书馆 1994 年版,第 630 页。

"谢礼",而不称工资。其中包括受任人、受寄人、监护人,这是由于为他人服务牺牲了时间和精力,有时甚至支付了费用。由于委任的无偿性,他们对报酬或"谢礼"的求偿,不得用委任诉而要用"非常程序"。至于委任人事后自愿对受任人酬送物品,则适用赠与的规定。① 这说明,无偿契约作为债的关系,也会产生财产性的责任关系;何况"谢礼"之名,具有报酬之实。

罗马法上已经有了关于预防损害的规定。只要有人在房屋堆置或悬挂物件,即使未造成损害,任何市民都可以告发。只要有堆置和悬挂的事实,就可以判处房屋的居住者向告发者付一万银币以下罚金,对此在诉讼程序上称"堆置和悬挂物件诉"。②

根据罗马法上的有关资料看,罗马上的损害赔偿体现为金钱赔偿。"债务人如不履行债务,债权人可以诉请法院强制履行或赔偿损失。"③

有学者说:"人们至今仍承认这样一条规则:债的标的应当给债权人带来利益;而且,根据主导地位的观点,这种利益应当是可以用钱款计算的。标的本身的特性则是另一个问题,说它是财产性的,只意味着社会意识允许对未履行的给付实行钱款转换。"④

从罗马法上债的起源和性质的考察,可以看出罗马法上债的财产性,可以看出近现代民法上债法的内涵与罗马法上债的财产性的共同点和重大区别,这就为我国制定侵权责任法提供了可参考的不同的立法例。

二、侵权行为之债在民法上的地位与属性

(一)侵权行为之债在民法上的地位

民法法系各国民法典一般都有关于侵权行为的规定。《法国民法典》将债分为契约或合意之债与非因合意而发生的债两类,后者包括侵权行为。"侵权行为与准侵权行为"是"非因合意而发生的债"一章的一节,该节的第1条(民法典第1382条)规定:"任何行为使他人受损害时,因其过失而致行为发生之人,应对他人负赔偿责任。"

---

① 周枏:《罗马法原论》(下册),商务印书馆1994年版,第739—743页。

② 同上书,第805页。

③ 同上书,第629页。

④ 〔意〕彼得罗·彭梵得:《罗马法教科书》(修订版),黄风译,中国政法大学出版社2005年版,第219页。

《德国民法典》和其他基本采德国模式的民法典,侵权行为是债编的组成部分。对权损害赔偿与违约及违反其他债的损害赔偿的共同性法律问题,在民法典债编多有一般性规定,学理上称之为“损害赔偿之债”。各国民法典对侵权行为之债的具体安排有所不同,以下以《德国民法典》的规定为重点进行分析。

《德国民法典》体系的最重要的特点是区分了债权与物权,这是立法技术巨大的进步。债的关系编分为7章,前6章的内容属于债的通则的规定,第7章的标题是“各种之债”,分为买卖、互易等25节,最后一节为“侵权行为”,即侵权行为之债是和买卖等基于商品交换产生的债并列。

从《德国民法典》债编第7章各节的内容看,第25节侵权行为属于违法行为,与前24节的性质不同。为什么《德国民法典》不像《法国民法典》那样,将侵权行为之债与契约之债区别开,而是与契约之债并列?在《德国民法典》的结构体系中,侵权行为规则与诸如买卖和借贷等契约规则处于同等地位,理由何在?德国学者从不同的角度阐述了这个问题。

有学者从契约和侵权行为都产生请求权的角度阐明:“在《德国民法典》的结构体系中,侵权行为法律规则与诸如买卖和借贷等契约规则处于同等地位。由于契约和侵权行为都产生一方当事人对另一方当事人的请求权,因此,各种契约和侵权行为分别成为债权法各章节的内容。正是因为这个原因,无论是在的法学著作中还是在大学课程中,侵权行为都未被视为一个独立的法律领域,而几乎总是被作为债法论著和课程的一部分。这一点颇让普通法律师感到惊奇。”①

有学者从商品交换和私法自治的角度阐明:“民法依据合同的‘典型标的’将合同类型划分为买卖合同、承揽合同、雇佣合同、劳动合同、租赁合同以及其他合同类型,每种合同都具有特殊的含义。如同下列事实:整体上各种特殊的标的可以被概括置于抽象概念——商品之下,价金亦无所区别。这对于法定债之关系包括侵权也不例外。”②并指出,不仅合同,而且侵权行为以及其他法定债的关系都被理解为自我决定和私人自治的表现方式。并认为侵权与合同不是对立的存在,而是其中之一缓慢地向另外一个演化出来。③

---

① 〔德〕罗伯特·霍恩、海因·科茨、汉斯·G. 来塞:《德国民商法导论》,楚建译,中国大百科全书出版社1996年版,第162页。

② 〔德〕罗尔夫·克尼佩尔:《法律与历史》,朱岩译,法律出版社2003年版,第153页。

③ 参见同上书,第142页。

《德国民法典》将侵权行为之债与各种契约之债并列，源于萨维尼关于财产权理论。萨维尼在《当代罗马法体系》第 2 编“法律关系”第 1 章“法律关系的本质和种类”中，指出，物权和债权是财产权的两个主要部分。物权以占有或者对物的事实支配为其内容；债权以对他人行为的支配为其内容；我们在总体上归纳并称之为交易的那些东西，就是以债为其条件，并由其所构成的。萨维尼讲的债包括侵权行为之债，根据萨维尼讲的“物权和债权是财产权的两个主要部分”的观点说明，侵权行为之债属于财产法的组成部分。

德国民法上的债包括侵权行为之债，是否都具有财产性？在《德国民法典》制定过程中“曾有一次共同法教条占主导地位的争论，其内容是：债务有效的前提是否为一项有财产价值的利益，或者至少是值得保护的债权人得到债务人清偿的利益，制定《德国民法典》时期的权威意见对此问题做出了否定回答，第一委员会也站在同一立场上，而法典中作出清楚阐述这一观点的相关规定，也被认为没有必要而予以否定。因为，第一委员会认为：对此‘没有相反规定就够了’”[①]。这个争论的结论和在法律条文上“没有相反规定”，为以后在学理上阐释债的性质和功能留下了空间。实际上学者对债的功能一般都是从财产和经济上论述的。认为债法的宗旨是使金钱、商品以及其他标的物或者劳务发生运动，并将债法作为经济社会秩序的一部分阐述。[②] 在债的关系中，虽然给付的标的不限于有财产价值，例如，约定“一块土地的所有人可以对其邻人负有不制造一定噪声的义务，在这里，即使制造噪声依第 1004 条和 906 条即已经可能是被禁止的，但该合同仍为有效（即其设定的债务关系）。这是因为，在这样一个合同中确认以不作为为内容的一般命令性规范，对债务人是有好处的（此举不与其他利益发生抵触，故在法律上应当予以承认）：它不仅可以避免关于一般禁止性规范界线的争议，而且还可以在证据上方便损害赔偿请求权的实现”[③]。这个事例说明，基于合同的给付不一定必须具有财产价值，但是，其法律效力最终表现为违反合同会产生损害赔偿，即违约责任具有财产价值。这正如前面讲到的：债的标的应当给债权人带来利益，这种利益应当是可以用钱款计算的，标的本身的特

---

① 〔德〕霍尔斯特·海因里希·雅科布斯：《十九世纪德国民法科学与立法》，王娜译，法律出版社 2003 年版，第 135—136 页。

② 〔德〕迪特尔·梅迪库斯：《德国债法总论》，杜景林、卢谌译，法律出版社 2004 年版，第 34—35 页。

③ 同上书，第 5 页。

性则是另一个问题，说它是财产性的，意味着社会意识允许对未履行的给付实行钱款转换。侵权行为之债的具体表现形式是损害赔偿，因此，侵权行为之债具有财产性。

1996 年施行的《俄罗斯联邦民法典》第二部分即第 4 编债的种类，其中第 59 章的标题是因损害所发生的债。《俄罗斯联邦民法典》承继了《苏俄民法典》关于“因致人损害而发生的债”的规定，不用“侵权行为”概念。该章第 1 条（民法典第 1064 条）规定的内容是损害赔偿责任问题。

（二）侵权行为之债的属性

从各国侵权行为之债法在民法中的地位可以看出，立法者对侵权行为之债法的属性的界定是不同的。《法国民法典》将侵权行为之债明确规定为非因合意而发生的债，并明确规定侵权行为人应当承担赔偿责任，突出了侵权行为之债的违法行为后果和属性财产属性。《俄罗斯联邦民法典》不用侵权行为概念，而用因致人损害而发生的债的概念，突出的是损害赔偿的责任属性和财产属性。《德国民法典》将侵权行为之债与买卖等合同关系并列，突出的是“交易”属性。

从《德国民法典》的规定和司法实践以及学理解释的发展（包括有的法国模式的民法的民法典）来看，德国的民法理论和司法实践对侵权行为之债的“交易”属性已经发生了重大变化，远远超出了“交易”属性范畴，使得以概念严谨、体系明晰著称的《德国民法典》受到了扭曲，这是我国民事立法既应借鉴侵权行为之债立法模式，又应变革侵权行为之债立法模式的理由之一，以下作具体分析。

侵权行为之债，具体表现为侵权损害赔偿之债，债的形式表现为损害赔偿。《德国民法典》第 249 条第 1 款规定：“损害赔偿义务人必须恢复假如没有发生引起赔偿义务的情况所会存在的状态。”第 2 款前段规定：“因伤害人或损坏物而须赔偿损害的，债权人可以请求恢复原状所必要的金额，以代替恢复原状。”此规定被称为恢复原状原则，换句话说损害赔偿的原则是恢复原状。这样规定就为扩大损害赔偿范围奠定了立法根据，恢复原状内涵的伸缩性很大，学者有不同的解释。以下从立法例、司法解释和学理解释，看看恢复原状的具体方式有哪些。

法国司法实践采取的损害赔偿方式通常是赔偿金。判例中有“实物赔偿”、“将损坏的汽车恢复原状”、“重建一道墙壁”等。[①] “德国司法实践中采用的‘更正广告’,《日本民法典》规定的‘恢复名誉的适当处理’(第723条),均属于广义上的‘恢复原状’。”[②]我国台湾地区“民法”有一项司法解释说:“……所谓因回复原状而应给付金钱者,例如侵害者为金钱,则应返还金钱,如所侵害者为取得利益之物,则于返还原物外,更应给付金钱抵偿其可得利益,始克回复原状。”[③]

关于“回复原状”的事例,学者举的例子有:领取养老金者必须重新得到治愈;旧汽车必须得到修理[④];货物被损坏时,为受害人买“一件新的”[⑤];摔破一玻璃杯,应以同种品质之玻璃杯一只赔偿之[⑥];返还夺取的物;重新设定被剥夺的权利;撤回被加害之侮辱或侵害信用之主张;毁弃侵害书信秘密的抄录;偿还被毁损书籍同种的书籍;重新配上破碎门窗玻璃[⑦];夺物者还物,骗钱者还钱;等等。[⑧]

法学博士朱岩副教授说:“消除影响、停止侵害的责任方式,在我国很多人不把它们作为侵权法的损害赔偿方法,但是德国法上不是这样的,相反,德国学者认为是这些侵权法的赔偿方法,比如尤其在侵犯人格权的时候,它首先要求的救济方式是消除影响,所以在欧洲侵权法原则里面,把损害赔偿也包括防止损害发生(prevention of damage)。也就是,我们物权法当中的一些不作为请求权,或者英美法上面的禁令(injunction),也是包括在内。”[⑨]2001年颁布的《德国债法现代化法》,其中包括了对时效法的修订。在时效法条文解释中讲到,30年的时效不适用于源于绝对权利的不作为请求权和排除妨碍请求权,不作为请求权和排除妨碍请求权的时效为3年。理由之一是,与侵权法上的不作为请求权和排除妨碍请求权的时效期间相一致。[⑩]

值得注意的是,《德国民法典》的侵权行为一节条文中并没有“不作为请

---

① 参见《法国民法典》(下册),罗结珍译,法律出版社2005年版,第1092—1096页。

② 张新宝:《侵权责任法原理》,中国人民大学出版社2005年版,第466页。

③ 林纪东等:《新编六法参照法令判解全书》,台湾五南图书出版公司2002年版,二—74页。

④ 〔德〕迪特尔·梅迪库斯:《德国债法总论》,杜景林、卢谌译,法律出版社2004年版,第432—433页。

⑤ 〔德〕迪特尔·施瓦布:《民法导论》,郑冲译,法律出版社2006年版,第254页。

⑥ 曾世雄:《损害赔偿法原理》,中国政法大学出版社2001年版,第146页。

⑦ 史尚宽:《债法总论》,中国政法大学出版社2000年版,第295页。

⑧ 郑玉波:《民法债编总论》,台湾三民书局股份有限公司1978年版,第247页。

⑨ 转引自中国民商法律网(www. civillaw. com. cn):朱岩在郭明瑞所作《关于侵权行为立法的几点意见》报告(2007年12月4日)时的评论发言,2008年3月访问。

⑩ 参见朱岩编译:《德国新债法——条文及官方解释》,法律出版社2002年版,第20页。

求权和排除妨碍请求权”字样，而关于时效法的条文解释中肯定在侵权法上存在不作为请求权和排除妨碍请求权，这已经不是学者的观点，而是立法解释。这就是说侵权法上的不作为和排除妨碍请求权包括在损害赔偿请求权概念之内，这就大大扩展了损害赔偿概念的内涵。

1960 年颁布的《埃塞俄比亚民法典》对损害赔偿的方法作了具体规定。该法典第 2090 条规定：“除非另有规定，损害得通过给予受害人与损害等值的金额予以弥补。”该法典还专门规定了“其他赔偿形式”，其中包括：法院得命令被告，将不适当地从原告那里拿走的财产及自拿走之日起产生的收益归还原告；法院在认为合适时，可命令替换或整理已损坏财产，其费用由对此种毁坏或减等负责的人承担；对于针对某个人或多个人的荣誉或名誉的行为，法院可命令由被告承担费用刊登可抵销此等行为之效果的广告；法院可发布禁令，禁止被告实施、继续实施或恢复损害原告的行为；在不正当竞争的情形中，法院可命令被告（停止）采用的不诚实做法；某人通过其作为或不作为制造某种假象的，第三人基于对此等假象的信赖所实施的行为，可被宣告用来对抗假象的制作人。[①] 这些规定理论上与德国有关学说与司法实践基本一致，不同的是在立法上作了明确规定。

以上立法例和学理对损害赔偿的内涵的扩张，不仅与罗马法上债的财产性质不同，而且与债法是财产法的定性难以相容。1996 年施行的《俄罗斯联邦民法典》所规定的损害赔偿的方式限在赔偿损失（包括实物赔偿，见该法典第 15 条第 2 款、第 1082 条）符合损害赔偿的原意，与我国《民法通则》的规定是一致的。

温德夏特在发明请求权概念之后，债权的概念逐渐被等同于请求权，《德国民法典》就有将两者混同的倾向。温德夏特在发明请求权概念时，并没有将之单独适用于财产权的意图，请求权仅仅是指向他人行为的权利，而并不要求这种行为具有某种经济价值。因此，债权的客体逐渐也就扩大到一切行为，而不再要求是具有财产价值的行为。[②]

由于债权的客体不再要求是具有财产价值，作为债的客体的行为逐渐扩大，甚至将赔礼道歉、婚约、夫妻同居义务也被认定为债或者不完全的债，如此理解债的内涵，就使债的财产性发生重大变化，严重影响了债的科学性。

---

① 《埃塞俄比亚民法典》，薛军译，中国法制出版社 2002 年版，第 388—389 页。

② 金可可：《债权物权区分说的构成要素》，载《法学研究》2005 年第 1 期，第 29 页。

《德国民法典》体系的创新性突出体现在物权与债权的区分，在于区分了两种不同的财产权。将契约、无因管理、不当得利和侵权行为等构成债的体系，有其科学性。对此学者王泽鉴的解释是："关于契约、无因管理、不当得利及侵权行为的指导原则、社会功能以及构成要件各有不同，不足以作为共同构成因素。其构成债之内在统一性的，乃其法律效果的相同性。易言之，即上述各种法律事实，在形式上均产生相同的法律效果：一方当事人得向他方当事人请求特定行为（给付）。此种特定人间得请求特定行为的法律关系，是债之关系。"①显然，这样的解释符合为温德沙伊德的请求权原理，符合我国台湾地区的"民法典"体系。笔者认为，从实质上看，请求特定行为（给付）的实质和重要性在于其财产关系性质。《德国民法典》对物权与债权的区分，本质在于区分了两种不同的财产权，而不是其他。将债权的内涵无限制地扩大到各种行为，不是我国立法应当借鉴的。

从法律概念本身来说。概念"是思维的基本形式之一，反映客观事物的一般的、本质的特征。人类在认识过程中，把感觉到的事务的共同特点抽出来，加以概括，就成为概念"②。如果对给付同种类同质量的物称为"实物赔偿"，与损害赔偿的原意没有实质性差别，但是将损害赔偿扩展到一切行为，则与损害赔偿的原意相距太远。美国著名学者罗斯科·庞德指出，法学概念被误用的方式之一是"使用那些涵盖太多内容的概念而又对它们不加区别地适用于不同的事项而易于导致混乱"③。损害赔偿内涵的无限扩展，就成了导致混乱的概念，乱在财产性与非财产性不分。

再说，法学概念与人们日常生活中的概念虽然不是同一范畴的问题，但是，兼具行为规则和裁判规则的双重性质的民法，为了便于人们理解和遵守，便于司法，民法的概念应当在注重科学性的同时，注意清晰易懂。罗马法上的赔偿是金钱赔偿。一位德国学者在解释损害赔偿的含义时说："损害赔偿不像一般人所想象的那样首先是金钱赔偿，而是'恢复一种状态'（回复原状）。"④这说明，在德国，一般人所理解的赔偿也是金钱赔偿。我国通常讲的赔偿也是指金钱赔偿，《民法通则》将"赔偿损失"规定为一种民事责任形式是科学的。虽然法律概念的内涵和外延不是固定不变的，损害赔偿的内

---

① 王泽鉴：《侵权行为法》（第1册），中国政法大学出版社2001年版，第2—3页。

② 中国社会科学院语言研究所词典编辑室：《现代汉语词典》（2002年增补本），商务印书馆2004年版，第404页。

③ 〔美〕罗斯科·庞德：《法理学》（第4卷），王保民、王玉译，法律出版社2007年版，第35页。

④ 〔德〕迪特尔·施瓦布：《民法导论》，郑冲译，法律出版社2006年版，第254页。

涵和外延也不会固定不变，但是，现在损害赔偿的内涵无限扩张，对此至少在我国可以这样说，它既不利于人们理解法律，也不利于法官适用法律，因此就需要进行必要的变革。根据我国的立法经验，就是采用多种侵权责任的方式处理。这个问题不仅涉及侵权行为之债的性质，也涉及民法上更高层次的问题，即民法上债务与责任的关系，以及法理学上义务与责任的关系。

三、债务与责任的关系

（一）债务与责任关系的学说

首先看看《德国民法典》是怎样处理债务与责任的关系的。债务与责任是19世纪德国民法学上一项最具争论的问题[①]，后来反映在《德国民法典》上和与其相应的占主导地位的观点是，债务与责任可以通用。《德国民法典》第2编的题目是"债务关系法"，该编涉及"损害赔偿"概念的第一个条文（民法典第249条）的题目是"损害赔偿的方式和范围"，其第1款规定："负损害赔偿义务的人，应回复损害发生前的状况。"第2编第8章第27节的题目是"侵权行为"，该节的首条（民法典第823条）的题目是"损害赔偿义务"，该条第1款规定："故意或有过失地不法侵害他人的生命、身体、健康、自由、所有权或其他权利的人，负有向该他人赔偿因此而发生的损害的义务。"该节条文的标题出现"责任"字样的有："为事务辅助人而担负的责任"（第831条）、"监督义务人的责任"（第832条）、"动物饲养人的责任"（第833条）、"建筑物占有人的责任"（第837条）等。

从上述条文可以看出，《德国民法典》似乎区分了债务与责任，实质上并没有区分。正如拉伦茨所说："在民法中，法律责任的后果是产生某种损害赔偿义务。"[②]

其次再看看民法学者是怎样论述债务与责任概念及二者的关系的？以下举两则有代表性的阐述：其一："在强制执行范围内，提出这样一个问题，即债务人必须在多大程度上对其义务承担责任以及他用什么来'承担责任'

---

① 王泽鉴：《债法原理》（第1册），中国政法大学出版社2001年版，第28页。

② 〔德〕卡尔·拉伦茨：《德国民法通论》（上册），王晓晔、邵建东、程建英、徐国建、谢怀栻译，法律出版社2003年版，第51页。

('haftung')。责任概念在运用时有两个不同的意思:(1) 责任指承担损害赔偿义务(如:'A 向 B 承担承担损害赔偿责任',也即'A 向 B 承担承担损害赔偿义务')。这一责任概念包含在专业术语'危险责任'和'有承担责任的义务'之中。(2) 责任指必须以人或以财产去担当义务。这一责任概念所指的不是义务,而是以之为前提,它所涉及的是义务人由于该义务而要受强制执行的财产范围。在这个意义上,人们说'限制责任(有限公司责任),''以全部财产承担责任'。……债务人对其债务原则上以其全部财产承担责任。"①

其二,"所谓债务,指为一定给付的义务。所谓责任(Haftung),乃指强制实现此项义务的手段,亦即履行此项义务的担保。惟应注意的是,'责任'一词,有多种意义。如第 184 条第 1 项前段规定,因故意或过失不法侵害他人之权利者,负损害赔偿'责任'(过失责任);第 91 条规定,表意人于依撤销意思表示时,对于信其意思表示为有效而受损失之相对人或第三人负赔偿'责任'(无过失责任),均指就其行为所生之结果'负责',亦即应对其行为所生之损害予以赔偿。对于此项损害赔偿义务(债务),债务人应以全部财产为其担保、债权人得强制执行之,即属吾人于此所谓之'责任'。"②

根据上述阐述,可以概括出责任的含义有以下三层意思:(1) 责任是债务人承担损害赔偿义务。(2) 责任是债务人以其全部财产(原则上)为履行债务的担保。(3) 责任是强制债务人履行债务的手段。简要地说,责任具有义务、担保、制裁三个含义。说责任是指债务人承担损害赔偿义务。那么,责任和债务区别何在?

民法学者关于债务与责任的关系的阐述可分为三说:一是债务与责任形影不离说。债务与责任形影不离说所说的"形"是指债务,"影"是指责任;责任如影,不离债务之形。"就'台湾现行法制'而言,负有债务者,于不履行时,即应以其全部财产负其责任,有债务即有责任。债务与责任原则上系相伴而生,如影随身,难以分开,负有债务者,不仅在法律伦理上负有当为义务,而且也承担其财产之一部或全部将因强制执行而丧失之危险性,盖非如此,不能保证债之实现也。"③有学者说:"在现在,债务通常与责任联系在一起,人们可以将责任称为'债务的影子'。在法律中以及其他场合'负责任'

① 〔德〕迪特尔·施瓦布:《民法导论》,郑冲译,法律出版社 2006 年版,第 168—169 页。

② 王泽鉴:《民法学说与判例研究》(4),中国政法大学出版社 1998 年版,第 122—123 页。

③ 同上书,第 123—124 页。

有时亦与‘负担债务’同义使用(如第276条第2款和第277条众所称的‘责任’)这常常只是为了避免重复使用‘负担债务’。真实的没有债务的责任主要见于物权法,即见于在非为债务人所有的物上设定质权的情形。”①

二是责任包含债务说。此说认为,债务人负担债务,因有责任关系,故在债法上乃成为给付义务或损害赔偿义务。因此,责任与义务有密切关系。此一关系,如同一个桔子,债务是肉,责任是皮,肉是用外皮保护,亦即债务为责任所包含。因有此肉与皮,此一桔子乃能为人所吃,而送到市场出卖,此时出卖之桔子,即系有皮有肉之债权也。持此说的学者还指出,债务人是否有容忍此一法律上之力的义务?回答是只要债务不履行,债务人即服从此一法律上之力,故服从系债务人责任之本质,而非容忍义务之问题。②

三是债务包含责任说。此说认为,“债务必须加上责任,方可称为一个完全的债务”③。“自然债务亦可称为无责任债务。反之,完全债务则可称为有责任债务也。”④

以上前三说论述的角度不同,各有道理,并不对立。三说的学者的共同观点都强调责任与债务有紧密关系,强调有债务就有责任。同时都认为有例外,有学者说是“罕见的例外”。所谓例外,学者达成共识的经常举的例子是自然债务。学者通常还将民法上的“保证”作为无债务而有责任的事例,最近有学者认为此例有斟酌的余地。理由是保证仍为债权契约,保证具有债务;有责任的债务方为法所认定的债务,故债权法上无所谓无债务之责任。⑤

综上所述,传统民法理论注重债务与责任之间紧密联系的关系,甚至债务与责任可以通用。从民事立法上看,在民法典债编规定责任,其他编没有关于责任的规定,责任成了债的组成部分,似乎责任与物权、继承权以及人身权无关。为什么民法上这样处理债务与责任的关系?根据民法学者的有关论述,笔者概括为三个理由:一是债务与责任都具有财产性,因此强调责任与债务的同一性。二是为了区分物权与债权。三是注重责任的货币和商品性,体现私法自治原则。从已经发展了的法学理论来看,强调债务与责任

---

① 〔德〕迪特尔·梅迪库斯:《德国债法总论》,杜景林、卢谌译,法律出版社2004年版,第17页。

② 林诚二:《民法债编总论——体系化解说》,中国人民大学出版社2003年版,第221页。

③ 黄茂荣:《债法总论》(第1册),中国政法大学出版社2003年版,第62页。

④ 邱聪智:《新订民法债编通则》(上),中国人民大学出版社2003年版,第8页。

⑤ 林诚二:《民法债编总论——体系化解说》,中国人民大学出版社2003年版,第223页。

的同一性，忽视义务（债务是民事义务的一种）与责任的本质区别不科学，至少有片面性。

（二）义务与责任关系的学说

权利、义务、责任作为法律文化现象，是随着国家的而出现的。但是作为明确的法哲学概念（范畴），它们仅有 300 余年的历史。[①] 19 世纪中期以后，由于社会生产方式所推动，“权利”和“义务”被作为法律（法学）的基本概念被总结出来，权利和义务的研究进入实证化阶段。[②] 在德国民法上，义务在债法中称为债务，德国民法理论上讲债务与责任的关系，不讲义务与责任的关系。《德国民法典》颁布至今一百多年来，权利、义务、责任的概念及其相互关系的学说有了新发展，了解有关新理论，对于我国民事立法是有裨益的。基于本文的主题，以下只讲义务与责任的关系。

法律权利和义务概念在中国出现是 19 世纪西学东进之后，与对法律权利的分析比较，西方学者对法律义务的分析相对匮乏。法律义务成为独立的概念和对它进行系统分析，始于近代，20 世纪中期以后研究逐渐深入[③]，主要可分为三说。

1. 潜在制裁说

有一种观点认为，法律义务是国民“服从”法律规范的义务。并强调，在这种法律义务的定义中，法律规范通过赋予制裁而使国民负有义务不为不法行为。一个人在法律上要对行为负有义务：与此相反的行为是针对他（或针对与他有一定法律关系的人）的制裁条件。持这种观点的学者还说，法律义务的概念也意味着某人在法律上对一定行为负有义务意思就是在相反行为时，机关就要对他适用制裁。持这种观点的学者强调法律义务与不法行为密切联系，与制裁密切联系，但不是说义务与制裁密不可分，而是说法律上负有义务就意味着一个不法行为的一个潜在主体，一个潜在的不法行为人，一个潜在的受法律制裁的人。[④] 笔者对这种学说称为潜在制裁说。

潜在制裁说的代表人物是凯尔森，他认为法是具有国家强制力的有等

---

① 参见张文显：《法哲学范畴研究》，中国人民大学出版社 2003 年版，第 281 页；〔意〕桑德罗·斯奇巴尼：《从〈阿奎利亚法〉到〈学说汇纂〉第 9 编：罗马法的体系与契约外责任诸问题》，载费安玲主编：《法学汇纂》（第 1 卷），知识产权出版社 2007 年版，第 163 页。

② 张文显：《法理学》（第 3 版），高等教育出版社、北京大学出版社 2007 年版，第 136 页。

③ 张文显：《法哲学范畴研究》，中国政法大学出版社 2003 年版，第 290—291 页。

④ 〔奥〕凯尔森：《法与国家的一般理论》，沈宗灵译，中国大百科全书出版社 1996 年版，第 65—67 页。

级的规范体系。他强调法是一种强制秩序,“强制”是法律的一个要素,组成法律秩序的规范一定是强制行为,即制裁的规范。基于这种理念,他强调义务潜在着制裁,也就是说不潜在制裁的行为,是不具有法律义务性质的行为。潜在制裁说揭示了义务与责任的密切联系,不履行义务会受到法律制裁,这是法律的重要特征,无疑是正确的。但是,潜在制裁说不能正确反映义务与权利的密切关系,不能正确反映义务在法律规范中的地位。

2.“应当”说

早在古代日耳曼法上是将债务与责任分开的,认为债务为“当为”,对债务不能强制;当债务不履行时产生责任,“得诉之强制手段”。日耳曼法学者对债务与责任的区分的研究作出了贡献。[①] 由于占统治地位的德国学者崇尚罗马法,《德国民法典》没有采取日耳曼法区分债务与责任的立法例和有关学说,加上《德国民法典》对后世的重大影响,“应当”说随之销声匿迹。直到20世纪70年代以后,以英国法哲学家哈特、米尔恩、迪亚特等为代表的新分析法学派(即语义分析法学派)对义务概念进行了卓越的研究,其中最突出的特点、也是最富有启迪的是,他们越来越强调义务概念中的“应当”而不是制裁要素。[②] 这时,古代日耳曼法学上的“应当”说才在当代受到尊重。

哈特在论述义务的观念时指出,凡有法律之处,人类的行为在某种意义上就不是随意的,或者说是“具有义务性的”。同时他批判了近代英国法哲学先驱人物奥斯丁的“法律命令说”(把法看做由无限主权者的命令组成的),认为法的命令说不能区分“有义务去做某事“与“被迫去做某事”。为了理解“义务“观念,必须区分以下两种说法的差异,即说某人被强迫去做某事,与说他有义务去做。说某人有义务去做某事,与他事实上是否做了某事在相当程度上是相互独立的;说某人被迫去做某事,却通常带有这样的含义,即他事实上做了这件事。哈特认为法律体系是由规则构成的,义务隐含着规则的存在,没有与义务相连的规则是不可能说明法律问题的。[③]

米尔恩说:“‘义务’在道德和法律中都是一个关键性概念。它的中心思想是,因为做某事是正确的而必须去做它。说某人有义务做某事,就是说不

---

① 李宜琛:《日耳曼法概说》,商务印书馆1943年版,第74页。

② 张文显:《法哲学范畴研究》,中国政法大学出版社2003年版,第290—291页。

③ 〔英〕H. L. A. 哈特:《法律的概念》(第2版),许家馨、李冠宜译,法律出版社2006年版,第8、78—79、81页。

管愿意与否，他都必须去做，因为这事在道德上和法律上是正当的。”①

迪亚特对义务这一概念作了系统而深刻的阐述，他指出，义务与行为相联系，脱离开行为，就不可能研究义务。强调义务并不描述行为，而只是规范行为，因而义务只表达人们应当遵守的行为模式观念。这样，尽管义务可用“必须“或“应该“等命令式语句来表达，但义务不过是作为思想而“存在”，仍然是“应当”的陈述。这里说的应当是指法律意义上的应当，如果一项“应当”符合法律效力的标准，它就是法律上的“应当”。义务并不是某人发出的命令，应当抛弃义务的命令观念。②

迪亚特指出，许多著作都认为，若不履行一项义务会受到制裁，则该义务就可以认定为是“法律义务”。迪亚特反对制裁是法律义务的决定性因素的观点。他认为，义务是一种规范行为的“应当”，制裁虽然通常与义务相关，但却是独立的。③ 他说：“从最抽象的形式来说，义务的概念可简单地表述为是法院承认为合法的规范性行为模式。”④

“应当”说认为义务的中心思想是因为做某事是正确的而应当做，区分了有义务去做某事与被迫去做某事。认为义务并不描述行为，而只是规范行为，因而义务只表达人们应当遵守的行为模式观念。“应当”说揭示了义务在法律规范中的地位，强调义务与制裁的区别，与潜在制裁说相比较，“应当”说优于潜在制裁说。

3. 对应权利说

我国法理学者往往与权利的概念联系在一起讲义务，在法理学教材中往往用一个标题讲权利和义务的概念，强调义务与权利的密切联系，认为义务是权利的对应词，两者相辅相成，有权利即有义务，有义务即有权利。在具体讲权利与义务的概念时，也反映了二者的对应性，例如有学者认为“法律权利是规定或隐含在法律规范中，实现于法律关系中的，主体以相对自由的作为或不作为的方式获得利益的一种手段。法律义务是规定或隐含在法律规范中，实现于法律关系中的，主体以相对抑制的作为或不作为的方式保证权利主体获得利益的一种约束手段”⑤。我国法理上占主导地位的观点认

① 〔英〕米尔恩：《人的权利与人的多样性——人权哲学》（中译本），夏勇、张志铭译，中国大百科全书出版社1995年版，第34页。

② 〔英〕迪亚斯：《法律的概念和价值》（《法理学》一书的中文节译），载张文显、李步云主编：《法理学论丛》第2卷，法律出版社2000年版，第441—442页。

③ 同上书，第448—450页。

④ 同上书，第445页。

⑤ 张文显主编：《法理学》（第3版），高等教育出版社、北京大学出版社2007年版，第142页。

为,权利和义务都是一种法律手段,笔者曾称之为手段说[①];从其强调权利与义务密切联系的观念看,可称之为对应权利说。

对应权利说揭示了义务与权利的密不可分的关系,更具科学性。权利和义务作为法哲学的中心范畴被明确提出来并加以深入研究,是当代我国法理学者的历史贡献,对应权利说正是这方面研究成果的反映。值得注意的是,据说,1789 年法国制定人权宣言时,有人提议在制定权利宣言之后再列一个义务宣言,这一提议受到多数委员的反对而被否定。反对者的理由是,义务包括在权利之中,不必再加以规定。[②] 这说明在法国大革命胜利以后,法国革命者已经树立了权利与义务密切关联的观念,据此可以说对应权利说是在前人研究成果上的进一步发展。

上述关于义务的概念与本质的三种学说,无论潜在制裁说、应当说,还是对应权利说,都是将义务与责任区分开,都认定责任具有强制性。关于法律责任的学说主要有义务说、制裁说(处罚说)和后果说,三说的共同点也在于责任与义务的主要区别在于义务具有正当性,没有强制性,责任具有强制性。著名的美国法理学者庞德指出:"'责任'既在广义上使用也在狭义上使用。最广泛意义上,它涵盖一个人在任何类型的法律诉讼中可能被迫追究的所有情形。"[③]霍姆斯认为,法律责任是一个根据"普遍理解"使用得最广泛的概念之一。不管在对法律责任的理解上有何分歧,普遍理解中的法律责任总是与一定的强制力相连,以补偿为主的民事法律责任也不能例外。[④]

德国民法理论强调债务与责任的密切联系,债务与责任两个概念可以通用,此理论和《德国民法典》关于债务与责任的立法模式有其合理性,也有时代的局限性。如果从区别义务与责任的原理看,将侵权责任转换为损害赔偿义务,再由义务转换到责任,则有混淆名词、偷换概念、玩弄文字之嫌。

中外法学者对法律责任概念有各种不同的论述,说明了法律责任的复杂性,也说明了法律责任的重要性。多年来,我国法理学者对法律责任的研究逐步深入,法理学界占主导地位的观点认为法律责任是法学的基本范畴之一。有学者强调,法律责任是法学理论和法律实践中一个极其重要的问

---

① 关于权利与义务的概念,参见沈宗灵主编:《法理学》(第 2 版),北京大学出版社 2004 年版,第 69—72 页;孙国华主编:《法理学》(第 2 版),中国人民大学出版社 2004 年版,第 384—385 页;张文显主编:《法理学》(第 2 版),高等教育出版社、北京大学出版社 2007 年版,第 142 页。

② 张文显:《法哲学范畴研究》,中国政法大学出版社 2003 年版,第 290 页。

③ 〔美〕罗斯科·庞德:《法理学》(第 4 卷),王保平、王玉译,法律出版社 2007 年版,第 146 页。

④ 参见付子堂主编:《法理学高阶》,高等教育出版社 2008 年版,第 302 页。

题,是现实法律运行操作中必须予以充分把握和高度重视的概念。[1] 此说对于民事责任完全适用。

(三) 民法上区分义务(债务)与责任的重要性

1. 权利与义务(债务)的关系密切联系是常态,责任与义务(债务)联系不是常态

德国民法将侵权责任规定为损害赔偿义务,传统民法理论强调债务与责任密不可分,有其理论和立法技术安排上的理由。但是,从法学理论发展和司法实践看,应当注重义务与权利的密切联系,注重义务与责任的区别。通常民事权利与民事义务相辅相成,有权利就有义务。在一项法律关系中,通常对一个人(或多个人)来说是权利,对另一个(或多个)人来说就是义务。这是权利义务联系的常态,是正常的社会秩序的反映。只有在一方不履行义务、侵害他人权利的情况下,才体现出义务与责任的联系。这种义务与责任的联系不是法律关系的常态,是不正常的社会秩序的反映。因此,无论从立法技术的安排上看,还是从法律关系整体上看,与义务密切的联系是权利,而不是责任,这是法律理论与实践发展的结果。在罗马法上,债的含义由法锁到义务,再往后才有时指权利[2];而现代法学理论和立法,讲权利、义务、责任,与罗马法相比,三者的次序正好颠倒过来了。

2. 义务与责任的性质不同

在社会生活中,责任一词虽然有不同的含义,但是在法律上应当将与义务含义相同的责任概念和违反义务后果的责任概念严格区别开来。义务与责任的根本区别在于二者的性质不同,前者反映基于合法行为发生的社会关系;后者反映基于违法行为发生的社会关系,二者不可混淆。当事人因过错行为所产生的责任具有可谴责性,被法律所否定,可能产生法律上的强制性措施,会产生不利于行为人的后果。对于无过错责任的承担者没有谴责性,但是,如果责任人拒不承担责任,就具有谴责性,也可能产生法律上的强制性措施。

---

① 付子堂主编:《法理学高阶》,高等教育出版社 2008 年版,第 301 页。
王泽鉴:《债法原理》(第 1 册),中国政法大学出版社 2001 年版,第 38 页。

② 学者对罗马法上是否存在“权利”概念有分歧。参见方新军:《权利概念的历史》,载《法学研究》2007 年第 4 期,第 71—74 页。

四、民事责任在民事法律关系中的地位及其与权利本位的关系

学者通常讲法律关系是具有权利与义务内容的社会关系，但对责任在法律关系中的地位有不同的观点，这个问题与债务与责任的关系有联系，与民法典的立法体系有关系。民事立法以权利为核心还是以民事法律关系为核心，当代民法学者仍有不同观点，这是关系到民法典体系，也涉及债务与责任的关系。这些都与制定侵权责任法抑或侵权行为之债法的争论密切关联，其中有的也是直接争论到的问题，因此笔者有必要阐明自己的观点。

（一）民事法律关系要素的诸学说

民事法律关系的要素有哪些，学者就有不同的阐述，主要可分为两要素说、三要素说、四要素说和多要素说。有学者说，法律关系有两个要素：一是“法律调整”，二是“现实生活的一部分”。[①] 两要素说是德国学者在讨论法律关系的定义时提出的。法律关系经常被定义为“由法律规定的生活关系”，两要素说认为这个定义不准确，因为法律关系与某些生活关系无关，构成法律关系的要素之一是现实生活的一部分，即全部社会生活并非都由法律调整。两要素说是从法律与社会生活之间的关系的角度阐述法律关系要素的。

三要素说认为，法律关系由主体、客体和内容构成[②]，此说已成为我国内地学者的通说。三要素说的优点是既可以适用于法律上规定的抽象的法律关系，也可适用于现实生活中存在的法律关系。

有学者认为：“法律关系是由权利与义务及其原因事实所构成。”[③]这是三要素说的另一种说法。

有学者很明确地指出：“按照现代大陆法系民法思想，民事责任为民事法律关系之构成要素。民事法律关系是由民事权利、民事义务和民事责任三者结合而成。权利、义务为法律关系之内容，责任则是权利、义务实现的法律保障。民事权利、民事义务惟有与民事责任相结合，民事权利才受到责任关系的保护。但需注意，民法理论在论述民事法律关系的要素时，大多未

---

① 〔德〕迪特尔·梅迪库斯：《德国民法总论》，邵建东译，法律出版社 2000 版，第 50—52 页。
② 郑玉波：《民法总则》，台湾三民书局股份有限公司 1995 年版，第 67—70 页。
③ 韩忠谟：《法学绪论》，台湾两利美术印刷有限公司 1991 年版，第 150 页。

指明民事责任为要素之一，而仅指出权利义务为民事法律关系的内容。实则，因民事责任与民事权利义务之密切关系，民事权利义务之违反即发生民事责任，民事法律关系的内容已隐含了民事责任这一要素在内。"[①]

葡萄牙学者平托认为，法律关系的要素有主体、客体、法律事实和保障四要素，这些要素是法律关系的外部要素。四要素说将法律关系的要素和法律关系的结构区分开，认为法律关系的结构是法律关系的中心或核心，是存在于主体之间的纽带和联系，权利和法律义务或屈从构成了法律关系的内部结构和内容。作为法律关系的要素的"保障"是指：法律关系权利人当权利遭义务人侵犯或威胁时，为满足权利而可采取的强制性措施。或者说："法律关系保障是法律关系独有的，权利人在权利受侵犯或可能受侵犯时开动国家处罚机器以恢复其权利的相应状况或防止受侵害之可能性。……最常见的保障是赔偿权利人的财产或非财产的损失。"[②]这里说的"保障"和"责任"是一致的。有学者认为将"保障"作为法律关系的外部要素，"也初步确立了民事责任在法律关系要素中的定位"[③]。

拉伦茨在《德国民法通论》一书专章（第 12 章）论述了法律关系。其中第 1 节讲法律关系的结构。他指出，法律关系，一般来说，从一个人看，是他的"权利"，从另一个人看就是一种义务，或者说是一种法律上的约束。就其结构说，所有法律关系同我们称为"法律上的基础关系"的相互尊重关系一样，包括法律关系的主要要素，即权利（对人的尊严的尊敬）和与之相应的义务（即注意不去损害他人）。他还指出，义务或其他法律约束首先是"规范性的"，它在一般情况下的作用实际是，如果受约束一方（＝义务方）违反了他的约束，他就必须承担不利的后果。拉伦茨进一步指出，大多数法律关系并不是由某种单一的关系组成，是一种"结构"，它的具体要素有权利、权能、义务和拘束等多种多样的形式。该书第 12 章第 2 节讲法律关系的要素，拉伦茨列举的法律关系的要素包括：(1) 单个的权利和权能；(2) 预期取得；(3) 法律义务和其他拘束；(4) 负担性义务；(或屈从)(5) 权限。[④] 对此可称为多要素说，即拉伦茨所说的"违反了他的约束，他就必须承担不利的后

① 梁慧星：《民法总论》（第 2 版），法律出版社 2001 年版，第 84—85。

② 关于法律关系四要素说，见〔葡〕Carlos Alberto da Mota pinto：《民法总论》，澳门翻译公司、林炳辉、刘因之、欧阳琦、冯瑞国译，法律翻译办公室、澳门大学法学院 1999 年版，第 94—99 页。

③ 刘岸：《私法上法律关系的结构》，载郑永流主编：《法哲学与法社会学论丛》（7），中国政法大学出版社 2005 年版，第 56 页。

④ 〔德〕卡尔·拉伦茨：《德国民法通论》（上册），王晓晔、邵建东、程建英、徐建国、谢怀栻译，法律出版社 2003 年版，第 263—271 页。

果”。

以上说明,法律关系的要素是个复杂的问题,可以从不同的角度阐述。通常说法律关系的内容是权利和义务并不错,但是权利和义务不是法律关系的全部内容,而是法律关系的主要内容,也是拉伦茨所说的法律关系的“主要要素”。从传统民法上债务与责任的关系的原理看,债务与责任是结合在一起的,由此可以看出,法律关系的三要素说讲的法律关系的内容中的“义务”,实际上包含了责任。

另外,法理学上讲的法律关系内容有复杂的内涵。在法理学上通常认为,法律关系是根据法律规范产生的主体之间的权利和义务关系。这个定义,既包括私法上的法律关系,也包括公法上的法律关系。这个定义没有出现“权力”和“责任”字样,实际上也包含了权力和责任。在现代汉语词汇和法律规定中,权利和权力,特别是公民权利和国家权力是有严格区分的。英语中的 right(权利)和 power(权力)是分开的。例如,美国 1776 年的《独立宣言》全文和 1787 年宪法及其修正案中广泛地使用了“权利”(right)和“权力”(power)两个词,且含义都很明确:人民享有权利,政府行使权力。然而在一些英美法学家著作中,这两个词却往往是通用的。我国多数法理学教材中所讲的权利和义务往往又包括了国家机关在执行公务时所行使的职权、权限、权力和职责。[①] 由此可见,法理学上讲法律关系时所使用的权利一词包含了权力。

在法理学上讲法律关系时所说的义务是否包括责任在内?我国多数法理学教材中所讲的权利和义务往往包括“职责”在内,可以理解为法律关系包含了责任。另外,有学者讲的第二性义务说,也是指责任而言。有的学者认为,广义的法律义务是指社会主体对他人和社会所承担的必须作为或不作为的责任。[②] 从上述观点说明,法理学上讲法律关系时所说的义务实际上包括了责任。

美国法学家韦斯利·霍菲尔德认为所有法律关系都可以归结为“权利”和“义务”;而且这些范畴足以用来分析即使最复杂的法律利问题。他指出,就广义的权利—义务概念而论,包括:狭义的权利—义务关系;特权—无权利关系;权力—责任关系;豁免—无能力关系。根据霍菲尔德的学说,法律

① 沈宗灵主编:《法理学》(第 2 版),北京大学出版社 2003 年版,第 69 页。

② 卓泽渊:《法理学》(第 4 版),法律出版社 2006 年版,第 83—85 页。

关系并不都是一样的权利义务关系，而是涉及八个法律概念之间的复杂关系。[①] 我国有的法理学者认为法律责任是由于侵犯法定权利或者违反法定义务而招致的第二性义务，其理由之一是全部法律现象都可以归结为权利和义务问题。将责任"引入'义务'范畴，把责任看做由于违反第一性义务而招致的第二性义务，这就把法律责任与法律规范、法律行为和法律关系等法律现象的逻辑环节连接起来了。"[②]

综上所述，无论从民法上讲的法律关系的要素看，还是从法理学上讲的法律关系的要素看，责任都包括在法律关系的要素之内。既然如此，从法律上权利、义务、责任原理发展来看，应当重视责任在法律关系中的地位。

（二）民事责任是一种民事法律关系

责任作为法律关系的要素，有不同的表现形式。在一般情况下，责任作为实现权利的保障手段，责任是一切法律关系的要素（外部要素），但不是所有具体法律关系的内容（内部要素），因为通常人们主动履行法律义务，责任就不存在了。在人们主动履行义务的情况下，责任只是法律关系的"保障"要素，而不是法律关系的内容。在另一种情况下，法律责任也是法律关系的内容，这就是当一方的权利受到侵害，另一方需要承担责任的时候，就发生了因责任而形成的法律关系。因责任而形成的法律关系，是侵害他人权利的人（责任人）和权利受到侵害的一方（受害人）之间的关系，这种法律关系的内容是权利和责任。基于责任形成的法律关系的内容中的权利的性质是救济权，因此，确切地说，基于责任发生的法律关系的内容是救济权和责任。

民事法律关系是民事主体之间基于平等原则产生的法律关系，民事责任关系与行政责任关系及刑事责任关系的区别体现在责任的内容，责任实现的方式方面，民事责任不仅体现了平等原则，而且在一定程度上体现了意思自治原则。在合同关系中，在法律容许的范围内，当事人可以约定违约责任的形式或数额。对此，早已在我国1981年颁布的《经济合同法》和1999年颁布的《合同法》中有所规定。在实践中，当事人订立合同一般都有关于违约责任的具体约定。从这个意义上说，正常社会秩序下，有时责任也可以是民事法律关系的内容。

有些法理学著作将法律关系区分为第一性法律关系和第二性法律关

---

① 沈宗灵：《现代西方法理学》，北京大学出版社1992年版，第145—150页。

② 张文显：《法哲学范畴研究》，中国政法大学出版社2003年版，第122页。

系。第一性法律关系是存在于权利主体与义务主体之间的、尚未产生法律责任的法律关系。第二性法律关系是在原有权利义务关系受到破坏并产生法律责任的条件下形成的法律关系。在第二性法律关系中，法律责任出现了，法律责任带有惩罚性时，法律制裁也会随之出现。第二性法律关系是在第一性法律关系受到干扰、破坏的情况下，对第一性法律关系起补救、保护作用的法律关系，例如，侵权补偿法律关系、刑事法律关系等。[①]

上述分类是将法律责任定性为第二性义务的基础上所作的划分，有其合理性。但是没有具体阐明第二性法律关系的内容是什么。

法理学上对法律关系的另一种分类是，调整性法律关系和保护性法律关系。调整性法律关系是不需要法律制裁主体权利就能正常实现的法律关系，它是建立在主体的合法行为的基础上，是法律实现的正常形式。保护性法律关系是在主体的权利与义务不能正常实现的情况下通过法律制裁而形成的法律关系，它是在违法行为的基础上产生的，是法律实现的非正常形式。最典型的保护性法律关系就是刑事法律关系。保护法性律关系的主体一方是国家，另一方是违法者，国家拥有实施法律制裁的权利（权力），而违法者具有承担由于实施违法行为所导致的法律责任的义务。[②]

这里将保护性法律关系的内容仍然表述为权利与义务，将国家权力表述为权利（权力），将违法者的义务表述为承担"法律责任的义务"，这里说的权利与义务显然属于霍菲尔德的学说广义的权利与义务，将责任归入义务之中。

上述两种法律关系的分类的共同点是，从形式上看，二者都认为法律关系的内容是权利和义务，没有明确地指明责任是法律关系的内容，但是从实质上看，二者都包括了责任在内。另外，萨维尼的《当代罗马法体系》第 2 编的题目是"法律关系"，该编第 4 章是"权利侵害"，该章讲到对人之诉和对物之诉的问题。[③] 这里讲的权利侵害与对人之诉和对物之诉的问题，从一个侧面说明，法律关系的内涵包括了责任。

根据法律上的权利、义务与责任的关系的原理，笔者认为，可将法律关系区分为基于合法行为形成的法律关系和基于违法行为形成的法律关系。

---

① 张文显主编：《法理学》（第 3 版），法律出版社 2007 年版，第 187—188 页；张文显：《法哲学范畴研究》，中国政法大学出版社 2003 年版，第 112 页。

② 孙国华主编：《法理学》（第 2 版），中国人民大学出版社 2004 年版，第 380 页。

③ 参见〔德〕弗里德里希·卡尔·冯·萨维尼：《论对人之诉和对物之诉》，田士永译，载王洪亮、张双根、田士永主编：《中德私法研究》（第 1 卷），北京大学出版社 2006 年版，第 195 页注。

人的行为是最广泛最重要的法律事实，是法律关系变动（产生、变更或者消灭）的基本原因，人的行为绝大多数是合法行为，因此法律关系基本上是基于合法行为形成的法律关系。基于合法行为形成的法律关系的内容是权利（权力）和义务，不包含责任在内。但是，这种法律关系不是与责任没有关系，这种法律关系是受法律保障的，必要时需要国家强制力保障，也可以说基于合法行为形成的法律关系是以法律责任为保障的，没有以法律责任为保障的社会关系就不是法律关系。基于合法行为形成的法律关系的主体一方是权利人或者权力人，另一方是义务人。

基于违法行为形成的法律关系是指行为人在实施违法行为过程中形成的法律关系。广义的违法行为包括违约行为，因为合法的合同关系受法律保护，违约者需要承担违约责任，因此从广义上说，违约责任也是违法责任。基于违法行为形成的法律关系反映的是不正常的社会秩序，这种法律关系的内容是权力或者权利（救济权）与责任。

将法律关系区分为基于合法行为形成的法律关系和基于违法行为形成的法律关系，与其他分类的不同和意义有：(1) 明确了法律责任也是一种法律关系，民事责任是一种民事法律关系。这种法律关系解决的是谁要谁承担法律责任，如何落实法律责任。基于违法行为形成的法律关系占的比例较少，但是在民事法律关系中具体数量很多，正确处理这种法律关系，对构建和谐的社会秩序有重要意义。(2) 细化了法律关系中的权利、权力、义务和责任，同时也将民事法律关系、行政法律关系和刑事法律关系区别开了。

（三）权利本位与民事法律关系的关系

权利本位这个法律理论从提出到现在，从外国引进到我国，有个发展过程，其指导思想和内涵也在变化。我国民国时期的民法学者通说认为，民法分为义务本位、权利本位和社会本位三个时期。有的学者认为，义务本位时期是自罗马时代至中世纪。在古代罗马法时代，家父对于子女及奴隶的权利，与对物的支配权没有显著的区别。我国古代，个人为家族的构成分子，也没有独立的地位。法律的中心观念，在使各个人尽其特定身份上应尽的义务，这就是所谓义务本位的法制。权利本位时期自 16 世纪开始，经 17 世纪到 18 世纪的孕育，而成熟于 19 世纪。随着社会进步，家族日渐解体，社会秩序，乃以个人与个人之间由合意形成的关系为基础，社会发生了由身份到契约的变革，义务观念大减，权利观念大张。法律的基本任务，由使人尽其义务而转向保护权利,这就是所谓权利本位的法制。自20世纪开始为社会本位时期,为社会共同生活的增进,法律对权利和自由加以限制,法定义务增强,这就是所谓社会本位的法制。但所谓社会本位的法制,只是权利本位法制的调整,绝非义务本位法制的复活。[①]

我国法理学上的权利本位的观念是在改革开放初期,在否定阶级斗争为纲理论的基础上逐步形成的,是在讨论"法的本位"时引发和派生出来的。关于法的本位的讨论的核心问题是,权利和义务何者为主导地位,"权利本位"是对"法是或应当是以权利为本位"观念的概括。有学者指出,18世纪、19世纪提倡个人主义、个体本位,权利本位是针对国家本位而言的。那时的权利被限定在个人权利上,故个人本位等同于权利本位。现在讲的权利本位代表在权利义务关系中主张义务来源于、服务于、从属于权利的理论。后来随着法学理论研究的深入,权利本位不仅仅是一个涉及权利和义务关系的观点,也是一个有关法的本体论和价值论的理论体系。[②]

除了权利本位论以外,在我国法理学界还有"义务重心论"和"权利义务并重论"。有学者评价权利本位论、义务重心论与权利义务并重论时指出:从价值层面、从法的历史发展趋势等上讲,权利本位是正确的。从规范层面、从法的起源来看,义务重心论有其合理性。从社会对人们的要求和法律实现途径来看,权利义务并重论是合理的。从当前中国政治、经济和社会生活的实际情况及发展目标的要求看,权利本位是值得提倡的。[③] 这样评价,言之成理。

我国民法学者通说认为我国民法应当以权利为本位,但是对民法的权利本位的理解并不相同。有学者说:"民法的基本理念,亦即民法之基本目的,或基本作用,或基本任务,时论多称之本位。"[④]这里讲的民法本位,实际上是讲民法的理念、目的、作用和任务。笔者认为对权利为本位可以从不同的角度论述。民事权利是人的基本权利,是人权的基础。加强法治建设的基础是健全民事法律,保护民事权利。笔者讲的我国民法以权利为本位,是从我国民法的本质属性讲的,民法以权利为本位是以人为本基本理念在民法上的体现。因此,我国民法应当全面规定各种民事权利,充分保护民事权利,这应当是我国民法以权利本位的基本点。

---

① 王伯琦:《民法总则》,台湾编译馆1979年版,第31—34页。

② 张文显:《法哲学范畴研究》,中国政法大学出版社2003年版,第355、378—379页。

③ 卓泽渊:《法理学》(第4版),法律出版社2006年版,第89—90页。

④ 王伯琦:《民法总论》,台湾编译馆1979年版,第31页。

权利本位与民事法律关系二者之间是什么关系呢？对于私法以权利为核心还是以法律关系为核心，在法学史上存在着一个反反复复的认识过程。萨维尼把权利作为法律关系的核心要素。同时，萨维尼认为，权利的深层次基础在于法律关系，“在法律关系中，任何权利只是特别的、通过排除了某些方面而描述的一种抽象，因此，关于各项权利的判决本身只是由于从法律关系的整体观察出发才有可能真实并且有说服力”。[①] 这样，相对于权利而言，法律关系就具有更高的一般性。萨维尼的私法体系是在法律关系区分的基础上构建的。在萨维尼那里，权利是法律关系的核心要素，法律关系是私法的中心概念。[②] 在冯·图尔于 1910 年提出权利是私法的核心概念之前，法律关系居于私法的核心位置，直到温德沙伊德才发生了转变，法律关系开始丧失了其自萨维尼时代以来的核心地位。[③] 后来，这个问题在民法理论上又出现了回潮。拉伦茨认为：“私法的第一个基本概念是作为‘权利主体’的人，即权利的所有者和义务的承担者，第二个基本概念就是法律关系。”[④]梅迪库斯指出，近代以来，越来越多的学者对权利的核心地位提出了批评，有些人主张应当用法律关系来取代权利，变法律关系为核心概念，因为法律关系之概念也给权利人的义务留下了空间。[⑤]梅迪库斯说：“我同意这些批评意见的一个方面，即私法仅仅依靠权利这一思维手段是不够的。但权利绝对不是可有可无的思维手段。要使某个人负有的义务在私法上得到实现，最有效的手段就是赋予另一个人享有一项相应的请求权（此即权利）。”这说明现代具有代表性的著名的德国学者对民法应当以权利为核心还是以法律关系为核心仍然存在着分歧。

民法以权利为核心还是以法律关系为核心，与民法的权利本位问题是相关联的，我国民法学者有时对民法以权利为本位和民法以权利为核心不作严格区分。笔者认为，民法以权利为本位和民法以权利为核心这两个问题虽相关联，但不是同一性质的问题。前者是从民法的本质属性上讲的，属于价值判断问题；后者是从立法技术上讲的，属于法律规范结构问题。认为

---

① 〔德〕弗里德里希·卡尔·冯·萨维尼：《萨维尼论法律关系》，田士永译，载郑永流主编：《法哲学与法社会学论丛》（7），中国政法大学出版社 2005 年版，第 2 页。

② 参见朱虎：《萨维尼法律关系理论研究》，中国政法大学 2008 年博士学位论文，第 106—119 页。

③ 申卫星：《期待权基本理论研究》，中国人民大学出版社 2006 年版，第 18 页。

④ 〔德〕卡尔·拉伦茨：《德国民法通论》（上册），王晓晔、邵建东、程建英、徐国建、谢怀栻译，法律出版社 2003 年版，第 255 页。

⑤ 〔德〕迪特尔·梅迪库斯：《德国民法总论》，邵建东译，法律出版社 2000 年版，第 64 页。

我国民法应当以权利为本位,以法律关系为核心。讲以权利为本位,有利于正确处理公法与私法的关系,充分保护民事权利。讲以法律关系为核心是在立法规范结构上正确处理权利、义务、责任三者的关系,使民事立法科学化。

法律规范的结构,通常是指法律规范有哪些要素构成,以及这些要素之间在逻辑上的相互关系。有学者指出:早期的立法的特点是"责任中心","近代以来,由于商品经济、民主政治和理性文化的发展,宣告、确认和保护权利成为立法的价值取向,但这并没有降低责任的价值,而是转换了它的价值,即从责任作为制裁犯罪的机制转换为保障权利的机制。权利、义务和责任共同成为立法关键,从而形成了权利—义务—责任的立法格局。"①笔者曾经提出:"权利、义务、责任是法律的基石,法律这一大厦是在这三块基石上建立起来的,法律的内容是在权利、义务、责任的基础上展开的,全部法律现象可以归结为权利、义务、责任,民法也不例外。"②这就是从法律规范的角度讲的,但并不是说权利、义务、责任三者的地位同等。具体说,民事权利是指,民事法律规范赋予民事主体满足其利益的法律手段。民事权利的本质是民事利益。民事义务是指,民事法律规范规定或者当事人依法约定,义务人为一定行为或不行为,以满足权利人的利益的法律手段。民事义务的本质是权利人实现民事权利的必要条件。民事责任是民事主体违反法定义务或者约定义务而应承担的法律后果。民事责任的本质是促使义务人履行民事义务,使权利人实现其民事权利的辅助条件"③

民法以民事法律关系为核心与民法以权利本位并不矛盾。从民法的本质属性上看,从权利、义务、责任三者的关系看,因为权利反映利益,因此也可以说权利是目的,义务与责任是手段。在立法技术上,民法多从义务方面作规定,义务性的条文远远多于权利性的条文,这并不说明民法以义务为本位。从权利本位出发规范义务,目的是通过义务人履行义务,使权利人的权利得到实现;从权利本位出发规范责任,是为了保障权利人的权利得到实现。民法以权利为本位,并非忽视义务与责任。

我国学界通说认为权利和义务是法律的中心范畴,法律责任作为法律

---

① 张文显:《法哲学范畴研究》(修订版),中国政法大学出版社 2003 年版,第 117 页。

② 魏振瀛:《物权的民法保护方法——是侵权责任,还是物权请求权》,载费安玲主编:《学说汇纂》(第 1 卷),知识产权出版社 2007 年版,第 19 页。

③ 魏振瀛:《论民法典中的民事责任体系——我国民法典应建立新的民事责任体系》,载《中外法学》2001 年第 3 期,第 356 页。

运行的保障机制,是不可缺少的。我国法理学教材多将法律责任作为法律的基本概念,专章或专节论述,从理论上阐明了责任在法律上占有重要地位。民事责任在民法学上也占有重要地位。拉伦茨在《德国民法通论》一书中用一节(第2章第1节)的篇幅讲了"人是伦理学上的基本概念",拉伦茨说伦理学意义上的"人"具有其尊严,人们相互尊重的关系是法律上的基础关系。第2章第2节专门讲"伦理学上'人'在私法领域的移植"。其中前三个问题分别是:人作为权利的主体;人作为法律义务的承担者;人对于非法行为的责任。① 从拉伦茨阐明了民事权利、民事义务和民事责任三者相互区别又相互关联的关系,也是说明了民事责任也在民法上的地位。

民法以法律关系为核心,包括了法律关系的主体、客体、内容,包括了权利、义务、责任以及权能、权限、拘束等。"法书万卷,法典千条,头绪纷繁,莫可究诘,然一言以蔽之,其所以研究或所规定之对象,要不外法律关系而已。"②

总之,民法以权利为本位,反映民法的本质属性;民法以法律关系为核心,反映民法的规范结构。把握法律关系这个核心,对于立法和司法能起到纲举目张、以简驭繁的功效。本文用较多的篇幅讲责任,又讲法律关系和权利本位,在理论上是与传统民法上债务与责任关系理论相区别,体现在立法上,就是赞成制定侵权责任法,将来变为民法典侵权责任法编。构建以权利为本位,以法律关系为核心,全面反映权利、义务与责任的民法典关系。

五、民事责任与请求权的关系

在我国物权法制定过程中,这个问题是学者争论的一个热点,也是现在制定侵权责任法不能回避的问题,以下作进一步分析。

(一)温德沙伊德的请求权理论的基本含义

学者公认,实体法上的请求权概念是由温德沙伊德从罗马法和普通法中的"诉"(actio)的概念中发展出来的。在罗马法上实体法与程序法不分,对罗马人而言尤其常见的理解方式,某种请求权在法庭的可诉请性,根本上

① 〔德〕卡尔·拉伦茨:《德国民法通论》(上册),王晓晔、邵建东、程建英、徐国建、谢怀栻译,法律出版社2003年版,第45—52页。

② 郑玉波:《民法总则》,台湾编译馆1995年版,第67—68页。

就是法律上的认可的表达;他们不会说“法律支持某项请求权”,而是会说“法庭支持该请求权”。温德沙伊德提出的著名命题是:罗马法上的诉应该是权利的表达,而非权利的结果;是诉造就了权利,而非权利造就了诉。温德沙伊德认为,在法庭起诉的权利或诉权,只是请求权的结果,而非原因;请求权在法庭的可诉请性(诉权)是请求权的一个侧面,而非构成请求权的东西。请求权概念不包括可诉请性(诉权)的因素。这样,通过剥离罗马法上的诉所内含的诉权或可诉请性因素,温德沙伊德提出了纯粹实体法上的请求权概念:请求权是指:法律上有权提出的请求,也即请求的权利,某人向他人要求一些东西的权利。[①]

温德沙伊德在解释主观意义上的权利(主观权利)时说,法律秩序(即客观意义上的权利)基于具体的事实要件,业已宣布了一条命令,要求作为一项特定类型的行为,并将该命令交予其为之宣布命令的人。至于其是否利用该命令,特别是其否愿意运用供其对抗违法者的工具,则听任其自决。在此,权利人的意思根本上是为了贯彻法律秩序所宣布的命令。法律秩序业已为了权利人的利益而转让其命令,其业已将其命令转化成了权利人的命令,权利已经成了权利人的权利。属于这类的权利就是请求权。[②]

温德沙伊德将对物权所包含的请求权,称为物权请求权;对人权所包含的请求权,称为对人的请求权。他认为这两种请求权有如下区别:(1)针对的相对人不同。对物权是由无限多的请求权构成的,对物权人具有针对一切人的请求权;对人权则含有针对特定人(或特定多数人)的请求权。(2)对物权或其请求权针对的是某种消极的东西,是一项不作为。而对人权或其请求权则可以(是)某种积极的或消极的东西,以一项作为或不作为为其客体。这实际上是指这两种请求权的标的(作为与不作为)不同。但是温德沙伊德认为,物权请求权也可以要求他人进行作为,获得某种积极的内容。这主要是对物权受到侵害的情形;由于这种侵害,其就转换成了要求消除侵害的请求权。《德国民法典》接受了温德沙伊德提出的物权请求权这一术语,其中也包括了温德沙伊德讲的消极意义上的物权请求权。[③]

《德国民法典》接受了温德沙伊德提出的请求权理论,使请求权成为贯

---

① 此段内容参见金可可:《论温德沙伊德的请求权概念》,载《比较法研究》2005 年第 3 期,第 114 页。

② 同上书,第 115 页。

③ 同上书,第 118—120 页。

穿民法典所有部分的概念。《德国民法典》也接受了温德沙伊德提出的物权请求权这一术语,也接受了温德沙伊德提出的两种不同的物权请求权的观点。《德国民法典理由书》指出:“债权为权利人设定一项针对义务人之给付的请求权。物权则针对物……。该权利所生之请求权,不限于针对特定人。”[①]

(二) 德国学者关于请求权关系的争论

《德国民法典》颁布以后,德国学者对于请求权理论既有发展,又有争论,后者显得更为突出。在两次世界大战期间及战后,长期争论不休。[②] 以下简要介绍争论的两个重要问题。

争论之一,请求权是否可以针对不特定的人。

温德沙伊德讲的物权是针对一切人的不作为请求权,此观念遭到后世学者的反对。基坡认为,基于对物权可产生针对侵害人的请求权,但“《德国民法典》中的请求权一词,不能被理解为基于绝对权——特别是对物权——而产生的、针对一切人的纯粹消极的请求权”[③]。施瓦布指出,不能把所有权关系理解为一个所有权人针对所有其他的人的无数请求权的总和。他举例说“慕尼黑的 A 会针对基尔的 B(就像针对任何一个其他人一样)享有要求尊重其财产所有权的请求权,而 B 可能在其一生中都不会同这种财产发生什么瓜葛。如果 B 根本就不会想到同 A 因所有权而发生争议,A 的这种请求权对他又有什么用呢?”[④]

温德沙伊德将物权请求权的主要含义是指针对一切人的不作为请求权,与他的请求权理论体系以及《德国民法典》的请求权体系是相吻合的。“由于温德沙伊德从未使用支配权这一术语,所以他的权利体系是以请求权为中心的;这就可以解释,为何他将对物权的内容仅仅理解为对他人的禁止,理解为某种消极的东西,而忽略其中支配的、积极的一面。”[⑤]《德国民法典》颁布多年之后,支配权这一术语才被提出,再往后,支配权作为一种独立的权利类型才逐渐被学者普遍接受。[⑥] 随着民法理论的发展特别是支配权

---

① 《德国民法典理由书:第三卷,物权》,柏林 1888 年版,第 2 页,转引自田士永:《物权行为理论研究》,中国政法大学出版社 2002 年版,第 332 页。

② 参见苑书涛:《请求权基础理论研究》,西南政法大学 2005 年博士学位论文,第 27—36 页。

③ 转引自金可可:《温德沙伊德的请求权概念》,载《比较法研究》2005 年第 3 期,第 120 页。

④ 〔德〕迪特尔·施瓦布:《民法导论》,郑冲译,法律出版社 2006 年版,第 139 页。

⑤ 金可可:《温德沙伊德的请求权概念》,载《比较法研究》2005 年第 3 期,第 116 页。

⑥ 金可可:《论支配权概念》,载《中国法学》2006 年第 2 期,第 75 页。

概念的确立,温德沙伊德的物权请求权的主要含义已被否定,剩下的仅是其次要含义,即针对侵害物权的请求权,这说明温德沙伊德的请求权理论有重大缺陷。

关于物权与请求权的关系,多数德国学者认为物权为具有第一次性、本来性,对财产的排他性支配权,在物权的正常实现被妨害的场合,作为物权的第二次性权能的要求的妨害排除的请求权(物权的请求权)开始发生。有学者指出在物权和人格权里,请求权都是第二次性的。

关于债权与请求权的关系,大多数学者视为同一,但若维持这种请求权概念,则债权的概念变为无用,故在债法领域中没有用请求权取代债权。有学者提出"债务关系"的概念,依此,债务关系成为请求权开展的基础,物权与物权的请求权、债务关系与债权的请求权两者处于平行的状态。有学者则将债权区分为第一次性和第二次性,认为债权的第一次性是受领及保持债务人的给付的要求权;第二次性则通常是此要求依诉及强制执行被贯彻的可能性(裁判上贯彻的可能性)。[①]

争论之二,请求权有无强制实现可能性。

学者黑尔维希(Hellwiy)认为,诉求可能性的问题完全属于诉讼法,而应从实体法的权利、义务、请求权中排除。学者霍尔德(Holder)认为,"强制实现可能性"是请求权的本质属性,请求权不只是求取任意的义务履行的权利,更是可以谋求藉由强制执行而产生的与义务内容相同的强制实现的权利。学者盖布(Geib)认为,私法的请求权之强制实现可能性本身为其本质属性,依请求权的存在则当然被赋予,然此强制实现可能性的主张(行使)的样态与方法(形式),并非私法(实体法)规定,而是由公法(诉讼法)来决定,公法的诉权与执行请求权是私法请求权的强制实现的形式上的手段。并认为,请求权的强制实现可能性与债务人的责任有相同的含义。此责任乃与债权人的诉权和执行请求权相呼应。图尔认为,请求权的行使,虽然于要求国家权力的帮助(裁判上的主张)时最为有力,但在裁判外也可主张,且"可以于裁判外主张"这一点,是德国民法的请求权与其前身 actio 最主要的区别。[②] 拉伦茨说:"请求权概念在下面的情况下具有最重要的作用,即这个概念不仅表明一种客观(实体法)上的权利,而且也表明一个特定人针对他人的特定请求可以通过诉讼来主张和执行。《德国民法典》的请求权的

---

① 参见苑书涛:《请求权基础理论研究》,西南政法大学 2005 年博士学位论文,第 31、34 页。

② 本段参见同上文,第 28—30 页。

概念就是如此，它首先说明一种实体法的地位，同时也表明了‘程序上的功能。’”①

上个世纪40年代学者埃塞尔(Esser)提出新的见解，认为权利的第一次性的意义，应是生活物资分配，故在权利的第一次性上，表现为对此等受分配物资的规定权；但在作为物资的分配的第一性机能，由于债权中债务人的不履行，或物权中第三人的妨害、不受尊重的场合，对债务人或第三人的关系必须求取权利内容的强制实现，此时权利人也对他人(义务人)的状态的规定权(权利的第二次性、辅助性机能——贯彻、保护的技能)，即私权对义务人此种贯彻、保护机能的层面即为请求权，且以诉讼法性质为理解。②

仅从上述学者的争论可以看出，关于请求权有无强制实现可能性的争论，大体上有三种观点，即肯定说，否定说和折中说。值得研究的是，请求权的强制实现可能性具体实现的条件是什么？笔者认为，实体法上的请求权是由一方当事人向另一方当事人提出请求，不可能由一方当事人向另一方当事人实行强制(符合法定条件下的自助行为是例外)，请求权的强制实现只能借助国家机关实现。但是根据上述一些学者的观点和《德国民法典》的规定说明，请求权、义务和责任都具有强制实现可能性。从现代法理学上看，就引申出一个问题，既然请求权、义务和责任都具有强制实现可能性，那么权利、义务与责任的区别在哪里？依德国民法学上的请求权理论和债务与责任关系的理论难说清楚。请求权的概念在《德国民法典》颁布施行以后仍有比较大的争议与激辩，对在实体法中请求权的位置如何，到今天可能仍是个困难的问题。③

(三) 区分原权利的请求权与救济权的请求权

我国学者李宜琛在讲原权与救济权的概念时说：“盖救济权系因原权之侵害而发生，以原权之缺损为前提，故救济权每为原权之变形，且多为请求权焉。”④据此，笔者曾提出了原权利的请求权与救济权的请求权的观念，并

---

① 〔德〕卡尔·拉伦茨：《德国民法通论》(上册)，王晓晔、邵建东、程建英、徐国建、谢怀栻译，法律出版社2003年版，第322页。

② 德国学者关于请求权的关系的争论的观点，参见苑书涛：《请求权基础理论研究》，西南政法大学2005年博士学位论文，第28—34页。

③ 同上文，第28页。

④ 李宜琛：《民法总则》，台湾正中书局1952年版，第51页。

作了具体论述。[1] 以下结合对温德沙伊德的请求权的概念和德国学者关于请求权理论的争议，进一步论述笔者观点。

1. 关于请求权的“强制实现可能性”分析

请求权有无强制实现可能性，德国学者有相反的观点。有学者认为强制实现可能性是请求权的本质属性，这种观点与温德沙伊德的请求权的理论相一致。拉伦茨首先强调请求权是实体法上的权利，同时他认为请求权也有程序法上的功能，这与温德沙伊德的观点不同。拉伦茨的观点是对温德沙伊德的请求权理论的发展。如果进一步分析，应当说请求权在程序法上的功能仅仅是原权利受到侵害的情况下产生的请求权，即救济权的请求权；原权利的请求权不存在诉讼的必要，没有强制实现可能性，也就没有“程序上的功能”。

值得注意的是，《德国民法典》第1004条第2款规定：“有继续受侵害之虞的，所有人可以提起不作为之诉。”这里规定的“不作为之诉”，把实体法与诉讼法联系起来了。用某某之诉来表达实体权利，是罗马法程序法与实体法不分的立法模式的残余。德国民法对程序法与实体法有了实质性区分，实体权利不再通过诉来表达，而是直接用请求权来表达。《德国民法典》第1004条第1款规定的“不作为之诉“是一个罕见的例外。在德国民法上，对物权的保护通过“请求权”相联系，对债权的保护通过“责任”（不履行债务）与诉相联系，前面已经讲过，有的德国学者则将债权区分为第一次性和第二次性，认为债权的第一次性是受领及保持债务人的给付的要求权；第二次性则通常是此要求依诉及强制执行被贯彻的可能性（裁判上贯彻的可能性）。这说明债权的第一次性不能通过诉的程序强制执行，债权的第二次性才能通过诉的程序强制执行。用我的话说，原权利的请求权没有强制实现可能性，救济权的请求权才有请求强制实现可能性，区分原权利的请求权与救济权的请求权的理由就在于此。

德国民法上，对债权的保护经过“责任”通向诉讼，对物权的保护经“请求权”通向诉讼，而又不区分原权利的请求权与救济权的请求权，这在理论上不能说不是漏洞，这是德国民法不区分义务与责任的必然结果。

后来“不作为之诉”扩展到侵权行为之债的领域。学者的通说认为，在侵权责任法上的不作为请求权“不要求具有过错”；长期有争论的是，不作为

---

① 参见魏振瀛：《论请求权的性质与体系——未来我国民法典中的请求权》，载《中外法学》2003年第4期，第389—403页。

诉讼是否应当以实体法上的请求权为依据,争论的结论是肯定的。[①]

从权利、义务、责任三者的关系看,原权利与义务相对应,救济权与责任相对应。笔者曾提出,物权请求权的性质是救济权的请求权,物权人行使物权请求权的实质是请求相对人承担民事责任。并曾提出民事责任的承担分为自动承担、请求承担和强制承担。这就是说,民事责任可以通过实体法实现,也可以通过诉讼法实现。请求权与诉权的关系可表述为"救济权请求权——诉权"。因为救济权请求权对应的是责任,所以可以表述为"责任——诉权"。有学者指出,民事责任是民事权利与国家公权力的中介,民事责任使民事权利具有法律上之力,并指出:"民事责任何以能够使民事权利具有法律上之力,何以能够发挥保护民事权利的功能,盖因民事责任伴有诉权,使民事责任成为联结民事权利与国家公权力之中介。从而,国家公权力的活动形式,如诉讼、裁判、破产、强制执行等,必须以民事责任为发动之根据。因此,学者称民事责任为民事权利与诉权之中间桥梁。"[②]对此,从责任人角度讲,可表评述为"责任——诉权";从权利人角度讲,从可表述为"救济权请求权——诉权"。

2. 关于权利的第一次性和第二次性的分析

温德沙伊德没有区分权利受侵害以前的请求权与权利受侵害以后的请求权的不同。反映在债法上,不区分合法行为产生的债与违法行为产生的债;反映在物权法上,将物权界定为对不特定人的请求权。后来,多数德国学者认为物权为具有第一次性、本来性,属于支配权。在物权的正常实现被妨害的场合,才发生第二次性权能,即物权的请求权。德国学者提出的权利的第一次性和第二次性的理论,是在温德沙伊德之后,随着支配权概念的形成的新的理论,是对温德沙伊德将物权界定为对不特定人的请求权的纠正,也是对《德国民法典》起草者接受温德沙伊德将物权界定为对不特定人的请求权的纠正,是对《德国民法典》物权请求权的重新解释,无疑是正确的。但是将权利区分为第一次性和第二次性,则有进一步探讨的余地。其缺陷主要是没有对这两种不同性质的权利所对应的义务与责任明确区分开,这是德国民法理论不严格区分义务与责任的反映。

有学者说:"'民事权利—民事义务—民事责任'的法律构造最终是'民

① 〔德〕迪特尔·梅迪库斯:《德国债法分论》,杜景林、卢谌译,法律出版社 2007 年版,第 771—772 页。

② 梁慧星:《民法总论》(第 2 版),法律出版社 2004 年版,第 85 页。

事权利—民事义务'的法律构造。"[1]有学者认为,如果对民事责任的性质采取义务说,则民事责任与民事义务没有区别。不法行为的发生,其直接后果是法律赋予受损害人以请求权,同时对相对人课以相应的义务,而非直接产生民事责任。并指出,这样不会陷入"权利—义务—权利—义务"的"怪圈"。因为正是由于请求权的产生,使得权利人可以诉请法院依靠国家强制力强制义务人履行义务,从而满足权利人的要求。按照这些观点说来,民事实体法上"责任"这个概念就失去其存在的意义。拉伦茨在讲"人对于非法行为的责任"时说:"被施加非法行为的人,则把请求赔偿的要求视为他的权利。他要求对方承担责任。"[2]拉伦茨的这段话是在讲了权利和义务之后讲的。在这里,拉伦茨没有否定"责任"在法律上的地位,而讲对被施加非法行为的人为权利;对施加非法行为的人为责任。由此可见,认为"民事权利—民事义务—民事责任"的法律构造最终是"民事权利—民事义务"法律构造,不符合义务与责任相区别的理论。

3. 关于请求权与债权的关系分析

债权与请求权的联系与区别问题,至今学者论说不一。《德国民法典》在总则编的第 194 条第 1 款前段规定:"向他人请求作为或不作为的权利(请求权)",这是对请求权的法律定义,这个规定适用于民法典各编的请求权。《德国民法典》债务关系编的起草人屈贝尔在法典编纂第一委员会上指出:"在民法典中,以权利为依据而要求特定人作为或不作为的权能,称之为'请求权'……但在债法中,则……称之为'债权'。"[3]这个说明就成为《德国民法典》颁布以后,学者对债权与请求权理解和争论的根源。债权与请求权的同一性观点和相区别的观点各有理由,至今难以统一。

前面讲到,有学者提出"债务关系"的概念,依此,债务关系成为请求权开展的基础,物权与物权的请求权、债务关系与债权的请求权两者处于平行的状态。这样阐释请求权体系,在形式上符合逻辑性。但是,提出"债务关系"的概念,用创造概念的方法达到形式逻辑的一致,在实质上没有解决问题。根据学者通说,物权请求权指的是物权受到侵害情况下的请求权,而债

---

① 崔建远:《论物权救济模式的选择及其依据》,载中国人民大学书报资料中心复印报刊资料《民商法学》2007 年第 8 期,第 81 页。

② 〔德〕卡尔·拉伦茨:《德国民法通论》(上册),王晓晔、邵建东、程建英、徐国建、谢怀栻译,法律出版社 2003 年版,第 51 页。

③ 参见《第一委员会 1874 年 11 月 28 日会议纪要》,转引自金可可:《温德沙伊德的请求权概念》,载《比较法研究》2005 年第 3 期,第 120 页。

权请求权包括债的关系成立时的请求权和债务人不履行债务时的请求权，这两种请求权的性质不同。物权作为原权利，不是请求权，债权的原权利的请求权与物权请求权（救济权的请求权）不处于平行状态上。

与上述学者提出的“债务关系”的概念相联系的问题是，《德国民法典》第2编的编名是什么，译成中文是什么意思。关于该编的题目的译文，学者陈卫佐有专门阐述。他指出，《德国民法典》第2编的编名 Recht der Schuldverhältnisse 是一个在一般德语法律文献里很少使用的名称，直译是“债务关系法”。由《德国民法典》第241条第1款第1句可知，在债务关系中，最重要的是债权人向债务人请求给付的权利，即债权；加之狭义的债务关系指的就是债权，因此，债务关系法也叫“债权法”。由王宠惠博士翻译和注解的世界上第一个《德国民法典》英译本，译成“债务法”。总之，该编的编名可以译成“债务关系法”、“债权法”或“债务法”，它们在《德国民法典》的语境下是同义词。①

无论《德国民法典》第2编的编名译为什么，都难以准确反映债权与请求权的关系。如果认为债权与请求权同一，债权的概念就失去存在的意义。“债”的概念源于罗马法，显然不能因为请求权的创立而取消债权的概念。如果债法上不用请求权概念，就失去债的本来的含义。将《德国民法典》第2编的编名定为“债务关系法”，与该法典的请求权体系似乎和谐一致，但这仅仅是名词上的和谐一致，编名与内容并不和谐，因为该编的实际内容既包括债务，也包括债权，二者经常紧密联系在一起。从内容上考虑，我国民国时期的民法典将第2编编名定为“债”，名副其实。如果从民法典各编的编名比较来看，《日本民法典》将第3编定为“债权”，与第2编的编名“物权”相呼应，从民法典编名的形式上看，是和谐的。由此可见，《德国民法典》以“债务关系法”为编名，并不严谨，它一方面反映了德国民法请求权理论体系在形式逻辑上的合理性，另一方面又反映了形式与内容的矛盾性。

以上证明，指出请求权在债编称债权的立法说明，在理论上难以自圆其说。债权与请求权的关系论说纷纭，“可以说，请求权与债权的混淆问题，成了《德国民法典》中的硬伤”②。此言并非率断。

德国民法采纳了温德沙伊德的请求权理论，从理论上和立法上划清了实体法与诉讼法的界限，《德国民法典》的请求权体系，在立法技术上具有先

① 《德国民法典》（第2版），陈卫佐译，法律出版社2006年版，第81页注2。

② 宋旭明：《论请求权与债权之关系》，厦门大学2007年博士学位论文，第136页。

进性。但是,从《德国民法典》颁布后德国学者对请求权理论的理解和争议以及从现代法学理论的发展来看,温德沙伊德的请求权理论不够完善。

德国民法注重从权利出发,区分第一性权利和第二性权利。我们的民事立法注重法律关系,学者一般不认同第一性权利和第二性权利的理论。未来我国民法典应当建立权利、义务、责任体系,在理论上将请求权区分为原权利的请求权和救济权的请求权,前者反映权利与义务的关系,后者反映救济权与责任的关系,根据两种不同的请求权的区分,债权请求权既有原权利的请求权,又有救济权的请求权;物权请求权、知识产权请求权、人格权请求权等只有救济权的请求权。用权利、义务与责任的原理解释这种请求权的分类,可以摆脱物权请求权性质和债权与请求权关系等问题的无休止的争辩。

六、借鉴与变革侵权行为之债立法模式的主要目标

(一)建立科学的民事责任观念与民事责任法体系

1. 建立区分民事责任与民事制裁的新观念

根据权利、义务与责任关系的原理和法律关系的原理,物权、债权、知识产权、婚姻家庭、继承等各类民事法律制度,都会有权利、义务与责任问题,不应将民事责任局限于违反债的责任。任何法律关系至少有一个人的权利和与这个人的权利相应的他人的义务或者其他法律约束,物权关系也是这样。众所周知,物权关系的义务人是不特定的,义务人的义务是不作为。根据责任是违反义务的法律后果说,物权关系的义务人违反了不作为义务,就产生侵害物权的民事责任。同理,知识产权、人格权等法律关系的义务人的义务也是不作为,义务人违反了不作为义务需承担相应的责任。在德国民法上,只有违反债务的责任,其他民事法律制度中没有责任问题,这从区分物权与债权(绝对权与相对权)来说,自有道理,但是和已经发展了的权利、义务与责任的关系理论相距甚远。

前已述及,传统民法理论讲的责任有担保、义务和制裁三个含义,重点强调的是担保或者义务,有其合理性,反映了当时的历史与理论背景。根据法学理论与实践发展的现实,笔者曾经撰文,提出未来我国民法典应当建立民事责任体系和新的请求权体系。有学者批评说,民事责任作为法律责任的一种,其体现的是国家的强制。民事责任的立法方式,有损传统的私法精

神。主张在未来我国民法典的制定中,应当去除民事责任的立法规定,以请求权为核心,以权利——义务的对应关系来构建我国民法典的体系,还我国民法以传统的私法精神,体现私法自治的理念。

在我国实行经济体制改革,发展市场经济的新形势下,增强民法观念包括私法自治观念是重要的,与之相适应,增强民事责任观念,以确保民事权利的实现,以维护正常的民事法律秩序,同样是重要的。

认为民事责任体现国家的强制的观点没有错误。但是,如果认为民事责任的承担必然通过国家的强制力,则不正确。当今,法学理论的发展,将法律责任与法律制裁区别开来,已经成为我国法理学界主流观点。民事责任不等于民事制裁,这在我国民事立法上早有体现。在学理上,认为违约责任或民事责任可以在法定范围内由当事人约定,几乎成为通说。

从法律责任的一般原理来说,法律责任会导致法律制裁,体现国家的强制力,这是法律责任的共同特征。不同的法律责任还有不同的特征,制裁适用的范围和方式也有不同。刑事责任通常体现为刑事制裁,民事责任通常不体现为制裁。关于法律责任的概念与本质的学说中,制裁说虽然能够阐明法律责任的重要特征,但不能反映各种不同的法律责任的不同特征。早在1994年学者沈宗灵在他主编的《法理学》教材中专章讲“法律责任与法律制裁”,论述二者的联系和区别①,可称之为法律责任与法律制裁区别说。学者张骐随后提出了法律责任的承担分为主动承担和被动承担两种方式的观点②,可谓法律责任与法律制裁区别说的组成部分。后来,此理论逐步被其他法理学者采纳,近几年来出版的法理学教材是说明这个问题的具有代表性的事例。例如有一部法理学教材将法律后果分为肯定性法律后果和否定性法律后果两类,并专门讲述法律责任和法律制裁。③ 有一部研究生教学用书指出,义务说不区分责任和义务不仅导致理论上的混乱,而且容易引起法律实践中公权利的任意干预;指出处罚说只说明了法律责任的必为性,而没有说明法律责任的当为性,而且有“法律责任即惩罚、制裁”之嫌。④ 再如,有一部主张法律责任是第二性义务说的法理学教材,也赞成后果说中关于法

① 沈宗灵主编:《法理学》,高等教育出版社2000年版,第400—420页。

② 张骐:《论当代中国法律责任的目的、功能与归责的基本原则》,载《中外法学》1999年第6期,第29—30页。

③ 卓泽渊主编:《法理学》(第4版),法律出版社2004年版,第264—273页。

④ 付子堂主编:《法理学高阶》,高等教育出版社2008年版,第308页。

律责任的承担方式可以分为主动承担和被动承担两类的观点。[①] 民事责任更适合采后果说，而不适合采制裁说；应当区别民事责任与民是制裁，不应当认为民事责任就是民事制裁。

基于关于法律责任的后果说，笔者在2001年发表的一篇文章中，提出了民事责任的自动承担和强制承担的观点，指出区分民事责任与民事制裁，有利于鼓励民事主体自动承担民事责任，这也是民法自愿原则的体现。[②] 后来在另一篇文章中，笔者提出民事责任的承担方式有自动承担、请求承担和强制承担三种[③]，但没有作解释，以下作具体阐明，并以拉伦茨的有关论述作进一步论证。

（1）民事责任的自动承担

民事责任是责任人向民事权利受到侵害的人承担的责任，根据意思自治原则，受害人有权放弃请求责任人承担责任，责任人有权自动承担民事责任，例如自动支付违约金、赔偿金，责任人自动继续履行等。

（2）民事责任的请求承担

如果责任人没有自动承担责任，受害人有权请求责任人承担。在权利人提出请求后，责任人如果承担了责任，责任关系随之消灭。

此外，当事人双方协商同意，可以采取变通的方式解决，例如变更承担责任时间、地点、数额等。

当事人自动承担责任，经权利人请求后承担责任或者协商承担责任，都是当事人之间的关系，不涉及国家强制力，不涉及制裁。

（3）民事责任的强制承担

权利人在其权利受到侵害后，经过请求，责任人仍不承担责任时，权利人有权提起诉讼，请求法院强制责任人承担责任。另外，权利人有权不经自动承担和请求承担过程，直接向提出诉讼，请求法院强制责任人承担责任。在民事责任关系中，这种情况虽然不会经常发生，但是受害人有选择这种方式的权利，这对于充分保护民事权利、维护社会秩序是必要的。

关于民事主体自动承担民事责任的观念，拉伦茨从伦理学上的“人”在

---

① 张文显主编：《法理学》（第3版），高等教育出版社、北京大学出版社2007年版，第168、175页。

② 魏振瀛：《论民法典中的民事责任体系——我国民法典应建立新的民事责任体系》，载《中外法学》2001年第3期，第358—360页。

③ 魏振瀛：《〈民法通则〉规定的民事责任——从物权法到民法典的规定》，载《现代法学》2006年第3期，第51页。

私法领域的移植角度作过论述。他说:“伦理学上人的概念,也包含着必须对自己的行为和不行为负责的思想。承担责任,是指接受其行为所产生的后果,并对这种后果负责。承担责任是人类生存中的一个基本现象。无论人们对这种现象作出什么形而上学的解释,它作为一种可经历的事实是无可怀疑的。如果一个人知道他应对自己的行为及其后果负责那么他就会将这种责任归结于自身;他不能将责任作为某种与自己无关的东西推诿掉。他一旦认识到自己对他人从事了非法行为,认识到相对于他人违反了义务,他就会感到一种道德上的迫切要求,去把他人所遭受的不利后果承担过来,去‘赔偿’非法行为所产生的损害。”①接着他又指出,《德国民法典》除了规定对自己的行为承担责任外,还规定了对他人行为的责任。在《德国民法典》之外发展形成的危险责任也十分明显地扩大了民事责任的范围。“责任这个概念同义务的概念一样,乃至人这一概念——试看‘法人’——从它被移植到私法中以后,其范围都不断扩大,以致其本来的内容反而显得相形见绌了。”②

值得注意的是,对拉伦茨这里讲的责任这个概念“以致其本来的内容反而显得相形见绌了”怎么理解。拉伦茨还专门讲了民法上的无过错责任问题,他指出,早在 1871 年就制定的《帝国损害法》就体现了危险责任思想,《德国民法典》的制定者没有认识到,危险责任是一项不同于过错责任的独立的责任原则。③ 如果加上德国后来对机动车辆、航空器、生产和输送电力设备和核设备等规定的危险责任,以及产品责任等,危险责任范围的不断扩大,责任本来的内容显得更加相形见绌了。这是近现代科学技术与市场经济发展的结果,是民事责任观念发展的结果,是民事责任区别于行政责任和刑事责任的表现。将物权请求权变革为侵权责任,表面上似乎扩张了无过错责任的范围,实际上只是将原来不以过错为要件的物权请求权(救济权的请求权)移入侵权责任的范畴,是理论上的变革,而不是扩大无过错责任原有的范围,因为原有的归责原则适用于“损害赔偿”,将原来不以过错为要件的物权请求权移入侵权责任后,侵权责任由原来的“损害赔偿”一种责任形式,也适用无过错责任原则。

---

① 〔德〕卡尔·拉伦茨:《德国民法通论》(上册),王晓晔、邵建东、程建英、徐建国、谢怀栻译,法律出版社 2003 年版,第 50—51 页。

② 同上书,第 51—52 页。

③ 同上书,第 83 页。

构建科学的民事责任体系，有利于增强民事责任观念，扩大自愿承担民事责任的比例，减少国家强制的干预，减少民事诉讼成本。德国民法学上的责任有担保、义务和制裁三层意思，对债务与责任不作严格区分，二者可以交换使用。根据《德国民法典》的规定，侵权的后果产生损害赔偿义务，义务人不履行义务的承担责任，将受到制裁。这样规定并没有排除国家强制。这样规定的艺术性表现在侵权行为发生后，不直接体现国家强制，以体现私法自治。采取民事责任立法模式，也不是在发生民事责任之时就直接体现国家强制，因为根据民事责任的后果说，区别责任与制裁，只有在责任人拒不承担责任的情况下才适用制裁方式。《民法通则》规定的民事责任制度已成为中国法律文化的一部分，并无不妥，应予继承。①

2. 确立民事责任在民法和民法学上的重要地位

值得注意的是，除我国民法中民事责任占有重要地位外，民事责任在其他一些国家的民法典中也有鲜明的体现。例如：《魁北克民法典》债编第1题专章（第3章）规定"民事责任"。以《葡萄牙民法典》为蓝本的我国《澳门民法典》在债法编专节规定"民事责任"。《埃塞俄比亚民法典》在第12题合同的一般规定中有一节是"关于责任的规定"，13题的标题是"非契约责任与不当得利"。《越南民法典》"民事义务与民事合同"编"总的规定"的第三节是"民事责任"。《蒙古民法典》第4编规定"合同责任"，第5编规定"分合同责任"。这些关于民事责任的规定，虽然有的是指侵权责任，有的既有合同责任，也有侵权责任，也有的具有民事责任的一般规定性质。总的来看它们不是把民事责任概念隐藏在债务概念中，这与《德国民法典》有较大区别。民法法系国家有的民法学者在民法教材总论部分专节阐述民事责任，是民法理论发展的新气象。②

还值得注意的是，德国侵权行为法的实践，使得请求权与侵权行为之债的区别已经发生了很大变化。德国学者马克西米利安·福克斯在《侵权行为法》一书中专门讲"消极不作为责任"。指出，没有明显具有说服力的理由能够说明，为什么第823条的各项法益中，只有财产所有权应当享有特别的预防性保护，而生命、身体、健康、自由或者其他权利却不应当。在这方面，一般观点认为，这些法益和权利通过单独类推适用第1004条或者同时再结

---

① 郭明瑞：《侵权法若干问题思考》，载《中国法学》2008年第4期，第21页。

② 〔葡〕Carlos Alberto da Mota pinto：《民法总论》，澳门翻译公司、林炳辉、刘因之、欧阳琦、冯瑞国译，法律翻译办公室、澳门大学法学院1999年版，第56—61页。

合第12条和第862条而受到保护。福克斯强调侵权行为法上预防性保护民事权益的重要性，并指出，在不作为义务的裁决已依法生效的前提下，如果侵扰者没有遵守这一义务，则他要根据《民事诉讼法》第890条处以诉讼罚款。这种具有威慑作用的诉讼罚款可以影响到侵扰者的意愿，以促使他不再违反法律。不但不作为之诉，而且消除侵害之诉也具这种功能。福克斯明确指出，不作为之诉和消除侵害之诉的功能很重要的一点是，二者都不以过错为前提。这些观点是福克斯在《侵权行为法》一书中专门以“消极不作为责任”为标题讲述的。①

对于根据《德国民法典》第823条第1款规定的对“其他权利”的侵害，是否适用于夫妻关系中忠实的一方针对另一方的婚外关系提出侵权赔偿损失的请求，德国联邦最高普通法院原则上不予支持。作为破坏婚姻关系而不适用第823条这一则的一类重要例外，是德国联邦最高普通法院对所谓婚姻的空间——实体范围的案件的判决：丈夫将自己的情人带到家里居住，妻子对该情人提起不作为之诉，德国联邦最高普通法院认为，需要维护婚姻的空间——实体范围，判决原告胜诉。②

德国侵权行为法的发展说明，《德国民法典》物权编规定的妨害除去请求权和不作为请求权，与侵权行为法的实践中不作为之诉和消除侵害之诉的界限实际上已经不存在了，至少可以说这个界限已经模糊了；学理上的观点已经发生了变化，至少可以说已经部分变化了。在此情况下，我国的民事立法有理由变革物权请求权为侵权责任，变物权请求权为侵权责任法上的请求权。

民法调整的范围十分广泛，涉及社会生活各个方面，为什么民事责任只是财产责任，而且只是损害赔偿责任，并且限于违反债的责任。行政责任和刑事责任都有多种，比行政关系和刑事关系复杂得多的民事责任，仅仅用损害赔偿方式能够满足保护民事权利的需要吗？这个问题在二百多年前制定《法国民法典》的时候，在一百多年前制定《德国民法典》的时候不会提出来，因为当时对人身权的民法保护观念和民法保护方法有个发展过程，“人格权是一种母权，也是一种发展中的概念”③，《法国民法典》和《德国民法典》制定的时候，侵害人格权的民事责任在民法中还没有提到重要地位。直到20

---

① 〔德〕马克西米利安·福克斯：《侵权行为法》，齐晓琨译，法律出版社2006年版，第131—133页。

② 同上书，第46页。

③ 王泽鉴：《民法学说与判例研究》(8)，中国政法大学出版社1998年版，第93页。

世纪70年代德国联邦法院以宪法为依据创造了一般人格权,此项法院造法是否合宪,曾经引起了争论。民法上对于侵害人格权的慰抚金的适用范围经历了由严格限制到逐步扩大的过程,这说明民事责任理论也是个发展中的理论。现代社会科学技术高度发达,随着生产和生活水平的提高,伴随的是风险的扩大,民事权利受侵害的范围扩大和严重性加重,同时人民的维权意识也随之增强。在这种情况下,民事责任限于损害赔偿已经远远不能适应现实和社会发展的需要,于是加强民事责任在民法中的地位的要求应运而生,这是社会和法律发展的结果,而不是某些人的主观臆造。在知识产权、名誉、商业信用、环境等方面的侵权,停止侵害的责任方式往往比事后赔偿更为重要;对人格权的侵害,恢复名誉、赔礼道歉的重要性不亚于赔偿损失。排除妨碍、消除危险在德国民法上本来属于物权请求权范畴,德国司法实践和理论早已突破了这一法律规定。在这种情况下,我们不应当只借鉴德国民法模式,而是应当尊重和总结我国《民法通则》颁布以来的民事立法与司法实践经验,使之有新的发展。正如有的学者所说:"具有后发优势的中国侵权法立法没有理由重蹈覆辙,固守绝对权请求权之领地、排斥其在侵权责任上之适用。"①

还值得注意的是,民事责任在我国民法学上已经占有重要的地位。多年来,关于民事责任的论著为数不少,在民法教材上突出了民事责任的地位。以民法教材为例,有的在合同部分阐述违约责任,在侵权行为部分阐述侵权责任;有的在最后一编阐述民事责任;有的在总则和分则部分分别阐述民事责任。

我国民法学界关于民事责任的论述的法律根据是《民法通则》。我国民事责任理论的建立和发展,与《民法通则》的颁布和有关司法实践是息息相关的。民事责任的理论渊源有二:一是源于法理学上的法律责任理论。民法学上讲民事责任,通常是以其作为法律责任的组成部分来阐述,并且与行政责任和刑事责任相比较,阐明民事责任的特征。二是苏联民法学理论。早在上世纪,苏联民法学者对民法上的责任的研究已经有了新的发展,突破了传统民法学将责任仅限于违反债的责任的观念。20世纪70年代末80年代初,在苏联民法教材中专章写"苏联民法中的责任",而不称"违反债的责

① 郭明瑞:《侵权法若干问题思考》,载《中国法学》2008年第4期,第21页。

任”[①]。有学者特别指出，在苏联民法教科书中，把责任仅仅看做是违反债的责任的传统认识，根深蒂固。确实，法律责任经常是在违反债的法律关系的情况下采用的。但是，不能由此得出结论，民法中的责任只是和违反债有关系。在违反其民事权利和他民事义务的情况下，也适用民事法律责任。所以，正确一些的说法是苏联民法中的责任。[②]

我国《民法通则》关于民事责任的规定，民事责任在我国民法学上的重要地位的确立，是民法理论发展，应当坚持和发展，而不应当倒退。

（二）建立更加科学的债的观念与债法体系

1. 根据“总资产”理论树立科学的债的观念

让我们看看萨维尼是怎样论述债权的。萨维尼的物权与债权区分的学说对于《德国民法典》体系有重大影响。萨维尼指出，财产权有两种客体，即物与行为。而财产的两个主要部分，即物权与债权，就是建立在这一基础上的。第一种权利以占有或者对物的事实支配为其内容。作为权利，其简单而完整地以所有权的形态表现出来，或者在形态上表现为某人格对物不受限制的、排他的支配。债权以对他人行为的部分支配为其内容；我们在总体上归纳并称之为交易的那些东西，就是以债权为其条件，并由其所构成的。[③]

萨维尼对债的客体作了具体阐述，他指出：并非一切行为都适于成为债的客体；只有这种行为，即因其物质价值属性既可以视为来源于人格，又可以被认为是与物相类似的行为，才可以成为债的客体。他进一步解释说，更为确切的含义是：不适合成为债的客体的行为，是那些完全不能转化为金钱数目的行为；至少其只能非真正的、以不完全的方式被视为债权。[④]

萨维尼除了区分对物权与债权以外，他还从法律关系的高度论述了财产权，他将财产权看做是财产关系的总和。他认为这是一个重要的法律概念。接着他指出，这个重要的法律概念的构成有两个条件：“首先，这些权利对某个特定人格的联系是偶然的、可变的，所以任何财产只有在给定时间点

---

① 〔苏〕见 B. N. 格里巴诺夫、C. M. 科尔涅耶夫主编：《苏联民法》（上册），中国社会科学院法学研究所民法经济法研究室译，法律出版社 1984 年版，第 488 页；〔苏〕B. T. 斯米尔诺夫等著：《苏联民法》（上册），黄良平、丁文琪译，中国人民大学出版社 1987 年版，第 395 页。

② 〔苏〕B. N. 格里巴诺夫、C. M. 科尔涅耶夫主编：《苏联民法》（上册），中国社会科学院法学研究所民法经济法研究室译，法律出版社 1984 年版，第 490 页。

③ 〔德〕弗里德里希·卡尔·冯·萨维尼：《萨维尼论财产权》，金可可译，载王洪亮、张双根、田士永主编：《中德私法研究》（第 1 卷），北京大学出版社 2006 年版，第 207—208 页。

④ 同上书，第 208、211 页。

的前提下才具有特定的范围,而且在不同的时间点其可能具有完全不同的内容。其次,在对个人财产作普遍考察时,我们可以不考虑作为其组成部分的具体权利的特性;并且通过这种抽象,就我们的思考而言,财产就转化成为具有同种成分的单纯的数量。此外,对财产的这种抽象处理使得下列情形不仅可能而且必要:即把债的消极一面,也即债务人的关系也牵扯到同一财产中;……如果我们以这种方式将债务也视为财产的组成部分,则我们必须承认,财产的总体可以时而表现为正数,时而表现为负数,时而表现为彻底的中性或零。"[①]萨维尼还指出,这种对财产所作的纯粹数量的处理,是通过价值这一概念而实现的。对于法学用语来说,价值与金钱价值成为同义的术语。个体财产能转换成纯粹的数量,是通过将财产权的一切组成部分转化为特定数目金钱的所有权。这样个体财产就可以始终被理解为特定数目的金钱所有权,或者理解为无法支付的金钱债务,或者理解为纯粹的乌有。他说,如果没有这样处理,则法的适用只可能具有非常不完备的方式。[②]

这样,萨维尼就系统地提出了总财产的概念。懂得总财产的概念,才能理解现代意义上的财产的内涵。例如,所谓"破产还债"中的"产",指的就是被理解为特定数目的金钱所有权,已经不是"正数",也不是"零",而是"负数"。企业的总资产达到"负数",形成"资不抵债",才能依法申请破产。总资产这个概念是构成企业资产负债表的理论基础,从债法的基本原理上说,债的概念和内容应当与"总财产"这个基点保持一致,否则就会改变债的概念和性质。

另一位被称为德国伟大的法学家以及历史学家的鲁道夫·索姆将债权定义为:"针对他人具有财产价值的行为的权利。"[③]有学者说:"特别有必要指出,在萨维尼、索姆等人的设想中,债权所针对的行为必须是具有财产价值的行为,是可以转化为金钱数额的行为。因为在他们看来,债权首先是一种财产权。如果针对的行为不具有财产价值,则属于不真正或不完全的债权。"[④]萨维尼的"总财产"理论是我们树立科学的债的观念的基石。

侵权行为之债作为财产法的债法的组成部分,有其科学性,对我国民事

① 〔德〕弗里德里希·卡尔·冯·萨维尼:《萨维尼论财产权》,金可可译,载王洪亮、张双根、田士永主编:《中德私法研究》(第1卷),北京大学出版社2006年版,第210—211页。

② 同上书,第211页。

③ 转引自金可可:《鲁道夫·索姆论债权与物权的区分》,载《华东政法学院学报》2005年第1期,第89页。

④ 金可可:《债权物权区分说的构成要素》,载《法学研究》2005年第1期,第29页。

立法有借鉴的价值。顾名思义,所谓侵权行为之债,是指因为侵权行为所形成的债。侵权行为之债的法律形式体现为赔偿金,赔偿金是侵权行为的责任形式,可以用货币计算成为债务,成为一个人总财产的组成部分。侵权行为之债,属于不法行为形成的债,通常不会像契约之债那样反映在资产负债表上,但有时候就会或者应当反映在资产负债表上。例如,甲公司的侵权行为造成乙公司财产损失 10 万元,法院判决甲公司赔偿乙公司 10 万元,或者侵权人明确表示了赔偿数额,这时赔偿金就会或者应当反映在资产负债表上。在乙公司还没有得到赔偿金,甲公司被宣告破产的情况下,乙公司有权作为甲公司的债权人,向破产清算组织提出10 万元债权的申请。由此可见,在侵权后果体现为或者可以转换为赔偿金的情况下,可以将其纳入债的组成部分。我国立法借鉴侵权行为之债的立法模式的基点就在这里,超出这个基点就不是我国立法应当借鉴的。根据我国的立法经验,侵权责任法的应当将超出本来意义上的赔偿损失的诸多形式排除在债的范围之外,以醇化债的内涵。因此,我国对德国民法上侵权行为之债的立法模式,既要借鉴,又要变革,这样才能构建科学的债的观念,为构建科学的债法体系奠定坚实的基础。

因为契约、缔约过失、后契约义务、单方允诺、悬赏、公开的有奖竞赛、不当得利、无因管理等关系都可以构成财产流转形式,从而具有财产流转性质,所以应当在民法上构建债法体系,但是原则上不应将侵权责任作为债的发生根据,以醇化债的内涵。笔者讲的借鉴侵权行为之债的立法模式,具体说就是制定侵权责任法(编),变单一的侵权损害赔偿责任为多种侵权责任形式;并在民法典侵权责任编中规定:赔偿损失责任准用债编通则的有关规定,但与法律规定的性质相冲突的除外,故意侵害他人民事权益造成损失的,侵权人不得主张与受害人对其所负的债务抵销。这里讲的“赔偿损失准用债编通则的有关规定”是对德国民法上侵权行为之债的立法模式的借鉴,“制定侵权责任法(编)”是对德国民法上侵权行为之债的立法模式的变革。

2. 根据物权与债权区分的原理建立更加科学的债法体系

德国民法在承继罗马法上“物”的概念与体系的基础上,区分了物权与债权,分别构成民法典的两编,并将“物”界定为有体物,物权法和债法成为财产法的两大组成部分,这种立法模式具有科学性。有体物是物质资源,是人们生产与生活的基本资源。民法对基于有体物产生的关系和基于财产流转关系产生的关系,有不同的调整方法,因为二者的性质不同,特别是物质资源具有稀缺性。反映在民事立法上，物权法主要是物质资源归属法，有较多的法定性，较少的任意性；财产流转关系主要是商品交换关系，具有无限性，没有稀缺性，反映在民事立法上有较多的任意性，较少的法定性。物权法主要调整物的归属与利用关系，债权法主要调整财产流转关系，二者既有区别，又有联系，共同构成调整生产和生活关系的基本的财产法。即使在知识产权也成为基本的财产类型的情况下，也不会削弱物权与债权在财产法中的地位。

为了构建科学的债法体系，在立法上应当尽量减少法律条文和内涵的交叉和矛盾，尽量清晰明朗。德国民法将侵权责任规定为损害赔偿义务，其理由除了有利于贯彻私法自治原则外，还在于为了区分债权与物权。将侵占他人的物权造成损害的规定为损害赔偿之债，无权占有他人的物，如果符合侵权行为要件，"原物返还"也属于损害赔偿之债的范畴。对不具备侵权行为要件的无权占有不适用侵权行为之债的规定，返还原物适用物权编中规定的物权请求权。同样一个"原物返还"的事实，前者称为损害赔偿之债，后者称为物权请求权。为了区分物权与债权，采用同将一个事实变成两个概念的方法，仅仅在形式逻辑上作了区分，实际上模糊了物权与债权相区别。举例说，甲公司的物被乙公司非法占有，构成侵权，甲公司请求返还原物，提起诉讼。乙公司在未返还原物的情况下被宣告破产，这时如果根据侵权之诉，乙公司返还原物属于债务，甲公司的物就成了破产财产的组成部分，这就混淆或者模糊了物权与债权。当然这是从形式逻辑上讲的，但不是没有道理。

《德国民法典》在物权编规定物权请求权，侵害物权造成损害的构成侵权损害赔偿之债，规定在债编，也是为了区分物权与债权。但是，物权请求权的从请求权，即对物的使用收益的返还、物的灭失毁损的赔偿和对物支出费用的求偿都属于债的范畴，规定在物权编作为一种附属性请求权并非不可，但是并非理想的方案，这样将债权债务关系规定在物权编，也有混淆物权与债权之嫌。

再者，德国民法上关于物权请求权的从请求权的立法技术，形式上周全，实践上有颇多困扰。学者对此规定有诸多批评，"条文繁杂、区别过于苛细”[①];“画蛇添足,治丝益棼”[②];“晦涩难懂”[③];“能够理解这些问题的,也常常仅是对此十分精通之人士”[④]。为了弥补基于物权请求权产生的矛盾,德国学者不得不创造所谓“他主占有人超越占有权说”[⑤],尽管如此,“大大小小的解释争议没有断过”[⑥]。1929 年通过的我国民国时期的民法典基本继受了《德国民法典》规定的物权请求权的有关规定,至今在我国台湾地区的教科书对此普遍没有太多兴趣,实务上更看不到什么重要的见解。直到 1957 年的一些判决,可以看出台湾的最高司法机关对于民法典上关于占有人与回复请求权人的权利义务的规定(大体相当于《德国民法典》规定的物权请求权的从请求权的内容)的体制功能相当陌生。[⑦] 面对这样的历史和现实,值得我们深思的是,我国立法有必要采用德国民法上物权请求权和侵权行为之债的立法模式吗?

除了物权请求权的从请求权规定本身的复杂性以外,《德国民法典》关于消灭时效的规定,也有物权与债权区分上的困扰之处。所有物返还请求权及其从请求权适用普通消灭时效期间 30 年(《德国民法典》第 195 条),基于侵权行为发生的请求权,时效期间为 3 年(《德国民法典》第 852 条)。有学者批评说,这是“体系矛盾!侵权占有人不应享有特权。解决方法:竞合地适用民法典第 990 条、第 989 条”[⑧]。按此解释,基于侵权行为发生的请求权与物权请求权的从请求权相关的部分最长时效也可以达到 30 年。同是债权请求权,一个适用 3 年时效,另一个适用 30 年时效,相差 10 倍之多,道理何在?例如,甲的物被非法占有近 30 年,返还原物和赔偿损失的责任同时适用,如果赔偿损失的价值大大超过原物的价值,在非法占有人破产的情况下,根据破产法,物权人因为其物被侵占享有的债权(30 年形成的债权)与其他普通债权人的债权(可能是 3 年之内发生的债权)都按比例偿还,不够公平,造成这种尴尬局面的重要原因是没有严格区分物权与债权。

以上讲的是借鉴与变革侵权行为之债的立法模式的主要目标。总目标

---

① 王泽鉴:《民法物权》(2),台湾兴丰印刷厂 1959 年版,第 189 页。

② 转引自苏永钦:《民法制度的移植》,载王洪亮、张双根、田士永主编:《中德私法研究》(第 1 卷),北京大学出版社 2006 年版,第 139 页。

③ 〔德〕洛尔夫·克尼佩尔:《法律与历史》,朱岩译,法律出版社 2003 年版,第 36 页。

④ 〔德〕鲍尔/施蒂尔纳:《德国物权法》(上册),张双根译,法律出版社 2004 年版,第 196 页。

⑤ 同上书,第 202 页。

⑥ 苏永钦:《民法制度的移植》,载王洪亮、张双根、田士永主编:《中德私法研究》(第 1 卷),北京大学出版社 2006 年版,第 139 页。

⑦ 同上书,第 140 页。

⑧ 〔德〕鲍尔/施蒂尔纳:《德国物权法》(上册),张双根译,法律出版社 2004 年版,第 212 页。

是将颁布后的侵权责任法变为民法典的侵权责任编，构建科学的民法典体系。

七、侵权行为概念与内涵的变革

制定侵权责任法抑或侵权行为之债法，有相反的意见，在理论上争论的焦点在于何谓民事责任。具体说就是民事责任是否仅限于违反债的责任，民事责任形式是否仅限于损害赔偿。民事权利、民事义务和民事责任都是民法的基本范畴，因此关于民事责任理论和民事责任法体系的争论是涉及民法典的全局的问题。争论焦点中的重点在于，何谓侵权责任。具体说就是侵权责任形式是否仅限于损害赔偿。可以这样说：关于制定侵权责任法抑或侵权行为之债法的争论，顶尖的具体问题在于，什么是侵权行为？制定侵权责任法也是对侵权行为概念与内涵的变革。

（一）侵权行为概念的变革

侵权、侵权行为、侵权责任是既有联系又有区别的概念。广义的侵权概念在民法、行政法和刑法上都可适用。例如侵害人身权，在治安管理处罚条例中有“侵犯他人人身权利及其处罚”，在刑法中有“侵犯公民人身权利罪”，这都属于侵权的法律问题。侵权与侵权的责任形式有密切联系，侵权的责任形式能说明其法律性质。例如，我国刑法关于“犯罪概念”的规定，在列举了各种危害社会的行为之后，规定“依照法律应当受刑罚处罚的，都是犯罪”。刑罚的种类有管制、拘役、有期徒刑、无期徒刑、死刑等。刑罚的种类也就是刑事责任形式，从任何一种刑事责任形式都可以认定，侵害人身权利的行为属于属于刑法范畴，而不属于民法范畴。侵权行为与侵权责任是密切关联的，由于侵权责任法规定的责任形式与侵权行为之债法规定的责任形式的不同，因而导致侵权责任法上的侵权行为概念与侵权行为之债法上的侵权行为概念也不会相同，其中还包含着我国侵权责任法上的侵权行为的内涵与普通法系上侵权行为的内涵有相同点。

民法法系各国法律都有关于侵权行为的规定，但在法律上一般都没有对侵权行为的定义。学者对侵权行为有不同的定义和阐释，关于侵权行为的定义不是本文研究的主题，仅从制定侵权责任法的角度简要阐述。

国外学者关于何谓侵权责任，争论很大，比较典型的有四种学说：过错行为说、违反法定义务说、责任说和不法侵害他人权益说。[①] 以下举民法典法系几位学者的定义和阐释为例:(1)“因侵权行为所生的请求权是对一个人针对他人做出的违法行为的反映……违法也就是违反义务。法律把侵权行为与损害赔偿义务这一法律后果联系在一起。”[②](2)“在债法内部,侵权行为是与合同并列的、使法律关系得以成立的主要原因。隶属于侵权行为法范畴的规范的任务在于确定最终由何人承担损失(损失承担问题)。”[③](3)“侵权行为者,因故意或过失不法侵害他人之权利或故意以背于善良风俗之方法,加损害于他人之行为也。”[④](4)“侵权行为者乃因故意或过失不法侵害他人之权利或利益,而应负损害赔偿责任之行为也。”[⑤](5)“侵权行为,指因不法侵害他人的权益,依法律规定,应对所生损害负赔偿责任的行为。”[⑥]

上述五位学者对侵权行为的阐释各有不同,都有道理,并不矛盾。有的注重违法、不法或者违法义务,有的则不讲违法、不法或者违法义务;有的注重故意或过失,有的则不讲故意或过失;有的注重承担损害赔偿义务或责任,有的注重“损害于他人之行为”,而不直接讲损害赔偿义务或责任,实际上包含了损害赔偿。可见他们对侵权行为的定义或阐释的共同点是都讲到或不否定“损害赔偿”。1964 年颁布的《苏俄民法典》第 40 章的题目是“因致人损害而发生的债”,苏联民法教材不讲侵权行为而讲因致人损害而发生的债,指出:“致人损害产生的法律关系,在这种债的法律关系中,致害人必须赔偿损害。”[⑦]这说明侵权行为法实际上就是侵权损害赔偿法。

我国《民法通则》没有用侵权行为而用侵权责任概念,学者在学理上讲侵权行为,根据《民法通则》规定并参考外国民法学,对侵权行为的概念有不同的定义。有说:“侵权行为是由于过错侵害他人的财产、人身,依法应承担民事责任的行为,以及法律特别规定对受害人承担民事责任的其他致害行为。”[⑧]有说:“侵权行为,是指行为人由于过错,或者法律特别规定的场合不

---

① 王利明:《侵权行为法研究》(上),中国人民大学出版社 2004 年版,第 6—7 页。

② 〔德〕迪特尔·施瓦布:《民法导论》,郑冲译,法律出版社 2006 年版,第 189 页。

③ 〔德〕马克西米利安·福克斯:《侵权行为法》,齐晓琨译,法律出版社 2006 年版,第 1 页。

④ 史尚宽:《债法总论》,中国政法大学出版社 2000 年版,第 105 页。

⑤ 郑玉波:《民法债编总论》,台湾三民书局股份有限公司 1978 年版,第 131 页。

⑥ 王泽鉴:《侵权行为法》(第 1 册),台湾菩菱设计印刷公司 1998 年版,第 66 页。

⑦ 〔苏〕B. N. 格里巴诺夫、C. M. 科尔涅耶夫主编:《苏联民法》(下册),中国社会科学院法学研究所民法经济法研究室译,法律出版社 1984 年版,第 390 页。

⑧ 佟柔主编:《中国民法》,法律出版社 1990 年版,第 557 页。

问过错，违法法律规定的义务，以作为或不作为方式，侵害他人人身权益或者财产权益，依法应当承担损害赔偿等法律后果的行为。”[①]后一定义和前一定义没有本质的不同。其主要区别是用“承担损害赔等法律后果”，比“承担民事责任”具体些。其中一个“等”字说明侵权行为的后果主要是损害赔偿，但不限于损害赔偿。有说：“侵权行为，是指侵害他人的合法权益，应承担民事责任的行为。”[②]这个定义和前两个定义也没有本质的区别，特点是比较简练，概括性较强。从上述三个定义可以看出，其共同点与传统民法上侵权行为的概念的不同在于，侵权行为的后果不限于损害赔偿，而是包括损害赔偿在内的多种侵权责任。《民法通则》与传统民法上的侵权行为不同，我国学者根据《民法通则》规定讲的侵权行为概念与传统民法上侵权行为概念不同，这是对传统民法上侵权行为概念的变革。这种变革也不同于英美法上的侵权行为，但也有相同点。

英美法上的侵权法属于判例法，英美法学者对侵权行为的定义缺乏热情，许多侵权法的教科书上根本找不到侵权行为的定义。英国学者认为侵权行为和侵权责任的种类很多，差异性很大。因此对其下一个既概括又全面的又准确无误的定义是不太可能的。他们认为，认识与了解侵权行为与侵权责任的最好办法是“具体描述法”。但是也有学者下定义。例如英国侵权法专家 Fleming 教授说，从非常通俗的角度而言，侵权行为是指损害行为而不是指违反合同，对此损害法律将予以赔偿之补救。但是 Fleming 教授自己也认为，这个定义既不新颖，严格说来也不准确，因为有时候，自力救济与禁止令也是对侵权行为的救济。另一位著名的侵权法专家 Winfield 教授认为，侵权责任系由违反法律所预设的义务而产生，该义务对人们具有普遍约束力，违反该义务（权利人）可通过索赔诉讼得到补救。对 Winfield 教授给侵权责任下的定义，英国学者多将其视为侵权行为的定义。[③]

从上述关于英国侵权行为和侵权责任的定义，可以看出与民法上讲的侵权行为定义不同之一是，不讲故意或过失，这是因为英国没有关于侵权行为的普遍性原则，对各种不同形式的非法侵害都有救济方法。一个救济方法构成一种诉因，一种诉因调整一个侵权行为。普通法中的过失“是一组无名侵权的总称，也就是说‘过失’在普通侵权行为法中是对一类侵权案件的

---

① 王利明主编：《民法》，中国人民大学出版社 2005 年版，第 754 页。

② 魏振瀛主编：《民法》，北京大学出版社、高等教育出版社 2000 年版，第 307 页。

③ 这段内容参见胡雪梅：《英国侵权法》，中国政法大学出版社 2008 年版，第 1—2 页。

某种共同的要件之抽象”[1]。据有学者统计，在英美侵权法中，除了过失之外的“有名侵权”多达72种，而过失又包括了许多种“无名侵权”[2]。从这方面看，我国的侵权责任法与英美法上的侵权行为法有重大区别。

虽然我国的侵权责任法在立法模式上与英美侵权行为法有重大区别，但我国侵权责任形式的规定与英美侵权行为法的具体做法有某些相近之处，这就是英美侵权行违法上的“禁令”的内涵。英国侵权法上有各种禁止令，例如：暴力威胁和暴力侵犯禁止令；私人妨害禁止令；公共妨害禁止令；妨害合同侵权禁止令；妨害经营侵权禁止令；恢复原状令；强制返还原物令；损害名誉禁止令等等。[3] 美国侵权法“还包括禁令和恢复原状令，而且它的领域是在不断扩大，变动和发展的”[4]。英美侵权行为法的“禁止令”适用的范围很广，显得凌乱。从侵权责任内涵看，以上的各种禁止令近似我国《民法通则》规定的停止侵害、排除妨碍、消除危险、返还财产、恢复原状、恢复名誉等侵权责任形式。另外，在欧洲侵权法原则里面，损害赔偿也包括防止损害发生（prevention of damage）。也就是我们物权法当中的一些不作为请求权，或者英美法上面的禁令（injunction），也是包括在内。[5] 上述情况说明，我国侵权责任法（编）规定多种责任形式符合时代潮流。

（二）侵权行为内涵的变革

将侵权行为之债法变革为侵权责任法，不仅是名称的变化，更重要的是性质和内涵的变革，主要表现在以下三个方面：

一是侵权行为性质的变革。侵权行为之债法将侵权行为作为债的一种，与合同并列，将其性质认定为一种交易，把侵权行为的后果看做商品交换的一种形式。虽然这种立法模式并不否定侵权责任，但是其强调的重点是交易，而不是责任。侵权责任法将侵权行为的后果认定为一种民事责任，它是保护民事权利的一种方法，而不看做是一种交易，反映了侵权行为的法律本质。侵权责任作为一种民事责任，其承担途径主要体现在当事人之间，主要不体现为国家的强制力。采取侵权责任立法模式，既体现了侵权行为

① 张新宝：《侵权行为法的一般条款》，载《法学研究》2001年第4期，第43页。

② 同上。

③ 详见胡雪梅：《英国侵权法》，中国政法大学出版社2008年版，第21、31、38、49、245、253、296、321、331页。

④ 李亚虹：《美国侵权法》，法律出版社1999年版，第4页。

⑤ 评议人朱岩对郭明瑞《关于侵权行为立法的几点意见》报告的评议发言，载中国民商法律网，www.civillaw.com.cn，2008年3月23日访问。

责任的法律本质，又体现了侵权行为之债立法模式的某些优点，即在一定程度上，侵权责任承担上也体现当事人意思自治原则。

二是保护民事权利的方式和责任形式的变革。将侵权行为的后果作为一种债务，由侵权人承担，也是一种保护民事权利的方法，但是仅仅是民事权利遭到损害之后的补偿，无损害则无赔偿，无损害也不构成侵权。在《民法通则》基础上制定侵权责任法，侵权责任不限于损害赔偿，还包括停止侵害、排除妨碍、消除危险、返还财产、恢复原状、消除影响、恢复名誉、赔礼道歉等主要责任形式。这些责任形式可分为三种类型：一是事后救济性责任，包括返还财产、恢复原状、赔偿损失、消除影响、恢复名誉、赔礼道歉。二是侵害过程排除性责任，包括停止侵害、排除妨碍。侵害过程排除性责任的构成要件是，侵害或妨碍已经发生，受害人即可请求排除，不问行为人有无过失。这种责任可以防止损害的发生或扩大。三是预防性责任，消除危险是典型的预防性责任，停止侵害也具有预防性（详见本文“八、侵权责任法的构建”之“（三）侵权责任法纲要与部分条文建议”第十条“停止侵害”的说明）。预防性责任的构成要件是，存在侵害的重大可能，不问行为人有无过错。预防侵害比损害发生后再赔偿损失优越得多，现代侵权法理论将预防性法律保护措施作为侵权行为法的组成部分，无疑是正确的。

侵权责任法上规定多种侵权责任形式，形成预防、排除、事后补救的责任系列，体现了对民事权利的全面充分的保护。据此可以看出，侵权责任法上讲的侵权与传统民法上的侵权的内涵的区别在于，后者认定侵权的界限在于损害，有损害才构成侵权，无损害就不构成侵权。前者认定侵权的界限不限于损害，包括妨碍、妨害等其他不利后果。这个区别涉及普通法上的实际损害与自身可诉性损害理论。普通法上的“自身可诉性”侵权行为（诉因侵权行为）在近300年前已有所论述，认为：因为对原告没有任何伤害或损害，所以不能支持其诉讼的观点是不恰当的，因为任何侵害都必然包含了损害，损害并不只是财产损失，当一个人的权利（如投票权）受到阻碍时侵害本身就同时包含了损害。能够支持一个无法证明实际损害的诉讼依赖于一个广泛的原则，这个原则就是，当你的权利受到干涉时，法律就推定你有损害。权利侵害本身就构成诉因侵权行为的包括：各种类型的非法侵入、文字诽谤、口头诽谤的部分形态和侵扰的部分形态。冯·巴尔认为权利侵害本身就可能构成损害的这一观点并不过时，诉因侵权行为所涉及的是对基本人权的保护的，对这些基本人权的保护恰恰是也将一直是侵权法的使命。[①] 笔者认为诉因侵权行为理论值得我们借鉴，可以说它是我国侵权责任法规定的多种侵权责任形式理论的补充，但是法律推定有损害的理论需要修正，因为作为侵权构成要件的过错可以推定，而作为侵权行为构成要件的损害事实不应推定。

每个人的民事权利都应受到尊重，每个人都应尊重他人的民事权利民事权利。根据《民法通则》规定的精神可以说，侵害他人的民事权利，对权利人产生了不利的后果就是侵权。不利后果不仅限于损害，还包括对权利的妨碍、妨害或者其他不利后果。不利后果的表现形式不同，不利的程度不同，承担侵权的责任也就不同。与侵权行为之债法相比较，侵权责任法上的侵权行为可称为广义的侵权行为，侵权行为之债法上的侵权行为可称为狭义的侵权行为。广义的侵权行为体现了对民事权利的充分保护，侵权责任法规定多种侵权责任形式，体现了法的公平性。

与广义的侵权行为和狭义的侵权行为概念相联系的问题是侵权行为的构成要件，这是民法学者关注的重要理论问题，也是在制定侵权责任法过程中讨论的一个热点问题。广义的侵权行为包含了狭义的侵权行为，因此，狭义的侵权行为的构成要件与其理论仍然不失其存在的价值。复杂的是广义的侵权行为的构成要件有哪些，比较难概括，但也可以概括。可将广义的侵权行为的构成要件概括为：(1) 有侵害民事权益的行为；(2) 有不利后果；(3) 侵害民事权益的行为与不利后果之间有因果关系。由于侵权损害赔偿的归责原则有多元化的趋势，加上侵权责任法规定多种侵权责任形式，过错不再是广义的侵权行为的一般构成要件。违法性是否广义的侵权行为的一般构成要件？在通常情况下，行为有违法性才构成侵权，才承担侵权责任，这是不言而喻的，可以说“侵害他人民事权利”包含了违法性。但是一般之外还有特殊。《俄罗斯民法典》第 1064 条第 3 款第 1 项规定：“合法行为致人损害，在法律规定的情形下，方负责任。”这个规定说明，合法行为也会构成侵权，因此，在侵权责任法条文中可以不必用“违法”或“不法”表述，但是在学理上应当明确广义的侵权行为的一般构成要件包括违法性。

由于侵权责任内涵广，在侵权责任法上难以形成用一个条文反映侵权

① 本段讲的普通法上的诉因侵权行为和冯·巴尔的观点参见〔德〕克雷斯蒂安·冯·巴尔：《欧洲比较侵权行为法》(下卷)，焦美华译，张新宝审校，法律出版社 2001 年版，第 167—168、11—15 页。

责任构成要件的一般条款,但不是没有侵权责任的一般构成要件。从笔者拟定的“侵权责任法纲要与部分条文建议“来看,将第一条至第六条结合起来,可以看出广义的侵权行为的一般构成要件。第一条是高度概括性规定,第二条是承担侵权责任的方式,第三条至第六条是归责原则。为什么说从承担侵权责任的方式可以看出侵权责任的一般条件?比照我国刑法关于“犯罪概念”的规定,可以得出这个结论。正如前面所说,我国刑法规定“……依照法律应当受刑罚处罚的,都是犯罪”,在侵权责任法上的可以说“依照法律应当承担侵权责任的,都是侵权行为”,实际意思是指,侵害民事权利,达到承担侵权责任程度的行为是侵权行为,这个意思已经包含在“侵权责任法纲要“第一条“侵害他人民事权利及合法民事利益”中,加上第二条则看得更加明显。

三是侵权请求权内涵的变革。侵权责任法上确立多种侵权责任形式以后,基于侵权行为产生的请求权(侵权请求权)会发生什么变化,侵权请求权与传统民法上的物权请求权是什么关系,与我国《物权法》规定的请求返还原物、排除妨害、消除危险、恢复原状是什么关系?将来民法典物权编是否与《物权法》一样,全面规定物权的保护方法?对于解决这个问题,学者有不同的方案:

方案之一是,反对制定侵权责任法,主张沿用《德国民法典》上的物权请求权和侵权行为之债的立法模式,制定侵权行为法而不是侵权责任法。这种方案优点是,有现成的理论和法律条文可借鉴,立法快捷,理论上好讲。缺点之一是,德国司法实践和理论已经发生了很大变化,今后还会发生变化,如果采用德国民法上物权请求权和侵权行为之债的立法模式,我们就需要随着德国法的发展变化而跟进,就会造成被动局面。缺点之二是,德国民法上债务与责任不分的理论不是先进的理论,已经落后于法学理论的发展。缺点之三是,抛弃《民法通则》颁布二十多年来的立法与司法实践经验,改变多年来的立法与司法解释,不是好方案。

方案之二是,在民法典物权编、人格权编(如果人格权独立成编)和知识产权法中规定相应的请求权,同时在侵权责任法(编)规定多种侵权责任方式(包括各种绝对权请求权形式)。这种方案的优点是,既借鉴了德国的请求权理论和立法技术,又兼顾了我国的立法经验,当发生侵权行为案件时,受害人有权选择适用绝对权请求权或者侵权责任。这种方案的缺点之一是,在德国只有少数十分精通的人士才能理解的一些难题将会在我国同样发生，在理论上难以停止的争论将会继续下去，在法律适用上很可能导致偏差，达不到预期的效果。缺点之二是，绝对权请求权不问相对人有无过错，如果与绝对请求权形式相同的各种侵权责任形式采取过错责任原则，受害人必然选择适用绝对权请求权的规定，与绝对请求权形式相同的侵权责任形式就成为具文。

方案之三是，在民法典各编中规定绝对权请求权，也在侵权责任法编规定绝对权请求权（与绝对权请求权相对应的侵权责任）。前者是消极意义上的绝对权请求权，该请求权通常处于休眠状态，是应然意义的权利，给权利主体提供了可能的救济途径。这样可以使绝对权效力完满，保持绝对权的优先性。后者是积极意义上的绝对权请求权，是实然意义的权利，是绝对权受到侵害后的现实救济途径。前后两者的内容要避免重复。这两种意义的绝对权请求权不存在聚合、竞合问题。① 这个方案的优点是，既借鉴了德国民法的立法技术，又体现了我国的立法经验，提出区分消极意义上的绝对权请求权和积极意义上的绝对权请求权，二者不发生聚合、竞合，思路清晰。区分消极意义上绝对权请求权和积极意义上的绝对权请求权，是对传统请求权理论和立法模式的重大变革，有待在理论上阐明，具体方案如何设计也有待研究。

方案之四也即笔者认为较好的方案是，根据民事责任理论，变革请求权理论，未来民法典在物权编不规定物权请求权，将物权请求权变革为侵权请求权，也就是将本来属于救济权的物权请求权由物权编移到侵权责任编。笔者认为，在侵权责任法颁布后，将《物权法》中规定的物权保护方法，解释为引致规范，适用法律的具体根据是侵权责任法上的相关规定。其优点是，既建立健全的民事责任法体系，又改进传统的请求权理论与体系，严格区分了债务与责任，使物权与债权的区别更加明晰。这个方案即使有缺点也不难解决。

侵权行为之债法变革为侵权责任法以后，在民法理论、体系和相关立法技术上会随之发生相应的变化，坚持传统侵权之债立法模式的学者会提出一些问题，例如，是否会混淆物权与债权的界限，是否会影响物权的效力，是否违反侵权行为法上的归责原则标准，等等，对这类问题在本文"九、对反对意见的回应与解释"中详述。

---

① 参见郭明瑞：《侵权立法若干问题思考》，载《中国法学》2008 年第 4 期，第 23 页。

八、侵权责任法的构建

（一）制定侵权责任法的理由

1. 有利于健全民事责任制度

民事责任制度是保护民事权利的重要制度，随着社会和法律发展的需要，民事责任制度需要随之发展，其中健全民事责任形式是健全民事责任制度的内容之一。将民事责任形式限于损害赔偿，难以充分保护民事权利。

传统民法典中的侵权责任条文过于简略，不能适应社会发展的需要，有的国家不得不用判例作补充，致使侵权行为法成了判例法。为了健全民事责任制度，需要增加民法典中侵权责任的篇幅，对侵权责任的一般问题作比较具体的规定，还需要对实践中发展了的各种侵权责任领域作类型化规定，这样就需要更多的条文，以建立系统的侵权责任制度。

另外，侵权责任法（编）规定的侵权责任形式应当体现开放性，以适应社会发展的需要。可沿用《民法通则》规定的方法，规定承担侵权责任的主要方式，为侵权责任特别法和法院在审判实践留下空间。这样就使侵权责任的基本法、特别法与判例有机地结合起来，构成健全而和谐的侵权责任的体系。

2. 有利于建立更加科学的债法体系

制定侵权责任法（编），规定多种侵权责任形式，将赔偿损失（包括狭义的恢复原状）以外的侵权责任形式排除在债的范畴之外，使债的概念恢复其本来的面目，就能与债的通则的规定协调一致。

3. 有利于立法简明清晰

将赔偿损失（包括狭义的恢复原状）以外的侵权责任形式排除在债的范畴以后，在立法技术上，不是不可以在民法典有关编规定相应的侵权责任，但是那样会发生较多的重复。将侵害各种绝对权的责任统一在侵权责任法（编）规定，可以避免重复，简化条文。

4. 既能立足我国国情，又能借鉴外国的先进经验

（1）制定侵权责任法而不是制定侵权行为法，符合《民法通则》颁布以来的立法与司法实践经验，是我国立法与实践经验的总结和发展。（2）制定侵权责任法，用侵权责任概念而不用侵权行为概念，既反映了它与传统民法上的侵权行为之债法的联系，又反映了二者的区别。（3）传统民法上的侵权行为法重在侵权人的过错行为，对自己的行为负责。由于近现代经济和科

学技术的发展,承担侵权责任的往往不是行为人,而是行为人所属的社会组织或者是行为人的监护人,理论上称为"对他人侵权的责任"。在有些情况下,对饲养的动物或者物件造成的侵害,学理上称"准侵权行为",因此用侵权责任的概念更为合理。(4) 侵权责任涉及对损失分担的政策,包括侵权责任与社会保险及社会保障对损害的分担,这不仅是侵权行为问题,侵权责任概念较为准确。

(二) 侵权责任法与民法典体系的关系

有学者认为,制定侵权责任法,将来成为民法典侵权责任编不符合民法典体系逻辑,主要有三个理由,以下作简要分析。

理由之一是,物权和债权的性质不同,其保护方法也不同。在民法典物权编规定物权请求权,保护物权的圆满状态,在债权编规定损害赔偿责任,填补债权人所受损害,保护方法与其所保护的权利的性质相一致。这个理由与德国民法理论和体系相一致,自然有道理。不同的权利采用不同的保护方法,符合不同性质的问题用不同方法处理的哲学原理。笔者认为,将物权请求权变革为侵权责任,也符合不同性质的问题用不同方法处理的哲学原理,因为根据权利、义务、责任三者关系的原理,无权占有他人的物,违反了不作为义务,应当承担法律责任(适用无过错责任原则)。两种处理问题的理念和思路不同,其结果没有实质性差别,其不相同在于哪个方案符合法学理论的新发展,哪个方案符合我国国情。

理由之二是,权利法与权利的保护法密不可分,将保护物权的物权请求权规定在物权编,将保护债权的损害赔偿请求权规定在债权编,符合逻辑,适用法律方便。在民法典中制定侵权责任编,就使各种权利与权利的保护方法分离,不符合逻辑,不便于适用法律,也不便于学理分析。本文前已述及,对侵害各种绝对权的责任不是不可以在各编分别规定,但是那样会形成过多的重复。制定侵权责任编,不仅可以避免重复,而且有利于健全民事责任体系,增强民事责任观念,有利于对民事权利的保护。

理由之三是,将侵权责任编列为民法典最后一编,违反民法典整体逻辑。参照《德国民法典》体系,除总则外,分则为物权、债权、亲属、继承,侵权责任属于债权编的问题。这样规定,体系清晰,符合逻辑,并认为参照《德国民法典》的五编制立法,能体现民法以权利为中心的理念,在立法技术上能建立科学的请求体系。将侵权责任独立成编,体系不清,逻辑混乱。对此,笔者的观点和应采取的有关立法技术如下：

前已述及，未来我国民法典在理念上应当以权利为本为（反映民法典的本质），以法律关系为核心（反映民法规范结构）全面体现民事权利、民事义务与民事责任的关系。民法典总则中是否规定民事责任的一般问题？对这个问题笔者在《论民法典中的民事责任体系》一文提出了在民法典的总则编、债编与侵权行为编分别规定民事责任的思路和理由。[①] 笔者认为，在总则编将民事责任的一般问题与民事权利的种类、民事权利和民事义务产生的根据并列规定，这样的一般性规定实际是属于民事法律关系内容的概括。从民法总则的整体内容看，实际上就是民事法律关系总则，与民法典分则规定的各种民事法律关系相呼应，体现民法典以民事法律关系为核心。其中“民事权利和民事义务产生的根据”是借鉴1964年的《苏俄民法典》总则的规定（现行《俄罗斯联邦民法典》总则继受了《苏俄民法典》总则的这一规定）。总则编对民事责任的规定应当作高度概括，避免与分则重复。

在民法典债权关系编可借鉴《俄罗斯民法典》，在债法通则中规定“违反债务的责任”，应当是适用于违反各种债的责任（包括不履行合同义务、不履行先契约义务和后契约义务、不履行悬赏等单独行为的义务、不履行无因管理义务、不履行返还不当得利义务等发生的责任）的一般规定。纯属违反合同的责任，在合同通则与分则中分别规定中，不履行先契约义务和后契约义务的责任与合同关系不可分，可在合同通则中规定。

民法典最后一编为侵权责任，这样就从民法总则到分则形成了完整的民事责任法律体系。民事责任编与民法典其他各编结合起来就形成以民事权利为本位，以民事法律关系为核心，全面反映民事权利、民事义务和民事责任的科学体系。

（三）侵权责任法纲要与部分条文建议[②]

第一章 一般规定

第一条 侵害他人民事权益的，应当承担侵权责任。

民事权益是指法律明文规定的民事权利和未形成民事权利但受法律保

---

① 魏振瀛：《论民法典中的民事责任体系——我国民法典应建立新的民事责任体系》，载《中外法学》2001年第3期，第353—362页。

② 这里主要提出的是侵权责任法纲要，其中有些是条文建议，说明不是全方位的，对普遍达成共识的问题省略了。

护的民事利益。

侵害包括侵夺、侵占、侵犯、侵扰、损害、妨碍、妨害、造成危险状态等情况。

说明：

（一）本法与侵权行为之债法的区别在于，侵权责任法上承担侵权责任的方式不限于损害赔偿，损害赔偿不是各种侵权行为共同的后果，因此本条规定不用“损害赔偿”，而用“侵权责任”。

（二）受法律保护的民事利益包括三个方面：(1) 德国和我国民国时期的民法典规定的“违反保护他人的法律”。例如因违反我国《刑法》第 221 条规定的“损害商业信誉、商品名声罪”而损害他人的民事利益；违反我国《反不正当竞争法》第 5 条“禁止仿冒”的规定，假冒他人的注册商标而损害他人的民事利益等。(2) 司法实践总结出来的需要保护的民事利益，例如，《最高人民法院关于确定民事侵权精神损害赔偿责任若干问题的解释》总结出的侵害他人隐私的利益。(3) 德国和我国民国时期的民法典规定的“以违反善良风俗的方法加损害于他人”。根据《民法通则》的规定就是，故意以违反社会公德的方法，损害他人的利益。

第二条 承担侵权责任的方式主要有：

（一）停止侵害；

（二）排除妨碍；

（三）消除危险；

（四）返还财产；

（五）恢复原状；

（六）赔偿损失；

（七）消除影响、恢复名誉；

（八）赔礼道歉。

以上承担侵权责任的方式，可以单独适用，可以合并适用。

第三条 请求恢复原状、赔偿损失，以侵权人有过错为要件。

根据法律规定，推定侵权人有过错，行为人不能证明自己没有过错的，应当承担侵权责任。

行为人没有过错，法律规定应当承担侵权责任的，应当承担侵权责任。

第四条 请求消除影响、恢复名誉、赔礼道歉，以侵权人有过错为要件。

第五条 请求停止侵害、排除妨碍、消除危险、返还原物，不以侵权人有过错为要件。

第六条　故意以违反社会公德的方法损害他人利益的，应当承担侵权责任。

第三条至第六条说明：

（一）侵权责任形式不同，归责原则也存在差异，这是将物权请求权等绝对权请求权变革为侵权责任以后，侵权责任法规定多种侵权责任形式所决定的。同一案件侵权人可能需要承担两种以上的侵权责任，受害人可以同时享有两种以上的请求权，需要适用不同的归责原则。例如，侵权人应当同时承担返还原物责任和赔偿损失责任，受害人可以同时请求返还原物和赔偿损失。在这种情况下，返还原物不以过错为要件，赔偿损失一般以过错为要件。

（二）第六条是对第一条规定的“法律保护的利益”的补充。本条规定说明第一条规定的受法律保护的利益的归责原则为过错责任原则，因此本条规定在第三条至第五条规定的归责原则之后。本条保护的民事利益“比违反保护他人的法律”的范围更宽，因此对侵权的构成条件要求更严格，故规定“故意以违反社会公德的方式”。

（三）对违反社会公德应作广义的解释，除一般意义上的社会公德外，还应包括违反市场交易公德。

第七条　侵权责任人应当自动承担侵权责任。受害人有权请求侵权责任人承担侵权责任或者请求人民法院判决侵权责任人承担侵权责任。

说明：

侵权责任是一种民事责任，民事责任不同于民事制裁，通常民事责任不是必须通过诉讼程序解决。本条规定的前句具有提倡性质，提倡责任人自动承担侵权责任（实践中当事人自动承担违约责任和侵权责任是正常的）。本条后句体现基于侵权责任形成的请求权实现方式。在侵权责任法中较多“受害人有权请求权侵权责任人承担侵权责任”，较少用“侵权人应当承担承担侵权责任”，体现民事责任不同于行政责任和刑事责任的特点。

第八条　侵权人因同一行为应当承担行政责任或者刑事责任的，不影响依法承担侵权责任。

因同一行为应当承担侵权赔偿损失责任和行政责任、刑事责任，违法行为人的财产不足以全部承担的，应当先承担侵权赔偿损失责任。

第九条　其他法律对侵权责任另有特别规定的，依照其规定。

第二章　承担侵权责任方式的适用范围与诉讼时效

第十条　停止侵害

对于正在进行侵害的，受害人有权请求停止侵害。对于正在准备进行侵害或者有继续侵害现实可能的，权利人也有权请求停止侵害。

说明：

这条规定属于制止性和预防性侵权责任，有利于制止侵害的进行和预防侵权的发生。冯·巴尔强调指出，预防性法律保护措施的本质在于它不以加害行为已经发生为前提。虽然存在以避免同一损害形态继续扩大和制止加害行为重复发生为目的的所谓"第一性损害"的概念，但撇开一些国家引人误解的法律表述不谈，"只要存在不法侵害行为的危险"，当事人就可以提起停止侵害行为之诉，而不"以侵害行为已经发生为前提"。冯·巴尔还以德国法院的判决作论证。他指出，德国联邦最高法院1951年6月19日的判决规避了《德国民法典》第1004条第1款第2句的规定："倘若存在继续影响的危险，当事人可以提起停止侵害之诉。"[①]对该句有的译为"所有权有继续受侵害之虞者，得提起停止侵害之诉"。[②] 冯·巴尔引用的这个判例进一步说明"预防性法律保护措施的本质在于它不以加害行为已经发生为前提"。我国学者对《民法通则》规定的"停止侵害"的理解也不限于正在进行的侵害，特别是前些年一些知识产权学者强调应当借鉴国际上认可的"即发侵权"的概念，适用"停止侵害"责任。

第十一条　排除妨碍

对于妨碍他人行使权利的，受害人有权请求排除妨碍。

第十二条　消除危险

对危及他人的人身、财产安全的，受害人有权请求消除危险。

第十三条　返还财产

侵夺、侵占或者以其他方式无权占有他人财产的，受害人有权请求返还财产。

基于合同、无因管理、不当得利、拾得遗失物、占有等法律关系应当返还原物的，适用相关法律规定。

---

① 〔德〕克雷斯蒂安·冯·巴尔：《欧洲比较侵权行为法》（下卷），焦美华译，张新宝审校，法律出版社2001年版，第167—168页。

② 参见《德国民法典》，赵文伋、徐立、朱曦译，台湾五南图书出版公司1992年版，第216页；《德国民法典》，郑冲、贾红梅译，法律出版社1995年版，第235页。

说明：

（一）因为在合同、无因管理、不当得利、拾得遗失物、占有等法律关系中，事实上都会发生返还财产的情况，但其法律关系的性质各有不同。返还原物是将物权请求权上的返还原物变革为侵权责任法上的返还原物，其性质是侵权责任，不属于侵权行为之债，仍然属于物权保护问题。

（二）第2款规定基于合同、无因管理、不当得利、拾得遗失物、占有等法律关系应当返还原物的，适用相关法律规定，不适用本法的规定。在合同、无因管理、不当得利、拾得遗失物、占有等法律关系中，当事人不履行返还原物义务的情况下，返还原物与本法规定的返还原物责任竞合；但其他内容不发生竞合，例如返还不当得利数额的确定规则与本法规定的赔偿损失规则不同，内容不同，故不发生竞合。

第十四条　恢复原状

损坏他人的动产或者不动产的，受害人有权请求修理、修缮等方式恢复原状。

说明：

不采用德国民法上内涵过于广泛的恢复原状（回复原状）概念，以免与其他民事责任形式混淆。本条规定属于狭义的恢复原状，仅限于对有体物损坏时的恢复原状，包括动产的修理、不动产的修缮，填平被挖掘的土地、恢复被填平的湖泊、修复被堵塞的航道等。

第十五条　赔偿损失

侵害他人民事权益造成损失的，受害人有权请求赔偿损失。

说明：

赔偿损失是指金钱赔偿（不排除实物赔偿），与广义的“损害赔偿”的含义不同。

第十六条　消除影响、恢复名誉

侵害他人的人格权和隐私等人格利益、商业信誉等重大商业利益，造成不良影响的，受害人有权请求消除影响；损害他人名誉的，受害人有权请求恢复名誉。

第十七条　赔礼道歉

故意侵害他人人格权、身份权和隐私等人格利益，情节严重的，受害人有权请求赔礼道歉。

第十八条　受害人请求停止侵害，已登记的不动产的物权人请求返还原物,不受诉讼时效限制。

说明:

(一)侵权责任法中应当规定承担侵权责任的诉讼时效适用范围和期限。

(二)2008年8月11日通过的《最高人民法院关于审理民事案件适用诉讼时效若干问题的规定》将适用诉讼时效的范围限于债权,在《民法通则》规定的诉讼时效不够具体的情况下,此《规定》具有重要意义。但是对物权和人格权的保护是否适用诉讼时效,以及诉讼时效期间仍然是有待研究的问题。

第三章 抗辩事由

说明:

本章内容包括受害人的过错、不可抗力、正当防卫、紧急避险、自助行为等。

第四章 不同类型的侵权赔偿责任

本章分若干节,包括:共同侵权责任;产品责任;机动车交通事故责任;医疗损害责任;环境污染责任;高度危险责任;动物致人害责任;物件致人害责任;关于责任主体的特殊规定等。

说明:

(一)传统侵权法上区分一般侵权行为和特殊侵权行为,所谓特殊侵权行为,主要是指不以过错为要件的侵权行为。在学理上,对共同侵权行为有学者将其列为一般侵权行为,有学者将其列为特殊侵权行为。有学者不用一般侵权行为和特殊侵权行为的分类,而是以侵权行为产生的原因、承担侵权责任的主体等作具体分类,题目用"各种侵权行为"。本章以"不同类型的侵权赔偿责任"为标题,根据实际需要规定不同类型的侵权责任,包括但不限于无过错侵权责任类型。

(二)本章以"不同类型的侵权赔偿责任"为标题,是指各种不同类型的侵权责任仅规定赔偿损失责任(含狭义的恢复原状)。各种不同类型的侵权责任中应当明确规定赔偿损失适用什么归责原则。以"不同类型的侵权赔偿责任"为标题,并不排除不种类型的侵权责任适用其他侵权责任方式。例如,环境污染责任作为不同类型的侵权责任的一种,在本章应规定环境污染赔偿损失的归责原则。环境污染责任还会适用停止侵害、排除妨碍等侵权责任方式,由于停止侵害、排除妨碍等侵权责任形式及其归责原则在第二章已有明确规定,故本章不必重复规定。以此类推,本章规定的各种不同类型的侵权赔偿责任,都应当与第二章的有关规定结合适用。

第五章　赔 偿 损 失

本章分为四节:

第一节　一般规定

内容包括赔偿权利人的范围;全部赔偿;过失相抵及原因力比较;损益相抵;赔偿损失责任人生计关系的酌减;关于公平责任的条款等。

第二节　因侵害人身权益造成的财产损失赔偿。

第三节　因侵害人身权益造成的精神损害的赔偿。

第四节　因侵害财产权益造成的损失赔偿。

说明:

(一)赔偿损失是一般侵权责任和不同类型的侵权赔偿责任都适用的责任形式,精神损害赔偿适用的范围有一定广泛性,二者各有特定的法律问题,也有共同性的法律问题,需要在最后一章专章规定。

(二)本章的题目用赔偿损失,与《民法通则》的规定相一致。不采用损害赔偿概念,以免与德国民法上内涵过分广泛的损害赔偿相混淆。

九、对反对意见的回应与解释

笔者提出变革物权请求权为侵权责任的主张和有关观点以后,受到一些学者批评,其中有些问题在笔者写的有关论文中已经作了解释,以下结合新的反对意见和本文提出的"侵权责任法体系要点与说明"作进一步解释:

(一)将物权请求权变革为侵权责任是否混淆了物权与债权

有的学者认为将物权请求权变革为侵权责任就混淆了物权与债权,打乱了民法的科学体系。这是根据侵权行为产生侵权行为之债的固有观念提出的批评。根据德国民法,侵权行为产生损害赔偿义务,成为侵权损害赔偿之债。将物权请求权变革为侵权责任后,原有物权法上的物权请求权就不存在了,其结果是,侵权人承担侵权责任,受害人享有侵权请求权。例如,返还原物请求权变为返还原物责任后,侵权人承担返还原物责任,受害人享有返还原物请求权。这种返还原物请求权不是债权请求权,因为侵权责任不再是产生债的根据,返还原物仍然是物权保护方法。在侵权责任中保护物权的请求权,可称为侵权请求权的“物权请求权”。同理,除返还原物外,侵权责任法(编)中的停止侵害、排除妨碍、消除危险,对侵权人来说是侵权责任,对受害人来说是侵权请求权。这种请求权不仅在物权受到侵害时适用,而且在人格权、知识产权受到侵害时也适用。在后一种情况下,就构成侵权请求权的“人格权请求权”或者侵权请求权的“知识产权请求权”。

由于侵权责任法(编)是民事权利保护方法,不是侵权行为之债,因而将物权请求权变革为侵权责任后,被保护的物权仍然是物权,而不是变为损害赔偿之债。同理,侵权责任法对人格权和知识产权的保护,被保护的人格权或者知识产权,仍然是人格权或者知识产权,也不是变为损害赔偿之债。正是在这个意义上,笔者曾经提出侵权的后果的性质是责任,不是债。因为这些的责任形式都成了保护物权、人格权、知识产权等绝对权的圆满状态的方法。

有学者可能提出,将物权请求权变革为侵权责任后,侵权请求权的“物权请求权”与在物权法(编)中的物权请求权相比,仅仅是换了个位置,仍然是请求权,这种变更有什么意义?笔者认为二者的不同在于:

首先,二者的性质不同。前者是权利,性质属于救济权;后者是责任,责任与救济权相对应,责任反映了绝对权请求权的本质。

其次,在立法理念上,前者不分债务与责任(实质上),注重民事权利,注重在民法上建立请求权体系。后者区分权利、义务与责任,在立法理念上民法以权利为本位,以法律关系为核心,使立法理念与立法规范技术密切结合。

再次,前者不区分原权利的请求权与救济权的请求权,产生了物权请求权性质的不休的争论,造成请求权与债权混淆不清;后者区分原权利的请求权与救济权的请求权,既借鉴了请求权理论,又克服了它的缺陷。

最后,前者符合德国的国情;后者符合我国的国情,是我国立法与司法实践和借鉴外国先进经验的总结,适应法学理论和实践发展的趋势。

需要指出,将物权请求权变革为侵权责任后,侵权责任法(编)不再是民法典债编的组成部分,侵权责任不再是债的产生根据之一。但是,侵权责任法(编)不是与债法(编)绝对割裂开。与债法(编)绝对割裂开的是不能转化为钱款的侵权责任形式。不与债法(编)绝对割裂开的责任形式是赔偿损失(包括狭义的恢复原状)。由于赔偿的形式是金钱,与债的性质不矛盾,正是在这个意义上,笔者曾经在 1998 年的一篇文章中提出,在与债的本质不相违背的情况下，侵权责任可以适用债编通则的某些规定。[①] 确切地说，应当是"准用"债编通则的某些规定。法律上的准用规则是指，本身没有明确规定具体的规则内容，但明确规定可以或者应依照、参照、援用其他规则来使本规则的内容得以明确的法律规则。侵权责任法与体现财产关系的债法的性质不同，侵权责任法（编）不会规定债权规则内容，因此，赔偿损失责任可依法准用债编通则的某些规定。

如前所述，将物权请求权形式变革为多种侵权责任形式以后，不仅不会混淆物权与债权，而会使物权与债权的区别更加明晰。

（二）将物权请求权变革为侵权责任是否影响物权的效力

有的学者认为，物权请求权优于债权请求权。在物权请求权变革为侵权责任的情况下，物权就失去了优先效力。如前所述，返还原物作为责任并不会变为返还原物之债，物权仍然存在。关于物权的优先效力问题，我曾作过解释[②]，不再赘述。

有学者说，按照侵权责任方式取代物权请求权的模式，出卖他人之物会面临尴尬局面。因为侵权责任的对面就是请求权，在传统民法上，它们没有优先的效力，如此，按照侵权责任方式取代物权请求权的模式，在出卖他人之物的场合物权人向受让人主张原物返还请求权，受让人以其已经有偿受让了该物予以对抗时，物权人不享有属于物权效力的返还请求权，只有与受让人的给付受领平等的权利，基于什么反驳受让人的抗辩呢？只有承认物权请求权制度，才能解决这个问题。这个事例，涉及无权处分的效力和立法政策、善意取得制度等复杂问题，这里不作详述。仅就"因为侵权责任的对面就是请求权，在传统民法上，它们没有优先的效力"这句话来说，这还是用固有的概念和理论批评变革了的概念和理论，把将物权请求权变革为侵权责任之后的返还原物责任，仍然认为侵权行为的损害赔偿之债，而不承认适用无过错责任原则的物权保护方法。英国侵权法上对"侵占动产"的处理，可以作为笔者的论点的注脚。英国侵权法上，作为一般原则，擅自处置他人财产构成侵占动产，其行为样态主要包括擅自将他人财产出卖，出质以及将货物错交到非权利人手中等。在这些情况下，不仅擅自处置人构成侵权，其

---

① 魏振瀛：《论债与责任的融合与分离——兼论民法典体系之革新》，载《中国法学》1998 年第 1 期，第 29 页。

② 魏振瀛：《物权的民法保护方法——是侵权责任，还是物权请求权》，载费安玲主编：《学说汇纂》（第 1 卷），知识产权出版社 2007 年版，第 66 页。

相对方即财产的接受方也构成侵权。法律界认为理由在于“对非法处置他人财产而言,‘给’与‘取’是同一事物的两个面而已”。而且,更为严格的是:作为一般原则,即使接收者出于诚信,也是如此。[①] 这种处理方法与笔者主张的将无权占有他人的物认定为侵权,不问有无过错,是相通的。

有学者说,侵权责任模式取代物权请求权模式会导致物权的追及效力虚化。因为按照侵权责任模式取代请求权模式,物权的追及力被作为侵权责任的返还原物取而代之,也就是把物权的追及效力从物权中切削下来,就不能适当地保护抵押权人的合法权益。

关于物权的追及力是否物权的独立的效力,有不同的观点。从一些著名的学者的论著看,持否定观点的居多。[②] 有学者认为,物权的追及力应包括在物上请求权中,它不过是物上请求权中的返还请求权。[③] 有学者认为,物权的追及效力“原可包括在优先效力或物上请求权之中,不必另列,以免画蛇添足”[④]。

物权的追及效力,指物权成立后,其标的物不论辗转入于何人之手,物权人均得追及物之所在,而直接支配其物之效力而言。[⑤] 主张追及力是独立物权效力的主要理由是,物权的标的物经辗转后,辗转取得人是合法取得,不能适用关于无权占有的规定的情况下,物权人享有追及的权利。例如,所有人甲,在其不动产上设定抵押,抵押权人为乙。该不动产因被法院拍卖,被丙买得,丙又转让给丁。到乙的债权清偿期满时,甲未清偿给乙。无论丁在受让该不动产时,是否知道有抵押权存在,乙均可追及该不动产的所在,申请法院拍卖抵押物。由于不动产设定抵押后,不动产仍可转让,抵押权并不因此而受影响。在这种情况下,既然设有抵押权的不动产受让人取得是合法取得,不是无权占有,抵押权人向受让人主张抵押权,即“追及物之所在”,就不是对无权占有人追究返还原物责任。因此,在变革物权请求权为侵权责任的情况下,当然不能以无权占有为由,追究合法占有人返还原物的

① 胡雪梅:《英国侵权法》,中国政法大学出版社 2008 年版,第 45—46 页。

② 参见史尚宽:《物权法论》,中国政法大学出版社 2000 年版,第 10—13 页;郑玉波:《民法物权》,台湾三民书局股份有限公司 1977 年版,第 21—26 页;谢在全:《民法物权论》(上册),台湾文太印刷有限公司 1992 年版,第 34—41 页;王泽鉴:《民法物权》(第 1 册),台湾兴丰印刷厂 1993 年版,第 53—54 页。

③ 〔日〕我妻荣:《新订物权法》,东京岩波书店 1995 年日文版,第一章第二节。转引自王利明《物权法论》(修订本),中国政法大学出版社 2003 年版,第 25 页。

④ 郑玉波:《民法物权》,台湾三民书局股份有限公司 1977 年版,第 22 页。

⑤ 姚瑞光:《民法物权论》,台湾海天印刷厂有限公司 1993 年版,第 8 页;王泽鉴:《民法物权》(第 1 册),台湾兴丰印刷厂 1993 年版,第 53 页。

责任。这属于特定的法律关系问题,是由物权是支配权和其排他性决定的,与笔者主张的无权占有适用无过错侵权责任无关,因此这不能成为反对变革物权请求权为侵权责任的理由。

关于物权效力有二效力说、三效力说或者四效力说,众说纷纭,都是学者所作的学理概括,没有这些概括并不影响有关法律问题的处理,因为有具体法律规定,或者可以根据具体法律规定推导出结论。例如,破产法中有关于设定抵押权的债权优先受偿的规定,关于物权变动公示的规定,等等。当然,笔者并不否认对物权效力的学理概括在理论上有积极意义。

(三)将物权请求权变革为侵权责任是否不利于物权的保护

有学者反对将物权请求权变革为侵权责任,认为物权请求权不以相对人有过错为要件,用侵权请求权替代物权请求权,不利于对物权的保护。并认为当物权受到侵害时,首先应当适用物权请求权,以尽可能地恢复物权的完满状态,只有在物遭到的损害无法通过行使物权请求权予以恢复原状时,才可以行使侵权请求权,要求加害人给予损失赔偿。笔者讲的将物权请求权变革为侵权责任以后,适用无过错责任原则,不再是侵权行为之债。笔者认为,无论是否将物权请求权变革为侵权责任,都有恢复原状和赔偿损失适用的先后问题。强调首先适用恢复原状的物权请求权处理方法的优点是,既能保护受害人的权益,又能物尽其用,节省物质资源。这样处理的缺点是,可能不利于对受害人的保护,也不一定符合社会经济效益。例如,甲侵占乙的汽车,并企图据为己有,后来被乙发现时,该车已经严重损坏,虽值得修复,但是修理后与原有功能相差很大。在此情况下,乙拒绝返还该车,请求赔偿相当购买该车的全部价款。如果法院根据上述观点判决修车,未必公平。对这类问题,有可以参考外国的经验,确定我们的立法决策。

德国侵权法对损害赔偿采取恢复复原状原则,其次才考虑作为替代而用金钱来履行损害赔偿给付,但是在实践中,支付金钱是通行的补偿形式。[①]日本侵权法采取金钱赔偿原则,但是,以金钱评价损害实际上也伴随着相当多的困难,当事人之间围绕着这种评价产生对立意见,学者有不同的观点。尽管如此,民法仍然以金钱赔偿为原则,为此,有学者提出了较多论证的理由。[②] 英国对侵占动产的主要救济方法是赔偿损失。但是,在原物存在而被

---

① 〔德〕迪特尔·施瓦布:《民法导论》,郑冲译,法律出版社 2006 年版,第 254 页。

② 于敏:《日本侵权行为法》(第 2 版),法律出版社 2006 年版,第 8—19 页。

告又拒绝交出的情况下,原告可以要求被告返还原物,但是否满足返还原物的要求,法院有自由裁量权。作为一般规则,只有在原物是稀有物或对原告具有特殊价值的情况下,法院才会作出强制返还原物的判决。[①] 美国侵权法对侵占动产的处理也很严格。《侵权法重述》规定,非法占有是指故意地占有或支配他人的财产,行为人如此严重地侵犯了他人对该财产的权利,以至于可以要求行为人向他支付该财产的全部价值。在决定侵犯财产的严重性和要求行为人向他支付财产的全部价值的合理性时,应当特别考虑行为人行使控制权的范围和时间、对物品造成的损害、对他人造成的不便等因素。[②] 这种赔偿方式的依据在于,根据常识对一般人来说,当一样东西无法找寻时就会到市场上以合理的价格购买一个功能相同的替代品。[③]

我国《民法通则》对侵权赔偿,没有规定适用恢复原状原则还是金钱赔偿原则,这样的立法政策应当继续。问题在于《物权法》已经规定了多种保护方法,在侵权行为法中又规定与物权保护方法相同的侵权责任形式的情况下,如何处理返还原物和赔偿损失的关系。前面已近述及,在侵权责任法颁布后,将《物权法》中规定的属于物权请求权的物权保护方法,解释为引致规范,适用法律的具体根据是侵权责任法上的相关规定。对具体案件应当采取由受害人选择和法院自由裁量相结合的方法。法院应当在受害人自愿选择的基础上,根据侵权人对标的物的控制范围大小、占有时间长短、地点远近、物的损坏程度、修复费用高低、物的特性、社会习惯、经济效益、责任人的经济能力等多种因素,作出裁决。

在商品经济发达、产品丰富、人民的财产观念转变的情况下,不应过分强调适用物权法上的恢复原状原则。制定侵权责任法,不采取德国物权请求权和侵权责任之债的立法模式,将物权请求权变革为侵权责任,使返还原物责任和侵权赔偿损失责任统一规定在侵权责任法(编)中,便于司法。

(四) 将物权请求权变革为侵权责任是否违反了民事归责原则的根据

有学者批评说,将停止侵害、排除妨碍、消除危险、返还财产规定为无过错责任,不是依据一般侵权行为、特殊侵权行为的分类而分别确定归责原则,而是按照责任方式确定归责原则,不符合归责原则的起源、根据。并指

---

① 胡雪梅:《英国侵权法》,中国政法大学出版社 2008 年版,第 48—49 页。

② 〔美〕文森特·R. 约翰逊:《美国侵权法》,赵秀文等译,中国人民大学出版社 2004 年版,第 36—37 页。

③ 李响:《美国侵权法原理及案例研究》,中国政法大学出版社 2004 年版,第 87 页。

出:归责原则是确定法律责任成立不成立的原则,是同时确定该法律责任由谁承担的原则;而不是法律责任确定成立之后,其每种责任方式是“过失”归责还是“无过失”归责的制度。还指出:归责原则是指基于一定的归责事由而确定责任成立的法律原则,或者说是基于一定的归责事由而确定行为人是否承担责任的法律原则。归责事由在一般侵权行为场合是行为人的故意或过失,在危险责任场合是企业、装置、物品本身有危险性,在产品责任场合是产品的缺陷……。在后几种情形下,只有法律明文规定,才会有法律责任,才谈到归责与否。根据传统民法理论和立法,此评有道理。对此批评笔者曾经作过一些解释,以下作进一步分析。

传统民法上的归责原则基础可归纳为四点:

一是法律主体资格基础。18世纪以后,以法国大革命为标志,以《法国民法典》为典型,在法律上确认了每个人都享有民事权利,具有民事主体资格,确立了民法的三大原则,其中包括自己责任原则(过失责任原则)

二是理念基础。法律上采取过失责任原则,行为人无过错即可免除侵权责任,既反映了对人的尊重和道德理念,又有利于鼓励人们发挥聪明才智,促进经济发展。

三是责任形式基础。传统的侵权责任形式限于损害赔偿,有侵害行为,无损害后果,不构成侵权,不承担侵权责任。这就是说,传统的侵权归责原则是确定损害赔偿责任成立不成立的原则,是确定损害赔偿由谁承担的原则。这说明传统侵权法上的归责原则也是以责任方式(损害赔偿)为基础确定的。

四是社会发展基础。随着近现代科学技术发展,机械化、电气化的大生产,造成他人损害的情况剧增,侵权法上承担损害赔偿的无过错原则应运而生。

将停止侵害、排除妨碍、消除危险原物、返还原物适用无过错责任原则的基础可归纳为以下三点:

一是理念基础。根据现代法学关于权利、义务、责任的原理,违反义务的应当承担责任;侵占他人之物的,应当承担返还原物责任,而不是损害赔偿之债。

二是责任形式基础。停止侵害、排除妨碍、消除危险原物、返还原物本身不涉及赔偿损失。因为不涉及赔偿损失,不加重责任人的经济负担,因此也不必确认责任人有无过错。在无权占有他人的物的情况下,物权人证明他享有物权即可请求返还原物,采取物权请求权立法模式是如此,采取侵权责任立法模式也如此。再以英国侵权法上的返还原物为例,进一步论证返还原物责任适用无过错责任原则。英国法律界认为侵占动产属于故意侵权,但所指的故意并非指被告"已经预见到损害的结果而追求或放任该结果发生",而是指侵权行为本身出于自愿或意愿。凡符合这个特征的,行为人的主观心理状态就属于故意。因此英国法学界一致认为侵占动产这一"故意"侵权属于严格责任,而且是非常严格的责任。[①]英国法上虽然没有明确的物权概念,但是物的属性决定了不同的法系对侵害物的处理方法,具有异曲同工之妙。英国侵权行为法上对侵占动产的处理,与笔者主张的返还原物适用无过错责任原则的处理方法,也可谓异曲同工。

因为侵权责任形式有八种,其中前四种侵权责任不以过错为要件,后四种侵权责任中也不仅仅适用过错责任原则,其中还有适用过错推定原则(对此有学者认为属于过错责任原则)和无错责任原则,而且无错责任原则有扩大的趋势。因此,在第二章侵权责任方式与适用范围中,根据不同的责任形式分别规定归责原则,符合逻辑。

三是侵权责任类型化基础。传统民法上一般侵权行为和特殊侵权行为的区分,一般是以"过错"画线,一般侵权行为以过错为必要条件,特殊侵权行为适用无过错责任原则。但是对一般侵权行为和特殊侵权行为的区分,并非没有分歧。在学理上,对共同侵权行为学者史尚宽将其列为一般侵权行为[②],学者郑玉波和王泽鉴将其列为特殊侵权行为。[③] 共同侵权行为主要解决基于两个以上的人共同过错造成他人损害,承担连带责任问题;其中还有共同危险行为,不知其中谁是加害人。这种侵权行为情况复杂,仅以侵权行为法的一般规定不能解决问题,因此需要对这一类型的侵权行为作特别规定;因为这一类型的侵权行为具有复杂性,所以一些著名学者对其分类也有不同观点。学者梅仲协不用一般侵权行为和特殊侵权行为的分类,而称"各种侵权行为",包括:(1) 侵害他人之权利;(2) 违反善良风俗;(3) 违反保护他人之法律;(4) 无行为能力人之赔偿责任;(5) 对第三人侵权行为之责任(其中包括法定代理人对于受监督人侵权行为之责任、雇用人对于受雇人侵权行为之责任、定作人对于承揽人侵权行为之责任);(6) 对物所负损

---

① 胡雪梅:《英国侵权法》,中国政法大学出版社 2008 年版,第 48 页。

② 史尚宽:《债法总论》,中国政法大学出版社 2000 年版,目录第 2 页。

③ 郑玉波:《民法债编总论》,台湾三民书局股份有限公司 1978 年版,第 164—168 页;王泽鉴:《民法概要》,中国政法大学出版社 2003 年版,第 214—215 页。

害赔偿之责任(包括动物占有人所负之赔偿责任、建筑物所有人所负之赔偿责任);(7) 公务员之赔偿责任等。[①]

根据我国侵权责任立法和经验,制定侵权责任法(编),归责原则的主要根据是侵权责任的新的内涵和和侵权责任法(编)规定的多种侵权责任形式。应当根据实际需要,规定若干类型的侵权责任。本文未采用传统民法上一般侵权行为和特殊侵权行为的分类标准,而是以"不同类型的侵权赔偿责任"为题,根据实际需要,包括但不限于无过错责任。

综上所述,以过错作为一般侵权行为的构成要件的原理,符合德国侵权行为法原理和立法;将停止侵害、排除妨碍、消除危险、返还原物确定为无过错责任形式,符合我国侵权责任的立法与经验。

(五) 不适用诉讼时效是否区分物权请求权与侵权责任的一个界限

有学者认为,侵权责任适用诉讼时效,物权请求权不适用诉讼时效,如果将物权请求权变革为侵权责任,不利于对物权的保护。

诉讼时效的适用范围和期限长短等,是具有价值取向的立法政策问题,不是一个区分物权请求权与侵权责任的界限。其实,最先在民法典上规定物权请求权的是德国,而《德国民法典》对不动产和动产适用消灭失效的问题分别作了规定,而且 2002 年生效的德国《债法现代法》还明确了不作为请求权和排除妨碍请求权的时效期间为 3 年。对这个问题笔者作过具体阐述[②],此处不再赘述。

有些学者以恢复名誉、消除影响不适用诉讼时效,作为区分人格权请求权与侵权责任的界限的理由之一。其实,恢复名誉、消除影响是否适用诉讼时效,也是立法政策问题,在外国有不同的立法例。例如,《俄罗斯联邦民法典》第 208 条规定,要求保护人身非财产权利和其他非物质利益的请求,不适用诉讼时效,但法律规定的情况除外。在英国,损害名誉的侵权适用诉讼时效,其时效期间经历了一个由长期到短期的发展过程。由最初的 6 年减为 3 年,后又减为 1 年,现在仍为 1 年,但如果法院认为有必要延长该期限,该期限的起算时间为损害名誉的陈述或信息公开之日。[③]

诉讼时效的功能和立法例说明,物权请求权和其他绝对权请求权并非

---

① 梅仲协:《民法要义》,中国政法大学出版社 1998 年版,第 188—198 页。

② 魏振瀛:《物权的民法保护方法——是侵权责任,还是物权请求权》,载费安玲主编:《学说汇纂》(第 1 卷),知识产权出版社 2007 年版,第 69—71 页。

③ 胡雪梅:《英国侵权法》,中国政法大学出版社 2008 年版,第 296 页。

不能适用诉讼时效,当然就不能成为反对变革物权请求权为侵权责任的理由。

本文提出的“侵权责任法纲要与部分条文建议”的第十八条规定:“受害人请求停止侵害、登记的不动产物权人请求返还原物,不受诉讼时效限制。”这里只是提出作者的建议。诉讼时效是关系经济学、社会学、民法原理等多方面的问题,是价值判断和立法政策问题,有待立法机关决策。

(六)将物权请求权变革为侵权责任后,返还原物请求权与基于合同、无因管理、不当得利、拾得遗失物和占有等法律关系中请求返还原物的关系。对此,笔者的意见和观点是:

1. 将返还原物请求权变革为侵权责任后,适用无过错责任,将其规定在侵权责任法(编)。基于合同、无因管理、不当得利、拾得遗失物和占有等法律关系,事实上也有返还原物的情况(根据区分物权与债权的原理,在合同、无因管理、不当得利法律关系中,返还原物事实的性质是履行债务的给付物的返还,不称返还原物),为了将侵权责任法(编)中的返还原物责任与基于合同、无因管理、不当得利、拾得遗失物和占有中的原物返还行为区别开,在本文提出的“侵权责任法体系要点与说明”第九条第二款规定:基于合同、无因管理、不当得利、拾得遗失物、占有等法律关系应当返还原物的,适用相关的法律规定。

2. 将物权请求权变革为侵权责任后,返还原物请求权的从请求权,即物的使用收益返还、物的毁损灭失的赔偿和对物支付费用的求偿的请求权,在民法典物权编的“占有”中作简明的规定。

以上处理方法的优点是,避免了按照德国立法模式产生的繁琐复杂、难以理解的情况,不再有侵权损害赔偿适用短期消灭时效、物权请求权中对违法占有人的损害赔偿责任适用长期消灭时效的矛盾。

有学者认为侵权责任取代物权请求权模式在拾得遗失物、漂流物场合面临尴尬。其主要理由是,拾得遗失物、漂流物的场合,拾得人对于遗失物、漂流物应为有权占有,有权占有还构成侵权行为,逻辑上不通;法律规定失主给拾得人保管遗失物、漂流物必要的费用,尤其是报酬;多数学者呼吁,超过法定期限,拾得物、遗失物无人认领的,应当归拾得人所有。

对于拾得遗失物的法律性质和法律处理的问题,笔者在一篇文章中作过阐述,现在结合上述批评作进一步分析。笔者认为,法律对拾得遗失物的处理是个动态过程,不宜从静态上认定拾得遗失物法律关系的性质。

首先分析拾得人对于遗失物、漂流物（以下简称遗失物）是有权占有，还是无权占有？有学者认为，拾得人对于遗失物应为有权占有。[①] 如果认为是有权占有，返还原物请求权就无从谈起，也不存在什么侵权问题。但是，不能笼统地说拾得遗失物是有权占有；如果说不能证明拾得人有侵权行为的情况下，推定为有权占有，则是合理的。

一些著名的学者认为拾得人对遗失物的占有是无权占有。[②] 笔者认为，纯粹从占有制度来看，认为拾得人对遗失物的占有是无权占有是对的，如果认为是有权占有，所有人就无权请求权拾得人返还遗失物。认为拾得人对于遗失物应为有权占有，也有道理，否则法律就不会规定拾得人有权获得保管遗失物费用和报酬的权利。笔者认为，在通常情况下，拾得人会主动采取返还措施，对拾得人的行为可适用无因管理的规定。[③] 如果拾得人超过法定期限，无故不返还拾得物，可认定为无权占有；拒不返还的应当认定为侵权。从立法例看，民法对遗失物作为动产所有权取得的方式，规定在动产所有权部分。实际上，拾得的遗失物是否归拾得人所有，有两种可能。只有在法律规定在无人认领、归拾得人所有的条件下，拾得人才可能取得所有权。拒不返还的，构成侵权。因此笔者认为，拾得人对遗失物的占有的性质既不是有权占有，也不是无权占有，而是中性的占有。从拾得遗失物到对遗失物的最后处理，其性质是个动态发展过程，因此可以说，关于拾得遗失物的规定是特别的而不需要专门独立设立的一项法律制度。

有些学者认为笔者提出的变革物权请求权为侵权责任的主张有诸多问题，其批评的基点和根据的标准是德国民法理论及其立法体系，因而批评不无道理。但是，笔者的主张是对德国民法上的一些理论和立法技术的重大变革，有其理论和实践根据。

十、结　　论

（1）现代法学理论发展和我国立法与实践说明，区分义务（债务）与责

① 崔建远：《论物权救济模式的选择及其依据》，载中国人民大学复印报刊资料《民商法学》2007年第8期，第81页。

② 郑玉波：《民法物权》，台湾三民书局股份有限公司1977年版，第374页；王泽鉴：《民法物权》（第2册），台湾兴丰印刷厂1959年版，第36页；谢在全：《民法物权论》（下册），台湾文太印刷有限公司1993年版，第489页。

③ 王泽鉴：《民法物权》（第1册），台湾兴丰印刷厂1993年版，第225页。

任,正确处理权利、义务、责任三者的关系,是建立科学的民事立法体系的需要。

(2) 自罗马法以来的立法和理论的发展说明,债法是财产法,应当剔除债法中与财产无关的内容,醇化债的内涵,以构建更加科学的债法体系。

(3) 我国应当借鉴德国侵权行为之债立法模式的合理因素,将本来属于救济权的物权请求权变革为侵权责任形式(适用无过错责任原则),制定侵权责任法。

(4) 将来我国民法典应当体现以人为本的理念,以权利为本位,以法律关系为核心,全面规定民事权利、民事义务和民事责任,构建科学的民法典体系。侵权责任法是总结我国立法和实践经验与借鉴外国的有关经验的成果,将为我国制定民法典奠定更好的基础。

第七题 侵权责任法在我国民法中的地位及其与民法其他部分的关系

——兼与传统民法相关问题比较

《中华人民共和国侵权责任法》(以下简称《侵权责任法》)于2009年12月26日颁布,它是保护民事权益的一部法律,是我国民法的重要组成部分之一。大陆法系民法中的"侵权行为"是债法的组成部分,即侵权行为之债,侵权行为法是学理上的称谓。侵权责任法是对侵权行为之债法的借鉴与变革,它从债法分离出来,形成了独立的新体系,是民事立法的创举,是《民法通则》创立的民事权利—民事义务—民事责任立法模式的延续与发展,将来《侵权责任法》会成为民法典独立的一编。本文的主题是从总体上阐述对《侵权责任法》的理解,阐明侵权责任法在民法中的地位及其与民法其他部分的关系。这个问题涉及民法体系的变革,为讲清楚这个问题,需要与传统民法上的侵权行为之债法在民法体系中的地位作比较,阐明变革侵权行为之债法为侵权责任法的必要性与理论和实践根据。本文既是对《侵权责任法》总体的理解,也是对我国民法体系的解读,不妥之处请同仁批评指正。

一、侵权责任法在我国民法中的地位

(一)侵权行为法在传统民法中的地位及其理论分析

1. 侵权行为法在传统民法中的地位

侵权行为法在传统民法中的地位与结构,大体上可分为两类:一类是法国式,一类是德国式。《法国民法典》第3编为"取得财产的各种方法",其中第3章为契约或合意之债的一般规定。第4章为非因合意而发生的债,其中

第2节为侵权行为与准侵权行为。《法国民法典》将侵权行为列入"取得财产的各种方法"一章,将侵权行为作为一种债,注重债的财产性。侵权行为一节仅五个条文,难说是一种法律,学理上也称侵权行为法。

法国民法将"契约或合意之债"与"非因合意而发生的债"作为债的不同类型分别规定。契约或合意之债有一般规定,非因合意而发生的债没有一般规定,说明法国立法者把契约或合意之债与非因合意而发生的债视为不同性质的债。

《法国民法典》第1382条规定,任何行为使他人受损害时,因其过错致行为发生之人,应对该他人负赔偿之责任。契约或合意之债中规定,不履行债务的负损害赔偿责任。《法国民法典》中规定的责任就是因不履行债务和因侵权行为而发生的责任,没有民事责任一词,但是在判例中使用民事责任概念。例如,在《法国民法典》所有权一章的判例中指出,因侵害相邻关系而引起的赔偿,是一种独立于其他民事责任制度的责任,是一种与过错概念无关的责任。①

《德国民法典》采取五编制,第2编为债务关系法,前6章(现行民法典前7章)是关于债的一般规定。第7章(现行民法典为第8章)为"各种债的关系",共计25节(现行民法典为27节),侵权行为作为各种债的关系的一种,列在最后一节。侵权行为一节共29条(现行民法典)。

德国民法上债的一般规定适用于各种债包括侵权行为之债,这与《法国民法典》将契约或合意之债与非因合意而发生的债分开规定是不同的。侵权行为一节的题目是损害赔偿义务,在有关责任主体的条文中使用"责任"概念,例如,为事务辅助人而担负的责任、监护义务人的责任等。

德国民法中的责任与法国民法中的责任方式的共同点在于都是损害赔偿,都属于债法领域。其区别在于立法体例不同,法国民法区分不履行债务的责任和侵权责任,德国民法将侵权行为列在各种债的关系的最后一节,与契约之债在同一章,不区分不履行债务的责任和侵权责任。《德国民法典》中没有民事责任一词,德国民法对债务与责任基本上不作区分,二者往往通用。在债务与责任的关系上,对《德国民法典》的体系可称为债务与责任结合模式,有其深厚的理论基础。

2. 侵权行为法作为债法组成部分的理论分析

对于债务与责任的关系,学者有不少论述,可分为三说:债务与责任形

① 参见《法国民法典》(上册),罗结珍译,法律出版社2005年版,第458页。

影不离说，责任包含债务说，债务包含责任说。[①] 以上三说有一个共同点，即区分债务与自然债务。自然债务是指债务的履行与否由债务人决定，法律不加干涉，属于无责任债务，通常讲的债务是有责任债务。有位德国学者说，在现在，债务通常与责任联系在一起。在法律中以及其他场合"负责任"有时亦与"负担债务"同义使用。这常常只是为了避免重复使用"负担债务"。[②] 有学者说，从现代债法来看，债权关系由债务与责任结合而成。[③] 德国民法是典型的债务与责任结合的体系。

德国模式民法上的责任有三层意思：(1) 责任是债务人承担损害赔偿义务。(2) 责任是债务人以其全部财产（原则上）为履行债务的担保。(3) 责任是强制债务人履行债务的手段。[④] 第二层意思说明民法上的责任是财产责任。责任的第三层意思是强制债务人履行债务的手段，这一层意思与第二层意思密切联系，"这一责任概念所指的不是义务，而是以之为前提，它所涉及的是义务人由于该义务而受强制执行的财产范围"[⑤]。

德国民法上的债是否都具有财产性？债务有效的前提是否为一项有财产价值的利益，或者至少是值得保护的债权人得到债务人清偿的利益，在制定《德国民法典》时期的权威意见对此问题作出了否定回答，但是在民法典上没有明文规定，起草委员会认为对此没有相反规定就够了。[⑥] 这就为以后在学理上阐释债的性质和功能留下了空间。实际上学者对债的性质和功能一般都是从财产和经济上论述的，认为债法的宗旨是使金钱、商品以及其他标的物或者劳务发生运动，并将债法作为经济社会秩序的一部分阐述。[⑦] 各种合同的标的可以被概括置于抽象概念——商品之下，价金亦无所区别。

---

① 参见王泽鉴：《民法学说与判例研究》(4)，中国政法大学出版社 1998 年版，第 123—124 页；林诚二：《民法债编总论——体系化解说》，中国人民大学出版社 2003 年版，第 221 页；黄茂荣：《债法总论》（第 1 册），中国政法大学出版社 2003 年版，第 62 页；邱聪智：《新订民法债编通则》（上），中国人民大学出版社 2003 年版，第 8、248—249 页。

② 〔德〕迪特尔·梅迪库斯：《德国债法总论》，杜景林、卢谌译，法律出版社 2004 年版，第 17 页。

③ 林诚二：《民法债编总论——体系化解说》，中国人民大学出版社 2003 年版，第 222 页。

④ 参见〔德〕迪特尔·施瓦布：《民法导论》，郑冲译，法律出版社 2006 年版，第 168—169 页；王泽鉴：《民法学说与判例研究》(4)，中国政法大学出版社 1998 年版，第 122—123 页。

⑤ 〔德〕迪特尔·施瓦布：《民法导论》，郑冲译，法律出版社 2006 年版，第 168—169 页。

⑥ 〔德〕霍尔斯特·海因里希·雅科布斯：《十九世纪德国民法科学与立法》，王娜译，法律出版社 2003 年版，第 135—136 页。

⑦ 〔德〕迪特尔·梅迪库斯：《德国债法总论》，杜景林、卢谌译，法律出版社 2004 年版，第 34—35 页。

这对于法定债之关系包括侵权也不例外。[①] 德国民法将侵权行为规定在债法编各种债务关系中，与买卖、借贷等各种商品交换形式的债并列，说明德国立法者突出侵权行为概括在商品、价金之下，注重侵权行为之债的交易性，并体现私法自治原则，有其合理性。

德国式民法的责任就是违反债务的责任，承担责任的方式是损害赔偿，损害赔偿又称损害赔偿之债。由于民法上的责任方式就是损害赔偿，损害赔偿具有财产性质，这是德国民法采取债务与责任结合模式的原因。在制定《德国民法典》的时代，仅用损害赔偿方式就能解决民事纠纷，能够适应当时社会的需要。另外，《德国民法典》规定的除去侵害请求权和不作为请求权仅限于对物权的保护，反映了对人格权等其他民事权益的保护不够充分，反映了立法者的局限性，这也是不区分债务与责任的原因。

但是，不区分债务（义务的一种）与责任是世界立法史上某个时期某些国家和地区的法律现象，不具有普遍规律性。德国民法主要是在继受罗马法的基础上形成的，债务与责任结合的模式是对罗马法上不区分债务与责任的继受。罗马法的 obligatio 有三层意思：保障履行义务的法律约束；负债人的义务；权利人享有的权利。[②] 罗马法没有债务与责任的区别，原因何在？对此可从三个方面分析：一是罗马人注重债的财产性，契约（产生债的一种原因）之债具有财产性，违约责任是财产责任，私犯（产生债的另一种原因）之债也具有财产性，因此区别债务与责任的意义不大。二是罗马人认为债是法锁，注重债的法律拘束力。契约之债是法锁，私犯之债也是法锁，因此没有区分债务与责任。三是法律观念上的原因。虽然可以从罗马法中找到权利、义务和责任这三个概念的渊源，但是当时还没有权利、义务和责任的明确概念，这三个概念用同一个词 obligatio 表述，说明当时的法律观念和理论的局限性。

从比罗马法更古老的东方文明国家的法律可以看出，债务与责任不是结合的，虽然法律对二者也没有明确的区分，但是可以看出债务与责任区分的观念。我国古代《周礼》[③]上就责（债）的记载。《周礼 · 天官 · 小宰》："听

① 〔德〕罗尔夫 · 克尼佩尔：《法律与历史》，朱岩译，法律出版社 2003 年版，第 153 页。

② 参见〔意〕彼得罗 · 彭梵德：《罗马法教科书》，黄风译，中国政法大学出版社 1992 年版，第 283 页。

③ 相传《周礼》为西周（公元前 12 世纪到公元前 8 世纪）初年的政治家、思想家周公所作，实际成书于战国时代的可能性较大。参见《北京大学法学百科全书》（中国法律思想史、中国法制史、外国法律思想史、外国法制史卷），北京大学出版社 2000 年版，第 1098 页。

称责以傅别。"郑玄引郑司农云：称责，谓贷予。傅别，谓卷书也，听讼责者，以卷书决之。借贷契约的形式是傅别。傅，傅著约束于文书。别，别为两，两家各一也。[①]《唐律疏议》曰："负债者，谓非出举之物，依令合理者，或欠公私财物，乃违约乘期不偿者，一疋以上……"唐律中的借贷契约分有息、无息两种。有息契约称"出举"；无息契约称"负债"。[②] 我国古代的"债"用在借贷关系上，核心观念是负债、欠债，还债。我国古代契约的原则强调两和，禁止强制；要求诚信，禁止欺诈。根据法律规定，不履行契约义务的，不仅是赔偿损失，往往采取拘禁等强制手段。[③] 宋朝政府对民间借贷，采取"任依私契，官不为理"的政策。[④] 以上讲的对契约"强调两和"、"任依私契，官不为理"，说明要求契约当事人要约定各自应负的义务，不履行契约义务的，官方才予以强制，这些都反映了债务与责任相区别的观念。

古巴比伦《汉穆拉比法典》（约公元前 1792—1750）是古代东方史上最宝贵的史料之一，是相当完整的最古的法典，他比著名的古罗马的《十二铜表法》早 1300 多年。该法典中使用有关"债"的用语有（以法律条文的顺序为序）："抵偿债务"、"有利息的债务"、"债主"、"追索债款"、"无银还债"、"有谷或银之债权"、"负有债务"、"债奴"等。所反映的契约关系有（以法律条文的顺序为序）买卖、互易、租赁、借贷、合伙、委托、保管、赠与、承揽、医疗、雇佣等。由此看出《汉穆拉比法典》时期古巴比伦王国的商品经济和法律已经有较高的水平。从该法典有"债"字的条文和用语看，债的概念用于借贷契约，包括"银"或"谷"的借贷，即金钱借贷和实物借贷。

《汉穆拉比法典》中有一些属于义务性条文。例如，第 90 条规定，倘自由民举债，定有利息，无银还债，而仅有谷物，则按照国王规定，塔木卡仅应按每一库鲁凡一百卡计算，取谷以为利息。这就是将以银还债的债务变为以谷还债的债务。第 121 条规定，自由民藏谷于自由民之家，每年每库鲁之谷应交纳五卡之仓租，这是关于仓储关系中义务的规定。[⑤]

古代日耳曼民族各国法律都区别债与责任，认为债务为"当为"，对债务不能强制；当债务不履行时产生责任，"得诉之强制手段"。这是日耳曼法学

---

① 参见蒲坚：《中国古代法制丛钞》（第 1 卷），光明日报出版社 2001 年版，第 74 页。

② 参见蒲坚：《中国古代法制丛钞》（第 2 卷），光明日报出版社 2001 年版，第 405—408 页。

③ 参见李志敏：《中国古代民法》，法律出版社 1988 年版，第 129—148 页。

④ 参见蒲坚：《中国古代法制丛钞》（第 3 卷），光明日报出版社 2001 年版，第 288 页。

⑤ 所引《汉穆拉比法典》的资料参见编写组编：《外国法制史资料选编》（上册），北京大学出版社 1982 年版，第 17—50 页。

者研究古代日耳曼民族各国法律的结果。日耳曼法学者的这项研究引起了法制史学者对这个问题的兴趣,竞争探讨。其研究所得是,除日耳曼法以外,不仅希腊、巴比伦等古法有此区别,即使在远东的中国、日本等各国,也都有这两种观念存在。[①] 本文以上引用的古代中国和古巴比伦王国的法律与此结论是一致的。

近代一些国家民法也有区分债务与责任的现象。除前面已经讲到的法国判例使用了民事责任概念外,1991 年通过的魁北克新民法典债编有民事责任一章(3 章),内容主要是侵权责任,并有合同责任的概括规定。1995 年公布的越南民法典在民事义务和民事合同编有一节(第 1 章第 3 节)的题目是民事责任,是关于民事责任的一般规定。

综上所述,采取债务与责任结合的立法模式,有其合理性。但是,从立法的历史发展看,从现代法学理论关于权利、义务和责任三者关系的理论看,债务与责任结合的立法模式不是我国民法必须借鉴的。

(二) 侵权责任法在我国民法中的地位与理论和实践根据

1. 侵权责任法在我国民法中的地位

现在我国民事法律以《民法通则》为基本法外,主要的民事法律有《物权法》、《合同法》、《婚姻法》、《继承法》和《侵权责任法》。侵权责任法在民法体系中占有如此重要的地位,为我国民事立法首创。

《侵权责任法》是一种保护民事权益的法律,《侵权责任法》第 2 条第 1 款规定,侵害民事权益,应当依照本法承担侵权责任。这是一条高度概括性规定,它保护的民事权益不仅包括法律明文规定的权利,而且包括尚未形成民事权利,但是收法律保护的民事利益,说明我国侵权责任法保护的民事权益的范围很广泛,这样规定在各国民法中没有先例。

《侵权责任法》第 2 条第 2 款列举了 18 种民事权利,一方面说明受侵权行为法保护范围的广泛性,也说明受侵权行为法保护范围也有限制,其中不包括债权。在特定条件下侵害债权(例如第三人故意侵害他人的债权)才适用侵权责任法;对此没有作明文规定,如果适用《侵权责任法》,这种情况可以理解为包括在第 2 条第 2 款列举的 18 种民事权利之后的"等"字中。

我国民法在理论和体系上借鉴了德国民法,同时对德国民法的债务与

---

① 李宜琛:《日耳曼法概说》,商务印书馆 1943 年版,第 72—75 页。

责任结合模式进行了变革，创立了民事权利—民事义务—民事责任模式，《侵权责任法》是这种立法模式的组成部分。

2. 侵权责任法与债法分离的背景

我国民事立法明文规定"民事责任"，建构民事权利—民事义务—民事责任模式始于1981年7月的民法草案，立法上正式确立民事权利—民事义务—民事责任模式的是1986年颁布的《民法通则》。在改革开放之初，左的法律观念就被冲破，民事立法和民法学研究的思想也开放了，借鉴外国立法的大门敞开了，当时没有受某一个国家立法经验的束缚，而是广泛借鉴，兼收并蓄。这是我国民法采取民事权利—民事义务—民事责任模式的法律思想根源。

1949年新中国成立后我国民法主要借鉴的是苏联民法，苏联民法也不区分债务与责任。后来苏联民法学者认为民法上的责任不限于违反债的责任，提出了"民法中的责任"和"民事法律责任"概念[①]，这是《民法通则》专章规定"民事责任"，采取民事权利—民事义务—民事责任模式的民法理论渊源。扩展一些说，这种立法模式的基本理论根据是法理学上关于权利、义务和责任的关系的原理。

《民法通则》突出了民事责任的规定，也是为了适应审判实践的需要。1981年和1985年先后颁布了《经济合同法》和《涉外经济合同法》，这两部法律对违反经济合同与涉外经济合同的责任作了规定，但是缺少违反合同责任的一般规定。再者，随着改革开放，人们的民事权利观念随之提高，侵权诉讼的类型和案件数量随之增多，法院处理侵权案件缺少应有的法律根据。为适应审判实践需要，《民法通则》专章规定了民事责任，其中对侵权责任作了较为具体的规定。这是我国民法区分债务与责任，采取民事权利—民事义务—民事责任模式的社会与法律实践背景。

《民法通则》是在改革开放初期，为适应特定的历史条件下的急需而制定的，其体系具有特殊性，内容有所创新，它既不是民事立法纲要，也没有为以后制定民法典设计体系结构。《民法通则》从起草到颁布不到一年时间，改革开放的实践经验不足，理论准备不充分，不无缺陷。特别是《民法通则》规定了十种主要的承担民事责任的方式，但没有根据不同类型的责任

---

① 参见〔苏〕B. N. 格里巴诺夫、C. M. 科尔涅耶夫主编：《苏联民法》（上册），中国社会科学院法学研究所民法经济法研究室译，法律出版社1984年版，第488—495页；〔苏〕B. T. 斯米尔诺夫等著：《苏联民法》（上卷），黄良平、丁文琪译，中国人民大学出版社1987年版，第395—396页。

方式对归责原则分别规定，从而形成了对各种侵权责任方式都套用构成一般侵权损害赔偿四要件的情况。在审判知识产权案件中这个问题凸显出来，最高人民法院的司法解释解决了相关问题①，有些问题是通过学理解释解决的，有些问题是法官依据法理和理所当然的法律观念解决的。随着审判实践经验的积累和理论上的阐发逐步深入，为制定侵权责任法奠定了坚实的基础。

3. 侵权责任法与债法分离的理论和实践根据

侵权责任法与债法分离是根据权利、义务和责任相互关系的法学原理，采取债务与责任区别说。从权利、义务和责任三者的关系看，权利是目的，义务是实现权利的必要手段，责任是促使义务人履行义务和权利人实现权利的保障，是一种法律救济手段。民法的目的和基本任务是确认和保护民事权利，这是我国民法的本质所决定的，说"民法是权利法"，其意义就在于此。

从民事主体之间的法律关系看，在通常情况下，当事人一方是权利人，享有权利；另一方是义务人，负有义务，权利和义务二者是相辅相成、结合在一起的。民事主体违反义务或者侵害他人权利，这时就产生了民事责任关系，权利人有权请求责任人承担责任，必要时可以提起诉讼，请求法院强制责任人承担责任。责任虽是一种辅助手段，但不是可有可无。

从法律规范结构整体上看，权利、义务、责任三者缺一不可，从民法结构整体上看，也是如此。采取债务与责任结合的民法模式并不意味着民法上没有责任，只是立法表现形式不同而已。采取债务与责任结合模式对区分完全的债务与不完全的债务有意义，实际上不采取这种模式也不会发生问题，因为过了诉讼时效期限的债务不受法律保障，对此各国法律规定没有实质差别，但不是都采取债务与责任结合模式。采取债务与责任区别的民法模式可以使义务与责任的关系清晰。在社会生活中，义务与责任有时不作区分，但是在法律上应当将二者严格区别开来。义务与责任有以下区别：

一是性质不同。义务是"当为"，反映正常的社会秩序。当为而不为产生责任。"义务乃为责任之原因，责任乃为违反义务之结果。"②责任反映不

① 其中较为典型的是2002年《最高人民法院关于审理著作权民事纠纷案件适用法律若干问题的解释》和2003年《最高人民法院关于审理专利侵权纠纷案件若干问题的规定》。一位法官说："最高法院2002年的31号司法解释算是给我们开了一条路。"参见郑成思：《侵权责任、损害赔偿责任与知识产权保护》，载《环球法律评论》2003年第4期，第466页。

② 李肇伟：《法理学》，台湾东亚照相制版厂1979年版，第306页。

正常的社会秩序,责任人承担责任是恢复正常的社会秩序。

二是功能不同。义务是权利主体实现权利的必要条件,通常权利人实现权利与义务人履行义务同时存在,二者互为条件。责任是促使义务人履行义务,保证权利人实现权利的辅助条件。

三是拘束力不同。义务和责任均具有拘束力,但是拘束的程度和方式不同。义务的拘束力是指义务人为权利人行使权利创造必要的条件,不得侵害权利人的权利。义务人不履行义务或者侵害权利人的权利,义务人就变为责任人。对责任人的拘束力表现为责任人应承担不利的后果,必要时司法机关会对责任人采取强制手段。

改革开放过程中,我国法理学研究盛况空前,当今,将法律责任区分为民事责任、行政责任、刑事责任和违宪责任,已经成为我国法理学界的通说。法律责任与法律制裁既相联系,又有区别,以及责任的承担分为主动承担和被动承担两种方式的学说,已经成为我国法理学界的主流学说。① 根据民事责任的特点,更应区分责任与制裁。民事责任是民事制裁的前提,民事制裁是实施民事责任的一种方式。例如,赔偿损失是一种民事责任,法院裁决责任人赔偿损失和强制执行就是民事制裁②,根据民事责任的特点,民事责任的承担可分为自动承担、请求承担和强制承担。③

值得注意的是,即使在债务与责任结合的德国民法语境下,也有学者以权利—义务—责任的思路分析民法问题,讲自觉认识自己的责任和承担责任。④

古代的法律的特点是“责任中心”,后来“责任中心“的立法格局被“义务—责任”的立法格局所代替,近代以来权利、义务和责任共同成为立法关键,从而形成了权利—义务—责任的立法格局。⑤ 我国民法采取民事权利—民事义务—民事责任模式,符合立法发展的趋势。

---

① 参见沈宗灵主编:《法理学》,高等教育出版社 2000 年版,第 400—420 页;张骐:《论当代中国法律责任的目的、功能与归责的基本原则》,载《中外法学》1999 年第 6 期,第 29—30 页;孙国华、张文显、付子堂、卓泽渊等分别主编的法理学和有关著作。

② 《民法通则》第 134 条第 3 款规定,人民法院审理民事案件,除适用上述规定外,还可以训诫、责令具结悔过、收缴进行非法活动的财物和非法所得,并可以依照法律规定处以罚款、拘留。这一款规定有当时的背景,笔者所讲的民事制裁与这一款规定的含义不同。

③ 参见魏振瀛:《制定侵权责任法的学理分析——侵权行为之债立法模式的借鉴与变革》,载《法学家》2009 年第 1 期,第 26 页。

④ 〔德〕卡尔·拉伦茨:《德国民法通论》(上册),王晓晔、邵建东、程建英、徐建国、谢怀栻译,法律出版社 2003 年版,第 50—51 页。

⑤ 张文显:《法哲学范畴研究》(修订版),中国政法大学出版社 2003 年版,第 117 页。

随着社会经济和法学的发展,民事权利的类型有所发展,人格权和知识产权的种类逐渐增多。由于高科技的发展,侵权的方式方法变换无穷,民事权利受侵害的范围扩大,程度加深。在这种情况下,侵权责任限于损害赔偿,不能充分保护民事权益,难以适应当代社会的需要,停止侵害、排除妨碍、消除危险、恢复名誉等侵权责任方式对于保护多种民事权益就显得特别重要。因此《民法通则》创立了民事权利—民事义务—民事责任模式,规定了多种承担民事责任方式,《侵权责任法》把侵权责任从债法分离出来,规定了多种侵权责任方式,这是责任与债务分离,侵权责任法与债法分离的实践根据。《民法通则》规定的民事责任制度已成为中国法律文化的一部分①,经过多年的实践,民事权利—民事义务—民事责任已经成为法官审理民事案件的思维方法,《侵权责任法》的颁布和实施,将会更加显示侵权责任法与债法分离的必要性。

侵权责任法是对侵权行为之债法的借鉴与变革,不是对侵权行为之债法的全盘否定,侵权责任法与债法既有区别,又有联系。

二、侵权责任法与债法的关系

(一)从债的财产性看侵权责任不属于债法的范畴

古代中国和古巴比伦王国的借贷关系产生的债务是财产法律关系,古代罗马法从关于债务的规定(《十二铜表法》第3表是债务法,内容是关于欠债、还债的规定)发展到成熟的债的制度,都说明债法是财产法。近现代侵权行为之债法的发展,大有超越债的财产性的趋势。囿于德国式民法采取债务与责任结合模式,就将没有财产性的民事责任也纳入债的范畴。德国、奥地利等国民法规定损害赔偿以恢复原状为原则,以金钱赔偿为例外。有学者认为恢复原状是直接的赔偿方法,金钱赔偿是间接的赔偿方法。恢复原状的方式很多,从一些国家民法规定、判例和学者的举例看,恢复原状的事例主要有:返还原物;返还原物并给付金钱抵偿可得利益;偿还被毁损的同种的物;修理被损坏的物;治愈疾病;更正广告;恢复名誉;撤回被加害的侮辱或侵害信用的主张;毁弃侵害书信秘密的抄录;重新设定被剥夺的权利;法院可发布禁令,禁止被告实施、继续实施或恢复损害原告的行为;在不

① 参见郭明瑞:《侵权法若干问题思考》,载《中国法学》2008年第4期,第21页。

正当竞争的情形中,法院可命令被告停止采用的不诚实做法;某人通过其作为或不作为制造某种假象的,第三人基于对此等假象的信赖所实施的行为,可被宣告用来对抗假象的制作人;等等。有学者认为,就恢复原状而言,它关注受害人具体权益所遭受的事实上的破坏,关注受害人的完整利益,事实上的破坏有多少种表现形态,就有多少恢复原状。[①] 据此就会有许多恢复原状方式不具有财产性,将许多不具有财产性的恢复原状均作为损害赔偿之债,这与债法的财产性质是矛盾的,这就严重冲击了债法的科学性。

萨维尼对债的客体作了精辟的阐述,他指出,并非一切行为都适宜成为债的客体;只有这种行为,即因其物质价值属性既可以视为来自于人格,又可以被认为是与物相类似的行为,才可以成为债的客体。他进一步解释说,不适合成为债权客体的行为,是那些完全不能转化为金钱数目的行为;至少其只能非真正的、以不完全的方式被视为是债权。[②] 债的性质决定债法是财产法,各国民法典中债的体系内容也表明债法是财产法。

萨维尼还从法律关系的高度论述了财产权,他将财产权看做是财产关系的总和,他认为这是一个重要的法律概念。他指出,这个重要的法律概念的构成有两个条件:“首先,这些权利对某个特定人格的联系是偶然的、可变的,所以任何财产只有在给定时间点的前提下才具有特定的范围,而且在不同的时间点其可能具有完全不同的内容。其次,在对个人财产作普遍考察时,我们可以不考虑作为其组成部分的具体权利的特性;并且通过这种抽象,就我们的思考而言,财产就转化成为具有同种成分的单纯的数量。此外,对财产的这种抽象处理使得下列情形不仅可能而且必要:即把债的消极一面,也即债务人的关系也牵扯到同一财产中;……如果我们以这种方式将债务也视为财产的组成部分,则我们必须承认,财产的总体可以时而表现为正数,时而表现为负数,时而表现为彻底的中性或零。”[③]

萨维尼将财产权看做是财产关系的总和,把债的消极一面,即债务关系也归入同一财产中,并指出,财产的总体可以表现为三种形态。这样,萨维尼就系统地提出了总财产的概念。懂得总财产的概念,才能理解现代意义

---

① Lange / Hagen, Wandlungen des Schadensersatzrechts, Heidelberg1987, S. 65ff. 转引自李承亮:《损害赔偿与民事责任》,载《中国法学会民法学研究会 2008 年年会暨纪念改革开放 30 年民法学学术研究论文集》,第 346 页。

② 〔德〕弗里德里希·卡尔·冯·萨维尼:《萨维尼论财产权》,金可可译,载王洪亮、张双根、田士永主编:《中德私法研究》(第 1 卷),北京大学出版社 2006 年版,第 211 页。

③ 〔德〕萨维尼:《当代罗马法体系》,载王洪亮、张双根、田士永主编:《中德私法研究》(第 1 卷),北京大学出版社 2006 年版,第 210—211 页。

上的财产和债的内涵。例如,“破产还债”中的“产”,指的就是被理解为特定数目的金钱所有权,已经不是“正数”,也不是“零”,而是“负数”。

萨维尼关于债的财产性质和财产权是财产关系的总和的理论,是债法理论的基础,是建构债法体系的基本理论根据。把握债法的这个基础理论,才能建构科学的债法体系,设计较好的债法总则,从而充分发挥债法的作用。

(二)具有财产性的侵权责任依法适用债法的一般规定

《侵权责任法》规定的八种侵权责任方式中,停止侵害、排除妨碍、消除危险、赔礼道歉、消除影响和恢复名誉都不具有财产性,不属于债的范围。返还财产实质是返还原物,对《侵权责任法》规定的返还财产不应按照侵权行为之债法的理论,将其解释为损害赔偿的方法。

另外两种侵权责任方式中的恢复原状是赔偿损失的一种方法。根据区分债务与责任的原理,赔偿损失的性质也是侵权责任,由于赔偿损失具有财产性质,除法律有另有规定(例如,故意侵害他人民事权益的赔偿责任不得与侵权人的债权抵销,人民法院已经裁决的不在此限)外,适用债法的一般规定。

有学者提出质疑:说侵权责任不是债,为什么不说违约责任不是债?根据区分债务与责任的原理,违约责任与契约债务的性质不同,违约责任有可能被强制承担,对债务履行不能强制。违约责任的性质也是责任,因为违约责任是财产责任,可以适用债法的一般规定,所以应当规定在债法的合同部分。明确这一点很重要,因为不同性质的问题需要用不同的方法处理。虽然通常违约责任主要是通过责任人自动承担或者经债权人请求后承担的,但是,不排除债权人有权直接提出诉讼,请求法院强制执行,这种权利不是可有可无的。

综上所述,债的本质在于财产,侵权责任从债法分离出来,其中不具有财产性的责任与债法完全脱钩,具有财产性的责任依法适用债法的一般规定。这样就醇化了债的内涵,使债法更加科学。

(三)从债法的一般规定看侵权责任法与债法的关系

《民法通则》第5章民事权利一章分为5节,其中一节是债权,包含债的一般规定、合同、无因管理和不当得利,共计10个条文。该节内容虽然简要,但是这些规定确立了债在民法中的地位,加上《民法通则》规定的侵权责任,是本文阐述侵权责任法与债法的关系的基本依据。

侵权责任法与债法的关系主要是与债法的一般规定的关系。现在我国债法体系尚未形成,突出的是缺乏债的一般规定(《民法通则》中关于债的一般规定过于简略),债的一般规定包括债的履行、债的保全、债权转让、债务转移、多数债务人和债权人、债的消灭等。将来民法典应当有债法总则。债法总则不仅适用于合同、无因管理、不当得利、侵权责任方式中的赔偿损失,而且物权关系、婚姻家庭关系、继承关系和知识产权等关系中都可能发生一定的债权债务关系;公司、合伙、票据、海商、保险、证券、破产等法律关系中有的债权债务关系;储蓄、邮寄、国债、捐助行为、悬赏广告、有奖竞赛、彩票等诸多关系中,都有或者其本身就是债权债务关系。上述不在民法债权编中的无名债,除法律有特别规定外,都适用债法总则的规定。民法中如果没有完整的债法总则,债法的功能就难以充分能发挥,不要债法总则的观点不仅缺乏理论根据,而且不符合社会现实的需要。

侵权责任法中的赔偿损失是平等主体之间的责任关系,具有财产性质,因此,除法律另有规定外,可以适用债法总则的规定。有了侵权责任法,并没有削弱债法的地位和功能,而是使债法体系更加严谨,使民法体系更加科学。现代债法如果没有健全的债法总则,各个独立的单行法律法规就是一盘散沙,不成体系;那就不是现代债法,实际上是取消了形式意义上的债法,也就不存在侵权责任法与债法的关系了。

三、承担侵权责任的方式与归责原则

《侵权责任法》规定的承担侵权责任的方式有停止侵害;排除妨碍;消除危险;返还财产;恢复原状;赔偿损失;赔礼道歉;消除影响、恢复名誉。这是八种主要的承担侵权责任的方式,这一规定具有开放性。侵权责任不限于这八种责任方式,在条件成熟的时候还可以增加其他责任方式,这一规定也为侵权责任特别法规定其他责任方式留下了空间,并为进行开创性司法实践留下了空间,这样就为充分发挥侵权责任法的功能提供了更好的依据。

《侵权责任法》规定的八种责任方式,各有其特定含义,不同于侵权行为之债法上的损害赔偿。需要重点解释的是赔偿损失、恢复原状和返还财产的含义。赔偿损失主要是指用金钱赔偿(不排除实物赔偿),不同于侵权行为之债法中损害赔偿的广泛内涵。《侵权责任法》规定的恢复原状是指使受到损坏的动产或者不动产恢复到原有的状态。包括动产修理、不动产修缮、填平被挖掘的土地、恢复被填平的湖泊、修复被堵塞的航道等。对此可称为狭义的恢复原状。

怎样理解返还财产的含义？民法上的财产有广义和狭义之分。广义的财产是指财产权，即萨维尼讲的财产关系的总和。在占有、合同、无因管理、不当得利等关系中，都存在广义的返还财产问题，各有其不同的性质，不能与《侵权责任法》规定的返还财产混淆。应当将《侵权责任法》规定的返还财产理解为，返还不动产或者动产包括转化为特定物的货币，《侵权责任法》规定的返还财产与《物权法》规定的返还原物的内涵相同。

《侵权责任法》第 6 条规定了过错责任和过错推定责任，第 7 条规定了无过错（不论过错）责任。侵权行为之债法的归责原则也就是损害赔偿的归责原则，侵权责任方式不限于损害赔偿，侵权责任法上的归责原则与侵权行为之债法上的归责原则不同。不同性质的问题需要用不同的方法解决，不同类型的违法行为需要承担不同类型的法律责任，不同性质的违反民事义务的行为需要承担不同的民事责任。不同的民事责任方式反映不同的违反民事义务的行为的性质，需要不同的责任构成要件，归责原则也就所不同。

我国《物权法》物权的保护一章规定了返还原物、排除妨害、消除危险、恢复原状和损害赔偿等请求权，《侵权责任法》第 3 条规定，被侵权人有权请求侵权人承担侵权责任，《侵权责任法》规定了八种主要的侵权责任方式，就有八种主要的请求权。对《物权法》和《侵权责任法》这些规定之间的关系、归责原则和法律适用，有不同的理解：

一种理解认为，《物权法》规定的返还原物、排除妨害和消除危险是物权请求权，不以过错为前提。《侵权责任法》规定的停止侵害、排除妨碍、消除危险和返还财产是侵权责任，一般适用过错责任。这种理解理论根据不足，据此裁决有关案件不是最佳方案。

第二种理解认为，《侵权责任法》是对侵权责任的一般规定，一般适用过错责任，法律有特别规定的适用过错推定或者无过错责任。《物权法》规定的返还原物、排除妨害、消除危险是侵害物权时应当承担的侵权责任的几项特别规定，物权法没有特别规定的，可以适用《侵权责任法》的一般规定。并认为，决定物权优先效力的是物权的排他性，停止侵害、排除妨碍、消除危险、返还财产的责任方式应用于物权等绝对权时，可按照绝对权的效力来认定相应请求权的效力。这种理解有道理,据此裁决有关案件可谓快刀斩乱麻。

笔者认为,德国式的物权请求权在我国《侵权责任法》中体现为基于侵权行为产生的请求权的四种类型,即停止侵害请求权、排除妨碍请求权、消除危险请求权和返还财产请求权。这些请求权的构成要件和作为物权请求权的构成要件没有区别,这些请求权的效力也不会削弱。例如,返还财产(即返还原物)作为侵权责任方式,是物权的保护方式之一。因为《侵权责任法》已经与债法分离,不应将返还财产理解为侵权行为之债法上的侵权损害赔偿之债。

《侵权责任法》第21条规定,侵权行为危及他人人身、财产安全的,被侵权人可以请求侵权人承担停止侵害、排除妨碍、消除危险等侵权责任。这一条应当适用无过错责任,理由如下:(1)责任性质分析。不同性质的问题需要用不同的方法解决,不同类型的违法行为需要承担不同类型的法律责任,不同性质的违反民事义务的行为需要承担不同的民事责任。不同的民事责任方式反映不同的违反民事义务的行为的性质,需要不同的责任构成要件。在侵权责任方式中,赔偿损失是用减少侵权人财产的方法赔偿被侵权人的损失,一般以侵权人有过错为要件。采用过错责任有对侵权人思想意识的谴责之意,停止侵害、排除妨碍和消除危险这三种侵权责任是要侵权人除去侵害和除去损害的现实危险,针对的是行为或者状态,没有对侵权人思想意识的谴责之意,这三种侵权责任不以过错为要件是对被侵权人和侵权人的权益以及社会利益的平衡;反之,如果这三种责任方式以过错为要件,不利于保护民事权益,不利于制止侵权行为。(2)体系解释。因为停止侵害、排除妨碍、消除危险可以分别或者共同适用于多种类型的侵权责任,所以规定在第二章责任构成和责任方式中。本条行文也符合无过错责任条款表述的惯例,例如《侵权责任法》第69条规定,从事高度危险作业造成他人损害的,应当承担侵权责任(这条规定与《民法通则》第123条规定的行文模式相同),本条与第69条的行文模式一样。据此可以将本条理解为特别规定,适用无过错责任。从民法整体上看,如果认为《物权法》规定的排除妨害、消除危险不以过错为前提,《侵权责任法》规定的停止侵害、排除妨碍、消除危险一般适用过错责任,就造成不应有的竞合,从而形成民法体系不协调。(3)比较法解释。停止侵害、排除妨碍、消除危险适用于对人格权、物权、知识产权等绝对权的侵害,这些责任方式与德国民法上的除去侵害和不作为之诉的内涵基本相同。不作为之诉包括要求对方停止某种已经开始的侵害行为,还包括要求对方一开始就不要发动某种侵害行为。[1] 德国民法的除去侵害请求权和不作为请求权规定在民法典物权法编,后来学理和审判实践已经将其扩展到侵权行为法上,适用于《德国民法典》第 823 条至第 26 条规定的各种人格权、信用等的侵害,不以过错为前提。荷兰最高法院和意大利最高法院也有提起停止侵害不以被告有过错为前提的判例。[2] 我国《侵权责任法》规定的停止侵害、排除妨碍和消除危险三种请求权与德国民法的除去侵害和不作为两种请求权的内涵基本相同。如果对停止侵害、排除妨碍、消除危险理解为一般适用过错责任,在理论上和实践上都是倒退,倒退到了欧洲一些国家侵权行为理论和审判实践发展之前。

《侵权责任法》对返还财产的归责原则没有作特别规定,似应理解为一般适用过错责任。如果这样理解等于将返还财产作为侵权行为之债法上的损害赔偿(德国式侵权行为之债法将返还原物和赔偿损失都归入损害赔偿,适用同一归责原则)。《侵权责任法》将返还财产和赔偿损失分别规定为两项侵权责任方式,应当适用不同的归责原则。返还财产是要侵权人将财产返还给被侵权人,没有理由以过错为要件,对此用目的解释或者体系解释均可说明。审判实践中被侵权人只请求返还财产的,适用无过错责任;被侵权人只请求赔偿损失的,除法律另有规定外,适用过错责任;被侵权人既请求返还财产,又请求赔偿损失的,前者适用无过错责任,后者除法律另有规定外,适用过错责任。这样便于被侵权人选择请求权。

从价值取向上看,《侵权责任法》保护的不仅是物权等绝对权,如果运用侵权责任法的停止侵害、排除妨碍、消除危险、返还财产等损害赔偿以外的责任方式来保护物权,以过错作为侵权责任的一般原则,很难运用价值判断问题的讨论方法论证其正当性。[3] 这意味着对绝对权和绝对权以外的民事权益的保护采取不同的价值取向,就会造成不同的当事人的权益失衡。

从被侵权人选择请求权来说,如果确认根据《物权法》规定,排除妨害、消除危险和返还原物不以过错为前提,而《侵权责任法》规定的停止侵害、排

---

① 参见〔德〕马克西米利安 · 福克斯:《侵权行为法》,齐晓琨译,法律出版社 2006 年版,第 132 页。

② 参见〔德〕马克西米利安 · 福克斯:《侵权行为法》,齐晓琨译,法律出版社 2006 年版,第 132—133 页;〔德〕克雷斯蒂安 · 冯 · 巴尔:《欧洲比较侵权行为法》(下卷),焦美华译,张新宝审校,法律出版社 2001 年版,第 167—168 页。

③ 参见王轶:《民法原理与民法学方法》,法律出版社 2009 年版,第 191—194 页。

除妨碍、消除危险和返还财产一般适用过错责任，物权人就不会选择后者，那么后者就成为无用的条文；有些物权人由于不懂前后二者的区别，可能误选后者，后者就成为不利或者不能充分保护他们权益的条文。

根据上述理由，并且因为《侵权责任法》对侵权责任的构成有具体规定，而《物权法》对物权保护方法的构成没有具体规定，所以本书作者认为，应当将《物权法》规定的物权保护方法与《侵权责任法》规定的侵权责任方式有重合的条款解释为引致规范，具体适用《侵权责任法》的规定。

四、侵权责任法与物权法的关系

（一）变革物权请求权，建构新请求权体系

《物权法》第三章规定了多种物权请求权，《侵权责任法》规定的八种侵权责任方式即八种侵权请求权，据此有学者认为，物权请求权与侵权请求权是并存的。笔者认为这样理解难说是理想的方案，具体分析如下：首先，如果物权请求权与侵权请求权是并存，在物权请求权与侵权请求权的归责原则的适用上会发生诸多问题，对此在第三个问题承担侵权责任的方式与归责原则中已经阐明，不再赘述。

其次，由于不同类型的责任方式所保护的民事权利的类型不同，适用的归责原则不同；同理，适用的诉讼时效的类型和期限也应不同。需要重点研究的是《侵权责任法》规定的停止侵害、排除妨碍、消除危险和返还财产与《物权法》规定的排除妨害、消除危险和返还原物适用诉讼时效的问题。

《侵权责任法》规定的停止侵害、排除妨碍和消除危险与《物权法》规定的排除妨害和消除危险，是否应当分别适用不同的诉讼时效？回答是否定的。理由之一是，因为较好的方案是将《物权法》规定的保护方法解释为引致规范，具体规定是在《侵权责任法》中，作为物权保护方法的排除妨害和消除危险就没有必要规定诉讼时效。理由之二，如果作为物权保护方法的排除妨害和消除危险不适用诉讼时效，而作为侵权责任方式的停止侵害、排除妨碍和消除危险适用诉讼时效，理由不足。对于这个问题可以参考德国新时效法的规定。德国新时效法规定不作为请求权和排除妨碍请求权适用普通诉讼时效（3 年）。官方的解释是："在实践中，没有将 30 年时效期间适用于不作为请求权的必要，因为每次出现违反行为都将重新出现该不作为请求权。同样，也没有必要将此种 30 年的时效适用于源于绝对权的排除妨碍

请求权,因为如果适用的话,将会造成区分此种排除妨碍请求权与侵权法上排除妨碍请求权的困难,而侵权法上的排除妨碍请求权的时效期间为3年。另外,依据新法第199条的规定,不作为请求权和排除妨碍请求权的时效期间始于请求人获知存在请求权和违反行为,这样足以保护其免于突如其来的权利损失。"[①]参考德国新时效法,《侵权责任法》规定的停止侵害、排除妨碍和消除危险与《物权法》规定的排除妨害和消除危险,应当适用同一诉讼时效期限,或者二者均不适用诉讼时效。既然如此,作为引致规范的《物权法》上的排除妨害和消除危险就没有必要规定诉讼时效。

《侵权责任法》规定的返还财产和《物权法》规定的返还原物是否应当适用不同的诉讼时效？与上面讲的理由一样,返还原物应是引致规范,有关具体规定应在《侵权责任法》中。侵权责任法已经不属于债法的范畴,返还财产的性质不是损害赔偿之债,而是物权保护的一种方法,返还财产不适用诉讼时效或者规定返还财产适用长期诉讼时效,理论上没有障碍。现在的问题是,这个问题《民法通则》没有特别规定,最高人民法院的有关司法解释没有涉及,《侵权责任法》也没有相关规定,对这个问题的处理应当由法律规定,在法律没有规定的情况下,可以通过立法解释或者司法解释解决。

按照上述方法处理《物权法》和《侵权责任法》的相关规定,既是对侵权行为之债法的变革,也是对德国民法上请求权体系的变革。变革后的请求权有债权债务关系上的请求权、婚姻家庭关系上的请求权、继承关系上的请求权和侵权责任关系上的请求权。其中停止侵害、排除妨碍、消除危险等责任方式适用于对物权、人身权和知识产权等绝对权的侵害。这样就没有必要在知识产权法中增设知识产权请求权的规定;如果将来民法典中增设人格权编,也没有必要规定侵害人格权的请求权。

《德国民法典》总则编消灭时效一章的第194条第1款规定,向他人请求作为或者不作为的权利(请求权),受消灭时效的限制。将来我国民法典在民法典总则中写一条关于权利、义务和责任的概括性规定:民事主体依法享有民事权利,负有民事义务;不履行民事义务,侵害他人民事权益的,应当承担民事责任。在此条之后写一条关于请求权的概括性规定:民事权利人有请求义务人履行民事义务或者请求责任人承担民事责任的权利(请求权)。这样就从总则到分则形成了我国民法上新的请求权体系。

---

① 《德国新债法——条文及官方解释》,朱岩编译,法律出版社2003年版,第20页。

（二）新请求权体系的特点

1. 新请求权体系的内涵丰富，请求权在民法中的地位更加显要

《德国民法典》第12条规定了侵害姓名权的请求权。新请求权体系中的请求权涵括了全部人格权和知识产权等多种民事权益受到侵害时的请求权，比德国民法上的规定的请求权的内涵丰富而简要。

《德国民法典》消灭时效一章的第194条第1款是关于请求权的一般规定。有学者对这款规定解释说，《德国民法典》总则编第194条第1款以很不显眼的方式给出了一个对整部《德国民法典》来说十分重要的法定定义——请求权是向他人请求作为或不作为的权利。[①] 新请求权体系的一般规定可以规定在总则编显著的位置，从而使请求权在民法中的地位更加显要。

2. 物权与债权的区分更加清晰

将《物权法》规定的返还原物、排除妨害、消除危险等作为引致规范，既借鉴了德国请求权体系的所长，又避免了其缺陷，不仅没有混淆物权与债权的区分，而且使物权与债权的区分更加清晰。以下与德国的物权请求权比较分析。

《德国民法典》将债务关系与物权分为各自独立的两编，具有科学性。但是根据民法典规定和审判实务的发展，债权请求权与物权请求权有交叉或者重合之处，这些交叉或者重合虽然有其合理性，但是更有其不合理性，举例如下：

其一，物权与债权在事实上的交叉。

物权编的所有物返还请求权的具体方式是“返还原物”，侵占他人的物，构成侵权行为的，在原物存在的情况下，“返还原物”成为损害赔偿的一种方法。同样都是返还原物，前者称返还原物请求权，后者称损害赔偿请求权，二者的实际效果并无差异。这样规定的合理性在于，在构成侵权时，如果返还原物和赔偿损失同时存在，将返还原物和与赔偿损失都作为损害赔偿之债处理，可以适用同一归责原则。但是，将同一个事实变成两个概念，形成物权与债权在事实上的交叉。

其二，物权请求权与债权请求权的交叉。

《德国民法典》规定了所有物返还请求权，同时将与所有物返还请求权

---

① 《德国民法典》（第2版），陈卫佐译注，法律出版社2006年版，第63页。

相联系的物的使用收益、物的消灭毁损和对物支出费用的请求权,作为所有物返还请求权的从请求权处理。这种物权请求权的从请求权不是物权而是债权,因为与返还原物有从属关系,但是与一般债权也不同,即所有物返还请求权的从请求权不能单独处分,列入物权编,有其道理。但是,从民法典整体上看,这样安排实际上形成了物权与债权的交叉,而且这种交叉的理由不充分。物的使用收益、物的消灭毁损、对物支出费用"对此三个问题,本得适用民法一般原则,即关于物的使用收益,依不当得利;关于物的灭失毁损,依侵权行为;关于对物支出费用,依无因管理或不当得利"①。将本来属于债权性质的问题规定为物权请求权的从请求权,模糊了物权与债权的界限。另外,本来属于债权的物的使用收益、物的消灭毁损、对物支出费用的请求权因从属于物权请求权,适用物权请求权的有关诉讼时效的规定,而不适用债权请求权的有关诉讼时效的规定,造成价值取向的矛盾。再说,物权请求权的从请求权规定繁琐难懂,即使在德国"能够理解这些问题的,也常常仅是那些十分精通的人士"②。

其三,除去侵害请求权和不作为之诉请求权的重合。

《德国民法典》物权编第 1004 条规定了除去侵害请求权和不作为请求权,后来在侵权案件中也适用,这是侵权行为理论发展和审判实践经验总结的成果,在这方面发生了侵权行为请求权与物权请求权的重合,这种重合无疑具有进步性。但是,这种进步并没有反映在德国新债务法中,《德国民法典》也未作相应的修改,造成了物权编规定的除去侵害请求权和不作为请求权与侵权行为法上的除去侵害请求权和不作为之诉请求权的重合。

新请求权体系的内涵之一是,将德国民法上的物权请求权转换为侵权请求权,就不存在上述交叉与重合问题,从而使物权与债权的区分更加清晰。

另外,建构新请求权体系,还可以避免物权请求权理论上的争论。《德国民法典》的请求权体系是根据温德沙伊德的请求权理论建立的。温德沙伊德认为对物权是由无限多的请求权构成的,对物权人有针对一切人的请求权,物权请求权针对的是某种消极的东西,是一项不作为。温德沙伊德还认为,物权请求权也可以要求他人进行作为,这主要是对物权受到侵害的情形;由于这种侵害,其就转换成了要求消除侵害的请求权。《德国民法典》接

---

① 王泽鉴:《民法物权》(第 2 册),台湾兴丰印刷厂 1995 年版,第 188 页。

② 〔德〕鲍尔/施蒂尔纳:《德国物权法》(上册),张双根译,法律出版社 2004 年版,第 196 页。

受了温德沙伊德提出的物权请求权这一术语和其含义。[①]《德国民法典》颁布多年之后，“支配权”这一术语才被提出，再往后，支配权作为一种独立的权利类型被学者普遍接受。[②] 物权具有直接支配性，在通常情况下，物权表现为支配权，当物权受到侵害时才产生请求权。随着民法理论的发展特别是支配权概念的确立，温德沙伊德的物权请求权的第一种含义已被否定，剩下的仅是第二种含义，即物权受到侵害时产生的请求权。《德国民法典》颁布以后，德国学者对于请求权理论有发展，有争论，后者显得更为突出。长期以来众说纷纭，莫衷一是。[③] 新请求权体系将物权请求权转换为侵权请求权，可以避免许多关于物权请求权的争论。

五、侵权责任法与民法通则、侵权行为法之债法的关系

（一）侵权责任法与民法通则的关系

《民法通则》开创了民事权利—民事义务—民事责任立法模式，《侵权责任法》是民事责任体系的组成部分。民事权利、民事义务和民事责任是民事法律关系的基本要素，民事权利、民事义务和民事责任是民事法律关系体系的重要组成部分。拉伦茨说：“私法的第一个基本概念是作为‘权利主体’的人，即权利的所有者和义务的承担者，第二个基本概念就是法律关系。……《德国民法典》只谈到权利和义务，对法律关系则疏忽了。”[④]

将来我国民法典应当以民事权利为本位，以民事法律关系为核心。民法典总则编应当对民事权利、民事义务和民事责任作一般规定（可参考的是《俄罗斯民法典》第二章“民事权利和民事义务的产生，民事权利的实现和保护”）。从整体看，民法总则的就是关于民事法律关系的总规定。分则各编是关于各种民事法律关系的具体规定，包括物权、债权、人格权、亲属权、继承权等关系，形成民事权利义务体系。违反债的责任在债编规定，侵害各种绝对权的责任在侵权责任编规定，形成总则与分则相结合的民事责任体系，

① 此段内容参见金可可：《论温德沙伊德的请求权概念》，载《比较法研究》2005 年第 3 期，第 118—120 页。

② 参见金可可：《论支配权概念》，载《中国法学》2006 年第 2 期。

③ 参见苑书涛：《请求权基础理论研究》，西南政法大学 2005 年博士学位论文，第 27—36 页。

④ 〔德〕卡尔·拉伦茨：《德国民法通论》（上册），王晓晔、邵建东、程建英、徐国建、谢怀栻译，法律出版社 2003 年版，第 255—262 页。

与此相应地形成民法上的新请求权体系。

（二）侵权责任法与侵权行为法之债法的关系

《侵权责任法》第2条规定，侵害民事权益，应当依照本法承担侵权责任。据此可对侵权责任的概念作简要的表述：侵权责任是指侵害民事权益应当承担的民事责任。《侵权责任法》第1条中的“侵权行为”与侵权行为之债法上的侵权行为有不同的内涵。侵权行为之债法上的侵权行为概念的权威性表述是：“侵权行为，指不法侵害他人的权益，依法律规定，应对所生损害负赔偿责任的行为。”[①]根据《侵权责任法》的规定，侵权行为概念可简要概括为：侵权行为是指侵害民事权益、依法应当承担侵权责任的行为。两个不同的侵权行为概念反映了侵权责任法与侵权行为之债法的区别。侵权责任法与侵权行为之债法的主要区别如下：

区别之一，性质不同。侵权行为法是债法的组成部分，侵权责任法不属于债法的范畴，是独立的法律，将来是民法典独立的一编。

区别之二，承担侵权责任的方式不同。侵权行为之债法的责任方式是损害赔偿。侵权责任法规定了八种主要的责任方式，各有其特定的内涵，不同于损害赔偿。

区别之三，体系不同。侵权行为之债法在民法典中作为债的组成部分，内容简要。侵权责任法作为独立的法律，分为一般规定和侵权责任类型的规定，内容较为充实。

区别之四，理论基础不同。侵权行为之债法的理论基础是债务与责任结合说，侵权责任法的理论基础是债务与责任区分说。

区别之五，法律名称不同。名与实相关联，不同的实需要用不同的名反映；不同的名反映不同的实。侵权责任法与侵权行为法的名称不同，反映了二者实的区别。前面讲的侵权责任法与侵权行为之债法的四项区别，是采用侵权责任法而不采用侵权行为之债法的主要理由。

另外，侵权行为法重在侵权人的行为和过错，实际上在一些情况下承担侵权责任的不是侵权行为人，而是应当承担侵权责任的其他人（雇主、监护人等），理论上称为“对他人侵权的责任”。在另一些情况下是因为饲养的动物、建筑物或者物件造成的侵害，对此在学理上称“准侵权行为”。随着工业

---

① 参见王泽鉴：《侵权行为法》（第1册），台湾菩菱设计印刷公司1998年版，第66页。

和高科技发展，社会风险增多，为保护民事权益，危险责任随之增多，并出现了过错推定、无过错责任以及过错客观化的情况，出现了违反安全保障义务等新的侵权类型。为了充分保护民事权益，采取商业保险和社会救助基金等方式分散风险，分摊赔偿责任。在这种情况下，发生了较多的侵权行为人与承担责任的主体分离和分担风险的情况，因此用侵权责任法比用侵权行为法更为合适。

六、结　　论

1. 债务与责任结合的立法模式是世界立法史上一定时期一定范围的现象，不具有普遍规律性。权利—义务—责任立法模式是立法和法学理论发展的产物，我国民法采取民事权利—民事义务—民事责任模式，制定侵权责任法有实践和理论根据。

2. 侵权责任法是对侵权行为之债法的借鉴与变革，是整个民法体系的变革的组成部分。协调好侵权责任法与民法其他部分的关系，既有理论问题，也是现实问题，有待在理论上和司法实务中深入研究和总结。

3. 我国的民法体系已经基本形成，尚未全部形成。民法典不仅是民事立法科学化和适应社会发展的需要，而且对于增强全民的民事权利观念和实现依法治国的基本方略具有重大意义，我国需要有一部高水平的民法典。

第八题

侵权责任方式与归责事由、归责原则的关系

——对《侵权责任法》有关规定的不同解释与评析

归责原则既是侵权行为之债法的核心问题,也是侵权责任法的核心问题。《侵权责任法》规定的多种责任方式是对德国式侵权行为之债法单一的损害赔偿责任的继受和变革,对此学者评价不一,对侵权责任方式与归责原则的关系理解也不同,可谓众说纷纭。《侵权责任法》颁布后,一些影响较大的几位作者合著的同一本书中,不同作者的观点鲜明对立,这是以往少有的现象。这个问题既是涉及我国民法体系和理论的全局性问题,又是直接关系民事审判适用法律的原则问题,有必要进一步深入探讨。本文的目的是与同仁共商榷,失当之处请批评指正。

一、侵权责任方式与归责事由、归责原则关系的原理

(一) 归责事由与归责原则的关系

传统民法上没有责任方式概念,我国《民法通则》第六章第四节题目是承担民事责任的方式,自此才有了责任方式概念。《侵权责任法》第二章题目是责任构成和责任方式,学者有时不称责任方式而称责任形式,责任形式与责任方式的内涵没有区别。德国式侵权行为之债法上的责任方式只有一种,即损害赔偿。据此来说,侵权行为的归责原则、损害的归责原则和损害赔偿责任的归责原则没有本质区别,学者不会对此产生异议或者重大分歧。但是在侵权责任法采用多种侵权责任方式的情况下,侵权责任方式与归责原则的关系就具有了复杂性。

侵权责任方式与归责原则既有区别，又密切联系。责任方式与归责原则的关系，重点在于各种责任方式适用何种归责原则，是否都以过错为确定责任的基础。为了阐明责任方式与归责原则的关系，首先需要分析归责原则和归责事由的联系和区别。

何谓"归责"？德国学者拉伦茨认为，归责是指"负担行为之结果，对受害人言，即填补其所受之损害"[①]。张新宝教授说："所谓'归责'即确认和追究侵权行为人的民事责任。"[②]何谓归责原则？王泽鉴教授说："任何国家的侵权行为法皆面临一个基本问题：因权益受侵害而生的损害究应由被害人承担，抑或使加害人负损害赔偿责任？关于此点，各国法律多采相同原则，即被害人须自己承担所生的损害，仅于特殊理由时，始得向加害人请求损害赔偿。诚如著名美国法学家 Holmes 所云：'良好的政策应让损失停留于其所发生之处，除非有特别干预的理由存在。'所谓良好的政策乃在避免增加损失，因为使被害人得向加害人请求损害赔偿，无论在法律规范或实际执行上，势必耗费资源或产生交易成本。所谓特殊理由指应将损害归由加害人承担，使其负赔偿责任的事由，学说上称之为损害归责事由或归责原则。此乃侵权行为法的核心问题。"[③]这段话包含了三层意思：(1) 从法律政策上讲，因权益受侵害而生的损害，除特殊理由外，应由被害人自己承担所生的损害。(2) 所谓特殊理由指将损害归由加害人承担，使其负赔偿责任的事由。(3) 将损害归由加害人承担，使其负赔偿责任的事由，学说上称之为损害归责事由或归责原则。在这里，王泽鉴教授将损害归责事由与归责原则等同，是从过错责任角度阐述归责事由和归责原则的。王泽鉴教授还指出，在采用无过失责任时，无过失本身不足以作为责任之依据。在"现行法"上，加害人对损害之发生，虽无过失，但仍应负损害赔偿，就其归责原则言，可归为三类：(1) 因持有特定危险事物而享受利益者，对于由此危险所生损害而负之赔偿责任。(2) 于法律例外允许利用他人物品时所生之损害赔偿责任。(3) 基于法定担保义务，尤其是因自己行为创造某信赖要件而生之损害赔偿责任。[④]

张新宝教授说："归责原则，是指以何种根据确认和追究侵权行为人的民事责任，它所解决的是侵权的民事责任之基础问题。……侵权法的'归

---

① 参见王泽鉴：《民法学说与判例研究》(5)，台北 1987 年自版，第 272 页。转引自王利明：《侵权责任法研究》(上卷)，中国人民大学出版社 2010 年版，第 195 页。

② 张新宝：《侵权责任法原理》，中国人民大学出版社 2005 年版，第 24 页。

③ 王泽鉴：《侵权行为法》(第 1 册)，中国政法大学出版社 2001 年版，第 11—12 页。

④ 王泽鉴：《民法学说与判例研究》(6)，中国政法大学出版社 1998 年版，第 4 页。

责'就是指加害人的某种行为被确认为侵权行为并应当由加害人承担相应民事责任的基础(可归责的事由)。就过错责任而言,侵权行为人承担民事责任的基础是其过错;就无过错责任而言,侵权行为人承担民事责任的基础不是过错而是其他事由。而侵权责任法中的'归责原则',则是对于各种具体侵权案件的可归责事由(责任基础)进行的一般性抽象,抽象出同类侵权行为共同的责任基础。"①

以上两位教授对侵权归责原则的阐述没有实质差别。张新宝教授关于侵权责任法中的归责原则,是对于各种具体侵权案件的可归责事由(归责基础)进行的一般性抽象的观点,对于分析责任方式特别是多种侵权责任方式与归责原则的关系具有启示性。

古代侵害他人民事权益造成损害的,即应承担赔偿责任。近现代学者对此称为结果责任。古代没有归责事由和归责原则的概念和意识,随着社会和法学理论的发展,民法上出现了过错责任,学理上才有了归责事由和归责原则概念。过错责任的归责事由和归责原则是过错,过错责任的价值取向反映了尊重个人权利和积极性与社会价值的关系。在19世纪强调个人人格的绝对尊重,过失责任使自由不受束缚,有利于发挥人的聪明才智,有利于促进社会发展。德国学者耶林曾说:"使人负损害赔偿的,不是因为有损害,而是因为有过失,其道理就如同化学上的原则,使蜡烛燃烧的,不是光,而是氧气一般的浅显明白。"②耶林讲的使人负损害赔偿的,不是因为有损害,而是因为有过失,这对于采用单一的过错责任的情况下,强调过失的必要性,用化学上的原理作比喻很生动,因此耶林的这个比喻至今传为佳话。强调过错是归责事由或归责原则,不是说过错是侵权行为的唯一构成要件,而是与结果责任相比较,即使有损害而行为人无过错,也不构成侵权行为,行为人不承担侵权责任。关于侵权行为的构成要件有四要件说和三要件说,这两说都认为过错是一般侵权行为的构成要件之一,即一般侵权行为适用过错责任原则。

值得注意的是,在20世纪上叶出现了过失责任的客观化现象,判断侵权人是否有过错,不是以其个人的主观判断能力为标准,而是采客观的认定标准,英美法上拟制了"合理人"标准,我国民国时期的判例采"善良管理人"标准。这就是说,虽然过错归责事由与归责原则的一致性没有变化,但是其内

---

① 张新宝:《侵权责任法原理》,中国人民大学出版社2005年版,第24—25页。

② 转引自王泽鉴:《侵权行为法》(第1册),中国政法大学出版社2001版,第13页。

涵和认定标准有所调整，可以说是对过错认定标准有所松动，而对赔偿责任有所加强。

（二）无过错责任和过错推定及多种侵权责任方式与归责事由和归责原则的关系

在有了无过错责任的情况下，过错不再是承担侵权责任的唯一事由和归责原则，不好再用耶林关于蜡烛的光与氧气的关系说明。无过错责任主要是基于工业生产给人们的生命安全带来的危险而产生的，故又称危险责任。法律规定高度危险作业、环境污染、产品缺陷以及法律特别规定的其他情况，适用无过错责任，关于各种不同危险源等的特别规定就是各种不同的归责事由。

过错推定是介于过错责任和无过错责任之间的责任，没有无过错责任那样的条件存在，而适用过错责任就过分加重了被侵权人的举证负担，在这种情况下就采用过失推定。过错推定是否独立的归责原则，学者的认识不同，有学者认为过错推定是过错责任的一种形态，有学者认为过错推定是独立的归责原则。不论过错推定是否独立的归责原则，其归责事由与典型的过错责任的归责事由是不同的。1804 年颁布的《法国民法典》第 1384 条规定，任何人不仅对其自己行为所致的损害，而且对应由其负责的他人的行为或在其管理之下的物件所致的损害，均应负赔偿的责任。……证明其不能防止发生损害的行为者，免除之。这是早期民法上规定的过错推定。我国台湾地区“民法”规定的违反保护他人的法律（第 184 条第 2 款）、法定代理人的责任（第 187 条）和动物占有人的责任（第 190 条）都适用过错推定。我国《侵权责任法》第 38 条规定，无民事行为能力人在幼儿园、学校或者其他教育机构学习、生活期间受到人身损害的，幼儿园、学校或者其他教育机构应当承担责任，但能够证明尽到教育、管理职责的，不承担责任。第 85 条前段规定，建筑物、构筑物或者其他设施及其搁置物、悬挂物发生脱落、坠落造成他人损害，所有人、管理人或者使用人不能证明自己没有过错的，应当承担侵权责任。上述立法例规定的过错推定的，都是特别规定，也就是规定了各种过错推定的事由。

传统的侵权行为的归责原则是基于损害事实发生为前提的，其归责原则也就是损害赔偿的归责原则。侵权责任方式（损害赔偿）与归责原则的关系表现为一种责任方式可以适用多种归责原则，即损害赔偿一般适用过错责任，法律有特别规定的适用过错推定或者无过错责任。在采用多种侵权责任方式的情况下，责任方式与归责原则的关系要复杂得多。不同性质的问题需要用不同的方法解决，从法律整体上说，不同性质的违法行为需要承担不同类型的法律责任，包括违宪责任、行政责任、民事责任和刑事责任。从民法上说，不同类型的违反民事义务的行为需要承担不同的民事责任，不同的侵权责任方式反映违反民事义务的行为的性质有所不同。例如，造成了财产损失和存在危险状态的性质不同，责任方式就不同，适用的归责原则也不同。赔偿损失是用减少侵权人财产的方法赔偿被侵权人的损失，或者说是用侵权人的损失赔偿被侵权人的损失，采用过错责任还有对侵权人谴责之意，因此赔偿损失一般以侵权人有过错为要件，法律有特别规定的适用过错推定或者无过错责任。赔偿损失既可适用过错责任或者过错推定，也可以适用无过错责任，是为了保护被侵权人的权益，同时也是为了平衡当事人的利益和社会利益。消除危险的责任是要侵权人除去危险状态，不是用减少侵权人财产的方法赔偿被侵权人的损失，对侵权人没有谴责之意，因此消除危险不以过错为要件，这也是平衡当事人的利益和社会利益的需要；反之，如果消除危险以过错为要件，不利于保护民事权益，不利于制止侵权行为，反而会造成被侵权人和侵权人的利益以及社会利益的失衡。

根据《侵权责任法》的规定，一个侵权行为可以适用两种以上的责任方式，适用不同的归责原则。例如，侵占他人的物，并造成损害的，赔偿损失一般适用过错责任，返还原物适用无过错责任。有学者认为，同一个侵权行为适用不同的归责原则，就造成归责原则的混乱，造成侵权行为法内部不协调。这种观点是以德国式债务与责任结合的民法模式和侵权行为之债法的理论为基点提出的，自有其道理。但是，我国民法采取的是债务与责任相分离，民事权利—民事义务—民事责任民法模式，侵权责任已经不是债法的组成部分，侵权行为的后果是责任，而不是债；除法律另有规定外，赔偿损失可以适用（严格地讲是“准用”）债法的一般规定，但是赔偿损失的性质仍是责任。根据《侵权责任法》的规定，也不应解释为侵权责任与侵权赔偿损失之债同时发生，因为债务与责任是不同性质的民事法律关系，处理的方法不同。[①] 同一个侵权行为适用两种以上的责任方式和不同的归责原则，是《侵

① 有学者认为民事责任就是民事制裁，具有强制性，据此而认为将侵权行为之债变革为侵权责任，违背私法自治原则。其实，法律责任与法律制裁既有联系，又有区别，此说早已成为我国法理学界的主流观点。民事责任不同于刑事责任和行政责任，在法定范围内，民事责任可以由当事人协商，例如约定违约金（《民法通则》第 112 条第 2 款）。《侵权责任法》第 3 条规定：“被侵权人有权请求侵权人承担侵权责任。”这条规定说明侵权责任不等于制裁，与强制性没有必然联系。在实践中，民事责任的承担有自动承担、请求承担和强制承担三种方法（详见魏振瀛：《制定侵权责任法的学理分析——侵权行为之债立法模式的借鉴与变革》，载《法学家》2009 年第 1 期，第 1—47 页）。

权责任法》规定多种侵权责任方式的结果，从侵权责任法的内部体系看，不发生归责原则混乱问题。

再以停止侵害责任为例，销售侵害他人注册商标专用权的商品，被侵权人请求侵权人停止侵害，是指停止侵害行为本身，针对的是停止侵权行为的过程；请求赔偿损失，针对的是侵害后果。停止侵害和赔偿损失是两种责任方式，前者适用无过错责任，后者适用过错责任，有利于充分保护民事权益。因为被侵权人可以请求法院在审理案件之前发布禁止令，或者在审理过程中发布禁止令，也可以判决侵权人停止侵害。被侵权人可以单独请求停止侵害，也可以同时请求停止侵害和赔偿损失。在后一种情况下，也是分别适用两种不同的归责原则，而不是二者都适用过错责任。如果认为二者都适用过错责任，实际上就是把停止侵害责任看做是赔偿损失责任的附属品。实际上停止侵害以及消除危险等不以损害为前提的责任方式都是独立的责任方式，其重要功能在于防止损害的发生或者扩大，往往是独立适用的。即使这类责任方式与赔偿损失责任同时适用，也不会改变这些责任方式的功能和特征。一个案子适用两个归责原则，“本来就是责任聚合，责任聚合甚至于会在不同法律之间产生，他人都可能适用不同的法律，那么适用不同归责原则何足道哉！”①

以上是从立法政策角度阐明侵权责任方式与归责事由和归责原则的关系，下面看看在审理侵权案件的实践中责任方式与归责原则的关系。有一种观点认为，归责原则解决的是责任成立的问题，而责任形式解决的是责任具体落实的问题。所以责任形式可以适用于多种归责原则下的侵权责任，只要责任依据归责原则能够成立即可。并指出，归责原则虽能直接决定责任成立，但责任成立后，究竟采取何种责任形式，还要根据当事人的选择和法院的裁判而定。② 这个思路在德国式侵权损害赔偿之债的立法模式下是合适的。德国民法规定，侵权责任是损害赔偿，而损害赔偿以恢复原状为原则，金钱赔偿为例外，实际上是将损害赔偿责任又区分为恢复原状与金钱赔偿两种侵权责任方式。恢复原状与金钱赔偿在归责原则上没有区别，二者一般均适用过错责任，法律有特别规定的均可适用无过错责任。因此，在审判实务中首先需要考虑适用何种归责原则，在认定构成侵权行为后，再考虑采用恢复原状方式还是金钱赔偿方式。

---

①　张新宝：《侵权责任法立法研究》，中国人民大学出版社 2009 年版，第 342 页。

②　参见王利明：《侵权责任法研究》（上卷），中国人民大学出版社 2010 年版，第 607—608 页。

我国《侵权责任法》规定了多种侵权责任方式，责任方式是与归责原则和责任构成要件密切联系在一起的，难以适用上述思路。实际上，在侵权诉讼中，原告提出诉讼请求总是和责任方式联系在一起的，例如请求返还财产、赔偿损失、恢复名誉等，通常原告不是笼统地请求被告承担“侵权责任”。法官在审理侵权案件时首先需要搞清楚原告的请求被告承担什么责任，然后再考虑这种责任的构成要件有哪些，包括适用何种归责原则。离开责任方式，也就是离开了原告的请求。作为责任成立依据的归责原则如果不与责任方式相联系，只是抽象的归责基础，难以落实为具体的侵权责任。

二、赔偿损失和恢复原状与归责事由及归责原则的关系

赔偿损失是侵权责任法上适用最广泛的一种责任方式。我国民事法律多用赔偿损失概念，较少使用损害赔偿概念，《侵权责任法》使用了“精神损害赔偿”概念。《民法通则》、《合同法》和《侵权责任法》等民事法律规定的损害赔偿，其内涵与赔偿损失相同，损害赔偿是赔偿损失的同义语①，通常是指金钱赔偿，不同于传统民法上内涵非常广泛的损害赔偿。赔偿损失是造成他人损害的情况下适用的责任方式，我国侵权责任法上的赔偿损失与归责事由和归责原则的关系和德国式侵权行为之债法上的损害赔偿与归责事由和归责原则的关系是一致的，也就是说过错责任的归责事由是过错，过错责任的归责事由和归责原则是一回事，过错推定和无过错责任的事由与归责原则不是一回事，各有不相同的特定的归责事由。

恢复原状与回复原状的含义相同，我国民法采用恢复原状概念。恢复原状有狭义、广义和最广义之分。狭义的恢复原状是指将受到损坏的物恢复到侵权行为发生之前的状态，包括动产修理，不动产修缮，填平被挖掘的土地、恢复被填平的湖泊、修复被堵塞的航道等。广义的恢复原状是指将受到侵害的民事权益恢复到受侵害之前的状态，但金钱赔偿除外。最广义的恢复原状是指将受到侵害的民事权益恢复到受侵害之前的状态，包括金钱赔偿在内。有些国家民法采用最广义的恢复原状概念，恢复原状属于损害赔偿的内容。②

---

① 参见崔建远：《论归责原则与侵权责任方式的关系》，载《中国法学》2010 年第 2 期，第 41 页注 4。

② 《德国民法典》第 249 条，参考《德国民法典》（第 2 版），陈卫佐译注，法律出版社 2006 年版，第 85 页。

我国民法采狭义的恢复原状概念，并且将恢复原状与赔偿损失分别作为不同的责任方式。恢复原状与赔偿损失的具体要求不同，将二者分别作为不同的责任方式，被侵权人可以从中进行选择，有利于保护被侵权人。

有学者认为，恢复原状适用无过错责任。笔者认为，恢复原状需要由被侵权人支付一定的费用（被侵权人也可以请求侵权人给付恢复原状所必要的金额），这是用减少侵权人财产的方法使损坏的物恢复到原来的状态，侵权人支付这种费用和用金钱赔偿损失的性质相同，恢复原状实际上是赔偿损失的特殊方式。① 对于加害人来说，赔偿金钱或者出资修理，对于加害人是一回事。既然损害赔偿一般须以加害人的过错为要件，恢复原状理应同样如此，否则，不仅法理上难以自圆其说，而且实务上将不可避免地出现荒谬的结果。② 因此，恢复原状适用的归责原则与赔偿损失适用的归责原则没有区别。一般侵权行为损坏他人的物，恢复原状适用过错责任；由于从事高度危险作业等损坏他人的物，恢复原状适用无过错责任；由于建筑物、构筑物或者其他设施倒塌等损坏他人的物，恢复原状适用过错推定责任。

《侵权责任法》第 47 条规定："明知产品存在缺陷仍然生产、销售，造成他人死亡或者健康严重损害的，被侵权人有权请求相应的惩罚性赔偿。"这条规定的惩罚性赔偿与第 15 条规定的赔偿损失不同，惩罚性赔偿适用于明知产品存在缺陷仍然生产、销售，造成他人死亡或者健康严重损害的情况，这种责任属于过错责任。

三、停止侵害、排除妨碍和消除危险与归责事由及归责原则的关系

（一）停止侵害、排除妨碍与消除危险的归责事由

《侵权责任法》第 21 条规定："侵权行为危及他人人身、财产安全的，被侵权人可以请求侵权人停止侵害、排除妨碍、消除危险等侵权责任。"停止侵害责任适用于侵害行为正在进行和继续进行的，而不论继续时间的长短。停止侵害责任的核心是侵害的"停止"，一般来说，对尚未发生和已经终止的侵害行为不适用停止侵害责任。停止侵害的主要目的是制止侵害行为，防止侵害的发生或者扩大，它可以适用于各种侵权行为。例如，砍伐他人林

① 魏振瀛主编：《民法》（第 4 版），北京大学出版社 2010 年版，第 677 页。

② 尹田：《物权法理论评析与思考》，中国人民大学出版社 2004 年版，第 166—167 页。

木;销售侵害他人注册商标专用权的商品;印刷侵害他人名誉权的书籍;排放有害气体;在网上暴露他人的隐私;进行不正当竞争;等等。

借鉴欧洲一些国家的经验,对侵害时间的认定可作扩大解释,即停止侵害责任不仅适用于正在进行的侵害行为,而且适用于存在侵害的现实危险的情况。德国学者冯·巴尔强调指出,“只要存在不法侵害行为的危险,当事人就可以提起停止侵害行为之诉,而不‘以侵害行为已经发生为前提’。”冯·巴尔还以德国、荷兰、意大利、丹麦、葡萄牙等国的判例或法律作为例证。[①] 这样可以更好地发挥侵权责任法预防损害的功能。[②]

可将停止侵害的事由概括为:正在进行和继续进行的侵害他人身或财产的行为以及存在侵害的现实危险的情况。

排除妨碍主要适用于存在妨碍他人行使民事权利或者享有民事权益的状态。妨碍状态多为行为造成的,例如,堆放物品影响通行;违章建筑妨碍相邻一方通风、采光;在他人建筑物上设置广告;将有害液体泄露在他人使用的土地上等。妨碍状态也有自然原因形成的,例如树根蔓延至相邻一方的土地。妨碍状态应当具有不正当性,即没有法律根据,没有合同约定,缺乏合理性。认定妨碍状态主要是看妨碍是否超过了合理的限度,轻微的妨碍是社会生活中难免的,不承担排除妨碍责任。妨碍状态是否超过了合理的限度,应当结合当时当地人们一般的观念判断。

可将排除妨碍的事由概括为:存在不正当的妨碍他人行使民事权利或者享有民事权益的状态。

造成危及他人人身或者财产安全危险的,被侵权人可以请求侵权人消除危险。何谓危险,应当根据人们的一般观念确定;有的需要技术鉴定。例如,房屋将要倒塌;剧烈的机械震动使相邻一方的墙壁裂缝;从事高度危险作业,没有按有关规定采取必要的安全防护措施等。危险的存在是由某人的行为或者其所有或者管理的物造成的,前者如某企业从事高度危险作业的行为;后者如归某公司所有或者管理的危险建筑物等。

可将消除危险的事由概括为:存在危及他人人身或者财产安全的危险。

---

① 参见〔德〕克雷斯蒂安·冯·巴尔:《欧洲比较侵权行为法》(下卷),焦美华译,张新宝审校,法律出版社2001年版,第167—168页。

② 同上。

（二）停止侵害、排除妨碍和消除危险与归责原则的关系

《侵权责任法》第 21 条的规定的停止侵害、排除妨碍和消除危险适用的归责原则是什么，学者有不同的解释。

1. *多种侵权责任方式否定说*

第一种解释认为，从《侵权责任法》第 15 条的规定来看，其似乎是采取了"侵权责任吸收绝对权请求权说"，这一做法实不可行，我国侵权责任形式应回归传统上的损害赔偿方法。① 这种解释的实质是民法学者关于是否应当制定侵权责任法争论的延续，这个问题不是没有深入探讨的必要，限于本文主题，对这种解释及其论据不作详细评析。需要指出的是，《侵权责任法》规定的多种责任方式是多年来我国民事立法和司法经验的总结，对其不足之处应当在总结经验的基础上，进一步完善和提高，不应根本否定。

2. *停止侵害、排除妨碍和消除危险与归责原则无关说*

第二种解释认为，《侵权责任法》第 15 条规定的赔偿损失和恢复原状必须以损害后果发生为前提，但第 15 条、第 21 条规定的停止侵害、排除妨碍、消除危险（甚至是返还财产、赔礼道歉、消除影响、恢复名誉）并不以损害后果的发生为前提，因此，《侵权责任法》将其纳入侵权责任方式，并不是要求其按照过错责任原则、无过错责任原则具备特定的侵权构成要件，而是出于保护权利的考虑，全面完善地为权利人提供救济。依《侵权责任法》第 6 条第 1 款的规定，这里过错侵权责任的构成并不以"损害事实"的存在为要件，主要是为了与本条所规定的几种侵权责任方式相对应。②

认为停止侵害、排除妨碍、消除危险以及返还财产、赔礼道歉、消除影响、恢复名誉并不是要求其按照过错责任原则、无过错责任原则具备特定的侵权构成要件，也就是说，这些侵权责任方式与归责原则没有关系，既不适用过错责任或者过错推定，也不适用无过错责任。这种观点缺乏理论和法律根据。归责原则是规范法律责任的立法政策，责任方式与归责原则密不可分，法院判决当事人承担哪种责任，必须明确适用哪种责任方式和哪种归责原则。认为停止侵害、排除妨碍、消除危险以及返还财产、赔礼道歉、消除

---

① 参见王利明、周友军、高圣平：《中国侵权责任法教程》，人民法院出版社 2010 年版，第七章第 317—318 页，该章作者为周友军。

② 参见奚晓明、王利明主编：《侵权责任法条文释义》，人民法院出版社 2010 年版，第 147—148 页。该书未写明作者分工，该书另有作者认为，请求停止侵害、排除妨碍、消除危险、返还原物，不以侵权人有过错为要件。见该书第 110 页。

影响、恢复名誉与归责原则无关,实际是把这些责任方式作为赔偿损失责任的附属品,既不符合侵权责任法原理,也不符合《民法通则》颁布以来我国的司法实践。

3. 停止侵害、排除妨碍和消除危险可以适用过错责任、过错推定或者严格过错责任说

第三种解释认为,停止侵害、排除妨碍和消除危既可以适用于过错责任、过错推定,也可以适用于严格过错责任。这种解释的主要理由,除了前面讲到的"归责原则解决的是责任成立问题,而责任形式解决的是责任具体落实问题"以外,还有两个主要理由:

其一,《侵权责任法》第 6 条第 1 款规定,行为人因过错侵害他人民事权益,应当承担侵权责任。这一款只是规定"侵害他人民事权益",而没有规定必须以损害后果为要件,这说明该条规定的过错责任作为侵权责任的一般条款既适用于损害赔偿,也适用于停止侵害、排除妨碍、消除危等责任方式。从《侵权责任法》第 21 条的规定来看,确实没有要求过错,但是该条规定并没有与特定的归责原则相联系,从体系解释的角度来看,《侵权责任法》规定的过错责任同样适用于这些责任方式。例如,《侵权责任法》第 36 条第 2 款规定:"网络用户利用网络服务实施侵权行为的,被侵权人有权通知网络服务提供者采取删除、屏蔽、断开链接等必要措施。网络服务提供者接到通知后未及时采取必要措施的,对损害的扩大部分与该网络用户承担连带责任。"这里说的"删除、屏蔽、断开链接等必要措施"就包括了停止侵害等责任形式。其含义是说,网络用户利用网络服务实施侵权行为的,适用过错责任,其中包括停止侵害等责任也适用过错责任。

其二,设置多种责任形式就是要对受害人提供全面救济,如果停止侵害等责任形式限制在严格责任,就无法对受害人提供全面救济,也无法满足过错责任的要求,限制了当事人的选择。[①] 上述两点解释有其道理。

4. 停止侵害、排除妨害和消除危险适用无过错责任说

笔者认为停止侵害、排除妨害和消除危险适用无过错责任,也有道理。对此可称为第四种解释,以下从两个方面阐明我的观点:

第一,怎样解释《侵权责任法》规定的一般条款。

怎样解释《侵权责任法》第 21 条规定的停止侵害、排除妨碍和消除危险

① 参见王利明:《侵权责任法研究》(上卷),中国人民大学出版社 2010 年版,第 607—608 页。

适用何种归责原则，与怎样解释《侵权责任法》规定的一般条款有关联，因此需要明确《侵权责任法》规定的一般条款是什么。对这个问题有不同的解释。一种解释认为，《侵权责任法》第 6 条第 1 款规定："行为人因过错侵害他人民事权益，应当承担侵权责任。"这就在法律上确立了过错责任的一般条款。[①] 因为这一款是一般条款，而且这一款没有"损害"二字，所以过错责任的一般条款也适用于停止侵害、排除妨碍和消除危险。认为《侵权责任法》第 6 条第 1 款规定说明损害后果不是构成侵权责任的必要条件，是对的，这正是我国侵权责任法与德国式侵权行为之债法的主要区别之一。德国式侵权行为之债法上讲的侵权行为是指因不法侵害他人的权益，依法律规定，应对所生损害负赔偿责任的行为，没有损害后果就不构成侵权行为，也就不会产生侵权责任。我国《侵权责任法》突破了德国民法上的侵权行为和侵权责任概念，损害后果不是所有侵权责任的必要条件，应当说这是《侵权责任法》第 6 条第 1 款不规定"损害"的主要原因。如果将《侵权责任法》第 6 条第 1 款解释为侵权责任的一般条款，并且仅从这一款与第 21 条的关系看，认为停止侵害、排除妨碍和消除危险也适用过错责任，以及过错推定和无过错责任，符合逻辑。但是这样解释存在两个问题：一个问题是将第 6 条第 1 款和第 7 条规定结合起来解释，就不合逻辑。因为第 7 条规定："行为人损害他人民事权益，不论行为人有无过错，法律规定应当承担侵权责任的，依照其规定。"本条规定有"损害"二字，从逻辑上推论，适用停止侵害、排除妨碍和消除危险责任不以损害为要件，因此这三种责任方式不适用无过错责任。按照这样的逻辑结论，认为停止侵害、排除妨碍和消除危险三种责任方式，既可以适用于过错责任、过错推定责任，也可以适用于严格过错责任的观点就难以自圆其说。另一个问题是，既然停止侵害、排除妨碍和消除危险不以造成损害为要件，也就不是以侵权人的损失赔偿被侵权人的损失，而适用过错责任不利于防止损失的发生或者扩大，不利于充分保护民事权益，不符合民事责任的价值取向。

另一种解释认为，《侵权责任法》第 2 条规定："侵害民事权益，应当依照本法承担侵权责任。"这是侵权行为的一般条款。第 6 条和第 7 条规定的过错责任原则、过错推定原则和无过错责任原则是侵权损害赔偿责任构成要件，如果不具备损害要件，要承担停止侵害、排除妨碍、消除危险、赔礼道歉

---

① 参见王利明：《侵权责任法研究》（上卷），中国人民大学出版社 2010 年版，第 120 页。

等侵权责任方式的，不在三个归责原则调整之下，不适用这三个原则，直接适用第 2 条作出判决。作这种解释的学者同时认为，第 6 条第 1 款 作为一个小的一般条款，仍然起着调整一般侵权责任的作用。[①] 这样解释的优点是，区别了具备损害要件和不具备损害要件的侵权责任构成。缺点之一是，《侵权责任法》第 6 条没有“损害”二字，而认为第 6 条和第 7 条规定的过错责任原则、过错推定原则和无过错责任原则是侵权损害赔偿责任构成要件，就是将第 6 条第 1 款解释为有损害含义，而且作这种解释的学者也不赞成“大损害说”[②]。从学理上讲这样解释是正确的，但是与第 6 条的规定有冲突。缺点之二是，认为停止侵害、排除妨碍、消除危险、赔礼道歉等侵权责任方式的直接适用第 2 条，而该条没有关于归责原则的规定，直接适用第 2 条会因理解不同而造成司法不统一。

再一种解释认为，《侵权责任法》第 6 条第 1 款规定的过错责任原则是侵权责任法的基本归责原则。在讲侵权责任等构成要件时强调指出，这里的“损害”是一个比较广的概念，不但包括现实的已经存在的“不利后果”（也叫现实损害），还包括构成现实威胁的“不利后果”，如某人的房屋倾斜，如不采取防范措施，导致房屋随时有可能倒塌损害他人的人身、财产安全，本法度 21 条规定的内容就包含了这个意思。[③] 对这种解释可以理解为《侵权责任法》第 6 条第 1 款的规定是侵权责任一般条款。这种解释强调过错责任原则在我国民法上的重要地位是对的。缺陷之一是，将损害解释为不但包括现实的已经存在的“不利后果”（也叫现实损害），还包括构成现实威胁的“不利后果”（有学者称之为“大损害说”），是法律概念的重大变革，涉及侵权责任法体系，应当在理论上论证而未论证。缺点之二是，既然采取“大损害说”，《侵权责任法》第 6 条没有出现“损害”概念，而第 7 条出现了“损害”概念，应当说明这两条这样规定的理由而未说明。缺点之三是，按照这种解释，停止侵害、排除妨碍和消除危险三种责任方式也适用过错责任，不利于防止损失的发生或者扩大，不利于充分保护民事权益，不符合民事责任的价值取向。

笔者认为，德国式侵权行为之债法采用单一的损害赔偿责任方式，过错责任是一般侵权行为的主要构成要件，也是一般侵权行为的归责原则。我

---

① 参见杨立新：《侵权责任法》，法律出版社 2010 年版，第 15—17 页。

② 同上书，第 15—16 页。

③ 参见王胜明主编：《中华人民共和国侵权责任法释义》，法律出版社 2010 年版，第 38—43 页。

国侵权责任法采用多种责任方式，过错就不再是各种侵权责任的一般构成要件，也不再是各种侵权责任的一般归责原则，而是以损害为前提的侵权责任的一般构成要件和一般归责原则。如果说《侵权责任法》第6条第1款是一般条款，应当将其解释为以损害为前提的侵权责任的一般条款，而不是全部侵权责任的一般条款。

对于《侵权责任法》规定的归责原则的解释差异很大，造成这种情况的原因与《侵权责任法》对归责原则的规定不够圆满不无关系。《侵权责任法》是对侵权行为之债法的承受和重大变革，与侵权行为之债法相比，《侵权责任法》扩大了保护民事权益的范围，体系与内容不同了，责任方式增多了，侵权责任的归责原则应当随之发生相应的变化。《侵权责任法》对归责原则的规定不够圆满，在于没有区分或者没有严格区分以损害为前提的侵权责任的归责原则和不以损害为前提的侵权责任的归责原则。

综上所述，笔者认为，根据停止侵害、排除妨碍和消除危险的责任在《侵权责任法》体系中的地位和体系解释，根据这三种责任方式性质和目的解释以及比较法解释，得出的结论是，这三种责任方式均适用无过错责任。①

第二，怎样解释更有利于充分保护民事权益。

第三种解释认为将停止侵害等责任方式限制在严格责任，无法满足过错责任的要求，限制了当事人的选择，无法对受害人提供充分救济。这里所说的“选择”的含义显然不是孤立地讲选择过错责任或者无过错责任，因为选择过错责任会加重被侵权人的举证负担。其含义可能是指类似基于网络用户和网络服务发生的侵权，属于过错责任的侵权类型，当事人选择这种过错责任，其中包括了停止侵害也适用过错责任。这样解释该条归责原则的思路实质上是认为一个侵权行为只能适用一种归责原则，因此，基于网络服务发生的侵权无论是赔偿损失还是停止侵害都应适用过错责任。这种解释实际上也是将停止侵害等不以损害为前提的责任方式作为赔偿损失的附属品。根据《侵权责任法》的规定，一个侵权行为可以适用两种以上的责任方式，适用不同的归责原则。有关这方面问题的原理前面已经讲过，不再赘述。笔者认为，本条的重点和难点在于网络服务提供者与网络用户的侵权行为相关联的侵权责任。本条涉及两种责任方式，一是基于造成损害发生的赔偿损失责任，一是与损害没有必然联系的停止侵害责任。第36条第2

---

①　参见魏振瀛：《侵权责任法在我国民法中的地位及其与民法其他部分的关系》，载《中国法学》2010年第2期，第35页。

款和第3款规定的网络服务提供者和网络用户承担连带责任是指基于损害产生的赔偿损失责任，删除、屏蔽、断开链接等必要措施，是停止侵害责任，不发生连带责任问题。删除、屏蔽、断开链接等必要措施，不同于赔偿损失责任，因此应当适用无过错责任，即不问行为人有无过错。基于网络服务发生的侵权责任可以分别或者同时适用赔偿损失和停止侵害两种责任方式。

第三种解释所讲的"选择"还包括"从时效上来说，侵权请求权的时效一般来说是两年，而绝对权请求权中的物权请求权则一般不适用两年的时效期限。这就导致其对受害人绝对权的保护存在着差异，竞合说通过赋予受害人一种选择权，允许其在受到侵害时选择一种对其更为有利的方式主张权利，这样更有利于保护受害人的利益"[①]。认为侵权请求权的时效一般来说是两年，而绝对权请求权中的物权请求权则一般不适用两年的时效期限，是一种学理解释。笔者的解释是，《物权法》规定的排除妨害、消除危险和返还原物与《侵权责任法》规定的停止侵害、排除妨碍、消除危险和返还财产都不适用诉讼时效。这样解释不仅可以避免没有必要的竞合，而且与我国现行法律没有冲突，因为《物权法》没有规定排除妨害、消除危险和返还原物不适用诉讼时效，《侵权责任法》更没有规定停止侵害、排除妨碍、消除危险和返还财产是违反债务的责任。

《侵权责任法》颁布以后，对《物权法》规定的物权保护方法和《侵权责任法》规定的侵权责任方式重合的条文，可以理解为二者发生竞合，因为《物权法》和《侵权责任法》是两个独立的法律。但是，从价值取向上上看，《物权法》规定的排除妨害和消除危险与《侵权责任法》规定的停止侵害、排除妨碍和消除危险，应当采取同样的立法政策和学理解释，即都不适用诉讼时效，而不应当适用不同的诉讼时效，使其发生竞合。民事责任发生竞合难以完全避免，但是，竞合会带来理解和适用法律的复杂性，因此在立法和法律解释上应当尽量避免或者减少竞合。

从《物权法》和《侵权责任法》的有关条文看，不用竞合方法，只适用侵权责任法（即有学者说的侵权责任吸收物权请求权）是可行的。《物权法》和《侵权责任法》的相关条款的文字有不同，其内涵没有实质区别，包括：《物权法》规定的排除妨害与《侵权责任法》规定的排除妨碍实质相同；《物权法》规定"修理"可纳入恢复原状范围，"重作"和"更换"可解释为实物赔偿，可

① 参见王利明：《侵权责任法研究》（上卷），中国人民大学出版社2010年版，第603页。

纳入赔偿损失范围;《物权法》规定的损害赔偿与《侵权责任法》规定的赔偿损失是同义语。对这些规定可以不解释为竞合,而解释为适用《侵权责任法》的规定,没有条文上的障碍。

由于《物权法》与《侵权责任法》是两个独立的法律,实际上存在着当事人选择适用《物权法》,还是选择适用《侵权责任法》的问题。如果确认《物权法》规定的排除妨害、消除危险不以过错为前提,不适用诉讼时效,而《侵权责任法》规定的停止侵害、排除妨碍、消除危险一般适用过错责任,适用诉讼时效,就是采取不同的价值趋向,就会造成当事人之间利益的失衡,不利于充分保护对民事权益。① 比较好的解释和方案是:《物权法》规定的排除妨害和消除危险与《侵权责任法》规定的停止侵害、排除妨碍和消除危险都适用无过错责任,都不适用诉讼时效。这样一来,无论当事人选择适用《物权法》,还是选择适用《侵权责任法》,其效果是一样的。

从学理上讲,《物权法》和《侵权责任法》规定的相关条文可以不解释为竞合,而适用《侵权责任法》的规定;从实务上看,既能节约司法成本,又有利于充分保护民事权益;从民法体系上看,符合《民法通则》颁布以来形成的民事权利—民事义务—民事责任的立法模式,符合单独制定《侵权责任法》的目的。

四、返还财产与归责事由和归责原则的关系

严格地讲,返还财产与返还原物具有不同的含义,返还不当得利也是返还财产,民事行为被确认无效或者被撤销后,也会发生返还财产问题。《侵权责任法》颁布以后出版的许多著作的主流观点认为,《侵权责任法》规定的返还财产也就是指返还原物(以下称返还原物),这样理解是对的;否则就会误解为侵权责任中的返还原物责任包括基于不当得利、无因管理等关系中产生的返还原物,导致法律关系混乱。

返还原物是指当事人一方将其占有的物返还给另一方当事人。这里讲的物是有体物,包括动产和不动产。返还有纪念意义或者收藏意义的特定的货币和邮票等,也属于返还原物。财产权利凭证包括房产证、有价证券等,其本身与其所表示的财产有密切联系,但不是财产本身,返还这类财产

---

① 参见魏振瀛:《侵权责任法在我国民法中的地位及其与民法其他部分的关系》,载《中国法学》2010 年第 2 期,第 35—36 页。

凭证以及身份证、驾驶证等,都属于返还原物。

返还原物与赔偿损失是不同的责任方式,返还原物与赔偿损失没有必然联系,返还原物责任仅仅是侵权人将原物返还,不是侵权人用自己的财产赔偿被侵权人的损失,因此返还原物适用无过错责任。《侵权责任法》虽然对返还财产的归责原则没有作明文规定,但是用目的解释和体系解释方法,均可得出这个结论。

将返还原物规定为侵权责任,就扩大了侵权责任的范围。侵占他人的物是指非法占有他人的物,抢劫、盗窃、强行占有他人的物属于侵占,擅自长期占有或者使用他人的物也属于侵占。抢劫、盗窃等方法强行占有他人的物与擅自长期占有或者使用他人的物的行为都承担返还原物责任,都不问行为人有无过错,是因为返还原物责任仅仅是返还原物,不涉及赔偿损失。抢劫、盗窃他人的物具有故意不言而喻,抢劫者和盗窃者不仅应当受到谴责,而且会受到刑事制裁;返还原物责任是民事责任,重在原物返还。返还原物适用无过错责任,这样处理与英国侵权法对侵占动产的处理基本相同。英国侵权法对侵占动产实际上适用严格责任,“而且是非常严格的责任”①。美国侵权法对侵占动产的处理办法与英国的办法基本相同。例如,被告离开餐馆时,拿了他人的帽子带回家,三个月后才发现帽子不是他的,于是将帽子送回餐馆。在这种情况下,即使被告不是有意将帽子拿走,而且发现错误后及时纠正,但是他的行为还是构成了侵占。因为三个月的时间很长,严重侵犯了原告对帽子的占有和使用权。②

既然《侵权责任法》规定的返还财产与《物权法》规定的返还原物含义相同,也没有必要将二者解释为竞合,而应适用《侵权责任法》的规定,返还财产适用无过错责任,也不适用诉讼时效,其根据前文已经阐明,此处不再赘述。

前述对《侵权责任法》第21条主张第一种解释的学者还认为,将返还原物请求权变革为返还原物责任,不仅造成归责原则的混乱,而且失去了物权的优先权等物权效力。这种观点是用德国式侵权行为法理论评论侵权责任法的有关规定,有其理由。但是,侵权责任法已经与债法分离,返还原物责任不再属于侵权损害赔偿之债,而是物权的保护方法,因而物权的效力不会改变。具体来说,关于物权的效力有二效力说、三效力说和四效力说;四效力说认为物权有排他效力、优先效力、物权请求权效力和追及效力。物权的

① 参见胡雪梅:《英国侵权法》,中国政法大学出版社2008年版,第48页。

② 参见李亚红:《美国侵权法》,法律出版社1999年版,第32—34页。

排他效力是由物权的支配权性质决定的,物权优于债权的效力是物权的支配权性质和物权变动的公示公信原则决定的,将返还原物请求权变革为返还原物责任与物权的排他效力和优先效力无关。物权的追及效力是指物权的标的物不论辗转到何人手中,物权人均得追及至物的所在,除了根据不动产登记、善意取得等依法取得标的物的物权外,原物权人均有权请求无权占有人返还原物。多数学者认为追及效力应当包括在优先效力和物权请求权效力之中。将返还原物请求权变革为返还原物责任,就是变革为侵权责任的一种方式,成为侵权责任请求权的一种类型。侵权责任与物权请求权比较,只是规范的角度不同,返还原物请求权是从权利人方面讲的,返还原物责任是从责任人方面讲的。根据物权的追及效力,物权人有权请求被追及人返还原物;根据侵权责任,被追及人应当承担返还原物责任。二者都是首先由权利人请求被追及人返还原物。无论被追及人拒绝前一种请求还是拒绝后一种请求,都可能通过诉讼程序,强制被追及人返还原物。由此可见,作为物权请求权的返还原物的效力和作为侵权责任的返还原物的效力没有实质差别。

将返还原物请求权变革为返还原物责任主要有以下理由:

(1) 将返还原物请求权变革为返还原物责任是对德国式债务与责任结合立法模式的变革,是《民法通则》创立的民事权利—民事义务—民事责任立法模式的延续和新发展。这种立法模式有理论根据,有多年的司法实践经验,而且符合法律上区分义务(债务)与责任的发展趋势。

(2) 将保护物权的各种方式变革为各种侵权责任方式,其中停止侵害、排除妨碍和消除危险不仅适用于对物权的保护,而且适用于对人格权、知识产权以及其他民事权益的全面保护,节约立法成本。不仅如此,《侵权责任》规定多种责任方式符合侵权行为法的发展趋势。

(3) 民法既是裁判规则,又是行为规则。民事责任制度已经成为我国的法律文化,权利—义务—责任已经成为我国法律人的一种思维模式,采取民事权利—民事义务—民事责任立法模式,有利于发挥这两种规则的功能。

五、赔礼道歉、消除影响和恢复名誉与归责事由及归责原则的关系

赔礼道歉、消除影响和恢复名誉与归责事由及归责原则是否相一致,要看赔礼道歉、消除影响与恢复名誉应当适用哪种归责原则,如果适用过错责

任,其归责事由也就是其归责原则;如果适用无过错责任,其归责事由与归责原则就不同。有学者认为赔礼道歉、消除影响与恢复名誉适用无过错责任,笔者认为这样会不适当地限制人们的自由,这些责任方式应当适用过错责任,其归责事由与归责原则一致。

赔礼道歉是指侵权人向被侵权人承认侵权,表示歉意。赔礼道歉对于抚慰被侵权人的精神伤害,增强侵权人的道德意识,化解矛盾,具有其他责任方式不可替代的作用。赔礼道歉的功能主要不是制裁,而是教育,重在尊重人格。赔礼道歉的强制方式有特殊性,主要是在报刊等媒体上刊登经法院认可的致歉声明或者判决书,其费用由侵权人承担。这种方式实质是国家审判机关对侵权人的谴责。赔礼道歉主要应当适用于严重侵害人身权益的行为,故应当适用过错责任。

《最高人民法院关于审理名誉权案件若干问题的解答》第7条:"问:侵害名誉权责任应如何认定?答:是否构成侵害名誉权的责任,应当根据受害人确有名誉被损害的事实、行为人行为违法、违法行为与损害后果之间有因果关系、行为人主观上有过错来认定。"这个解答是我国多年审判实践的总结。据此解答,恢复名誉适用过错责任。

从比较法上看,英国侵权法上的"损害名誉系指以公开诽谤的方式毁损或贬低他人名誉的行为"①。美国侵权法上的"诽谤诉讼是在特定情况下,为名誉遭受不实陈述损害的人提供的救济手段"②。诽谤显然是故意而为,由此可以说明损害名誉的责任属于过错责任。我国台湾地区"民法"第195条规定:"不法侵害他人之人身、健康、名誉、自由、信用、隐私、贞操,或不法侵害其他人格法益而情节重大者,被侵害人虽非财产上之损害,亦得请求赔偿相当之金额。其名誉被侵害者,并得请求回复名誉之适当处分。"这里讲的"回复名誉之适当处分"怎样解释?早在民国时期颁布的民法典的立法理由中就有说明:"查民律草案第九百六十条理由谓身体、健康、名誉、自由之被害人,虽非财产上之损害,亦得请求相当赔偿之金额(慰抚金),以保全其利益。其名誉之被侵害,非仅金钱之赔偿足以保护者,得命为恢复名誉之必要处分,例如登报谢罪等。"③如今台湾法院有登报道歉恢复名誉的判例,这种

---

① 参见胡雪梅:《英国侵权法》,中国政法大学出版社2008年版,第272—276页。

② 〔美〕文森特·R.约翰逊:《美国侵权法》,赵秀文等译,中国人民大学出版社2004年版,第286—288页。

③ 参见林纪东、蔡墩铭、邱聪智、郑玉波、古登美、苏永钦编纂:《新编六法参照法令判解全书》,台湾五南图书出版公司1991年版,第二部分第67—68页。

方式适用的是过错责任。

《民法通则》第 134 条和《侵权责任法》第 15 条将消除影响和恢复名誉放在一项中规定，主要是因为二者关系密切，在侵害名誉权的场合，消除影响可以作为恢复名誉的方法。但是，二者所针对的侵权行为有所不同，消除影响和恢复名誉不必然总是同时适用。例如，侵害名称权；歪曲某药厂制造的某型号药品质量的错误报道；歪曲事实，传播某公司在外地的工厂因火灾被焚毁，不能继续生产等，都可能给权利人造成不良影响，但可能并没有贬损被侵权人的名誉。影响的好坏往往与财产利益紧密关联，例如歪曲事实，造成某企业的信誉下降，可能影响该企业的经营收入，消除影响有制止财产损失和防止财产损失扩大的功能。影响轻微，行为人没有重大过失的，不应承担消除影响责任。消除影响应当适用过错责任。

六、结　论

1.《侵权责任法》是在借鉴大陆法系侵权行为之债法和英美法系侵权法，总结我国经验基础上制定的，是民事立法的创造性发展。《侵权责任法》对归责原则的规定不够圆满，有待完善，但不应否定其基本规定。

2.《物权法》和《侵权责任法》规定的民事权益救济方法有重合之处，既可解释为其内涵不同，二者发生竞合，也可以解释为其内涵相同，适用侵权责任法的规定。后者有利于节约司法成本，更有利于保护民事权益。

3. 违反民事义务的性质决定民事责任方式和归责原则。《侵权责任法》规定了多种侵权责任方式，针对的是多种违反民事义务的关系。赔偿损失和恢复原状一般适用过错责任，法律有特别规定的，适用过错推定或者无过错责任。停止侵害、排除妨碍、消除危险和返还财产适用无过错责任。赔礼道歉、消除影响、恢复名誉适用过错责任。

第九题

两种责任理念的碰撞与三种不同的思路

——我国民法体系矛盾的解决方案

责任与债结合的民法体系的典型是《德国民法典》,责任与债分离的民法体系的典型是我国的《民法通则》《合同法》与《侵权责任法》,这两种民法体系反映了两种不同的责任理念。我国《物权法》规定的物权请求权是德国民法上责任理念的反映,和《民法通则》《合同法》与《侵权责任法》反映的责任理念相矛盾,对此学者有不同的观点和解决方案。这个问题不仅是理论观点的分歧,而且直接涉及民事司法实务,需要深入讨论。

一、德国民法上的责任理念及责任在民法体系中的地位

(一)德国民法上责任的内涵

德国民法上的责任有多种含义。《德国民法典》第 249 条第 1 款规定:“损害赔偿义务人必须恢复假如没有发生引起赔偿义务的情况所会存在的状态。”这是德国民法关于责任的核心条文。有学者指出,责任指承担损害赔偿义务(如:“A 向 B 承担承担损害赔偿责任”也即“A 对 B 承担承担损害赔偿义务”)。[①] “法律责任的后果是产生某种损害赔偿义务。”[②]这是责任的第一种含义,说明责任是义务的组成部分。但是,责任作为一种义务仅指

① 〔德〕迪特尔 · 施瓦布:《民法导论》,郑冲译,法律出版社 2006 年版,第 168 页。

② 〔德〕卡尔 · 拉伦茨:《民法通论》(上册),王晓晔、邵建东、程建英、徐国建、谢怀栻译,法律出版社 2003 年版,第 51 页。

"损害赔偿"义务,不同于通常的义务,诸如买卖合同的出卖人交付标的物义务,租赁合同的承租人交付租金等义务等。损害赔偿义务是债务人违反基于债务关系而发生的义务(《德国民法典》第 280 条第 1 款前段)。以上说明"损害赔偿"既是义务,又是责任。

责任的第二种含义是指,债务为应为给付之义务,责任为此义务之财产的担保(德 Einstehen)。[①] 债务人对其债务原则上以其全部财产承担责任。[②] 关于责任的这种含义源于古代日耳曼法。日耳曼中世纪法往往称责任为保证或担保,认为责任系为担保债务而存在,二者纯属不同之概念。[③] 关于责任的这种含义说明民法上的责任是财产责任。

责任的第三种含义是指,义务人受强制执行的财产范围。[④] 或者说责任具有强制性,得强制执行。[⑤]

由于责任是债务人以全部财产为其担保,有债务即有责任,是为常态;无责任的债务为例外,如诉讼时效期限届满后的债务。故德国民法上的债务与责任是结合关系,我国台湾地区民法亦同。"在现行法上债务与责任互相结合,原则上并属无限财产责任。申言之,负有债务者,于不履行时,即应以其全部财产负其责任;有债务即有责任。"[⑥]根据德国民法理论,虽然责任与债务是两个不同的概念,但是实际上强调二者的结合,甚至在法律中以及其他场合,"负责任"有时与"负担债务"同义使用。[⑦]

另外,损害赔偿责任,以恢复原状为原则,所谓原状是指引起赔偿义务之前的状态,包括修复被损坏的物品,恢复名誉,夺物者还物,骗钱者还钱等等,其表现形式多种多样。

(二) 责任是一种债

前面已经讲到,损害赔偿义务是债务人违反基于债务关系而发生的义务,而不包括违反债务以外的民事义务,因此,无论损害赔偿作为义务,还是作为责任,都属于债法的组成部分。损害赔偿一词有时是指损害赔偿义务,

① 史尚宽:《债法总论》,中国政法大学出版社 2000 年版,第 3 页。

② 〔德〕迪特尔·施瓦布:《民法导论》,郑冲译,法律出版社 2006 年版,第 168—169 页。

③ 李宜琛:《日耳曼法概说》,中国政法大学出版社 2003 年版,第 105 页。

④ 〔德〕迪特尔·施瓦布:《民法导论》,郑冲译,法律出版社 2006 年版,第 168—169 页。

⑤ 王泽鉴:《民法学说与判例研究》(4),中国政法大学出版社 1998 年版,第 123 页。

⑥ 王泽鉴:《债法原理》(第 1 册),中国政法大学出版社 2001 年版,第 29 页。

⑦ 〔德〕迪特尔·梅迪库斯:《德国债法总论》,杜景林、卢谌译,法律出版社 2004 年版,第 17 页。

有时是指损害赔偿责任,有时是指债的一种类型,即损害赔偿之债。既然责任是债,就会有债务人和债权人,即损害赔偿债务人和损害赔偿债权人。[①]因此,"损害赔偿"这个概念有时还指损害赔偿债权,由此说明"责任"有责任、义务、债务和债权多种含义。

德国民法上债务与责任的位置不仅可以互换,而且可能循环。"损害赔偿责任相对于其因以发生之债务固为一种责任,惟其本身亦为一种债务,其不履行与其所自之债务一样可受履行强制及损害赔偿责任之保护。"[②]有学者对债务与责任的关系作了如下图示[③]:

债务{诉权、强制执行
　　　损害赔偿责任⟹债务{诉权、强制执行
　　　　　　　　　　　　　　损害赔偿责任

从严格区分义务与责任的观念来看,这种债务与责任循环反映的是概念混乱,逻辑矛盾。为什么以概念准确、体系严谨著称的《德国民法典》会出现这种状况?有学者指出:如果将权利受到侵害的效果视为新的权利义务(法律关系)的产生,则显而易见的一种"逻辑循环"必然会使相关结论陷入逻辑困境。德国民法理论对于形式逻辑方法的运用,其实并非如其所称的那么严格,在必要的情况下,基于形式对称以及体系化的需要,其实际上在很多情况下都适度背离或者超越了严格的逻辑规则。但是这样就使物权与债权的区分因此而得以明晰,以权利类型化为基础的民法典体系从整体上因此得以形成。[④]

(三)从德国民法体系的核心看责任在民法中的地位

在德国民法体系中显示不出责任的地位,这是由德国民法体系的核心观念决定的。德国民法体系的核心是什么?对此有两种不同的观点。一种观点认为法律关系在萨维尼私法体系中居于核心地位,法律关系居于德国民法的核心地位。另一种观点认为,《德国民法典》的结构是以主观权利为

① 《德国民法典》第 249 条第 2 款前段规定:"因伤害人或损坏物而须损害赔偿的,债权人可以请求恢复原状所必需的金钱,以代替恢复原状。"

② Fsser, aa0. S. 82. 转引自黄茂荣:《债法总论》(第 1 册),中国政法大学出版社 2003 年版,第 63 页。

③ 黄茂荣:《债法总论》(第 1 册),中国政法大学出版社 2003 年版,第 63 页。

④ 尹田:《评侵权责任的独立成编与侵权行为的类型化》,载《清华法学》2008 年第 4 期,第 104—105 页。

中心建立起来的，后一种观点的根据也是萨维尼的理论。为了分析德国民法体系结构的核心是什么，首先需要搞清楚萨维尼建构私法体系的基本思路及其基本内涵。

萨维尼在其名著《当代罗马法体系》中对于一般意义上的法和法律关系，以及国家法关系（公法关系）和私法关系的区分作了简要阐述。萨维尼讲法律关系是从人们所处的法律环境与个人权利的关系开始的，他指出："如果我们考察一下在现实生活中围绕且弥漫于我们周围的法的状态，那么我们在此之中首先可以看到的就是个人所享有的一种权力：一个他的意思所支配的——并且经过我们认可而支配的——领域。我们称这种权力为该人的权利，它与权能意义相同。"[①]简而言之，萨维尼将权利界定为个人的意思所支配的领域。

萨维尼不是孤立地就权利论权利，而是强调权利有其深层次的基础。他指出，权利的存在和范围会通过法官的判决被承认，"但更为准确的考察使得我们确信，判决的逻辑形式只是通过偶然的需要而产生，它并未详尽说明事务的本质，而是本身需要一个更深层次的基础。我们在法律关系中发现了这个基础，所有个别的权利都只是描述了法律关系的特别的、通过抽象而分离出来的一个方面，这样，即使是关于个别权利的判决也只是在以下范围内才是真实的和令人信服的，即它以对于法律关系的整体直观为出发点"。[②] 这里讲的法律关系是指一般意义上的法律关系。

萨维尼对一般意义上的法律关系作了简单的交代以外，他讲的法律关系都是指私法关系。他在阐释私法时指出，生物人处于外在世界之中，最为重要的要素是他与其他人联系，"如果现在在此联系中，自由本质应当并存，应当在其发展中相互促进而非相互妨碍，那么这只有通过对于以下这个不可见的界限予以承认才可能实现，在此界限之内，所有个人的存在和活动都获得了一个安全的、自由的空间。据以确定上述界限和自由空间的规则就是法"。[③]

萨维尼在讲私法关系时指出："通过法规则而进行的界定在于向个人意志制定了一定领域，在此领域之中，个人意志独立于所有其他人的意志而居于支配地位。"[④]萨维尼强调"法律关系的本质被确定为个人意志独立支配的

---

① 〔德〕萨维尼：《当代罗马法体系 I》，朱虎译，中国法制出版社 2010 年版，第 9 页。

② 同上书，第 9—10 页。

③ 同上书，第 257 页。

④ 同上书，第 258 页。

领域”[1]。

萨维尼根据其确定的法律关系的本质是个人意志独立支配的领域，认为探求个人意志可能作用的对象，就可以自然而然地得出法律关系可能具有的不同种类的一个梗概。萨维尼对法律关系种类的论述的结论是，存在三个我们的意志在其中居于支配地位的同心圆：(1) 原初的自身。与之相对应的是所谓的原权，我们根本不将此权利作为一个真正的权利。(2) 在家庭中扩展的自身。由此构成了家庭法。(3) 外部世界。由此构成了财产法，分为物法和债法。由此产生了法的三个主要类型：家庭法；物法；债法。[2] 换言之，法律关系有三个主要类型，即基于家庭、物和债产生的法律关系。萨维尼从个人的意志的支配领域出发，归纳出了法律关系的主要类型，并在分析法律关系种类的基础上分析了法律制度，他认为法律制度的最为合理的安排是：物法；债法；家庭法；继承法。这就是萨维尼安排的“法体系内容”[3]。

萨维尼还论述了总则部分的建构，他认为在论述具体法律制度时必然会涉及许多在每个制度中都同样出现的本质方面，具体有：法律关系主体的性质，特别是权利能力的性质；法律关系的产生和消灭；对于法律关系的保护以及由此而产生的变更。将提取出的这些共同点列于特别的法律制度之前，通过这种方式，在具体制度中，就能将适用于具体制度的修正与上述共同的基础联系起来。[4]

有学者指出，萨维尼的私法体系也就是一个“私法律关系的体系”[5]，“法律关系在萨维尼私法体系中居于核心地位[6]。认为法律关系在萨维尼私法体系中居于核心地位的主要理由是：在《当代罗马法体系》一进入正文（第二章“法律渊源的一般性质”），就对法律关系进行了详细论述（第四节“法律关系”），而其开始论述具体法律制度的第二编则以“法律关系“为名，该编第一章“法律关系的本质和种类”即论述了其对整个法律体系的构想。[7]《当代罗马法体系》第二编第一章“法律关系的本质和种类”，分为八节，其题目分

---

① 〔德〕萨维尼：《当代罗马法体系 I》，朱虎译，中国法制出版社 2010 年版，第 260 页。

② 同上书，第 266 页。

③ 同上书，第 301 页。

④ 参见朱虎：《法律关系与私法体系——以萨维尼为中心的研究》，中国法制出版社 2010 年版，第 164—165 页。

⑤ Hans Kiefner, Das Rechtsverh. ltenis. S. 149. 转引自金可可：《私法体系中的债权物权区分说——萨维尼的理论的贡献》，载《中国社会科学》2006 年第 2 期，第 142 页。

⑥ 金可可：《私法体系中的债权物权区分说——萨维尼的理论的贡献》，载《中国社会科学》2006 年第 2 期，第 142 页。

⑦ 同上。

别是:法律关系的本质;法律关系的种类;家庭法;家庭法续;财产法;财产法续;法律制度概览;关于分类的不同观点。由此即可看出萨维尼的私法体系也就是一个私法律关系的体系,法律关系居于私法体系核心地位。

有学者指出,《德国民法典》的结构是以主观权利为中心建立起来的,这是19世纪个人主义及人格在社会中处于核心地位的反映,主观权利的概念成为法秩序及个人主义主导地位现实化的工具。[①] 这种观点的根据是什么,尚未见到有关论述。仅从上述萨维尼关于建构私法体系的基本思路就可以看出这种观点的根据。萨维尼认为私法是界定个人自由空间的规则,他将权利界定为个人意志独立支配的领域,将私法关系的本质也界定为个人意志独立支配的领域。再者,萨维尼从个人意志可能作用的对象,归纳出法律关系的种类,也就是说,萨维尼阐述私法体系的出发点是"权利",据此足以说明,《德国民法典》的结构是以主观权利为中心建立起来的观点是有根据的。但是,需要注意的是,萨维尼强调的是,法律关系是权利的深层次的基础,他所建构的私法体系结构显然是法律关系的体系结构,而不是权利的体系结构。如果说萨维尼建构私法体系的指导理念是以个人主义为核心的权利,则比较切合实际。

"在温德沙伊德所探寻的私法体系中,在一般的观点中,他明确认为,法律关系是私法体系的基础。……但是从形式上看,在温德沙伊德那里,法律关系已经完全被权利所替代,其理论体系的展开似乎也是以权利作为依据。"[②]温德沙伊德的理论对后来学者的论著有重大影响,在温德沙伊德之后,德国法学家的理论著作大多将权利作为论说的基础[③],而不大注意萨维尼强调的法律关系是权利的深层次基础。

综上所述,萨维尼虽然强调法律关系是权利的深层次基础,但是他讲法律关系理论的指导理念和出发点是权利。萨维尼讲法律关系时没有讲过义务,更没有讲过责任。在温德沙伊德之后,强调的是民法以权利为核心的理念,特别是温德沙伊德的请求权理论被德国民法接受,就更突出了权利在民法中的核心地位。虽然《德国民法典》规定了权利和义务,但是,在权利为核心的理念指导下,半个世纪以来,形成了法律人的请求权思维方法,加上对责任的含义突出的是义务,责任成为义务的附属品,因而在德国民法和民法

---

① Heinz Hübner, Allgemeiner Teil des BGB,2,Auflage,1996,S.51.转引自杨立新主编:《请求权与民事裁判适用》,法律出版社2011年版,第24页。

② 朱虎:《法律关系与私法体系》,中国法制出版社2010年版,第169页。

③ 同上书,第169页注(3)。

理论上，责任没有独立的地位。

（四）损害赔偿责任与请求权的关系

温德沙伊德提出了纯粹实体法上的请求权概念，其请求权理论对德国司法实务也有重大影响，请求权成为保护民事权利的基本方法。温德沙伊德认为权利的概念并不包括法律的强制在内，具有强制因素的是请求权。我国学者金可可认为温德沙伊德的请求权概念具有如下特征：首先，请求权是一切权利都具有的某种强制性因素。其次，请求权是一种纯粹的实体权利。[①] 随着请求权理论的发展，德国学者认为请求权不仅是实体权利，而且在程序法上也有重要意义。拉伦茨说："请求权的概念在下面的情况下具有最重要的作用，即这个概念不仅表明一种客观（实体法）上的权利，而且也标明一个特定人针对他人的特定请求可以通过诉讼来主张和执行。《德国民法典》的请求权的概念就是如此，它首先说明一种实体法上的地位，同时也表明了'程序上的功能'。"[②]

我国有学者进一步指出："温德赛创建请求权的初衷一方面是把请求权从诉权中分离出来，另一方面是希望权利人在权利保护过程中可以不通过司法的公权力救济就能直接向对方请求，实现其法益。但是我们应该看到，这不是权利保护的唯一形式，甚至不是最重要的形式。因为在这个高度发展的社会转型时期，不同区域之间的人口流量在递增，流速也在加剧，市民社会更大程度上是一个陌生人组成的社会，相伴随的是权利意识增强，这从客观上凸现了司法裁判的价值功能，同时也为部分法学理论制度化和司法化提供了现实的理论土壤。请求权作为权利救济权能，从司法层面进行探讨，意义无疑十分重大。"[③]认为请求权是民事裁判的基本方法，是连接实体法与程序法的基本权利，并认为请求权是民事权利的枢纽，也是构建我国民法典的基本脉络。[④]

认为请求权是民事裁判的基本方法的理论根据与权利本质的学说有直接关系。有一种学说称为法力说，此说以德国学者梅克尔（Merkel, 1836—1896）为代表。该说认为权利的本质为法律上之力，权利由"特定利益"和

---

① 金可可：《论温德沙伊德的请求权概念》，载《比较法研究》2005 年第 3 期，第 115 页。

② 〔德〕卡尔·拉伦茨：《德国民法通论》（上册），王晓晔、邵建东、程建英、徐建国、谢怀栻译，法律出版社 2003 年版，第 322 页。

③ 杨立新主编：《请求权与民事裁判应用》，法律出版社 2011 年版，第 72—73 页。

④ 同上书，第 59 页。

“法律上之力”两个要素构成。与此相联系,有学者将请求权的本质作了进一步分析,认为请求权是权利内化强制的一个重要组成部分。请求权与“基础权利”是一种共生的关系,请求权构成了权利的组成部分,而不是基础权利的“衍生品”,如果少了请求权的保障,这个权利就是不完整的,是虚无的。[①]

由于德国民法体系结构的核心是法律关系,或者说是权利,责任不具有独立地位,反映在保护民事权利的方式上,不是责任而是请求权。请求权适用于对各种民事权利的保护,物权保护方法的典型是关于所有权的保护方法。所有权的保护方法有所有物返还请求权(《德国民法典》第 985 条)、除去侵害请求权和不作为请求权(《德国民法典》第 1004 条)[②],德国民法上保护物权的方法就是物权请求权,物权法中没有关于责任的规定。

德国民法上的责任即损害赔偿责任,是债的保护方法。但是,根据德国民法理论,保护债的方法往往称损害赔偿请求权,德国学者对“损害赔偿”往往不是从义务或责任的角度阐释,而是从请求权角度阐释,例如,德国学者梅迪库斯的《德国债法总论》分为九编,其中第七编的题目是损害赔偿请求权的内容。[③] 当损害赔偿需要通过诉讼程序时,也是以损害赔偿请求权为基础,因为根据请求权理论,请求权具有强制因素。

根据上述理论,请求权是通向“诉”的桥梁,并且,请求权成为基本的法律思维方法。“由请求权和抗辩权构成的法律方法被梅迪库斯教授称为德国私法方法的脊梁,这种思考方法近半个世纪来在德国得到广泛接受,并被作为一种重要的能力为法律人所必须具备。”[④]

二、我国民法上的责任理念及责任在民法体系中的地位

(一)我国民法上责任的内涵

《民法通则》第 106 条第 1 款规定:“公民、法人违反合同或者不履行其他义务的,应当承担民事责任。”学理上通说认为,民事责任是指民事主体违

---

① 杨立新主编:《请求权与民事裁判应用》,法律出版社 2011 年版,第 62 页。

② “除去侵害请求权和不作为请求权”为《德国民法典》第 1004 条的规定,采此用语的根据是《德国民法典》(第 2 版),陈卫佐译注,法律出版社 2006 年版,第 354 页。

③ 〔德〕迪特尔·梅迪库斯:《德国债法总论》,杜景林、卢谌译,法律出版社 2004 年版。

④ 杨立新主编:《请求权与民事裁判应用》,法律出版社 2011 年版,第 29 页。

反民事义务应当承担的民事法律后果。[1] 所谓违反民事义务不仅是指违反债务,而是包括债务和债务以外的各种民事义务,责任不限于债的范畴,而属于民法整体的问题,并明确使用“民事责任”概念。在我国民法中,民事责任不是一种义务,也不是一种债务,义务、债务与责任是三个不同的概念,各有不同的性质与功能,责任和义务二者的位置不能互换,不能同义使用。

我国民法采取多种责任方式。《民法通则》第 134 条第 1 款规定:“承担民事责任的方式主要有:(一)停止侵害;(二)排除妨碍;(三)消除危险;(四)返还财产;(五)恢复原状;(六)修理、重作、更换;(七)赔偿损失;(八)支付违约金;(九)消除影响、恢复名誉;(十)赔礼道歉。”《侵权责任法》沿用《民法通则》的规定,规定了八种主要的侵权责任方式。

我国民法规定的承担民事责任的方式与德国民法规定的损害赔偿责任比较,有以下特点:

其一,民事责任方式具有多样性,不限于财产责任。民事责任方式中多数既适用于财产责任,也适用于人身非财产责任,有些是专门保护人身权益的责任,体现了对人身权益的充分保护。

其二,民事责任方式具有开放性。现行民法规定的责任方式是指主要的责任方式,责任方式不是封闭的。例如,《侵权责任法》规定的精神损害赔偿和惩罚性赔偿,不是一般的责任方式,而是特殊的侵权责任方式。[2] 再如,《民法通则》和《侵权责任法》规定的责任方式不排除其他法律包括知识产权法、环境法等特别法根据需要,规定相应的责任方式。另外,民事责任方式具有开放性还意味着随着社会的发展需要,还可能产生其他的责任方式。

其三,民事责任方式具有通俗性。我国民法规定的多种责任方式,与社会生活观念紧密相连,通俗易懂,有利于发挥民法的功能。

(二)民事责任是保护民事权利的基本方法

英国法律谚语云:“没有救济就没有权利。”[3]民事责任是民事权益受到侵害时的基本救济方法。在通常情况下,民事主体一般能主动履行义务,从而使权利人的权利得到实现。在义务人拒不履行义务时,应当承担民事责

---

① 参见佟柔主编:《民法原理》(修订本),法律出版社 1987 年版,第 42 页;王利明主编:《民法》(第 4 版),中国人民大学出版社 2008 年版,第 662 页;魏振瀛主编:《民法》(第 4 版),北京大学出版社、高等教育出版社 2010 年版,第 41 页。

② 王利明:《侵权责任法研究》(上册),中国人民大学出版社 2010 年版,第 646 页。

③ 程燎原、王人博:《权利及其救济》,山东人民出版社 1998 年版,第 349 页。

任,必要时权利人可以通过司法程序,强制责任人承担责任,这是维护民事权利、维护社会秩序的必要手段,是法律责任与其他社会责任的区别所在。

民事责任属于私法责任,与公法责任有共同性,也有不同点。民事责任可以自动承担,或者经权利人请求后承担,必要时可以由国家机关强制执行,实际上民事责任大多不需要通过司法强制程序解决。改革开放以来我国法理学上主张区分法律责任与法律制裁的观点,民法学上区分民事责任与民事制裁的观点,被越来越多的学者采纳。

(三)我国民法建构了民事责任体系

《民法通则》在世界民事立法史上首创了民事权利—民事义务—民事责任立法模式,第六章专章规定民事责任,提升了责任在民法中的地位。1999年颁布的《合同法》总则第七章为违约责任,分则各章对违反各种合同的责任分别作了规定。2009年颁布的《侵权责任法》专门规定侵权责任,是保护民事权益的单行法。《民法通则》、《合同法》与《侵权责任法》中关于责任的规定,形成了我国民法的民事责任体系。

(四)民事责任在民事法律关系中的地位

萨维尼在论述法律关系时只讲到权利,没有讲过"义务"与"责任",从法律关系理论的发展历史看,笔者将萨维尼时代讲的法律关系理论称为"权利关系"阶段。

现代法律关系理论有了新的发展,法律关系作为一种"组织体"或"结构",得到承认。法律关系中既有权利,又有权能、法律义务和负担性义务这样一些法律关系要素。[①] 从法律关系理论的发展历史看,笔者将这种法律关系理论称为"权利义务关系"阶段。

改革开放以来我国法理学者对法律关系的研究逐步深入,法理学教科书一般都专章阐述法律关系。法理学者一般都强调权利和义务的一致性,认为两者相辅相成,有权利即有义务,有义务即有权利。需要注意的是,法理学上讲的作为法律关系内容的权利和义务是广义的,权利包括权力,义务包括责任。我国法理学重视责任在法律上的地位,法理学界的通说认为,法律责任是法律的基本概念、基本范畴。在法理学教材中一般都专章阐述法

① 〔德〕卡尔·拉伦茨:《德国民法通论》(上册),王晓晔、邵建东、程建英、徐建国译,法律出版社2003年版,第255页。

律责任，有的法理学教材将法律责任与法的概念、法的要素、权利、义务、法律关系等并列，作为“法的本体”专章阐述。我国民法学提升了民事责任在民法理论中的地位，民法教材中一般都专章阐述民事责任，这与我国法理学提升了责任在法理学中的地位是一致的。

我国法理学者是将权利、义务和责任联系起来全面阐释法律关系的。近些年来，法理学者提出了法律关系分类的新学说，有学者将法律关系区分为调整性法律关系和保护性法律关系。调整性法律关系是不需要法律制裁主体权利就能正常实现的法律关系，它是建立在主体的合法行为的基础上，是法律实现的正常形式。保护性法律关系是在主体的权利与义务不能正常实现的情况下通过法律制裁而形成的法律关系，它是在违法行为的基础上产生的，是法律实现的非正常形式。最典型的保护性法律关系就是刑事法律关系。保护法性律关系的主体一方是国家，另一方是违法者，国家拥有实施法律制裁的权利（权力），而违法者具有承担由于实施违法行为所导致的法律责任的义务。[①] 这里将保护性法律关系的内容仍然表述为权利与义务，将国家权力表述为权利（权力），将违法者的义务表述为承担“法律责任的义务”，这里说的权利与义务显然采用了霍菲尔德的广义的权利与义务概念，将权力纳入权利之中，将责任归入义务之中。调整性法律关系又可称为第一性法律关系，保护性法律关系又可称为第二性法律关系。[②] 从法律关系理论的发展历史看，笔者将这种法律关系理论称为“权利义务责任关系”阶段。

参考将法律关系区分为调整性法律关系和保护性法律关系的原理，笔者将法律关系分为基于合法行为形成的法律关系和基于违法行为形成的法律关系[③]，因为“保护”权利不受侵害，本来就是法律“调整”社会关系的一种方法。将法律关系区分为基于合法行为形成的法律关系和基于违法行为形成的法律关系，与将法律关系区分为调整性法律关系和保护性法律关系的不同还在于，后者将保护性法律关系的内容仍然表述为权利与义务，笔者将基于违法行为形成的法律关系内容界定为权利与责任，或者权力与责任。基于违法行为形成的法律关系即基于责任形成的法律关系。从民事法律关系来说，也就是基于民事责任形成的民事法律关系，这一方面说明它与基于合法行为形成的民事法律关系的性质不同，另一方面说明民事责任关系不

---

① 孙国华主编：《法理学》（第2版），中国人民大学出版社2004年版，第380页。

② 本书编写组：《法理学》，人民出版社、高等教育出版社2010年版，第116—117页。

③ 魏振瀛：《制定侵权责任法的学理分析——侵权行为之债立法模式的借鉴与变革》，载《法学家》2009年第1期，第17页。

是附属于债务关系,而是具有独立的地位。

我国民法学者的通说认为权利是民法的本位,有学者强调权利是法律关系的核心,这样讲并不错。笔者认为,我国民法的理念应当以权利为本位,民法规范结构应当民事法律关系核心。民法以权利为本位是指民法的基本理念、基本目的、基本作用或基本任务[1],不是指民法规范结构。总结我国历史的经验教训,强调民法以权利为本位,体现了民法的基本理念,也体现了私法与公法的关系。“民法的基本任务是确认和保护民事权利,以权利为本位是发挥民法功能之本。‘本’者根也,不伤根,不离本,充分保护民事权利,乃实现依法治国之本,富民强国之道。”[2]我国民法以权利为本位,其指导理念不是19世纪的个人主义,而是当代我国以人为本的理念,民法以权利为本位是以人为本在民法上的体现。

我国民法体系结构应当以民事法律关系为核心,这与萨维尼关于法律关系是权利的深层次基础的理论相一致。正如郑玉波教授所说:法书万卷,法典千条,头绪纷繁,莫可究诘,然一言以蔽之,其所研究或所规定之对象,不外法律关系而已。整个民法之成分,不外为法律关系之主体、客体、内容(权利、义务)、及权利义务之变动。民法各编中的小制度,皆系此等问题所交织(如买卖则规定买卖之主体、客体、买卖之发生变更消灭等问题)。法律关系的构成,总不外乎上述成分,比如大海之水、一池之水、一滴之水其成分均为氢二氧一。[3]

从权利、义务、责任三者的关系来看,权利处于核心地位,但是,权利仅是民事法律关系中的要素之一,而不是全部要素,权利的实现以他人履行相应的义务为必要条件,以责任为辅助条件。仅仅权利不能反映和支撑民法规范结构的全局,法律关系则能够反映和支撑民法规范结构的全局,因此法律关系是民法规范结构的核心。从动态上看,民事法律关系是不断变动的,其变动基本上是民事权利、民事义务、民事责任的变动,民法规范所要解决的和民事司法要解决的问题都是围绕权利、义务、责任展开的,从这个意义上讲,民事权利、民事义务、民事责任为民法规范结构的基石。[4]

在我国司法实务中,法律关系分析方法是法律人的基本思维方法,权

---

① 参见王伯琦:《民法总论》,台湾编译馆1979年版,第31页。

② 魏振瀛主编:《民法》(第4版),北京大学出版社、高等教育出版社2010年版,第13页。

③ 郑玉波:《民法总则》,台湾三民书局股份有限公司1995年版,第67—70页。

④ 参见魏振瀛:《制定侵权责任法的学理分析——侵权行为之债立法模式的借鉴与变革》,载《法学家》2009年第1期,第17—20页。

利—义务—责任是法律思维的一条主线。可以说民事法律关系是个纲，无论民事立法还是民事司法，抓住这个纲，纲举目张，能够以简驭繁。

（五）请求权在我国民法中的地位与功能

从以上关于法律关系理论的发展说明，由“权利关系”阶段到“权利义务关系”阶段，再到“权利义务责任关系”阶段，经历了长期的历史发展过程。我国的法律关系理念与德国的法律关系理念的不同在于责任在法律关系中的地位不同，这种不同与对请求权在法律关系中的地位与作用的不同是密切联系在一起的。

前面所讲的请求权是权利的组成部分的观点并非通说，与之对立的观点认为请求权是权利派生的，请求权乃权利的表现，而非与权利同属一物。[①]王泽鉴教授指出：“请求权可谓是权利作用的枢纽。债权的主要作用在于请求债务人为一定行为，固不必论。支配权、人格权、身份权、物权等权利受到不法侵害时，亦以请求权为其救济方法（如物权请求权、侵权行为损害赔偿请求权）。”[②]请求权的作用可分为两类：一类是实现权利，例如债权人请求债务人履行债务。另一类是权利受到侵害时进行权利救济。在通常情况下义务人能主动履行义务，使权利人的权利得到实现，只是在义务人不履行义务时，权利人才行使请求权。请求权的作用多为权利救济，其中较多的涉及责任，因此应当说，请求权是权利救济的枢纽。

从请求权与权利、义务、责任的关系看，权利是产生请求权的基础，义务是产生请求权的前提，没有义务或者义务人已经履行了义务，请求权就没有适用的余地。从这个意义上说，基础性的权利与义务是第一性的，请求权是第二性的。义务人不履行义务而应承担责任时，权利人有请求责任人承担责任的权利。在此情况下，责任是产生请求权的前提，没有责任或者责任人已经自动承担了责任，请求权就没有适用的余地。从这个意义上说，责任是第一性的，请求权是第二性的。从法律关系整体上看，权利、义务、责任属于高层次的概念，请求权属于低一个层次的概念。反映在民法体系上，低层次的概念应当服从高层次的概念。德国民法上的请求权从属于基础权利体系，我国民法上的请求权从属于民事权利—民事义务—民事责任体系。

---

① 王泽鉴：《民法总则》（增订版），中国政法大学出版社 2001 年版，第 92 页；梁慧星：《民法总论》（第 2 版），法律出版社 2001 年版，第 80 页；孙宪忠：《民法总论》，社会科学文献出版社 2004 年版，第 77—78 页。

② 王泽鉴：《请求权思维与民法实例》，台湾菩菱设计印刷公司 1999 年印刷，第 77 页。

再者,对于请求权的强制性可以有不同的理解。将责任限于债的范畴的情况下,讲请求权具有强制性,说权利具有强制性,认为请求权是连接实体法与程序法的基本权利,合乎逻辑。但是,在严格区分义务与责任的情况下,责任具有强制性,责任是权利的保障,权利和请求权本身都没有强制性。请求权作为一种实体权利,权利人可以向相对人提出,这种请求没有强制性,因为一个民事主体没有权利强制另一个民事主体。

关于权利本质的法力说,较之意思说和利益说更具合理性,但是我国法理学者多采手段说,将权利与自由、利益和法律保障相联系阐释权利的概念。一种较新的说法是:"法律权利反映一定的社会物质生活条件所制约的行为自由,是法律所允许的权利人为了满足自己的利益而采取的、由他人的法律义务所保证的法律手段。"①持手段说者认为违反法律义务的应当承担法律责任,责任具有强制性,而不权利具有强制性。

在需要追究责任的情况下,责任是请求权的根据。有学者认为:"责任乃债权与诉权之中间桥梁。"②从民法整体上看,民事责任是民事权利与诉权之间的桥梁。例如,《侵权责任法》第3条规定被侵权人有权请求侵权人承担侵权责任,它是基于侵权责任存在而产生的请求权,没有侵权责任就没有侵权责任请求权。侵权责任是侵权责任请求权的根据,也是提起侵权诉讼的根据,而不是相反。

民事法律关系具有多样性,其性质有所不同,与之相适应的请求权的性质也有所不同。根据严格区分义务与责任的观念来看,我国请求权的基本分类应是原权利请求权和救济权请求权,前者如合同关系的当事人请求债务人履行债务,后者如基于违约或者侵权行为产生的请求权。③ 不同性质的问题需要用不同的方法解决。请求权或者与各种不同的义务相联系,或者与各种不同的责任相联系,行使请求权必须首先区分提出请求权的不同根据,要从法律关系的全局出发观察问题,才能正确裁决民事案件。正如前面讲过的萨维尼所说,即使是关于个别权利的判决也只是在以下范围内才是真实的和令人信服的,即它以对于法律关系的整体直观为出发点。

---

① 本书编辑组:《法理学》,人民出版社、高等教育出版社2010年版,第126页。另见孙国华主编:《法理学》(第2版),中国人民大学出版社2004年版,第385页。卓泽渊主编:《法理学》(第2版),法律出版社2004年版,第79页。

② 林诚二:《民法理论与问题研究》,中国政法大学出版社2000年版,第226页。

③ 详见魏振瀛:《论请求权的性质与体系——未来我国民法典中的请求权》,载《中外法学》2003年第4期。

三、两种责任理念的碰撞与三种解决矛盾的思路

(一)两种责任理念的碰撞

1. 两种责任理念矛盾

两种不同的责任理念决定了责任在民法体系中的地位不同,民法体系不同,民事权利受到侵害时,保护民事权利的方法与思路也不同。我国民法在立法技术上主要借鉴德国民法和我国民国时期的民法,同时有重大变革,这种变革突出体现在《民法通则》《合同法》与《侵权责任法》形成的民事责任体系。但是,《物权法》规定的物权请求权和与我国的责任理念相矛盾。

按照德国的责任理念,责任是债的范畴,对物权受到侵害时的救济方法是物权请求权,物权法中无责任。我国民法如果采用德国式请求权理论,并将其理念贯彻到底,就应将责任纳入债的范畴,使民法体系和谐一致。按照我国的责任理念,责任是违反义务的后果,违反义务而侵害物权的后果是责任,因此可将物权请求变革为责任,使民法体系和谐一致。但是,《物权法》上的物权请求权和《民法通则》《合同法》与《侵权责任法》的民事责任体系并列,前者反映了德国的责任理念,后者符合我国的责任理念,这就发生了两种责任理念的碰撞。

具体一些说,德国民法将返还原物请求权、除去侵害请求权和不作为请求权规定在物权法中,将侵害物权造成的损害归入债法的范畴。根据德国民法规定,侵占他人的物,符合侵权行为要件的,构成侵权行为之债。在此情况下,即使未造成损害,对侵权人返还原物也称为损害赔偿(恢复原状)。侵害他人物权的后果是返还原物,但在物权法中称所有物返还请求权,在侵权行为法中称损害赔偿之债,这是用物权法和侵权行为法内部低层次的逻辑矛盾,建构物权法与债法相区别的民法体系的和谐。

我国的民事责任是违反民事义务的后果,不限于债的范畴。《物权法》规定物权请求权是不承认物权法上有责任的表现。这样规定就可以将《侵权责任法》的返还原物责任等理解为侵权行为之债,事实上有学者就是这样理解和主张的。如果说《侵权责任法》规定的返还原物是保护物权的方法,就反映了责任理念与请求权理念的并列和对立。如果说德国民法用物权法和侵权行为法内部低层次的逻辑矛盾,建构了物权法与债法相区别的民法体系的和谐,那么我国《物权法》规定的物权请求权和《侵权责任法》规定的

侵权责任，则是用物权请求权方式与侵权责任方式重合、并列的方法，模糊了物权与债权的界限。

其实，返还原物、停止侵害、排除妨害和消除危险等责任，都是基于违反不得侵害他人物权的义务的后果，根据我国民法的责任理念，应承担的侵权责任，《侵权责任法》对此已经有了规定，因此物权法中的相关请求权的规定应当作相应的调整。还需要指出的是，返还原物请求权适用于包括相对人基于盗窃、抢劫、侵占等不论何种方式形成的无权占有，根据我国民法的责任理念，采用物权请求权方法而不承认其为责任，混淆了义务与责任的界限。值得注意的是，德国司法实务与理论已经将物权法上的除去侵害请求权和不作为请求权适用于侵权行为法，在这方面物权请求权与侵权责任的界限已经被打破。根据我国的责任理念，我们不采用德国这种扩展物权请求权适用范围的方法，而将物权请求权变革为侵权责任请求权，顺理成章。

2. 归责原则矛盾

根据《物权法》，返还原物不问过错，根据《侵权责任法》，返还原物以过错为要件，为什么同为返还原物，采用不同的归责原则？主张返还原物责任以过错为要件，实际上是受德国侵权行为之债理论的影响。德国民法上的责任以恢复原状为原则，其归责原则即损害赔偿的归责原则。德国侵权行为法上的赔偿损失与返还原物，均称为损害赔偿，归入损害赔偿之债，在理论上能自圆其说。我国采取多种侵权责任方式，区分赔偿损失与返还原物。返还原物与赔偿损失没有必然联系，赔偿损失与返还原物是两种不同的责任方式，应当适用不同的归责原则。返还原物责任适用过错责任没有什么理由，特别是在被侵权人只请求返还原物，而不同时请求赔偿损失的情况下，返还原物责任适用过错责任原则更显得没有道理。

可能有学者认为，在侵权责任法中，返还原物适用过错责任原则，能正确反映侵权责任的特点，发挥侵权责任法的多种功能。其实，如果侵权责任法规定返还原物不以过错为要件，不等于应当承担返还原物责任的当事人就没有过错，对于盗窃或者强占他人之物的，并不排斥对其谴责和教育。

（二）三种解决矛盾的思路

《侵权责任》法规定的多种侵权责任方式与《物权法》规定的物权请求权方式的矛盾应当如何处理，学者有三种不同的思路：(1) 侵权责任法否定说。(2) 侵权责任与物权请求权竞合说。(3) 物权请求权变革为侵权责任请求权说。这三种思路的分歧在物权法和侵权责任法起草过程中就存在，持不同观点的学者都阐述了各自的理由。在《侵权责任法》颁布以后，学者结合《物权法》和《侵权责任》的规定进一步阐述各自不同的意见，以下分别简要论述。

1. 侵权责任法否定说

持侵权责任法否定说的学者提出的新理由，只是提问题的角度不同，对其基本观点，我在以往的文章中有所回应，不再赘述。其基本观点认为《侵权责任法》不是成功的，而是失败的；应当废弃侵权责任法，制定侵权行为之债法，将多种侵权责任方式回归到损害赔偿之债。这种观点的核心是赞成德国民法的责任与债结合体系，反对我国民法的权利—义务—责任体系。笔者认为严格区分义务（债务）与责任是当代法学理论的进步，我国民法体现了这种进步，应当坚持和发展这种进步，不应倒退。

2. 侵权责任与物权请求权竞合说

持侵权责任与物权请求权竞合说的学者不认为我国立法体系存在矛盾，新提出的主要理由有三点。[①] 理由之一，我国《物权法》已经规定了物权请求权制度，而我国《侵权责任法》也没有对这一规定进行变更或修改，因此可以认为我国立法实际上采取了竞合说。这样解释言之成理，特别是在《物权法》和《侵权责任法》各为独立的单行法的情况下，这样规定有其缘由。但是，还要看其中的规定是否合理，需要对其利弊作具体分析。

理由之二，《侵权责任法》第 21 条规定的停止侵害、排除妨碍、消除危险不以过错为要件，《物权法》和《侵权责任法》分别规定了停止侵害、排除妨碍、排除妨害、消除危险，但绝对权请求权和侵权请求权在效果上是存在差异的。

停止侵害、排除妨害、排除妨碍、消除危险分别在《物权法》与《侵权责任法》中作规定，从立法形式上看，可谓竞合。但是，作为物权请求权的排除妨害、消除危险和作为侵权责任方式的停止侵害、排除妨碍、消除危险都不以过错为要件，其实际效果并无差异。因此，这实质上是简单的重复规定，这样规定造成不同的责任理念的碰撞，这样的规定如果延续到未来的民法典中，其矛盾会更加突出。

持竞合说的学者还认为，根据《侵权责任法》第 6 条第 1 款的规定，过错

① 参见王利明、周友军、高圣平：《中国侵权责任法教程》，中国法制出版社 2012 年版，第 691—694 页，本文参见部分的作者为王利明。

责任也适用于停止侵害、排除妨碍、消除危险等各种责任方式。如果仅从《侵权责任法》第6条第1款的规定来看,这样解释并非不可。但是,《侵权责任法》第7条规定:"行为人损害他人民事权益,不论行为人有无过错,法律规定应当承担侵权责任的,依照其规定。"[①]《侵权责任法》第21条规定的停止侵害、排除妨碍、消除危险不以过错为要件,由此可见,第21条属于特别规定。将第6条第1款、第7条和第21条联系起来看,停止侵害、排除妨碍、消除危险不适用第6条第1款规定的过错责任。

我国学者通说认为我国法律规定的停止侵害、排除妨碍、消除危险的内涵相当于《德国民法典》第1004条规定的除去侵害请求权和不作为请求权。前已述及,德国司法实务已经将其适用于侵权行为法。"对于不作为之诉和消除损(侵)害之诉的功能很重要的一点是,二者都不以过错为前提。第1004条并没有对赔偿损失加以规定,因此,'过错'这个对损失分担起决定作用的观察问题的角度,在此无关紧要。第1004条的主导思想更多的是在于,当个体的行为触及其他法律主体的权利范围时,对他的行动自由进行限制。如果他人对自己权利范围受到的侵扰没有容忍义务,则侵扰他人法律地位的人没有权利对这一法律地位提出主张,所以也就必须对他的侵扰承担责任。"[②]德国学者对这种责任称为"消极不作为责任",不以过错为要件。[③]同理,我国《侵权责任法》上的停止侵害、排除妨碍、消除危险是"侵扰"者应承担的责任,也不以过错为要件,不应既不以过错为要件,又可适用过错责任原则。[④]

理由之三,从效果上看,竞合说有利于保护受害人。比如,侵权请求权的时效一般来说是两年,而绝对权中的物权请求权则一般不适用两年的时效期间。竞合说通过赋予受害人一种选择权,可以更充分地保护其权益。

前面理由之二讲到,绝对权请求权和侵权请求权在效果上是存在差异的,所说的效果上存在差异可能就是指诉讼时效期间不同。由受害人选择两年时效期间,对受害人不一定就有好处。如果请求赔偿损失,选择两年时

---

① 立法机关学者对于《侵权责任法》第7条中规定的"损害"的学理解认为,"损害"是一个比较广的概念,包括构成现实威胁的"不利后果",本法第21条的内容就包含了这个意思。见王胜明主编:《中华人民共和国侵权责任法释义》,法律出版社2010年版,第43页。

② 参见〔德〕马克西米利安·福克斯:《侵权行为法》,齐晓琨译,法律出版社2006年版,第132页。

③ 同上书,第131—132页。

④ 停止侵害、排除妨碍、消除危险不适用过错责任的理由,详见拙文《侵权责任方式与归责事由、归责原则的关系》,载《中国法学》2011年第2期,第29—35页。

效期间,适用过错责任原则,其赔偿数额可不受法律定的特别限制(如果选择适用无过错责任,其赔偿数额可能受特别规定的限制),有利于被侵权人。但是,停止侵害、排除妨碍、消除危险都是独立的侵权责任方式,与赔偿损失没有直接关系,如果选择适用两年的诉讼时效期间,恰恰不利于受害人。

再以《物权法》第 34 条规定的返还原物与《侵权责任法》第 15 条规定的返还原物比较分析。根据《物权法》返还原物不以过错为要件,《侵权责任法》对返还原物责任的归责原则没有特别规定,故应适用过错责任原则,上述两种规定形成竞合。问题在于返还原物与赔偿损失也没有直接联系,《侵权责任法》规定返还原物适用过错责任原则,对受害人有什么好处?

3. 物权请求权变革为侵权责任请求权说

笔者坚持物权请求权变革为侵权责任请求权说,以往我的论文对此已有较多的论述,这里只补充讲其中一个难题。将物权请求权等救济性等(或称保护性)绝对权请求权变革为侵权责任请求权,其立法技术上的难题在于返还原物,对此拙作《论返还原物责任请求权》[①]一文有过详细论述,以下作简要的归纳和补充:

主张竞合说的学者指出,如果限制或取消竞合,很难设计出一种在任何情况下都对受害人最有利的模式。如果从借鉴德国请求权理论与体系角度看,这的确是一个难题,但是根据我国的民事责任理念,这不是不能解决的问题。对此笔者的思路是,在德国民法上,请求权体系从属于基础权利体系,在我国民法上,请求权体系从属于权利—义务—责任体系。拙作《论返还原物责任请求权》提出的返还原物的立法方案的要点是,将无权占有他人的物分为三类,分别用不同的解决方法。一类是基于行为人自身行为形成的无权占有,包括盗窃、强占、误认他人之物为己物而占有。这类占有人违反了不得侵害他人物权的义务,应负侵权责任。

另一类是既存民事法律关系终止后形成的无权占有,应依各该民事法律关系负原物返还义务,包括合同、无因管理、不当得利、各种用益物权和各种担保物权等关系终止后的原物返还。民事行为无效或者被撤销形成的无权占有,基于拾得遗失物形成的无权占有,也归入这一类。在既存民事法律关系终止后,义务人应承担相应的义务,如返还租赁物义务、返还抵押物义务等。对这类返还不采用返还原物请求权的原理,不发生返还租赁物请求

① 该文载《中外法学》2011 年第 6 期。

权、返还抵押物请求权等与所有物返还请求权竞合。如果违反租赁合同,应当承担返还租赁物责任,则与返还原物责任(侵权责任)竞合。从物权请求权的原理讲,当物权受到侵害时才会发生物权请求权,在既存民事法律关系终止后,义务人履行了返还义务就不发生侵害物权问题;义务人不履行返还义务才使物权受到侵害,这时不仅会发生相应对民事责任,如违约责任,同时也发生侵权责任,形成责任竞合。

第三类是基于第三人行为形成的无权占有,这种无权占有人并未违反不得侵害他人物权的义务(如果他违反了不得侵害他人物权的义务则属于第一类无权占有),但有返还义务,从权利人角度可称"返还第三人转移物请求权",而不称所有物返还请求权,否则会与变革后的民法体系发生矛盾。对此类无权占有立法上如何具体处理,拙作《论返还原物责任请求权》未阐述,现补充如下:

"返还第三人转移物请求权"仅是学理分析,对这种无权占有没有必要作为一种独立的制度在民法上作明文规定,可适用相关规定。例如,在民法典侵权责任编对各种责任方式的适用条件作明确的规定,其中包括:违反民事义务,无权占有他人的物的,应当返还原物。返还原物不以过错为要件,不适用诉讼时效(或者适用长期诉讼时效)。这样规定就将第三类无权占有排除在侵权责任之外了。对这种没有必要作为一种独立的制度的无权占有,可根据民法总则中关于民事义务和民事责任的一般规定,结合物权的排他性的有关规定处理。

将救济性绝对权请求权变革为侵权责任请求权,在立法技术上可以采取两种方法,一是在物权、知识产权、人格权等绝对权中分别规定。例如在民法典物权编规定:(1) 任何人都有不得侵害对他人的物权的义务。违反民事义务,无权占有他人的物权的,应当承担侵权责任。返还原物不以过错为要件,不适用诉讼时效(或者适用长期诉讼时效)。(2) 物权被以侵占以外的方式侵害的,侵权人有责任停止侵害、排除妨碍、消除危险,不问侵权人有无过错,不适用诉讼时效。这样规定,就将义务与责任严格区分开了。在知识产权、人格权等绝对权部分也可照此方法处理,其优点是能体现不同的绝对权请求权的细微差别,缺点是重复规定多,显得累赘。

另一种方法是将救济性绝对权请求权集中在侵权责任法(民法典侵权责任编)中规定。主张健全我国请求权制度的学者所举的物权请求权有确认请求权、返还原物请求权、恢复原状请求权、排除妨害请求权、消除危险请求权；人格权请求权的基本类型为停止侵害请求权和排除妨害请求权；身份权请求权的基本类型除了停止侵害请求权和排除妨害请求权之外，还有扶养请求权、赡养请求权等（这是身份权自身的请求权，不是身份权的保护请求权）；继承权请求权称继承权恢复请求权，它是继承权受到侵害时继承人享有的权利。知识产权请求权的基本内容包括停止侵害请求权、妨害预防请求权、废弃请求权、获取信息请求权、赔礼道歉请求权、消除影响请求权。[①]

笔者认为，上述属于救济性质的主要的绝对权请求权，即停止侵害请求权、排除妨碍请求权和消除危险请求权均可纳入侵权责任请求权中，因为这三种请求权对保护各种民事权益有广泛的适用性。“确认请求权”和“继承权恢复请求权”是否需要在法律上明文规定，无关紧要。不排除知识产权法对侵害知识产权的责任方式和请求权作出特别规定。将返还原物、停止侵害、排除妨碍、消除危险等侵权责任方式集中规定的优点，一是体现我国民法上责任与债分离[②]，二是可以简化立法，有利于充分保护各种民事权益。采用这样的处理方法，就将权利—义务—责任立法模式贯彻到底，从整体上使民法体系得以和谐。不采取竞合说，不仅可以解决责任理念碰撞和民法体系矛盾问题，而且在实务上能够充分保护民事权益，不会发生对受害人不利的问题。

将救济性绝对权请求权变革为侵权责任请求权以后，处理民事案件的基本分析方法除了法律关系分析方法以外，请求权方法仍可采用，其基本思路不变。例如，返还原物责任请求权是物权的保护方法，在审查多项请求权的顺序时，自然不能将返还原物列入侵权行为之债的顺序；基于侵权责任的赔偿损失不能与基于违约责任的赔偿损失列为同一顺序。

四、结　　论

1. 我国民法上的责任理念与德国民法上的责任理念的区别：

（1）德国民法上的责任称为损害赔偿义务。责任（损害赔偿义务）是债的组成部分，属于债法的范畴，不属于其他民法领域的问题。例如，物权的保护方法是物权请求权，不是责任。换句话说，物权法上无责任。我国民法上的责任是指违反民事义务的法律后果。责任不限于债法范畴，而是民法

① 参见杨立新主编：《请求权与民事裁判应用》，法律出版社 2011 年版，第 247 页。

② 违反合同等违反债务的责任在合同法（民法典债编）中单独规定，也体现责任与债分离。

整体上的问题。责任是保护各种民事权益的方法，责任是一种民事法律制度。

（2）德国民法上的责任方式是损害赔偿，我国民法上有十种主要的责任方式。我国民法规范中也有“损害赔偿”，实际上它是赔偿损失的同义语。

（3）德国民法上的损害赔偿是债的一种类型，学理上称为损害赔偿之债。基于损害赔偿而产生新的债权债务关系，债务人不履行债务，又产生损害赔偿责任，这种关系可以循环，责任与义务可以同义使用。我国民法上的责任、债务、义务是不同的概念，各有不同的含义和功能，相互不能混淆。民事责任也是一种民事法律关系，其内容是权利和责任。责任人不自动承担责任的，可以强制其承担。责任关系不能循环，责任和义务不能同义使用。

2. 我国民法采取权利—义务—责任模式，建立了民事责任体系，其方向没有错，不应开倒车，改为责任与债结合的民法模式，否定民事责任体系。

3. 我国《物权法》规定的物权请求权与我国的责任理念相冲突，造成了民法体系矛盾。主张物权请求权与侵权责任竞合的理由不充分，利少弊多。将救济性绝对权请求权变革为侵权责任请求权，利多弊少。